COLLECTION
FOLIO CLASSIQUE

Diderot

Jacques le Fataliste et son maître

Édition établie,
présentée et annotée
par Yvon Belaval

Gallimard

PRÉFACE

On ne sait pas au juste à quelles dates Diderot a écrit Jacques le Fataliste [a] : *la référence, p. 138, au* Bourru bienfaisant *de Goldoni, joué pour la première fois à Paris le 4 novembre 1771 ; l'absence d'allusions à des événements postérieurs [b] ; l'analogie entre l'histoire de* Mme de La Pommeraye *et celle de* Mme de La Carlière [c] ; *la parution (1770) du* Système de la Nature *de d'Holbach [d], — tout ramenait à l'année 1772 comme date de naissance la plus probable [e], jusqu'à ce que M. Paul Vernière relevât, dans une lettre du 12 septembre 1771 de Meister père à Bodmer, que Diderot avait lu, dans un salon, « l'autre jour », son « conte charmant », « pendant deux heures », soit, environ, cent vingt-cinq pages [f]. Ces cent vingt-cinq pages*

a. Les citations de Diderot, sauf indication contraire et pour *Jacques le Fataliste* (où l'on renvoie à l'édition présente), sont faites d'après les *Œuvres complètes*, 20 vol., éd. Assézat-Tourneux, désignées ici par A. T.

b. Du moins d'après le relevé provisoire et certainement incomplet que nous signalons dans les notes en fin de volume.

c. *Sur l'inconséquence du jugement public de nos actions particulières*, écrit vers 1772, A. T. V, p. 333.

d. A. T. IV, 10-117. On verra plus loin la portée de cette référence. Du *Système de la Nature*, deux éditions en 1770. Réimpressions en 1771, 1774, 1775, 1777, etc.

e. Rosenkranz : *Diderots Leben und Werke*, Leipzig, 1866, t. II, p. 316.

f. De Paul Vernière, consulter : *Diderot et l'invention littéraire : à propos de Jacques le Fataliste*, in R. H. L. F., avril-juin 1959, p. 153 ; *Chronologie et préface* à l'édition de *Jacques le Fataliste*, Paris, Flammarion, 1970.

environ correspondent — dans l'édition Assézat-Tour-neux prise pour référence — aux épisodes imités de Sterne. La rencontre à Paris (octobre 1765) de notre philosophe avec l'auteur de Tristram Shandy *où ces épisodes venaient de paraître n'a-t-elle pas donné, dès la fin de 1765 ou le début de 1766, la première impulsion à* Jacques ? *Revenons à 1771. On a supputé que, deux ans plus tard, en Hollande, Diderot s'était remis à son texte : « J'ai fait deux ou trois petits ouvrages assez gais », écrit-il de La Haye, le 22 juillet 1773, à Sophie Volland* ᵃ. *Y travaille-t-il à Saint-Pétersbourg en 1774 ? En tout cas, c'est pour en offrir une copie à Catherine II qu'il le révise, en 1783, et l'augmente des dernières quatre-vingts pages (environ). Les va-riantes entre les copies témoignent que l'ouvrage a été repris plusieurs fois.*

C'est, en effet, par des copies — une vingtaine — jointes à la Correspondance de Grimm ᵇ *en manière de feuilletons que* Jacques le Fataliste — de même que La Religieuse, Le Neveu de Rameau, Le Rêve de d'Alembert, Le Voyage de Hollande — *a d'abord été lu en Allemagne, entre 1778 et 1780, en particulier par Goethe, par Schiller* ᶜ. *Diderot ne se soucie guère*

a. *Lettres à Sophie Volland*, publiées par A. Babelon (Paris, 1938), t. II, p. 248. (L'édition sera désignée par B.)

b. Faisant suite aux *Nouvelles littéraires* (1747-1754) de l'abbé Raynal, la *Correspondance* (1754-1782) de Grimm (éd. Maurice Tourneux, 16 vol., Paris, 1877-1882) est une revue confidentielle — Diderot en est le principal collaborateur — par laquelle Grimm, agent officiel de Francfort, puis de Saxe-Gotha, et agent non officiel de Catherine II, renseigne les cours européennes sur la vie littéraire, artistique et philosophique en France. Consulter : Joseph Royal Smiley : *Diderot's relations with Grimm* (Urbana, 1950), pp. 114, 117. Et Jean Varloot, *Jacques le Fataliste et la correspondance litté-raire*, dans *R. H. L. F.*, octobre-décembre 1965.

c. Cf. Rosenkranz, *op. cit.*, pp. 316, 326 — A. T. VI, p. 3 — M. Tourneux : *Les Manuscrits de Diderot conservés en Russie* (*Ar-chives des Missions scientifiques et littéraires*, série 3, t. XII [1885], p. 447) — Du même : *Diderot et Catherine II* (1899), p. 519. — J. Vik-tor Johansson : *Étude sur Diderot* (1927), pp. 16, 20, 85 — H. Dieck-mann, in *The Romanic Review*, vol. XLII, oct. 1951, n° 3, p. 213.

alors de publier ce qu'il écrit ª : *les libraires ont peur :*
« *L'intolérance augmente de jour en jour. Bientôt on n'y
imprimera plus avec privilège que des almanachs et
que le* Pater *avec des corrections* ᵇ » ; *au surplus, Diderot
devait se promettre sans fin de trouver un jour le loisir
de polir ses ouvrages et de les amener à une forme qui
le fît l'égal de Voltaire* ᶜ.

Schiller *traduit, en 1785, dans la* Rheinische Thalia,
l'épisode de Mᵐᵉ *de La Pommeraye* ᵈ, *retraduit
en français en 1793* ᵉ ; *entre-temps (1792),* Mylius
donnait, en entier, Jacob und sein Herr. *Comme* Les
Deux Amis de Bourbonne, *comme* Le Neveu de
Rameau, Jacques le Fataliste *a donc paru en allemand
avant de paraître en français, chez le libraire Buisson,
en septembre 1796. Un mois après* ᶠ, *l'Institut recevait,
en don, d'Henri de Prusse, souscripteur à la* Correspondance de Grimm, *une copie du texte :* Mᵐᵉ de
Prémontval, *née Pigeon, personnage de notre roman
(p. 101), avait été lectrice chez ce prince* ᵍ.

Jacques *est un récit où l'esthétique du récit intervient
constamment dans la conduite du récit* ʰ. *Le conteur
se place lui-même parmi les protagonistes du conte.
Bien plus! De la scène il nous interpelle, il sollicite
notre avis, nous fait part de ses doutes et de ses hypo-
thèses, puis retourne à ses personnages, nous oublie,*

a. Cf. Dieckmann : *Inventaire du fonds Vandeul et inédits de
Diderot* (Paris, 1951), p. xii.
b. Lettre à Marc-Michel Rey du 14 avril 1777. Dans M. Tourneux,
Diderot et Catherine II, p. 514. Sur la peur des libraires. Cf. du même,
loc. cit., p. 439.
c. Cf. notre article : *Le « Philosophe » Diderot*, dans *Critique*, nº 58,
mars 1952, p. 231.
d. Cf. *Schillers sämtliche Werke*, Säkular Ausgabe, t. II, pp. 148-
190.
e. *Exemple singulier de la vengeance d'une femme*, traduit de
l'allemand par I.-P. Doray-Langrais, Paris, Desenne, 1793, in-8º,
56 p.
f. G. P. Vernière, éd. cit. de *Jacques le Fataliste*.
g. Cf. A. T. VI, pp. 3-4.
h. Pp. 36, 46-47, 49, 71, 74, 78, 96, 99-100, 138, 140, 174, 196-
197, 219, 261-262, 278-279, 286, 295-299, 301, 319, 327.

*se laisse oublier, pour, tout à coup, réapparaître et
dialoguer avec nous — jeu subtil entre le réel de l'imaginaire et l'imaginaire du réel dont il faut saisir et
l'intention et la technique pour ne pas méjuger de l'art
de Diderot. « Philosophe » — théoricien incorrigible —
Diderot doit son art à l'imitation — un beau mot que
l'on n'emploie plus ! — et à la réflexion sur ses modèles.
Quels modèles ?*

*Le XVIIIe est, par excellence, le siècle du Conte.
On sait aussi — avec moins de netteté — qu'il est le
siècle où s'élabore le roman moderne. Il ne saurait
être question d'en faire ici l'histoire littéraire* [a] *et moins
encore de la rattacher au siècle précédent : elle ne pourrait être que fausse. Ne retenir que les grands noms,
c'est rompre le cours naturel et substituer à l'Histoire
les hasards du génie. Lesage ? Certes : mais aussi
Moncrif, Crébillon fils ? Mais aussi Caylus, les contes
du* Bout-du-Banc, *Voisenon, Grecourt, le Chevalier
de La Morlière, et Dorat si l'on veut. Montesquieu ?
Mais aussi Mme de Graffigny. Marivaux et Prévost ?
Mais aussi Duclos. Voltaire ? Mais aussi Marmontel.
Rousseau ? Mais aussi Loaisel de Tréogate. Et puis,
il faudrait encore savoir ce que l'on réédite (Rabelais,
Boccace, Marguerite de Navarre, Tabourot des Accords,
Cervantès, La Fontaine)* [b]*, et ce que l'on traduit (De Foe,
Fielding, Swift, Richardson, Gessner, Sterne). Signalons seulement : Avec le* Télémaque *(1699), le premier
roman d'éducation (le premier des* Bildungsromane*) ;
la vitalité de la tradition picaresque* [c] *et de l'influence*

---

a. J. Robert Loy l'a tenté dans le chapitre II de son *Diderot's
Determined Fatalist* (New York, 1950), la première monographie
consacrée à notre roman.

b. Il faudrait consulter la *Bibliothèque des Romans* (1775). Ne
pas oublier que Rousseau, dans sa jeunesse, se nourrit de *L'Astrée*,
de *Cléopâtre*, de *Cassandre*, de *Cyrus*.

c. Caractéristiques des nouvelles picaresques : non composées
— détails nombreux — aventure toujours localisée avec soin —
verve — satire des ecclésiastiques et de la justice — morale réaliste —
affirmation de l'utilité morale de la Nouvelle. Cf. G. Reynier :
Le Roman réaliste au XVIIe siècle (Paris, 1914), chap. III.

*de Cervantès, transmise par Scarron, reprise par
Lesage, parodiée par Marivaux* ª, *refluant d'Angleterre
avec la fantaisie de Sterne ; l'apparition, avec les* Lettres
persanes (1719), *du genre philosophique, amené à sa
perfection de Conte avec* Voltaire ᵇ *et à toute son am-
pleur de roman avec* La Nouvelle Héloïse (1761) ;
*la double influence anglaise (à partir environ de
1740) :l'humour (*Sterne*) — et le goût du détail concret
(*Richardson*).*

Le temps a dégagé les grandes lignes : Diderot, lui,
s'orientait non seulement d'après les œuvres dont le
nom s'est perpétué et qu'il nous arrive même de lire,
mais encore et surtout d'après les œuvres à la mode qui
ne sont plus citées que dans les thèses universitaires.
Son idée et son idéal se forment par opposition autant
que par approbation. D'ailleurs, l'art du récit se re-
nouvelle ; les genres sont mal définis ; les mots manquent
pour les désigner ou n'ont encore qu'un sens vague.

Huet avait proposé du roman une définition qui eût
pu convenir à l'Éloge de Richardson : « ... ce que l'on
appelle proprement Romans, sont des histoires feintes
d'aventures amoureuses, écrites en prose avec art,
pour le plaisir et l'instruction des lecteurs. Je dis des
histoires feintes, pour les distinguer des histoires véritables. J'ajoute, d'aventures amoureuses, parce que
l'amour doit être le principal sujet du Roman. Il faut
qu'elles soient écrites en prose, pour être conformes à
l'usage de ce siècle. Il faut qu'elles soient écrites avec art,
et sous de certaines règles ; autrement ce sera un amas
confus, sans ordre et sans beauté. La fin principale
des Romans, ou du moins celle qui le doit être, et que
se doivent proposer ceux qui les composent, est l'instruction des lecteurs, à qui il faut toujours faire voir la
vertu couronnée, et le vice puni... » ; il soulignait que

---

a. Dans *Pharsamon ou les Folies romanesques* (1737), en particulier.
b. *Zadig*, 1747 ; *Micromégas*, 1752 ; *Candide*, 1758 ; *L'Ingénu*,
1767 ; *L'Homme aux quarante écus*, 1768.

« *la vraisemblance qui ne se trouve pas toujours dans l'Histoire est essentielle au Roman* » ; *il ajoutait que si les imaginatifs passionnés, comme les enfants et les simples,* « *aiment les fictions en elles-mêmes, sans aller plus loin* », *ceux qui vont au solide* « *se dégoûtent aisément de cette fausseté. De sorte que les premiers aiment la fausseté, à cause de la vérité apparente qui la cache : et les derniers se rebutent de cette image de vérité, à cause de la fausseté effective qu'elle cache* ᵃ... » *Qu'est-ce que Diderot reproche aux* « *romans* » *de son temps ? Exactement ce qu'il reproche à son théâtre : la fausseté, l'invraisemblance. Conduites trop intriguées, personnages conventionnels, dialogues à mille lieues de la nature, dénouements miraculeux, voilà ce que nous voyons sur nos scènes* ᵇ, *voilà ce que nous retrouvons dans la plupart de nos romans. Par roman,* « *on a entendu jusqu'à ce jour un tissu d'événements chimériques et frivoles...* » : *on fait couler le sang le long des lambris, on nous transporte dans des contrées éloignées ; on nous expose à être dévorés par les sauvages ; on nous renferme dans des lieux clandestins de débauche ; on nous perd dans les régions de la féerie* ᶜ. *Non,* « *je ne saurais digérer cela* » ; « *je vois là-dedans un poète qui arrange et non le sort capricieux qui nous joue* » ; *ni vérité dans les incidents, ni vérité dans les discours* ᵈ. *De même que, le plus souvent, au théâtre, on ne rend la représen-*

---

a. Huet : *Traité de l'origine des romans*, 8ᵉ éd., Paris, MDCCXI, pp. 2-5, 10, 197-199 ; première éd., 1671.
b. *Les Bijoux indiscrets*, A. T. IV, pp. 284-288.
c. *Éloge de Richardson*, A. T. V, pp. 212-214.
d. *Analyse d'un petit roman...* A. T. V, pp. 496, 498, 499. « Et puis il y a là-dedans une symétrie qui me déplaît. C'est toujours le sort qui les unit et qui les sépare, et cela dix à douze fois de suite. Je ne lis jamais ces choses-là que je ne me rappelle le poète-curé du Mont-Chauvet, qui disait qu'il n'y avait rien de si facile que de conduire une pièce de théâtre, pourvu qu'on sût compter sur ses doigts jusqu'à cinq ; que selon qu'on voulait que David couchât ou non avec Bethsabée, il n'y avait qu'à dire au premier doigt : David couchera ou ne couchera pas avec Bethsabée ; et aller depuis le pouce jusqu'au petit doigt où David couche ou ne couche pas, selon que le poète en a décidé... »

*ation d'un fait « ni tel qu'il est, ni tel qu'il doit être ^a »,
de même on en vient à définir les êtres moraux — par
exemple le personnage du Père — jamais par ce qu'ils
sont, mais par ce qu'ils doivent être dès qu'on cède à
l'association des idées toutes faites ^b, à « la formule
ridicule ou le petit moule dans lequel on situe tous les
romans d'aujourd'hui ^c ». Quelle instruction attendre
de ces récits sans vraisemblance ? A tel point Diderot
se dégoûte de cette fausseté, que le nom de Roman devient
pour lui péjoratif, vide à peu près de sens technique, et
n'est guère plus employé que comme nous disons entre
nous : « ce n'est pas vrai, c'est un roman ». « Il est bien
évident que je ne fais pas un roman, répète-t-il dans
Jacques, puisque je néglige ce qu'un romancier ne
manquerait pas d'employer » (p. 47) ; « C'est ainsi que
cela arriverait dans un roman... ; mais ceci n'est point
un roman... » (p. 74) ; « je dédaigne toutes ces ressources-là, je vois seulement qu'avec un peu d'imagination et de style, rien n'est plus aisé que de filer
un roman » (p. 279) ; etc. Or, il importe de le remarquer:
comme l'observe Rosenkranz, ce qui caractérise la
structure de Jacques est que l'événement y déçoit toujours
notre attente ^d. Nous reviendrons sur l'intention « philosophique ». Il y a là aussi une intention esthétique, une
critique : un manifeste. Jacques est une théorie concrète
du roman ; une plaidoirie par l'exemple. Et cet exemple,
d'où vient-il ?*

A côté des mauvais romans qui en déconsidèrent
le nom, Diderot aperçoit fort bien ceux qui vont élever
le genre à la dignité littéraire. Il admire Lesage (*A. T. I.,*
p. 360) ; il salue Crébillon le fils (*A. T. IV*, p. 336) ;
il rend hommage à Marivaux et à Fielding, peintres
des mœurs : « ... il y a bien loin de Théagène et Cha-
riclée au Paysan parvenu ou à Joseph Andrews »

<hr>

a. A. T. IV, p. 285.
b. A. T. IV, pp. 28-29.
c. A. S. V., 18 juillet 1862 ; B. I., p. 245.
d. op. cit., t. II, p. 324.

(A. T. V, pp. 499-500) ; il s'attendrit à la lecture de
Prévost : « Chaque ligne de L'Homme *de qualité retiré*
du monde, du Doyen *de Killerine* et *de* Cleveland
excite en moi un mouvement d'intérêt sur les malheurs
de la vertu, et me coûte des larmes » (A. T. VII, p. 313) :
et surtout, il s'enthousiasme pour Richardson. Voilà enfin
la vérité ! C'est pourquoi « je voudrais bien qu'on trouvât
un autre nom (que celui de roman) pour les ouvrages
de Richardson, qui élèvent l'esprit, qui touchent l'âme,
qui respirent partout l'amour du bien, et qu'on appelle
aussi des romans » (A. T. V, p. 213). La vérité ? L'imi-
tation n'est pas copie. Il ne suffirait pas de rapporter les
faits tels qu'ils se sont passés. Comme Huet, Diderot
estime que la vraisemblance, essentielle au roman, ne
se trouve pas toujours dans l'Histoire : pleine de men-
songes, réduite à la peinture de quelques individus
auxquels elle attribue, de façon plus ou moins incertaine,
des faits et des gestes qui ne se répéteront plus, l'Histoire
est inférieure au roman comme celui de Richardson,
qui, plein de vérités, peignant l'espèce humaine, n'at-
tribue donc à l'homme que ce qu'il dit et fait, confor-
mément à son essence : souvent l'histoire est un mauvais
roman, tandis qu'un roman vrai est une bonne histoire
(ibid., p. 221). Autant que de la copie, l'imitation doit
s'éloigner de l'abstraction des conventions, des idées
toutes faites. Ce que l'imitateur doit dégager de ses
modèles subsistant dans la nature, ce n'est pas l'idée
générale, c'est le typique. L'idée générale est abstraite,
son illustration reste froide ; le typique se reconnaît,
se voit, s'entend, s'individualise. Le typique met en
action « tout ce que Montaigne, Charron, La Roche-
foucauld et Nicole ont mis en maximes » (ibid., p. 213).
Bien entendu, selon la maxime en action, on choisira
les caractéristiques du type ; nobles pour les personnages
touchants, basses pour les personnages grotesques ;
de l'universel du Tartuffe *au singulier de ce* Tartuffe *:*
de l'idéal à la satire. Car le typique a ses degrés. Mais
toujours le typique est individualisé : comme dans la

nature, il n'y a point deux feuilles du même vert, il ne doit pas y avoir deux personnages identiques (ibid., p. 221). *A chacun ses mots de caractère et de profession — si difficiles à trouver dans les arts d'imitation! — et qui sont comme autant de cris de la Nature* [a]. *A chacun son langage propre : « Un homme qui a du goût ne prendra point une lettre de Mme Norton pour la lettre d'une des tantes de Clarisse, la lettre d'une tante pour celle d'une autre tante ou de Mme Howe, ni un billet de Mme Howe pour un billet de Mme Harlowe, quoiqu'il arrive que ces personnages soient dans la même position, dans les mêmes sentiments, relativement au même objet »* (ibid., p. 221). *A chacun sa mimique, sa pantomime : car le langage gestuel — c'est tout le sujet de la* Lettre sur les sourds et muets *— est plus primitif, plus vrai que notre langage parlé : « ... il y a des gestes sublimes que toute l'éloquence oratoire ne rendra jamais »* (A. T. I, p. 354, V. 218) ; *spontanément « métaphorique »* (A. T. I, p. 356) *au sens où « toute poésie est emblématique »* (ibid., p. 374) ; *le geste va au cœur de la nature. Enfin, c'est à des détails concrets mais frappants — le son des cloches de la paroisse, le bruit des roues du char, etc. — « à cette multitude de petites choses que tient l'illusion : il y a bien de la difficulté à les imaginer : il y en a bien encore*

---

a. Comment, ici, ne pas citer ? « N'avez-vous pas remarqué, mon ami, que telle est la variété de cette prérogative qui nous est propre, et qu'on appelle raison, qu'elle correspond seule à toute la diversité de l'instinct des animaux ? De là vient que sous la forme bipède de l'homme, il n'y a aucune bête innocente ou malfaisante dans l'air, au fond des forêts, dans les eaux, que vous ne puissiez reconnaître : il y a l'homme loup, l'homme tigre, l'homme renard, l'homme taupe, l'homme pourceau, l'homme mouton ; et celui-ci est le plus commun. Il y a l'homme anguille ; serrez-le tant qu'il vous plaira, il vous échappera. L'homme brochet, qui dévore tout ; l'homme serpent, qui se replie en cent façons diverses ; l'homme ours, qui ne me déplaît pas ; l'homme aigle, qui plane au haut des cieux ; l'homme corbeau, l'homme épervier, l'homme et l'oiseau de proie. Rien de plus rare qu'un homme qui soit homme de toute pièce ; aucun de nous qui ne tienne un peu son analogue animal. : A. T. VI, p. 303.

à les rendre » (*A. T. V*, *p.* 218). *L'illusion ! Il ne s'agit
point, en effet, de démontrer la vérité, mais de la faire
sentir* (ibid., *p.* 215). *Car* « *celui qui agit, on le voit,
on se met à sa place ou à ses côtés, on se passionne pour
ou contre lui ; on s'unit à son rôle, s'il est vertueux ;
on s'en écarte avec indignation, s'il est injuste et vicieux* » ;
on acquiert de l'expérience (ibid., *p.* 213).

Sous sa grandiloquence, l'Éloge *de* Richardson
*formule une esthétique du roman, précise, riche d'avenir
et que l'on retrouve dans* Jacques. *La vérité ! la vérité !*
(*p.* 71), *fût-ce en dépit des règles !* (*p.* 196). *Et partout
le souci de la pantomime expressive, du détail significatif,
du caractère sur le vif saisi dans le typique. Depuis*
l'Éloge *tout au plus* Diderot *a-t-il évolué davantage
vers le réalisme et vers un élargissement de l'art du
romancier : il se garde de ce qui peut puer* « *le Cleveland
à infecter* » (*p.* 71) ; *il est las des contes d'amour* (*p.* 218)
qui définissaient pour Huet *le principal sujet du roman
(qu'on n'oublie pas pourtant les différences d'intentions
qui séparent* Clarisse Harlowe — *ou* La Religieuse —
de Jacques). Jacques *est-il un roman ? Il en a la
longueur* ᵃ. *Mais au nom même de la vérité de ses
peintures — et aussi parce que le genre n'a pas encore
les modèles qui l'authentifient —* Diderot *écarte ce nom
de roman.*

Jacques *est-il une nouvelle ? Il s'en rapproche :
si le secret de la nouvelle est, selon la définition de*
Scarron, *de proposer des personnages* « *plus à la portée
de l'humanité, que ces héros imaginaires de l'Anti-*

a. D'Alembert, dans ses *Synonymes*, propose : « *Conte, fable,
roman*. Ces trois mots désignent des récits qui ne sont pas vrais :
avec cette différence, que *fable* est un récit dont le but est moral,
et dont la fausseté est souvent sensible, comme lorsqu'on fait parler
des animaux ou des arbres ; que *conte* est une histoire fausse et
courte qui n'a rien d'impossible, ou une *fable* sans but moral ; et
roman, un long *conte*... » et il ajoute : « *Conte* se dit aussi des histoires
plaisantes, vraies ou fausses, que l'on fait dans la conversation ;
fable, d'un fait historique donné pour vrai, et reconnu pour faux ;
et *roman*, d'une suite d'aventures singulières réellement arrivées
à quelqu'un. » (*Œuvres complètes*, Paris, 1822, t. IV, pp. 252-253.)

quité ».. Cependant, la nouvelle doit être une « petite histoire » et son sujet « d'une extrême simplicité » : « vous avez fait un roman en lettres du sujet d'une nouvelle », reproche Diderot à Mme Riccoboni (A. T. VII, p. 408).

Jacques est-il un conte ? Pas plus qu'un roman (pp. 74, 78...) si l'on suppose qu'il invente sans modèles dans la nature. Mais comme genre littéraire ? Il semblerait d'abord que oui : le conte, « c'est un récit fabuleux en prose ou en vers, dont le mérite principal consiste dans la variété et la vérité des peintures, la finesse de la plaisanterie, la vivacité et la convenance du style, le contraste piquant des événements », sans unité de temps, d'action ou de lieu, dont « le but est moins d'instruire que d'amuser » — par tous ces traits il se distingue de la fable — bref « le conte est une suite de comédies enchaînées les unes aux autres » (A. T. XIV, p. 218). Diderot pense à La Fontaine. Pour entrer sous cette définition, Jacques a trop d'étendue ; il n'est pas « fabuleux », l'intention d'instruire y est au moins égale à celle d'amuser, et l'épisode principal — de Mme de La Pommeraye — s'élève au drame balzacien ^a. Toutefois, le mot conte ne signifie pas seulement mensonge ou petite histoire piquante : pris généralement, il signifie récit, de quelque genre littéraire qu'il relève, et Diderot en distingue trois sortes : 1° le conte merveilleux (Homère, Virgile, Le Tasse) où la nature est « exagérée », la vérité « hypothétique », c'est-à-dire que la nature y est à une autre échelle, et la vérité, semblable mais non égale à la nôtre ; 2° le conte plaisant (La Fontaine, Vergier, l'Arioste, Hamilton) qui « ne se propose ni l'imitation de la nature, ni la vérité, ni l'illusion », mais la gaieté, l'extravagance et le charme de la forme ; 3° le conte historique (Scarron, Cervantès, Marmontel...), parsemé de « petites circonstances si liées à la chose, de traits si simples, si naturels et toutefois si difficiles à

---

a. Rosenkranz, *op. cit.*, p. 325.

trouver... *que la vérité de la Nature couvrira le prestige
de l'art ; et qu'il satisfera à deux conditions qui semblent
contradictoires, d'être en même temps historien et poète,
véridique et menteur* ᵃ ». En ce sens, il n'est pas douteux
qu'avec Jacques le Fataliste, Diderot n'ait voulu écrire
un conte historique.

Mais aujourd'hui, sous quel nom ranger ce récit ?
On a parlé d'une sotie, selon le sous-titre de Gide à
ses Caves du Vatican ᵇ : si c'est là indiquer un ton,
ce n'est pas définir un genre ; et c'est, en outre, s'exposer
à l'illusion rétrospective que de considérer une œuvre
du passé à travers une œuvre récente. Du roman, Jacques
a l'étendue, le grand nombre de situations et de caractères, le goût d'instruire, le désir d'élargir notre expérience. Cependant, l'épisode de Mᵐᵉ de La Pommeraye
mis à part, Jacques est composé d'une « suite de comédies », souvent plus amusantes qu'instructives, ou,
comme dit M. Mornet, de « récits-parenthèses ᶜ ». On
peut y voir une liasse — on eût dit autrefois : un ramas
— de contes ᵈ. Et certes, on invoquera, avec Diderot
même, les exemples de Rabelais, de Cervantès, de Sterne.
Jacques n'est pas sans traditions. Mais l'embarras
où nous restons de le classer montre qu'il va plus loin
et nous replace à cette date où le roman, pour se dégager du
passé — les tissus d'histoires chimériques —, se nourrit
au réalisme picaresque, emprunte à la vivacité du conte
arrivé à sa perfection, s'engage sur la voie du roman
moderne.

---

a. *Les Deux Amis de Bourbonne*, A. T. V, pp. 276-277. Ces dis-
tinctions correspondent à peu près à celles que Diderot établit pour
le théâtre : cf. F. Vexler : *Studies in Diderot's esthetic Naturalism*
(New York, 1922), p. 13.

b. André Billy, dans son édition des *Œuvres de Diderot* (Bibliothèque de la Pléiade), p. 1442. N. L. Torrey emploie le même mot
et dans le même sens pour *Le Neveu de Rameau* (*The Romanic
Review*, vol. XLI, nᵒ 4, déc. 1950, p. 301).

c. D. Mornet : *Diderot, l'homme et l'œuvre*, Paris, 1941, p. 129.

d. Rosenkranz : *op. cit.*, p. 316 : *ein Convolut von Erzählungen*.

Ces remarques éclairent-elles, ne disons pas le plan mais la structure de Jacques le Fataliste *?*

*Que Diderot n'ait pas suivi un plan préétabli — en vain en avons-nous cherché un — bien des signes en avertissent. L'œuvre est reprise plusieurs fois. Chaque fois l'auteur ajoute : ici, une pointe contre un abbé (p. 162), là un tableau (p. 233), ailleurs (p. 90), et puis ailleurs (pp. 152, 256) un nouveau conte-parenthèse. Une histoire forme-t-elle un tout composé ? Il brise ce tout : qu'on se rapporte à la traduction de Schiller, ou — ce qui revient au même — qu'on lise l'épisode de M*me *de La Pommeraye en sautant toute interruption de l'hôtesse et de ses auditeurs. Diderot va plus loin : en plus de ces interruptions, il coupe l'épisode, après coup, par la fable du coutelet, les souvenirs de Jacques sur l'oncle Jason, l'anecdote du camarade du capitaine. A certaines hésitations, on devine que Jacques et son maître n'avaient pas au départ leurs traits définitifs : il n'est pas dans le caractère du Maître — une autre scène en témoigne (pp. 207-213) — de « tomber à grands coups de fouet sur son valet » (p. 36), ou de faire un discours trop « philosophique » pour son rôle (p. 110) ; et lorsque Diderot s'aperçoit seulement à la page 262 qu'il a oublié de nous dire « Jacques n'allait jamais sans une gourde », cette gourde devenant aussitôt attribut essentiel du personnage, alors on ne peut plus douter que toute cette fin est écrite après coup et que l'auteur s'est embarqué sans avoir concerté exactement son plan.*

Un défaut ? Mais s'il se trouvait au contraire que ce défaut fût prémédité ? Qu'il nous livrât, en son principe, la structure même de Jacques *? Enfin, qu'il précisât la pensée de l'auteur sur ce genre d'ouvrage, dont nous ne savons plus au juste s'il faut l'appeler un roman, un conte, une nouvelle ? Ces genres, ce n'est pas dans les Rhétoriques du temps qu'on en trouvera les formules : ils n'ont guère droit de cité, nul ne songe à les mettre au rang de l'ode ou de la tragédie, ils n'ont pas conquis leurs titres de noblesse : ce sont des genres secondaires.*

*Ils y gagnent en liberté. Aussi, jamais l'art du récit
n'a exprimé plus clairement qu'au XVIIIe siècle les
conditions sociales où il s'exerce. C'est dans le monde,
c'est dans les relations quotidiennes qu'il faut voir
comment il se forme. Conversation, lettres, et — longues
lettres posthumes — Mémoires, voilà les titres et la
forme à peu près de tous les romans au XVIIIe siècle.
C'est pourquoi d'Alembert nous définit mieux le conte
et le roman tels que nous les lisons lorsqu'il parle en
homme du monde, qu'en parlant en rhétoricien : roman,
... « suite d'aventures singulières » ; « conte se dit aussi
des histoires plaisantes, vraies ou fausses, que l'on
fait dans la conversation ». La conversation ? Ne cher-
chons pas ailleurs la structure de* Jacques. *Écoutons
plutôt* Diderot.

Quel causeur ! « Qui n'a connu Diderot que dans ses
écrits ne l'a point connu... Toute son âme était dans ses
yeux, sur ses lèvres... », *rappelait Marmontel* [a], *qui eût
bien voulu communiquer quelque chose de cette chaleur à
son Bélisaire.* « A propos, on a prétendu que Marmontel
a pris mon ton pour modèle de celui de son héros. Il me
semble pourtant que je ne suis ni si froid, ni si commun,
ni si monotone... Notre ami Marmontel disserte, disserte
sans fin, et il ne sait ce que c'est que causer [b]. » *Diderot,
lui, le sait. Il le sait tant qu'il ne peut lire sans prendre
un rôle dans l'ouvrage :* « On se mêle à la conversation, on
approuve, on blâme, on admire ou s'irrite, on s'indigne [c]. »
Et enfin, « lorsqu'on fait un conte, c'est à quelqu'un qui
l'écoute ; et pour peu que le conte dure, il est rare que le
conteur ne soit pas interrompu quelquefois par son auditeur. Voilà pourquoi j'ai introduit dans le récit qu'on va
lire... un personnage qui fasse à peu près le rôle du
lecteur [d]... » *Personnage jamais absent : et Diderot nous
le fera jouer dans* Jacques.

a. Œuvres posthumes, *Paris, 1804, t. II, p. 313 sq.*
b. Lettres à Falconet, *juillet 1767, A. T. XVIII, p. 238.*
c. Éloge de Richardson, *A. T. V, p. 213.*
d. Ceci n'est pas un conte, *A. T. V, p. 311.*

*Voilà donc le principe de la structure : l'interruption.
Son but n'est pas de décevoir mais d'exciter l'attente du
lecteur. Ce retardement de la fin qui en avive l'impatience — et sur lequel Diderot a insisté dans l'Éloge de
Richardson* [a] — ne doit pas être confondu avec la déception, dont parle Rosenkranz. Cette déception — rien ne se
passe comme nous l'attendions — concerne la signification du récit, non sa forme, tandis que le retardement
répond à une intention esthétique. Au reste notre attente
n'est pas déçue. « Comment s'étaient-ils rencontrés ?...
Où allaient-ils ?... » Nous l'apprendrons beaucoup plus
tard, aux pages 205, 316 : mais nous l'apprendrons.
En même temps, l'interruption permet de susciter toutes
sortes de personnages, de renouveler les questions,
d'étendre notre expérience, et cela en imitant la vie, faite,
elle aussi, de telles rencontres, de répétitions, de doutes,
de spectacles tantôt communs, tantôt aussi inexplicables
que le curieux convoi funèbre qui surprend Jacques et
son maître (p. 82).*

*Tout autant que la vie, objectera-t-on, Diderot imite
Rabelais, Cervantès, Sterne* [b]*, qu'à croire certains il
plagie* [c]*.*

*L'interruption continuelle est effectivement le procédé
systématique* [d] *de l'auteur anglais : « C'est par cet art
que la disposition de mon ouvrage est d'une espèce particulière. — J'y concilie à la fois deux mouvements contraires et qui paraissent inconciliables. Il est en même
temps digressif et progressif. » Pourtant, on ne compren-*

---

a. A. T. V, p. 218 : « Lorsque votre impatience aura été suspendue
par ces délais momentanés qui lui servaient de digues, avec quelle
impétuosité ne se répandra-t-elle pas au moment où il plaira au
poète de les rompre! »

b. Nous n'avons pu nous procurer l'étude de Charles Sears Bal-
dwin : *Diderot et Sterne* (1902). Henri Fluchère : *Laurence Sterne*
(Paris, 1961), renvoie à Brown Barton : *Étude sur l'influence de
Sterne en France au XVIIIe siècle* (Paris, 1911).

c. Cf. plus loin.

d. La vie et les opinions de Tristram Shandy, traduit de l'anglais
par Frenais, 4 tomes en 2 vol., à York, 1765, I, chap. XXIV,
p. 122.

drait guère qu'en des ouvrages comme Tristram Shandy,
Jacques le Fataliste, *dont le plan n'est pas calculé et
arrêté d'avance, la différence des esprits ne se traduisît
point par des différences de structures dans le détail et
dans l'ensemble. Sterne peint par pointillisme d'humour :
contrastes, coq-à-l'âne, double sens, jeux de mots parfois
mot à mot. A cette digression par touches, qu'on oppose
chez Diderot la digression par masses, à ce pointillisme,
le trait. Sterne nous peint une famille, on voit la carica-
ture apparaître — par le nez ? le soulier ? la canne ? peu
importe ! de touche en touche, il la complète : Diderot en
deux mouvements campe son personnage. Sterne émiette
l'anecdote ; à isoler puis rassembler ses éléments, on ne
peut en rendre la vie : Diderot semble diviser après coup
ce qui était d'une tenue ; il n'est que de sauter les interruptions et l'on retrouve, aussi vivant, plus vivant même,
l'épisode qui forme conte. S'élève-t-on à la vue d'ensemble
de l'une et l'autre de ces œuvres ? On a d'abord la surprise
de constater que les perspectives s'inversent : le progrès du
récit a lieu par masses chez Sterne et par touches chez
Diderot. C'est que les âges d'une vie — la naissance de
Shandy, son éducation, ses voyages, les amours de l'oncle
Tobie et celles du caporal Trim — ne sont pas les étapes
d'un court voyage. Par de rapides transitions, Sterne
passe d'un âge à l'autre, s'y installe, l'épuise et procède
à l'âge suivant. Diderot est interrompu par les incidents
du voyage — les rencontres que l'on y fait, les confessions
qu'on y écoute — mais le voyage se poursuit. Sterne a
pour monde une famille avec ses domestiques ; Diderot
ouvre son récit à toute espèce de rencontres. Et qu'en
résulte-t-il ? Ceci. Sterne, au cœur de sa toile, tisse son
œuvre en va-et-vient : court à l'oncle Tobie, revient, repart
vers le père, ou la mère, revient, saute au docteur Slop,
revient, vole vers Trim, revient, etc... ; sa digression est
en étoile. Chez Diderot, autre structure. Soit les épisodes $A = a_1 + a_2 + a^3$, $B = b_1 + b_2$, $C = c$,
$D = d_1 + d^2$. Chacun pourrait former un tout. Diderot
en sépare et en tresse les éléments selon un schème pro-*

gressif qui serait à peu près : $a_1 — b_1 — a_2 — c — b_2$
*— d_1 — a_3 — d_2... Mais l'essentiel reste à dire. Le
conteur, dans* Tristram Shandy, *se donne, à la manière
des mémorialistes, comme le principal protagoniste de
son conte :* Tristram Shandy. *Nous suivons avec lui le
cours chronologique de son existence, et, tant que dure la
lecture, une fois adopté le point de vue du narrateur,
nous nous mouvons dans un seul monde imaginaire
analogue au monde quotidien. Or le conteur de* Jacques
*se présente comme conteur : Diderot même. Voilà aussitôt
introduite, dans la structure du récit, une nouvelle dimen-
sion. Nous sommes occupés à lire. Nous savons bien que
nous lisons, mais notre conscience se captive pour un
imaginaire qui fonctionne comme un réel : ce réel de
l'imaginaire a un présent — les péripéties d'un voyage
— et un passé — les souvenirs que se racontent les héros.
Brusquement, Diderot se tourne : « Lecteur, causons ensemble. » Alors, c'est Diderot qui est réel et sa présence
déconsiste le présent de ses personnages. Mais cette
présence, à son tour, devient imaginaire : non pas tant
parce que Diderot n'est plus, mais parce qu'il joue au
conteur : comme le comédien, il perd sa qualité d'individu
déterminé pour se muer en personnage. Ainsi la structure
de* Jacques *développe deux perspectives : le conte avec sa
progression et ses digressions en rameau, son présent, son
passé d'histoire fictive ; et, en avancée de l'imaginaire, le
conteur dont les souvenirs, les remarques, l'invention des
actes possibles qu'il eût pu nous donner à croire forment
une nouvelle trame de durée et de liaison.*

Accompagnerons-nous Jacques *et son* Maître ? *Nous
voici chevauchant, entre 1765 et 1775, sur les routes de
France. Analyserons-nous, dans leur variété, les personnages et leurs « idiotismes » ? Voici Gousse dont la tête
ne contient pas plus de morale « qu'il n'y en a dans la
tête d'un brochet », l'hôtesse, les deux poings aux côtés,
vomissant des injures, Mme de La Pommeraye, capable
d'une extraordinaire vengeance, le candide Richard devant*

*le père Hudson, ce génie de l'intrigue, la fille d'Aisnon
« mais sans aucun esprit de libertinage », le chevalier
d'industrie Saint-Ouin, le... non, vraiment, ils sont
trop ! Enquêterons-nous sur la vie, les mœurs du
XVIIIᵉ siècle ? Voici le paysan, toutes sortes de domestiques, l'aubergiste, le chirurgien, les moines, l'usurier,
la tenancière de tripot, le policier, la châtelaine, l'officier...
Préférons-nous discuter sur la situation féminine, le
duel, les superstitions, les présages, les grands crimes,
l'incertitude de nos jugements, l'art du conte ? A quoi
bon ! Il suffit de lire.*

*Mais Jacques et son Maître ? Ils peuvent renseigner
sur le travail de Diderot. D'où viennent-ils ?*

*D'abord des livres. Un peu de Cervantès : leur situation
itinérante. Un peu de Rabelais : la divine Bacbuc. Un
peu, si l'on y tient, du* Compère Mathieu ᵃ. *Bien plus
précisément de Sterne. Jacques est à son Maître ce que
Trim est au capitaine Tobie : ici, on peut aller jusqu'au
détail et, parfois, jusqu'au mot à mot ᵇ : blessé au genou
à la bataille de Landen — le roi Guillaume disait que
chaque balle avait son billet —, mis dans une charrette
avec trente ou quarante blessés pour être conduit à l'hôpital, recueilli dans une maison de paysans, réconforté,
payant avec l'argent que son frère lui avait donné en
partant pour Lisbonne, une jeune femme le soigne, frictionne la blessure, frictionne, frictionne, et... « voici le
second paragraphe, copié de la vie de* Tristram Shandy »
qu'on retrouve dans Jacques — « à moins, continue
Diderot, que l'entretien de Jacques le Fataliste et de son
maître ne soit antérieur à cet ouvrage, et que le ministre*

ᵃ. Dans les *Diderot Studies* édités par Otis E. Fellows et Norman
L. Torrey (Columbia University, 1949), Alice G. Green et Otis
E. Fellows ont essayé de montrer ce que Jacques pouvait devoir à
cette œuvre (1766-1773) de l'abbé Dulaurens, attribuée à Voltaire.
On trouve encore l'édition — un peu écourtée — faite à Paris en
1911 (Bibliopolis, édit.). Il ne semble pas que Diderot lui doive
beaucoup.

ᵇ. *Tristram Shandy*, IV, chap. XLV.II-L, pp. 143-158. Pour
plus de détails, se référer aux notes.

*Sterne ne soit le plagiaire, ce que je ne crois pas, mais par
une estime toute particulière de M. Sterne, que je distingue de la plupart des littérateurs de sa nation, dont
l'usage assez fréquent est de nous voler et de nous dire
des injures »* (p. 327). *Il suffit de lire cette phrase pour
comprendre que l'emprunt avoué de Diderot à Sterne a
une intention polémique. Sans doute répond-elle à l'attaque de Sterne dans le même* Tristram Shandy : « *Dites-
moi, je vous prie, si vous ne devinez pas pourquoi la
troupe entière de nos fabricants de Drames a pris pour
modèle l'exemple de Trim et de mon oncle Tobie ? —
Ariston et Pacavins, le Bossu et Riccoboni, Did... et tant
d'autres graves Précepteurs du Théâtre, sont des Messieurs, grâce à Dieu, que je n'ai jamais lus, et je m'in-
quiète peu de ce qu'ils disent ou ne disent pas. Ai-je donc
besoin de leur avis pour avoir une opinion* ª ? » *Diderot
relève le gant. En empruntant à Sterne, il peut le défier
sur son propre terrain.*

*Mais Jacques n'est pas Trim, ni son maître, l'oncle
Tobie. Qui sont-ils ? Franco Venturi dit fort bien que* Le
Neveu de Rameau, Jacques le Fataliste *sont « veinés »
de souvenirs des premières années de Diderot, « passées à
Langres et à Paris, avec ses premières expériences et ses
premières pensées. En les lisant, on a l'impression de voir
affluer çà et là des faits, des allusions se rattachant au peu
que nous savons sur cette période de sa vie. Mais ce sont
là des apparitions fugitives qui, une fois détachées du
texte, et isolées, semblent s'éteindre et perdre cette clarté
autobiographique qu'on leur donne...* Jacques le Fataliste *est peut-être l'exemple le plus typique de cela. C'est
un étrange dialogue entre un Diderot, jeune, enthou-
siaste et fataliste, et un Diderot plus vieux, devenu plus
sage, qui ne tire pas fierté de cette tardive sagesse, mais
continue de se résigner au cours des choses et de la
nature...* ᵇ » *L'hypothèse — Diderot jeune et fataliste,*

---

a. II, chap. xlv, p. 134.
b. Franco Venturi : *Jeunesse de Diderot* (de 1713 à 1753), trad.
Juliette Bertrand (Paris, 1939), p. 14. Dans son édition de *Jacques*

Diderot vieux et résigné — *peut soulever les mêmes doutes
que l'hypothèse du Neveu, portrait double* — *le neveu et le
philosophe* — *de Diderot.*

Il est au moins certain que, si l'auteur s'est projeté
— comme tout auteur — inconsciemment dans ses personnages, c'est quelquefois, aussi, consciemment. Lorsque le
Maître dit à Jacques : « Jacques, mon ami, vous êtes un
philosophe, j'en suis fâché pour vous... » et qu'il le compare à Socrate (p. 110) — un Socrate dont le daïmon prend
le nom de Destin (pp. 81, 88) — on ne peut s'y tromper :
Diderot parle de lui-même. Car nous savons d'où vient
cette comparaison : de Voltaire écrivant à l'abbé Raynal,
le 30 juillet 1749, lors de l'incarcération de Diderot :
« Mᵐᵉ du Châtelet a écrit au gouverneur de Vincennes
pour le prier d'adoucir, autant qu'il le pourra, la prison
de Socrate-Diderot... » Et Franco Venturi, qui cite cette
lettre, note combien le symbole Socrate-Diderot, qui appa-
raît ici pour la première fois, prendra d'importance
« dans toute la polémique de l'Encyclopédie et particuliè-
rement au moment de la comédie des " Philosophes " ᵃ ».

Réminiscences ou emprunts livresques, projection ou
description de soi — souvenirs de personnes parfois

le *Fataliste* (Lausanne, 1952), Mᵐᵉ Dominique Aury estime, p. 33,
que la dualité Jacques - le Maître « est pure fiction : qu'est-ce qui
différencie Jacques de son Maître ? » C'est le portrait en double de
Diderot. Nous l'avons rappelé à plusieurs reprises — en particulier
dans notre article *Les protagonistes du Rêve de d'Alembert* (*Diderot
Studies*, t. III, 1961) —, les œuvres de notre conteur sont pétries
d'allusions analogues à celles de nos revuistes ou de nos chansonniers :
le plus souvent, elles nous échappent, mais elles étaient accessibles
à ses contemporains ou, du moins, à ses familiers et elles ajoutaient
au texte un piment que nous ne pouvons plus goûter. M. Jacques
Proust va encore plus loin que nous dans son Introduction à Denis
Diderot, *Quatre contes* (Genève, 1964, p. XLI) : « L'exemple de
Mystification, celui de Gardeil et de Mˡˡᵉ de La Chaux, sans parler
du *Neveu de Rameau*, de *La Religieuse* et de *Jacques le Fataliste*,
nous permettent d'affirmer presque à coup sûr que Diderot n'a,
à la lettre, rien inventé dans aucun de ses contes : il a simplement
amalgamé des faits, recomposé des suites chronologiques, typé des
personnages. » Cf. également Paul Vernière : *Diderot et l'invention
littéraire : à propos de « Jacques le Fataliste »*, dans *R. H. L. F.*,
juin 1959.

a. *Op. cit.*, pp. 189-190.

nommément désignées —, *nous voyons d'où l'auteur tire en partie ses personnages. Le reste est part de l'invention, et l'on ne peut en faire la mesure.*

Quelle est, pour Diderot, la signification de Jacques ? Bien entendu, la réponse à cette question ne saurait dépasser le commentaire vraisemblable.

D'abord, on ne répétera jamais assez que Diderot veut, avant tout, écrire un conte. Il aime tant à raconter ! Comme on l'écoute ! Comme il plaît ! ah ! il va nous montrer de quoi il est capable ! Un de ses détracteurs s'oubliera à le reconnaître : Diderot, critique, « a le don le plus rare. Il a l'invention » : il ne se borne pas à dire : voilà ce qu'il ne faut pas faire, — il a la puissance de dire : « Tenez ! voilà comment il fallait s'y prendre ᵃ... » Diderot pense à Sterne et à Voltaire : il pense aux Marmontel et aux Riccoboni. Il critique à la fois le fond — la vérité ! la vérité ! — et la forme — au diable les portraits ! et ne faut-il pas renoncer au procédé des lettres ᵇ ? Telle est la signification esthétique de Jacques.

Mais c'est Jacques le Fataliste. Le surnom fait valoir une intention philosophique. Très certainement Diderot veut écrire un anti-Candide. Le Système de la Nature vient de paraître. Voltaire attaque en continuant ses Questions sur l'Encyclopédie. Quoi ? au moment où l'intolérance contre les « philosophes » se réveille ? Alors, vive d'Holbach ! Diderot a-t-il rédigé l'Abrégé final du Système de la Nature ᶜ ? Jamais il n'a été si proche de d'Holbach — plus proche même qu'il n'en prend conscience à Paris ; il suffit de se reporter aux textes de Russie : « Aucune des choses que j'ai écrites à Pétersbourg ne

---

a. J. Barbey d'Aurevilly : *Gœthe et Diderot* (Paris, 1913), p. 200.

b. Pp. 286, 298, 301. La Bruyère, par ses portraits, a eu grande influence sur les romanciers du siècle. Le portrait aura la vie plus longue que les lettres (les *Mémoires de deux jeunes mariées*, de Balzac, est sans doute le dernier grand roman par lettres). En sa forme, le roman moderne doit bien davantage au développement de l'art du conte qu'à celui du roman épistolaire.

c. A. T. IV, pp. 107-117.

*me serait venue à Paris. Combien la crainte retient le
cœur et la tête! Quel singulier effet de la liberté et de la
sécurité* ª *!* ». D'Holbach? *Nous arrivons à Spinoza. Le
fatalisme ne peut être que le fameux* fatum *spinoza-*
num ᵇ. *Comment en douter? Spinoza n'est-il pas* « *le
premier qui ait réduit en système l'athéisme... selon la
méthode des géomètres* »? (A. T. XVII, p. 170) ; *qui,
niant ce que l'on dit des esprits, nous guérit de l'apparition des fantômes?* (ibid., p. 183) ; *qui, ramenant le
sentiment de liberté à une ignorance des causes, nous
montre* « *que nous n'agissons pas parce que nous le
voulons, mais que nous voulons parce que nous agissons.
C'est là la vraie distinction entre la liberté et la fatalité* »
(A. T. XV, p. 479) ? *Jacques est spinoziste. On le répète.
Mais davantage, croyons-nous, faudrait-il penser à
Leibniz. Que dit Leibniz* pour Diderot? *Que tout est
plein, que tous les êtres sont liés entre eux et au tout,*
(A. T. XV, pp. 461-462). *Par conséquent, tout s'enchaîne
et l'on n'aperçoit plus comment* « *la liberté de l'homme
peut se conserver* » (ibid., p. 464). *Son système, comme celui
des Manichéens, est une* « *éponge de toutes les religions* »
(A. T. XVI, pp. 72, 66). *Leibniz croit échapper à Spinoza
et fonder l'optimisme par la théorie des mondes possibles.
Bien entendu, Diderot rejette cette théorie. Il voit* « *plus
de tête dans l'*Harmonie préétablie *de Leibniz, ou dans
son* Optimisme *que dans tous les ouvrages des théologiens
du monde, que dans les plus grandes découvertes, soit en
géométrie, soit en mécanique, soit en astronomie* »
(A. T. II, p. 348) ᶜ; *mais il ne retient la définition
leibnizienne du possible* — *ce dont le contraire est
impossible* (A.T. XV, p. 502) — *que pour la retourner
contre la thèse de la contingence : la croyance
en d'autres possibles n'est qu'un effet de l'igno-*

---

a. *Diderot et Catherine II,* p. 320.

b. Les dévots, écrit d'Alembert à Frédéric II, le 30 novembre
1770, « nous aimeraient autant athées que spinozistes, comme nous
le sommes » (éd. cit., t. V, p. 303).

c. Ce dernier texte (1773-1774) est, notons-le, contemporain
de la rédaction de *Jacques.*

*rance, et tout est nécessaire. Ignorance et passion
nous font invoquer le hasard, lorsque notre attente est
déçue : mais cette déception — nous retrouvons ici la
remarque de Rosenkranz — devrait plutôt convaincre de
la nécessité des choses. Ignorance et passion nous rendent
sensibles aux présages : « un moment de réflexion sur
l'enchaînement universel des êtres aurait renversé toutes
ces idées : mais la crainte et l'espérance réfléchissent-
elles ? » (A.T. XIV, p. 292)* [a]. *Ignorance et passion
suscitent des* signes *partout et nous font prendre pour*
inspiration *des coïncidences fortuites (ibid., p. 294) ;
mais l'inspiration véritable — le démonisme socratique
ou l'induction scientifique chez les hommes doués d'une
grande sensibilité d'observation — résulte de l'expérience ;
elle est le jugement subit, analogique, formé par une foule
d'impressions dont la mémoire passe et dont la résonance
se conserve : « Ils se croient inspirés et ils le sont en effet,
non par quelque puissance surnaturelle et divine, mais
par une prudence particulière et extraordinaire » (A.T.
XVII, p. 243)* [b], *prudence soumise elle aussi à la nécessité : du coup, nous comprenons que Jacques, doué d'une
grande sensibilité observatrice (p. 214), fasse du destin
son* daïmon. *Pour Diderot « philosophe », le possible n'est
qu'un fantôme. Le monde est ce qu'il est et il ne pouvait
être différent. Mais Diderot artiste s'arrête, vivement
frappé par la « rêverie » leibnizienne : « Leibniz, le
fondateur de l'optimisme, aussi grand poète que profond
philosophe, raconte quelque part qu'il y avait dans un
temple de Memphis une haute pyramide de globes placés
les uns sur les autres ; qu'un prêtre, interrogé par un
voyageur sur cette pyramide et ces globes, répondit que
c'étaient tous les mondes possibles, et que le plus parfait
était au sommet ; que le voyageur curieux de voir ce plus
parfait des mondes, monta au haut de la pyramide et que*

---

a. La réflexion explique rationnellement ou dissipe les pressentiments symboliques : cf. pp. 109-112.

b. On retrouvera dans *Jacques* tous les thèmes que nous venons
de signaler.

*la première chose qui frappa ses yeux attachés sur le
globe du sommet, ce fut Tarquin qui violait Lucrèce ª. »
On a deviné quel parti Diderot va tirer de cette rêverie.
Il écrit un anti-*Candide*. Voltaire raillait l'optimisme.
Diderot s'inspire à son tour du fondateur de l'optimisme :
il supprime Dieu du système, et ne voit plus en ce système
qu'un fatalisme à la façon de Spinoza, tel, du moins,
qu'il l'interprète ᵇ. Voilà, du coup, une arme contre le
déisme et Voltaire. Ce n'est pas tout. Si le possible est
irréel, il s'oppose à la vérité. Voici une arme contre les
conteurs qui, démiurges de leurs mondes imaginaires, ou-
blient la vérité pour choisir entre les possibles illusoires, de
convention. « Lecteur, il ne tiendrait qu'à moi... » Tout au
long de* Jacques ᶜ, *Diderot a recours à cette arme-critique,
à ce jeu des possibles auxquels les suggestions du fondateur de l'optimisme ne sont certainement pas étrangères.*

Nul ne songerait cependant à aller chercher dans
Candide *ou dans* Jacques le Fataliste *une leçon de
spinozisme ou de leibnizianisme. Non point que Diderot
n'ait voulu, sérieusement, être un philosophe ᵈ. Mais
d'abord, comme tous les philosophes des Lumières, il ne
croit pas la métaphysique possible, surtout à la manière
déductive des géomètres. « Balivernes » (p. 307). Superstitions ! Beau texte pour des bécassines « qui s'engraissent
dans le brouillard ᵉ ». Sans doute s'y laisse-t-il prendre :
« J'enrage d'être empêtré d'une diable de philosophie
que mon esprit ne peut s'empêcher d'approuver, et mon
cœur de démentir*ᶠ. » *Mais* Jacques *n'est pas un Traité.
C'est un conte. S'il y a quelque chose à prendre au sérieux
dans sa philosophie, c'est, avant tout, le manque
de sérieux de la philosophie. Spinoza ? Leibniz ?*

---

a. A Sophie Volland, 20 octobre 1760, B., t. I, p. 155.
b. Ajoutons que la dynamique leibnizienne, rejetée par Voltaire,
permettait une théorie de la matière favorable au matérialisme.
c. Cf. par ex. pp. 36,38, 46, 47, 49-50, 74, 77-78, 96, 114-115,139, ...,
295,...
d. Cf. notre *Esthétique sans paradoxe de Diderot* (Gallimard, 1951,
1973.)
e. *Diderot et Catherine II* p. 269.
f. Fragment sans date, B., t. II, p. 274.

Diderot en use, comme Valéry protestait user des mots philosophiques — pour leur coloris, pour leur ton —, en poète et non plus en spécialiste. Et ici nous ajouterions volontiers, avec M. Jacques Scherer : « En réalité, le fatalisme de bazar qu'arbore Jacques n'est destiné qu'à faire ressortir sa liberté, et sa liberté est d'autant plus parfaite qu'il n'existe pas à la manière d'un être réel. A l'image de ce personnage exemplaire, ce qu'exalte le roman est la liberté de l'écrivain qui l'a conçu ᵃ. »*

Si l'on admet que telle ait pu être pour Diderot la signification de son ouvrage, autre chose est de demander ce qu'elle peut être pour nous : non plus ce que l'auteur a voulu dire, mais ce que son ouvrage veut dire. Aussitôt que de points de vue ! Pour l'un, à la lumière du freudisme, le dialogue de Jacques et de son maître exprime le conflit entre l'Id et l'Ego de l'Encyclopédiste ᵇ *; pour l'autre, à la lumière du marxisme, une dialectique manquée* ᶜ*, tandis que, pour un autre encore, à la lumière de l'idéalisme, une dialectique réussie* ᵈ*. Pour nous, la meilleure interprétation est celle qu'on obtient en appliquant à* Jacques *ce que Hegel — qui semble l'avoir lu très jeune — écrit de la satire et de l'indépendance des « originaux » comme Jacques, de ces « caractères » soumis*

a. Jacques Scherer, *Le Cardinal et l'Orang-outang*, Paris, 1972, p. 177-178. Ou comme dit Naigeon, en commentaire de l'article *Épicurisme* de Diderot (A. T. XIV, p. 329) : « J'ai fait voir ailleurs que le système de la nécessité, qui paraît si dangereux aux théologiens, et à ceux qui ne font pas un meilleur usage de leur raison, ne l'est point et ne change rien au bon ordre de la société... C'est une dispute de gens oisifs qui ne méritent pas la moindre animadversion de la part du législateur. Seulement notre système de la nécessité assure à toute cause bonne ou conforme à l'ordre établi son bon effet, à toute cause mauvaise ou contraire à l'ordre établi son mauvais effet ; et en nous prêchant l'indulgence et la commisération pour ceux qui sont malheureusement nés, nous empêche d'être si vains de ne pas leur ressembler ; c'est un bonheur qui n'a dépendu de nous en aucune façon. »

b. Alice G. Green. Comme pour Lionel Trilling, le dialogue du neveu de Rameau avec le Philosophe. Cf. *Diderot Studies, op. cit.*

c. H. Lefebvre : *Diderot*, Paris, 1949. p. 261.

d. E. Cassirer : *Die Philosophie der Aufklärung*, Tübingen, 1932, p. 95.

*au hasard, sans contenu, libres de toute contrainte et,
par là, de toute aide religieuse, qui se replient sur eux
ou qui s'ouvrent à l'aventure — une aventure indivi-
duelle, profane, dont le but et les conflits restent acci-
dentels — d'où le comique de leurs situations — et,
en même temps, manifestent, par leur côté romanesque
et chevaleresque, une protestation contre la réalité pro-
saïque et contre l'injustice* [a].

Jacques, cette œuvre singulière « à quoi rien ne ressemble dans la littérature française, surtout au XVII[e]
et au XVIII[e] siècle [b] », a provoqué les opinions les
plus diverses et les plus contrastées : du « livre ordurier »
au « chef-d'œuvre ». On critique son décousu : nous
avons essayé d'en faire sentir la structure. On lui reproche
ses longueurs : nous allions répondre qu'en notre siècle
de Digests, nous avions désappris la patience et le goût
de lire ; mais Diderot nous tire par la manche : « Chez
un peuple entraîné par mille distractions — se plai-
gnit-il déjà — où le jour n'a pas assez de ses vingt-
quatre heures pour les amusements dont il s'est accoutumé de les remplir, les livres de Richardson doivent
paraître longs » (A. T. V, p. 216). Et puis, avouons-le :
nous aussi, nous trouvions d'abord des longueurs. Seulement, à la lecture répétée qu'a exigée de nous la présente édition, ces longueurs se sont abrégées et ont fini
par disparaître. Combien d'ouvrages résisteraient à
cette épreuve ? Chef-d'œuvre ? Peut-être. En tout cas,
belle œuvre. Il ne reste donc qu'à convier le lecteur à ce
« repas très savoureux et substantiel » dont Goethe, « en
six heures ininterrompues », a engouffré « tous les mets
et entremets, dans l'ordre et selon les intentions de ce
cuisinier et maître d'hôtel artiste [c] » : Diderot.*

Yvon Belaval.

a. Cf. *Esthétique*, trad. S. Jankelevitch, t. II, pp. 237-242.
b. Mornet, *op. cit.*, p. 143.
c. Lettre à Merck, du 7 avril 1780. Citée par Rosenkranz, *op. cit.*,
p. 326.

Jacques le Fataliste
et son maître

Comment s'étaient-ils rencontrés? Par hasard, comme tout le monde. Comment s'appelaient-ils? Que vous importe? D'où venaient-ils? Du lieu le plus prochain. Où allaient-ils? Est-ce que l'on sait où l'on va? Que disaient-ils? Le maître ne disait rien ; et Jacques disait que son capitaine disait que tout ce qui nous arrive de bien et de mal ici-bas était écrit là-haut [1].

LE MAITRE. C'est un grand mot que cela.

JACQUES. Mon capitaine ajoutait que chaque balle qui partait d'un fusil avait son billet [2].

LE MAITRE. Et il avait raison...

Après une courte pause, Jacques s'écria : Que le diable emporte le cabaretier et son cabaret!

LE MAITRE. Pourquoi donner au diable son prochain? Cela n'est pas chrétien.

JACQUES. C'est que, tandis que je m'enivre de son mauvais vin, j'oublie de mener nos chevaux à l'abreu-

---

Les chiffres renvoient aux notes en fin de volume. Les [ ] indiquent les variantes en bas de page. Pour les sigles utilisés, voir en tête des notes.

[*II*] (V).

voir. Mon père s'en aperçoit ; il se fâche. [Je] hoche
de la tête ; il prend un bâton et m'en frotte un peu
durement les épaules. Un régiment passait pour aller
au camp devant Fontenoy [1] ; de dépit je m'enrôle.
Nous arrivons ; la bataille se donne.

LE MAITRE. Et tu reçois la balle à ton adresse.

JACQUES. Vous l'avez deviné ; un coup de feu au
genou ; et Dieu sait les bonnes et mauvaises aventures
amenées par ce coup de feu. Elles se tiennent ni plus
ni moins que les chaînons d'une gourmette. Sans
ce coup de feu, par exemple, je crois que je n'aurais été
amoureux de ma vie, ni boiteux [2].

LE MAITRE. Tu as donc été amoureux ?

JACQUES. Si je l'ai été !

LE MAITRE. Et cela par un coup de feu ?

JACQUES. Par un coup de feu.

LE MAITRE. Tu ne m'en as jamais dit un mot.

JACQUES. Je le crois bien.

LE MAITRE. Et pourquoi cela ?

JACQUES. C'est que cela ne pouvait être dit ni plus
tôt ni plus tard.

LE MAITRE. Et le moment d'apprendre ces amours
est-il venu ?

JACQUES. Qui le sait ?

LE MAITRE. A tout hasard, commence toujours...

Jacques commença l'histoire de ses amours. C'était
l'après-[dînée] : il faisait un temps lourd ; son maître
s'endormit. La nuit les surprit au milieu des champs ;
les voilà fourvoyés. Voilà le maître dans une colère
terrible et tombant à grands coups de fouet sur son
valet, et le pauvre diable disant à chaque coup :
« Celui-là était apparemment encore écrit là-haut... »

Vous voyez, lecteur, que je suis en beau chemin, et
qu'il ne tiendrait qu'à moi de vous faire attendre un
an, deux ans, trois ans, le récit des amours de Jacques,

[dîner] (L).

en le séparant de son maître et en leur faisant courir
à chacun tous les hasards qu'il me plairait. Qu'est-ce
qui m'empêcherait de marier le maître et de le faire
cocu ? d'embarquer Jacques pour les îles ? d'y conduire
son maître ? de les ramener tous les deux en France
sur le même vaisseau ? Qu'il est facile de faire des
contes ! Mais ils en seront quittes l'un et l'autre pour
une mauvaise nuit, et vous pour ce délai.

L'aube du jour parut. Les voilà remontés sur leurs
bêtes et poursuivant leur chemin. — Et où allaient-
ils ? — Voilà la seconde fois que vous me faites cette
question, et la seconde fois que je vous réponds :
Qu'est-ce que cela vous fait ? Si j'entame le sujet
de leur voyage, adieu les amours de Jacques... Ils
allèrent quelque temps en silence. Lorsque chacun
fut un peu remis de son chagrin, le maître dit à son
valet : — Eh bien, Jacques, où en étions-nous de
tes amours ?

JACQUES. Nous en étions, je crois, à la déroute
de l'armée ennemie. On se sauve, on est poursuivi,
chacun pense à soi. Je reste sur le champ de bataille,
enseveli sous le nombre des morts et des blessés, qui
fut prodigieux. Le lendemain on me jeta, avec une
douzaine d'autres, sur une charrette, pour être conduit
à un de nos hôpitaux. Ah ! monsieur, je ne crois pas
qu'il y ait de blessures plus cruelles que celle du
genou.

LE MAITRE. Allons donc, Jacques, tu te moques.

JACQUES. Non, pardieu, monsieur, je ne me moque
pas ! Il y a là je ne sais combien d'os, de tendons, et
d'autres choses qu'ils appellent je ne sais comment [1]...

Une espèce de paysan qui les suivait avec une fille
qu'il portait en croupe et qui les avait écoutés, prit
la parole et dit : « Monsieur a raison... »

On ne savait à qui ce *monsieur* était adressé, mais
il fut mal pris par Jacques et par son maître ; et

Jacques dit à cet interlocuteur [indiscret : « De quoi
te mêles-tu ?]

— Je me mêle de mon métier ; je suis chirurgien
à votre service, et je vais vous démontrer...

La femme qu'il portait en croupe lui disait : « Monsieur le docteur, passons notre chemin et laissons
ces messieurs qui n'aiment pas qu'on leur démontre.

— Non, lui répondit le chirurgien, je veux leur
démontrer, et je leur démontrerai... »

Et, tout en se retournant pour démontrer, il pousse
sa compagne, lui fait perdre l'équilibre et la jette à
terre, un pied pris dans la basque de son habit et
les cotillons renversés sur sa tête. Jacques descend,
dégage le pied de cette pauvre créature et lui rabaisse
ses jupons. Je ne sais s'il commença par rabaisser
les jupons ou par dégager le pied ; mais à juger de
l'état de cette femme par ses cris, elle s'était grièvement blessée. Et le maître de Jacques disait au chirurgien : « Voilà ce que c'est [que] de démontrer. »

Et le chirurgien : « Voilà ce que c'est que de ne
vouloir pas qu'on démontre !... »

Et Jacques à la femme tombée ou ramassée :
« Consolez-vous, ma bonne, il n'y a ni de votre faute,
ni de la faute de M. le docteur, ni de la mienne, ni de
celle de mon maître : c'est qu'il était écrit là-haut
qu'aujourd'hui, sur ce chemin, à l'heure qu'il est,
M. le docteur serait un bavard, que mon maître et
moi nous serions deux bourrus, que vous auriez une
contusion à la tête et qu'on vous verrait le cul... »

Que cette aventure ne deviendrait-elle pas entre
mes mains, s'il me prenait en fantaisie de vous déses-
pérer ! Je donnerais de l'importance à cette femme ;
j'en ferais la nièce d'un curé du village voisin ; j'ameu-
terais les paysans de ce village ; je me préparerais des
combats et des amours ; car enfin cette paysanne était

[: « *Indiscret, de quoi te mêles-tu ?* »] (V).
Manque (L).

belle sous le linge. Jacques et son maître s'en étaient
aperçus ; l'amour n'a pas toujours attendu une occasion aussi séduisante. Pourquoi Jacques ne devien-
drait-il pas amoureux une seconde fois ? pourquoi ne
serait-il pas une seconde fois le rival et même le rival
préféré de son maître ? — Est-ce que le cas lui était
déjà arrivé ? — Toujours des questions. Vous ne voulez donc pas que Jacques continue le récit de ses amours?
Une bonne fois pour toutes, expliquez-vous ; cela vous
fera-t-il, cela ne vous fera-t-il pas plaisir ? Si cela vous
fera plaisir, remettons la paysanne en croupe derrière
son conducteur, laissons-les aller et revenons à nos
deux voyageurs. Cette fois-ci ce fut Jacques qui prit
la parole et qui dit à son maître :

Voilà le train du monde ; vous qui n'avez été blessé
de votre vie et qui ne savez ce que c'est qu'un coup de
feu au genou, vous me soutenez, à moi qui ai eu le
genou fracassé et qui boite depuis vingt ans [1]...

LE MAITRE. Tu pourrais avoir raison. Mais ce chirurgien impertinent est cause que te voilà encore sur
une charrette avec tes camarades, loin de l'hôpital,
loin de ta guérison et loin de devenir amoureux.

JACQUES. Quoi qu'il vous plaise d'en penser, la
douleur de mon genou était excessive ; elle s'accrois-
sait encore par la dureté de la voiture, par l'inégalité
des chemins, et à chaque cahot je poussais un cri aigu [2].

LE MAITRE. Parce qu'il était écrit là-haut que tu
crierais ?

JACQUES. Assurément! Je perdais tout mon sang, et
j'étais un homme mort si notre charrette, la dernière
de la ligne, ne se fût arrêtée devant une chaumière.
Là, je demande à descendre ; on me met à terre. Une
jeune femme, qui était debout à la porte de la chaumière, rentra chez elle et en sortit presque aussitôt
avec un verre et une bouteille de vin. J'en bus un
ou deux coups à la hâte. Les charrettes qui précédaient
la nôtre défilèrent. On se disposait à me rejeter parmi
mes camarades, lorsque, m'attachant fortement aux

vêtements de cette femme et à tout ce qui était autour
de moi, je protestai que je ne remonterais pas et que,
mourir pour mourir, j'aimais mieux que ce fût à l'endroit où j'étais qu'à deux lieues plus loin. En achevant
ces [derniers] mots, je tombai en défaillance. Au
sortir de cet état, je me trouvai déshabillé et couché
dans un lit qui occupait un des coins de la chaumière,
ayant autour de moi un paysan, le maître du lieu, sa
femme, la même qui m'avait secouru, et quelques
petits enfants. La femme avait trempé le coin de son
tablier dans du vinaigre et m'en frottait le nez et les
tempes.

LE MAITRE Ah! malheureux! ah! coquin... Infâme,
je te vois arriver.

JACQUES. Mon maître, je crois que vous ne voyez rien.

LE MAITRE. N'est-ce pas de cette femme que tu vas
devenir amoureux?

JACQUES. Et quand je serais devenu amoureux d'elle,
qu'est-ce qu'il y aurait à dire? Est-ce qu'on est maître
de devenir ou de ne pas devenir amoureux? Et quand
on l'est, est-on maître d'agir comme si on ne l'était
pas? Si cela eût été écrit là-haut, tout ce que vous
vous disposez à me dire, je me le serais dit; je me
serais souffleté; je me serais cogné la tête contre le mur;
je me serais arraché les cheveux; il n'en aurait été
ni plus ni moins, et mon bienfaiteur eût été cocu.

LE MAITRE. Mais en raisonnant à ta façon, il n'y a
point de crime qu'on ne commît sans remords.

JACQUES. Ce que vous m'objectez là m'a plus d'une
fois chiffonné la cervelle; mais avec tout cela, malgré
que j'en aie, j'en reviens toujours au mot de mon
capitaine : Tout ce qui nous arrive de bien et de mal
ici-bas est écrit là-haut. Savez-vous, monsieur, quelque
moyen d'effacer cette écriture? Puis-je n'être pas
moi? Et étant moi, puis-je faire autrement que moi?
Puis-je être moi [et] un autre? Et depuis que je suis

Manque (V., L.)

au monde, y a-t-il eu un seul instant où cela n'ait été
vrai ? Prêchez tant qu'il vous plaira, vos raisons seront
peut-être bonnes ; mais s'il est écrit en moi ou là-
haut que je les trouverai mauvaises, que voulez-vous
que j'y fasse ?

LE MAITRE. Je rêve à une chose : c'est si ton bienfaiteur eût été cocu parce qu'il était écrit là-haut ; ou
si cela était écrit là-haut parce que tu ferais cocu ton
bienfaiteur ?

JACQUES. Tous les deux étaient écrits l'un à côté
de l'autre. Tout a été écrit à la fois. C'est comme un
grand rouleau [qui se] déploie petit à petit...

Vous concevez, lecteur, jusqu'où je pourrais pousser
cette conversation sur un sujet dont on a tant parlé,
tant écrit depuis deux mille ans, sans en être d'un pas
plus avancé. Si vous me savez peu de gré de ce que
je vous dis, sachez-m'en beaucoup de ce que je ne
vous dis pas.

Tandis que nos deux théologiens disputaient sans
s'entendre, comme il peut arriver en théologie, la
nuit s'approchait. Ils traversaient une contrée peu
sûre en tout temps, et qui l'était bien moins encore
alors que la mauvaise administration et la misère
avaient multiplié sans fin le nombre des malfaiteurs.
Ils s'arrêtèrent dans la plus misérable des auberges.
On leur dressa deux lits de sangle dans une chambre
fermée de cloisons entr'ouvertes de tous les côtés.
Ils demandèrent à souper. On leur apporta de l'eau de
mare, du pain noir et du vin tourné. L'hôte, l'hôtesse,
les enfants, les valets, tout avait l'air sinistre. Ils
entendaient à côté d'eux les ris immodérés et la
joie tumultueuse d'une douzaine de brigands qui les
avaient précédés et qui s'étaient emparés de toutes les
provisions. Jacques était assez tranquille ; il s'en

[*en*] (L).
[*qu'on*] (L).

fallait beaucoup que son maître le fût autant. Celui-ci
promenait son souci [en long et] en large, tandis que
son valet dévorait quelques morceaux de pain noir,
et avalait en grimaçant quelques verres de mauvais vin.
Ils en étaient là, lorsqu'ils entendirent frapper à leur
porte ; c'était un valet que ces insolents et dangereux
voisins avaient contraint d'apporter à nos deux voyageurs, sur une de leurs assiettes, tous les os d'une
volaille qu'ils avaient mangée. Jacques, indigné,
prend les pistolets de son maître.

« Où vas-tu ?

— Laissez-moi faire.

— Où vas-tu ? te dis-je.

— Mettre à la raison cette canaille.

— Sais-tu qu'ils sont une douzaine ?

— Fussent-ils cent, le nombre n'y fait rien, s'il est
écrit là-haut qu'ils ne sont pas assez.

— Que le diable t'emporte avec ton impertinent
dicton !...

Jacques s'échappe des mains de son maître, entre
dans la chambre de ces coupe-jarrets, un pistolet armé
dans chaque main. « Vite, qu'on se couche, leur dit-il,
le premier qui remue je lui brûle la cervelle... » Jacques
avait l'air et le ton si vrais, que ces coquins, qui pri-
saient autant la vie que d'honnêtes gens, se lèvent de
table sans souffler [le] mot, se déshabillent et se
couchent. Son maître, incertain sur la manière dont
cette aventure finirait, l'attendait en tremblant.
Jacques rentra chargé des dépouilles de ces gens ; il
s'en était emparé pour qu'ils ne fussent pas tentés
de se relever ; il avait éteint leur lumière et fermé à
double tour leur porte, dont il tenait la clef avec un
de ses pistolets. « A présent, monsieur, dit-il à son
maître, nous n'avons plus qu'à nous barricader en
poussant nos lits contre cette porte, et à dormir paisi-

[*de long*] (L).
Manque (L).

blement... » Et il se mit en devoir de pousser les lits, racontant froidement et succinctement à son maître le détail de cette expédition.

LE MAITRE. Jacques, quel diable d'homme es-tu! Tu crois donc...
JACQUES. Je ne crois ni ne décrois.
LE MAITRE. S'ils avaient refusé de se coucher?
JACQUES. Cela était impossible.
LE MAITRE. Pourquoi?
JACQUES. Parce qu'ils ne l'ont pas fait.
LE MAITRE. S'ils se relevaient?
JACQUES. Tant pis ou tant mieux.
LE MAITRE. Si... si... si.... et...
JACQUES. Si, si la mer bouillait, il y aurait, comme on dit, bien des poissons de cuits. Que diable, monsieur, tout à l'heure vous avez cru que je courais un grand danger et rien n'était plus faux ; à présent, vous vous croyez en grand danger, et rien peut-être n'est encore plus faux. Tous, dans cette maison, nous avons peur les uns des autres ; ce qui prouve que nous sommes tous des sots...

Et, tout en discourant ainsi, le voilà déshabillé, couché et endormi. Son maître, en mangeant à son tour un morceau de pain noir, et buvant un coup de mauvais vin, prêtait l'oreille autour de lui, regardait Jacques qui ronflait et disait : « Quel diable d'homme est-ce là!... » A l'exemple de son valet, le maître s'étendit aussi sur son grabat, mais n'y dormit pas de même. Dès la pointe du jour, Jacques sentit une main qui le poussait ; c'était celle de son maître qui l'appelait à voix basse : Jacques! Jacques!

JACQUES. Qu'est-ce?
LE MAITRE. Il fait jour.
JACQUES. Cela se peut.
LE MAITRE. Lève-toi donc.

JACQUES. Pourquoi ?

LE MAITRE. Pour sortir d'ici au plus vite.

JACQUES. Pourquoi ?

LE MAITRE. Parce que nous y sommes mal.

JACQUES. Qui le sait, et si nous serons mieux ailleurs ?

LE MAITRE. Jacques ?

JACQUES. Eh bien, Jacques! Jacques! quel diable d'homme êtes-vous ?

LE MAITRE. Quel diable d'homme es-tu ? Jacques, mon ami, je t'en prie.

Jacques se frotta les yeux, bâilla à plusieurs reprises, étendit les bras, se leva, s'habilla sans se presser, repoussa les lits, sortit de la chambre, descendit, alla à l'écurie, sella et brida les chevaux, éveilla l'hôte qui dormait encore, paya la dépense, garda les clefs des deux chambres ; et voilà nos gens partis.

Le maître voulait s'éloigner au grand trot ; Jacques voulait aller le pas, et toujours d'après son système. Lorsqu'ils furent à une assez grande distance de leur triste gîte, le maître, entendant quelque chose qui résonnait dans la poche de Jacques, lui demanda ce que c'était : Jacques lui dit que c'étaient les deux clefs des chambres.

LE MAITRE. Et pourquoi ne les avoir pas rendues?

JACQUES. C'est qu'il faudra enfoncer deux portes ; celle de nos voisins pour les tirer de leur prison, la nôtre pour leur délivrer leurs vêtements ; et que cela nous donnera du temps.

LE MAITRE. Fort bien, Jacques! mais pourquoi gagner du temps ?

JACQUES. Pourquoi ? Ma foi, je n'en sais rien.

LE MAITRE. Et si tu veux gagner du temps, pourquoi aller au petit pas comme tu fais ?

JACQUES. C'est que, faute de savoir ce qui est écrit là-haut, on ne sait ni ce qu'on veut ni ce qu'on fait, et qu'on suit sa fantaisie qu'on appelle raison, ou sa raison qui n'est souvent qu'une dangereuse fantaisie qui tourne tantôt bien, tantôt mal.

LE MAITRE. Pourrais-tu me dire ce que c'est qu'un fou, ce que c'est qu'un sage ?

JACQUES. Pourquoi pas ?... un fou... attendez... c'est un homme malheureux ; et par conséquent un homme heureux est sage.

LE MAITRE. Et qu'est-ce qu'un homme heureux ou malheureux ?

JACQUES. Pour celui-ci, il est aisé. Un homme heureux est celui dont le bonheur est écrit là-haut ; et par conséquent celui dont le malheur est écrit là-haut, est un homme malheureux.

LE MAITRE. Et qui est-ce qui a écrit là-haut le bonheur et le malheur ?

JACQUES. Et qui est-ce qui a fait le grand rouleau, où tout est écrit ? Un capitaine, ami de mon capitaine, aurait bien donné un petit écu pour le savoir [1] ; lui, n'aurait pas donné une obole, ni moi non plus ; car à quoi cela [me] servirait-il ? En éviterais-je pour cela le trou où je dois m'aller casser le cou ?

LE MAITRE. Je crois que oui.

JACQUES. Moi, je crois que non ; car il faudrait qu'il y eût une ligne fausse sur le grand rouleau qui contient vérité, qui ne contient que vérité, et qui contient toute vérité. Il serait écrit sur le grand rouleau : « Jacques se cassera le cou tel jour », et Jacques ne se casserait pas le cou ? Concevez-vous que cela se puisse, quel que soit l'auteur du grand rouleau ?

LE MAITRE. Il y a beaucoup de choses à dire là-dessus...

[JACQUES. Mon capitaine croyait que la prudence est une supposition, dans laquelle l'expérience nous autorise à regarder les circonstances où nous nous trouvons comme causes de certains effets à espérer ou à craindre pour l'avenir.

Manque (V).

LE MAITRE. Et tu entendais quelque chose à cela ?

JACQUES. Assurément, peu à peu je m'étais fait à sa langue. Mais, disait-il, qui peut se vanter d'avoir assez d'expérience [1] ? Celui qui s'est flatté d'en être le mieux pourvu, n'a-t-il jamais été dupe ? Et puis, y a-t-il un homme capable d'apprécier juste les circonstances où il se trouve ? Le calcul qui se fait dans nos têtes, et celui qui est arrêté sur le registre d'en haut, sont deux calculs bien différents. Est-ce nous qui menons le destin, ou bien est-ce le destin qui nous mène ? Combien de projets sagement concertés ont manqué, et combien manqueront ! Combien de projets insensés ont réussi, et combien réussiront ! C'est ce que mon capitaine me répétait, après la prise de Berg-op-Zoom [2] et celle du Port-Mahon [3] ; et il ajoutait que la prudence ne nous assurait point un bon succès, mais qu'elle nous consolait et nous excusait d'un mauvais : aussi dormait-il la veille d'une action sous sa tente comme dans sa garnison et allait-il au feu comme au bal. C'est bien de lui que vous vous seriez écrié : « Quel diable d'homme !... »]

Comme ils en étaient là, ils entendirent à quelque distance derrière eux du bruit et des cris ; ils retournèrent la tête, et virent une troupe d'hommes armés de gaules et de fourches qui s'avançaient vers eux à toutes jambes. Vous allez croire que c'étaient les gens de l'auberge, leurs valets et les brigands dont nous avons parlé. Vous allez croire que le matin on avait enfoncé leur porte faute de clefs, et que ces brigands s'étaient imaginé que nos deux voyageurs avaient décampé avec leurs dépouilles. Jacques le crut, et il disait entre ses dents : « Maudites soient les clefs et la fantaisie ou la raison qui me les fit emporter ! Maudite soit la prudence ! etc. etc. » Vous allez croire

---

Le passage entre crochets, depuis : [JACQUES. *Mon capitaine croyait...* (p. 45) jusqu'à : « *Quel diable d'homme !*], manque (V).

que cette petite armée tombera sur Jacques et son maître, qu'il y aura une action sanglante, des coups de bâton donnés, des coups de pistolet tirés ; et il ne tiendrait qu'à moi que tout cela n'arrivât ; mais adieu la vérité de l'histoire, adieu le récit des amours de Jacques. Nos deux voyageurs n'étaient point suivis : j'ignore ce qui se passa dans l'auberge après leur départ. Ils continuèrent leur route, allant toujours sans savoir où ils allaient, quoiqu'ils sussent à peu près où ils voulaient aller ; trompant l'ennui et la fatigue par le silence et le bavardage, comme c'est l'usage de ceux qui marchent, et quelquefois de ceux qui sont assis.

Il est bien évident que je ne fais pas un roman, puisque je néglige ce qu'un romancier ne manquerait pas d'employer. Celui qui prendrait ce que j'écris pour la vérité, serait peut-être moins dans l'erreur que celui qui le prendrait pour une fable.

Cette fois-ci ce fut le maître qui parla le premier et qui débuta par le refrain accoutumé. Eh bien ! Jacques, l'histoire de tes amours ?

JACQUES. Je ne sais où j'en étais. J'ai été si souvent interrompu, que je ferais tout aussi bien de recommencer.

LE MAÎTRE. Non, non. Revenu de ta défaillance à la porte de la chaumière, tu te trouvas dans un lit, entouré des gens qui l'habitaient.

JACQUES. Fort bien ! La chose la plus pressée était d'avoir un chirurgien, et il n'y en avait pas à plus d'une lieue à la ronde. Le bonhomme fit monter à cheval un de ses enfants, et l'envoya au lieu le moins éloigné. Cependant la bonne femme avait fait chauffer du gros vin, déchiré une vieille chemise de son mari ; et mon genou fut étuvé, couvert de compresses et enveloppé de linges. On mit quelques morceaux de sucre, enlevés aux fourmis, dans une portion du vin qui avait servi à mon pansement, et je l'avalai ;

ensuite on m'exhorta à prendre patience. Il était tard ;
ces gens se mirent à table et soupèrent. Voilà le souper
fini. Cependant l'enfant ne revenait pas, et point de
chirurgien. Le père prit de l'humeur. C'était un
homme naturellement chagrin ; il boudait sa femme, il
ne trouvait rien à son gré. Il envoya durement coucher
ses autres enfants. Sa femme s'assit sur un banc et
prit sa quenouille. Lui, allait et venait ; et en allant
et venant, il lui cherchait querelle sur tout. « Si tu
avais été au moulin comme je te l'avais dit... » et il
achevait la phrase en hochant de la tête du côté
de mon lit.

« On ira demain.

— C'est aujourd'hui qu'il fallait y aller, comme
je te l'avais dit... Et ces restes de paille qui sont
encore sur la grange, qu'attends-tu pour les relever ?

— On les relèvera demain.

— Ce que nous en avons tire à sa fin ; et tu aurais
beaucoup mieux fait de les relever aujourd'hui,
comme je te l'avais dit... Et ce tas d'orge qui se gâte
sur le grenier, je gage que tu n'as pas songé à le
remuer.

— Les enfants l'ont fait.

— Il fallait le faire toi-même. Si tu avais été sur
ton grenier, tu n'aurais pas été à la porte... »

Cependant il arriva un chirurgien, puis un second,
puis un troisième, avec le petit garçon de la chaumière.

LE MAITRE. Te voilà en chirurgiens comme saint
Roch en chapeaux [1].

JACQUES. Le premier était absent, lorsque le petit
garçon était arrivé chez lui ; mais sa femme avait
fait avertir le second, et le troisième avait accompagné
le petit garçon. « Eh ! bonsoir, compères ; vous voilà ? »
dit le premier aux deux autres... Ils avaient fait le
plus de diligence possible, ils avaient chaud, ils étaient
altérés. Ils s'asseyent autour de la table dont la nappe
n'était pas encore ôtée. La femme descend à la cave,

et en remonte avec une bouteille. Le mari [grommelait] entre ses dents : « Eh! que diable faisait-elle à sa porte? » On boit, on parle des maladies du canton ; on entame l'énumération de ses pratiques. Je me plains ; on me dit : « Dans un moment nous serons à vous. » Après cette bouteille, on en demande une seconde, à compte sur mon traitement ; puis une troisième, une quatrième, toujours à compte sur mon traitement ; et à chaque bouteille, le mari revenait à sa première exclamation : « Eh! que diable faisait-elle à sa porte? »

Quel parti un autre n'aurait-il pas tiré de ces trois chirurgiens, de leur conversation à la quatrième bouteille, de la multitude de leurs cures, merveilleuses, de l'impatience de Jacques, de la mauvaise humeur de l'hôte, des propos de nos Esculapes de campagne autour du genou de Jacques, de leurs différents avis, l'un prétendant que Jacques était mort si l'on ne se hâtait de lui couper la jambe, l'autre qu'il fallait extraire la balle et la portion du vêtement qui l'avait suivie, et conserver la jambe à ce pauvre diable. Cependant on aurait vu Jacques assis sur son lit, regardant sa jambe en pitié, et lui faisant ses derniers adieux, comme on vit un de nos généraux entre Dufouart et Louis [1]. Le troisième chirurgien aurait gobemouché jusqu'à ce que la querelle se fût élevée entre eux et que des invectives on en fût venu aux gestes [2].

Je vous fais grâce de toutes ces choses, que vous trouverez dans les romans, dans la comédie ancienne et dans la société. Lorsque j'entendis l'hôte s'écrier de sa femme « que diable faisait-elle à sa porte! » je me rappelai l'Harpagon de Molière [3], lorsqu'il dit de son fils : *Qu'allait-il faire dans cette galère ?* Et je conçus qu'il ne s'agissait pas seulement d'être vrai, mais qu'il fallait encore être plaisant ; et que c'était la raison pour laquelle on dirait à jamais : *Qu'allait-il*

faire dans cette galère ? et que le mot de mon paysan,
Que faisait-elle à sa porte ? ne passerait pas en proverbe.

Jacques n'en usa pas envers son maître avec la
même réserve que je garde avec vous ; il n'omit pas
la moindre circonstance, au hasard de l'endormir
une seconde fois. Si ce ne fut pas le plus habile, ce fut
au moins le plus vigoureux des trois chirurgiens qui
resta maître du patient.

N'allez-vous pas, me direz-vous, tirer des bistouris
à nos yeux, couper des chairs, faire couler du sang,
et nous montrer une opération chirurgicale ? A votre
avis, cela ne sera-t-il pas de bon goût ?... Allons,
passons encore l'opération chirurgicale ; mais vous
permettrez au moins à Jacques de dire à son maître,
comme il le fit : « Ah! monsieur, c'est une terrible
affaire que de r'arranger un genou fracassé! » Et à
son maître de lui répondre comme auparavant :
« Allons donc, Jacques, tu te moques... » Mais ce
que je ne vous laisserais pas ignorer pour tout l'or du
monde, c'est qu'à peine le maître de Jacques lui eut-il
fait cette impertinente réponse, que son cheval bron-
che et s'abat, que son genou va s'appuyer rudement
sur un caillou pointu, et que le voilà criant à tue-tête :
« Je suis mort! j'ai le genou cassé...! »

Quoique Jacques, la meilleure pâte d'homme qu'on
puisse imaginer, fût tendrement attaché à son maître,
je voudrais bien savoir ce qui se passa au fond de son
âme, sinon dans le premier moment, du moins lorsqu'il
fut bien assuré que cette chute n'aurait point de suite
fâcheuse, et s'il put se refuser à un léger mouvement
de joie secrète d'un accident qui apprendrait à son
maître ce que c'était qu'une blessure au genou. Une
autre chose, lecteur, que je voudrais bien que vous
me [dissiez], c'est si son maître n'eût pas mieux aimé
être blessé, même un peu plus grièvement, ailleurs

[*dissiez*] (L).

qu'au genou, ou s'il ne fut pas plus sensible à la honte qu'à la douleur.

Lorsque le maître fut un peu revenu de sa chute et de son angoisse, il se remit en selle et appuya cinq ou six coups d'éperon à son cheval, qui partit comme un éclair ; autant en fit la monture de Jacques, car il y avait entre ces deux animaux la même intimité qu'entre leurs cavaliers ; c'étaient deux paires d'amis.

Lorsque les deux chevaux essoufflés reprirent leur pas ordinaire, Jacques dit à son maître : Eh bien, monsieur, qu'en pensez-vous ?

LE MAÎTRE. De quoi ?

JACQUES. De la blessure au genou.

LE MAÎTRE. Je suis de ton avis ; c'est une des plus cruelles.

JACQUES. Au vôtre ?

LE MAÎTRE. Non, non, au tien, au mien, à tous les genoux du monde.

JACQUES. Mon maître, mon maître, vous n'y avez pas bien regardé ; croyez que nous ne plaignons jamais que nous.

LE MAÎTRE. Quelle folie !

JACQUES. Ah ! si je savais dire comme je sais penser ! Mais il était écrit là-haut que j'aurais les choses dans ma tête, et que les mots ne me viendraient pas.

Ici Jacques s'embarrassa dans une métaphysique très subtile et peut-être très vraie. Il cherchait à faire concevoir à son maître que le mot douleur était sans idée, et qu'il ne commençait à signifier quelque chose qu'au moment où il rappelait à notre mémoire une sensation que nous avions éprouvée. Son maître lui demanda s'il avait déjà accouché.

— Non, lui répondit Jacques.

— Et crois-tu que ce soit une grande douleur que d'accoucher ?

— Assurément !

— Plains-tu les femmes en mal d'enfant ?

— Beaucoup.

— Tu plains donc quelquefois un autre que toi ?

— Je plains ceux ou celles qui se tordent les bras, qui s'arrachent les cheveux, qui poussent des cris, parce que je sais par expérience qu'on ne fait pas cela sans souffrir ; mais pour le mal propre à la femme qui accouche, je ne le plains pas : je ne sais ce que c'est. Dieu merci ! Mais pour en revenir à une peine que nous connaissons tous deux, l'histoire de mon genou, qui est devenu le vôtre par votre chute...

LE MAITRE. Non, Jacques ; l'histoire de tes amours qui sont devenues miennes par mes chagrins passés.

JACQUES. Me voilà pansé, un peu soulagé, le chirurgien parti, et mes hôtes retirés et couchés. Leur chambre n'était séparée de la mienne que par des planches à claire-voie sur lesquelles on avait collé du papier gris, et sur ce papier quelques images enluminées. Je ne dormais pas, et j'entendis la femme qui disait à son mari : « Laissez-moi, je n'ai pas envie de rire. Un pauvre malheureux qui se meurt à notre porte !...

— Femme, tu me diras tout cela après [1].

— Non, cela ne sera pas. Si vous ne finissez, je me lève. Cela ne me fera-t-il pas bien aise, lorsque j'ai le cœur gros ?

— [Oh] si tu te fais tant prier, tu en seras la dupe.

— Ce n'est pas pour se faire prier, mais c'est que vous êtes quelquefois [d'un dur !...] c'est que... c'est que... »

Après une assez courte pause, le mari prit la parole et dit :

« Là, femme, conviens donc à présent que, par une compassion déplacée, tu nous as mis dans un embarras dont il est presque impossible de se tirer.

Manque (V).
[*d'une humeur*] (V). [*d'un dur*] (L).

L'année est mauvaise ; à peine pouvons-nous suffire
à nos besoins et aux besoins de nos enfants. Le grain
est d'une cherté! Point de vin! Encore si l'on trouvait
à travailler ; mais les riches se retranchent ; les pauvres gens ne font rien ; pour une journée qu'on emploie, on en perd quatre. Personne ne paye ce qu'il
doit ; les créanciers sont d'une âpreté qui désespère :
et voilà le moment que tu prends pour retirer ici un
inconnu, un étranger qui y restera tant qu'il plaira
à Dieu, et au chirurgien qui ne se pressera pas de le
guérir ; car ces chirurgiens font durer les maladies
le plus longtemps qu'ils peuvent ; qui n'a pas le sou,
et qui doublera, triplera notre dépense. Là, femme,
comment te déferas-tu de cet homme? Parle donc,
femme, dis-moi donc quelque raison.

— Est-ce qu'on peut parler avec vous.

— Tu dis que j'ai de l'humeur, que je gronde ;
eh! qui n'en aurait pas? qui ne gronderait pas? Il y
avait encore un peu de vin à la cave : Dieu sait le
train dont il ira! Les chirurgiens en burent hier au
soir plus que nous et nos enfants n'aurions fait dans
la semaine. Et le chirurgien qui ne viendra pas pour
rien, comme tu peux penser, qui le payera?

— Oui, voilà qui est fort bien dit et parce qu'on est
dans la misère vous me faites un enfant, comme si
nous n'en avions pas déjà assez.

— Oh, que non!

— Oh, que si ; je suis sûre que je vais être grosse!

— Voilà comme tu dis toutes les fois.

— Et cela n'a jamais manqué quand l'oreille me
démange après, et j'y sens une démangeaison comme
jamais [1].

— Ton oreille ne sait ce qu'elle dit.

— Ne me touche pas! laisse là mon oreille! laisse
donc, l'homme ; est-ce que tu es fou? tu t'en trouve-
ras mal.

— Non, non, cela ne m'est pas arrivé depuis le
soir de la Saint-Jean.

— Tu feras si bien que... et puis dans un mois d'ici tu me bouderas comme si c'était de ma faute.

— Non, non.

— Et dans neuf mois d'ici ce sera bien pis.

— Non, non.

— C'est toi qui l'auras voulu?

— Oui, oui.

— Tu t'en souviendras? tu ne diras pas comme tu as dit toutes les autres fois?

— Oui, oui... »

Et puis voilà que de non, non, en oui, oui, cet homme enragé contre sa femme d'avoir cédé à un sentiment d'humanité...

LE MAITRE. C'est la réflexion que je faisais.

JACQUES. Il est certain que ce mari n'était pas trop conséquent ; mais il était jeune et sa femme jolie. On ne fait jamais tant d'enfants que dans les temps de misère.

LE MAITRE. Rien ne peuple comme les gueux [1].

JACQUES. Un enfant de plus n'est rien pour eux, c'est la charité qui les nourrit. Et puis c'est le seul plaisir qui ne coûte rien ; on se console pendant la nuit, sans frais, des calamités du jour... Cependant les réflexions de cet homme n'en étaient pas moins justes. Tandis que je me disais cela à moi-même, je ressentis une douleur violente au genou, et je m'écriai : « Ah! le genou! » Et le mari s'écria : « Ah! femme!... » Et la femme s'écria : « Ah! mon homme! mais... [mais]... cet homme qui est là!

— Eh bien! cet homme?

— Il nous aura peut-être entendus!

— Qu'il ait entendu.

— Demain, je n'oserai le regarder.

— Et pourquoi? Est-ce que tu n'es pas ma femme? Est-ce que je ne suis pas ton mari? Est-ce qu'un mari a une femme, est-ce qu'une femme a un mari pour rien?

Manque (L).

— Ah! ah!

— Eh bien! qu'est-ce?

— Mon oreille!...

— Eh bien! ton oreille?

— C'est pis que jamais.

— Dors, cela se passera.

— Je ne saurais. Ah! l'oreille! ah! l'oreille!

— [L'oreille, l'oreille, cela est bien aisé à dire... »
Je ne vous dirai point ce qui se passait entre eux ;
mais la femme, après avoir répété l'oreille, l'oreille,
plusieurs fois de suite à voix basse et précipitée, finit
par balbutier à syllabes interrompues l'o...reil...le,
et à la suite de cette o...reil...le, je ne sais quoi, qui,
joint au silence qui succéda, me fit imaginer que son
mal d'oreille s'était apaisé d'une ou d'autre façon,
il n'importe : cela me fit plaisir. Et à elle donc!]

LE MAITRE. Jacques, mettez la main sur la conscience, et jurez-moi que ce n'est pas de cette femme
que vous devîntes amoureux.

JACQUES. Je le jure.

LE MAITRE. Tant pis pour toi.

JACQUES. C'est tant pis ou tant mieux. Vous croyez
apparemment que les femmes qui ont une oreille
comme la sienne écoutent volontiers?

LE MAITRE. Je crois que cela est écrit là-haut.

JACQUES. Je crois qu'il est écrit à la suite qu'elles
n'écoutent pas longtemps le même, et qu'elles sont
tant soit peu sujettes à prêter l'oreille à un autre.

LE MAITRE. Cela se pourrait.

Et les voilà embarqués dans une querelle inter-
minable sur les femmes ; l'un prétendant qu'elles
étaient bonnes, l'autre méchantes : et ils avaient tous

Le passage entre crochets depuis : [*L'oreille...* jusqu'à : *Et à elle
donc !*] manque (V).

[*Et à elle donc !*] attribué au Maître dans les éd. antérieures à
1876. Rectification par Assézat, confirmée par M. Tourneux d'après
la copie (L).

deux raison ; [l'un sottes, l'autre pleines d'esprit :
et ils avaient tous deux raison ;] l'un fausses, l'autre
vraies : et ils avaient tous deux raison ; l'un avares,
l'autre libérales : et ils avaient tous deux raison ;
l'un belles, l'autre laides : et ils avaient tous deux
raison ; l'un bavardes, l'autre discrètes ; l'un franches,
l'autre dissimulées ; l'un ignorantes, l'autre éclairées ;
l'un sages, l'autre libertines ; l'un folles, l'autre sen-
sées ; l'un grandes, l'autre petites : et ils avaient tous
deux raison.

En suivant cette dispute sur laquelle ils auraient
pu faire le tour du globe sans déparler un moment
et sans s'accorder, ils furent accueillis par un orage
qui les contraignit de s'acheminer... — Où ? — Où ?
lecteur, vous êtes d'une curiosité bien incommode !
Et que diable cela vous fait-il ? Quand je vous aurai
dit que c'est à Pontoise ou à Saint-Germain, à Notre-
Dame de Lorette ou à Saint-Jacques de Compostelle,
en serez-vous plus avancé ? Si vous insistez, je vous
dirai qu'ils s'acheminèrent vers... oui ; pourquoi
pas ?... vers un château immense, au frontispice
duquel on lisait : « [Je n'appartiens à personne et
j'appartiens à tout le monde. Vous y étiez avant que
d'y entrer, et vous y serez encore quand vous en sor-
tirez. »] — Entrèrent-ils dans ce château ? — Non,
car l'inscription était fausse, ou ils y étaient avant
que d'y entrer. — Mais du moins ils en sortirent ?
— Non, car l'inscription était fausse, ou ils y étaient
encore quand ils en furent sortis. — Et que firent-
ils là ? — Jacques disait ce qui était écrit là-haut ;
son maître, ce qu'il [voulut] : et ils avaient tous deux
raison. — Quelle compagnie y trouvèrent-ils ? — Mê-
lée. — Qu'y disait-on ? — Quelques vérités, et beaucoup de mensonges. — Y avait-il des gens d'esprit ?

— Où n'y en a-t-il pas ? et de maudits questionneurs
qu'on fuyait comme la peste. Ce qui choqua le plus
Jacques et son maître pendant tout le temps qu'ils
s'y promenèrent. — On s'y promenait donc ? — On
ne faisait que cela, quand on n'était pas assis ou
couché... Ce qui choqua le plus Jacques et son maître,
ce fut d'y trouver une vingtaine d'audacieux, qui
s'étaient emparés des plus superbes appartements,
où ils se trouvaient presque toujours à [l'étroit] ;
qui prétendaient, contre le droit commun et le vrai
sens de l'inscription, que le château leur avait été
légué en toute propriété ; et qui, à l'aide d'un certain
nombre de [vauriens] ¹ à leurs gages, l'avaient persuadé à un grand nombre d'autres [vauriens] à leurs
gages, tout prêts pour une petite pièce de monnaie à
prendre ou assassiner le premier qui aurait osé les
contredire : cependant au temps de Jacques et de son
maître, on l'osait quelquefois. — Impunément ? —
C'est selon.

Vous allez dire que je m'amuse, et que, ne sachant
plus que faire de mes voyageurs, je me jette dans
l'allégorie, la ressource ordinaire des esprits stériles.
Je vous sacrifierai mon allégorie et toutes les richesses
que j'en pouvais tirer ; je conviendrai de tout ce qu'il
vous plaira, mais à condition que vous ne me tracas-
serez point sur ce dernier gîte de Jacques et de son
maître ; soit qu'ils aient atteint une grande ville
[et qu'ils] aient couché chez des filles ; qu'ils aient
passé la nuit chez un vieil ami qui les fêta de son
mieux ; qu'ils se soient réfugiés chez des moines men-
diants, où ils furent mal logés et mal repus pour l'amour
de Dieu ; qu'ils aient été accueillis dans la maison
d'un grand, où ils manquèrent de tout ce qui est nécessaire, au milieu de tout ce qui est superflu ; qu'ils soient

[endroit] (L).
[coglione] (V). [coglions] (L).
[coglions] (V).
[ou] (V).

sortis le matin d'une grande auberge, où on leur fit payer très chèrement un mauvais souper servi dans des plats d'argent, et une nuit passée entre des rideaux de damas et des draps humides et repliés ; qu'ils aient reçu l'hospitalité chez un curé de village à portion congrue, qui courut mettre à contribution les basses-cours de ses paroissiens, pour avoir une omelette et une fricassée de poulets ; ou qu'ils se soient enivrés d'excellents vins, aient fait grande [chère] et pris une indigestion bien conditionnée dans une riche abbaye de Bernardins ; car, quoique tout cela vous paraisse également possible, Jacques n'était pas de cet avis ; il n'y avait réellement de possible que la chose qui était écrite en haut. Ce qu'il y a de vrai, c'est que, de quelque endroit qu'il vous plaise de les mettre en route, ils n'eurent pas fait vingt pas que le maître dit à Jacques, après avoir toutefois, selon son usage, pris sa prise de tabac : « Eh bien! Jacques, l'histoire de tes amours? »

Au lieu de répondre, Jacques s'écria : Au diable l'histoire de mes amours! Ne voilà-t-il pas que j'ai laissé...

LE MAITRE. Qu'as-tu laissé?

Au lieu de lui répondre, Jacques retournait toutes ses poches, et se fouillait partout inutilement. Il avait laissé la bourse de voyage sous le chevet de son lit, et il n'en eut pas plus tôt fait l'aveu à son maître, que celui-ci s'écria : Au diable l'histoire de tes amours! Ne voilà-t-il pas que ma montre est restée accrochée à la cheminée!

Jacques ne se fit pas prier ; [aussitôt] il tourne bride, et regagne au petit pas, car il n'était jamais pressé... — Le château immense? — Non, non. Entre les diffé-

---

[*chaire*]. Chère a été gratté (V).
Manque (V).

rents gîtes [possibles], dont je vous ai fait l'énumération qui précède, choisissez celui qui convient le mieux à la circonstance présente.

Cependant son maître allait toujours en avant : mais voilà le maître et le valet séparés, et je ne sais auquel des deux m'attacher de préférence. Si vous voulez suivre Jacques, prenez-y garde ; la recherche de la bourse et de la montre pourra devenir si longue et si compliquée, que de longtemps il ne rejoindra son maître, le seul confident de ses amours, et adieu les amours de Jacques. Si, l'abandonnant seul à la quête de la bourse et de la montre, vous prenez le parti de faire compagnie à son maître, vous serez poli, mais très ennuyé ; vous ne connaissez pas encore cette espèce-là. Il a peu d'idées dans la tête ; s'il lui arrive de dire quelque chose de sensé, c'est de réminiscence ou d'inspiration. Il a des yeux comme vous et moi ; mais on ne sait la plupart du temps s'il regarde. Il ne dort pas, il ne veille pas non plus ; il se laisse exister : c'est sa fonction habituelle. L'automate [1] allait devant lui, se retournant de temps en temps pour voir si Jacques ne revenait pas ; il descendait de cheval et marchait à pied ; il remontait sur sa bête, faisait un quart de lieue, redescendait et s'asseyait à terre, la bride de son cheval passée dans ses bras, et la tête appuyée sur ses deux mains. Quand il était las de cette posture, il se levait et regardait au loin s'il n'apercevait point Jacques. Point de Jacques. Alors il s'impatientait, et sans trop savoir s'il parlait ou non, il disait : « Le bourreau ! le chien ! le coquin ! où est-il ? que fait-il ? Faut-il tant de temps pour reprendre une bourse et une montre ? Je le rouerai de coups ; oh ! cela est [certain] ; je le rouerai de coups. » Puis il cherchait sa montre, à son gousset, où elle n'était pas, et il achevait de se désoler, car il ne savait que devenir sans sa

---

[*possibles ou non possibles*] (L). Signalé comme variante A. T., p.32.
[*súr*] (V).

montre, sans sa tabatière et sans Jacques : c'étaient les
trois grandes ressources de sa vie, qui se passait à
prendre du tabac, à regarder l'heure qu'il était, à
questionner Jacques et cela dans toutes les combinai-
sons. Privé de sa montre, il en était donc réduit à sa
tabatière, qu'il ouvrait et fermait à chaque minute,
comme je fais, moi, lorsque je m'ennuie [1]. Ce qui reste
de tabac le soir dans ma tabatière est en raison directe
de l'amusement, ou inverse de l'ennui de ma journée.
Je vous supplie, lecteur, de vous familiariser avec
cette manière de dire empruntée de la géométrie,
parce que je la trouve précise et que je m'en servirai
souvent.

Eh bien! en avez-vous assez du maître ; et son valet
ne venant point à [nous], voulez-vous que nous allions
à lui? Le pauvre Jacques! au momènt où nous en
parlons, il s'écriait douloureusement : « Il était donc
écrit là-haut qu'en un même jour je serais appréhendé
comme voleur de grand chemin, sur le point d'être conduit dans une prison, et accusé d'avoir séduit une fille!»

Comme il approchait, au petit pas, du château, non...
du lieu de leur dernière couchée, il passe à côté de lui
un de ces merciers ambulants qu'on appelle porte-
balles, et qui lui crie : « Monsieur le chevalier, jarretières, ceintures, cordons de montre, tabatières du
dernier goût, [vraies jaback [2]], bagues, cachets de
montre. Montre, monsieur, une montre, une belle
montre d'or, ciselée, à double boîte, comme neuve... »
Jacques lui répond : « J'en cherche bien une, mais ce
n'est pas la tienne... » et continue sa route, toujours
au petit pas. En allant, il crut voir écrit en haut que
la montre que cet homme lui avait proposée était celle
de son maître. Il revient sur ses pas, et dit au porteballe : « L'ami, voyons votre montre à boîte d'or, j'ai
dans la fantaisie qu'elle pourrait me convenir.

[vous] (L).
[vrai-jaback] (V).

— Ma foi, dit le porteballe, je n'en serais pas surpris ; elle est belle, très belle, de Julien Le Roi [1]. Il
n'y a qu'un moment qu'elle m'appartient ; je l'ai
acquise pour un morceau de pain, j'en ferai bon
marché. J'aime les petits gains répétés ; mais on est
bien malheureux par le temps qui court : de trois mois
d'ici je n'aurai pas une pareille aubaine. Vous m'avez
l'air d'un galant homme, et j'aimerais mieux que vous
en profitassiez qu'un autre... »

Tout en causant, le mercier avait mis sa [balle] à
terre, l'avait ouverte, et en avait tiré la montre, que
Jacques reconnut sur-le-champ, sans en être étonné ;
car s'il ne se pressait jamais, il s'étonnait rarement.
Il regarde bien la montre : Oui, se dit-il en lui-même,
c'est elle... Au porteballe : « Vous avez raison, elle est
belle, très belle, et je sais qu'elle est bonne... » Puis la
mettant dans son gousset il dit au porteballe : « L'ami,
grand merci !

— Comment grand merci !

— Oui, c'est la montre de mon maître.

— Je ne connais point votre maître, cette montre
est à moi, je l'ai [bien] achetée et bien payée... »

Et saisissant Jacques au collet, il se mit en devoir
de lui reprendre la montre. Jacques s'approche de son
cheval, prend un de ses pistolets, et l'appuyant sur la
poitrine du porteballe : « Retire-toi, lui dit-il, ou tu es
mort. » Le porteballe effrayé lâche prise. Jacques
remonte sur son cheval et s'achemine au petit pas
vers la ville, en disant en lui-même : « Voilà la montre
recouvrée, à présent voyons à notre bourse... » Le
porteballe se hâte de refermer sa malle, la remet sur
ses épaules, et suit Jacques en criant : « Au voleur !
au voleur ! à l'assassin ! au secours ! à moi ! à moi !... »
C'était dans la saison des récoltes : les champs étaient
couverts de travailleurs. Tous laissent leurs faucilles,

[*malle*] (V).
Manque (L).

s'attroupent autour de cet homme, et lui demandent où
est le voleur, où est l'assassin.

— Le voilà, le voilà là-bas.

— Quoi! celui qui s'achemine au petit pas vers la
porte de la ville?

— Lui-même.

— Allez, vous êtes fou, ce n'est point là l'allure d'un
voleur.

— C'en est un, c'en est un, vous dis-je, il m'a pris de
force une montre d'or...

Ces gens ne savaient à quoi s'en rapporter, des cris
du porteballe ou de la marche tranquille de Jacques.
« Cependant, ajoutait le porteballe, mes enfants, je
suis ruiné si vous ne me secourez ; elle vaut trente
louis comme un liard. Secourez-moi, il emporte ma
montre, et s'il vient à piquer des deux, ma montre est
perdue... »

Si Jacques n'était guère à portée d'entendre ces
cris, il pouvait aisément voir l'attroupement, et n'en
allait pas plus vite. Le porteballe détermina, par
l'espoir d'une récompense, les paysans à courir après
Jacques. Voilà donc une multitude d'hommes, de
femmes et d'enfants allant et criant : « Au voleur!
au voleur! à l'assassin! » et le porteballe les suivant
d'aussi près que le fardeau dont il était chargé le
lui permettait, et criant : « Au voleur! au voleur! à
l'assassin!... »

Ils sont entrés dans la ville, car c'est dans une ville
que Jacques et son maître avaient séjourné la veille ;
je me le rappelle à l'instant. Les habitants quittent leurs
maisons, se joignent aux paysans et au porteballe,
tous vont criant à l'unisson : « Au voleur! au voleur!
à l'assassin!... » Tous atteignent Jacques en même
temps. Le porteballe s'élançant sur lui, Jacques lui
détache un coup de botte dont il est renversé par
terre, mais n'en criant pas moins : « Coquin, fripon,
scélérat, rends-moi ma montre ; tu me la rendras, et
tu n'en seras pas moins pendu... » Jacques, gardant son

sang-froid, s'adressait à la foule qui grossissait à chaque instant, et disait : « Il y a un magistrat de police ici,
qu'on me mène chez lui : là, je ferai voir que je ne
suis point un coquin, et que cet homme en pourrait
bien être un. Je lui ai pris une montre, il est vrai ;
mais cette montre est celle de mon maître. Je ne suis
point inconnu dans cette ville : avant-hier au soir nous
y arrivâmes mon maître et moi, et nous avons séjourné
chez M. le lieutenant général, son ancien ami. » Si
je ne vous ai pas dit plus tôt que Jacques et son
maître avaient passé par Conches ¹, et qu'ils avaient
logé chez [le] lieutenant général de ce lieu, c'est que
cela ne m'est [pas venu] plus tôt. « Qu'on me conduise
chez M. le lieutenant général », disait Jacques, et en
même temps il mit pied à terre. On le voyait au
centre du cortège, lui, son cheval et le porteballe. Ils
marchent, ils [arrivent] à la porte du lieutenant général. Jacques, son cheval et le porteballe entrent. Jacques et le porteballe se tenant l'un l'autre à la boutonnière. La foule reste en dehors.

Cependant, que faisait le maître de Jacques ? Il
s'était assoupi au bord du grand chemin, la bride de
son cheval passée dans son bras, et l'animal paissait
l'herbe autour du dormeur, autant que la longueur de
la bride le lui permettait.

Aussitôt que le lieutenant général aperçut Jacques,
il s'écria : « [Eh!] c'est toi, mon pauvre Jacques !
Qu'est-ce qui te ramène seul ici ?

— La montre de mon maître : il l'avait laissée pen-
due au coin de la cheminée, et je l'ai retrouvée dans
la balle de cet homme ; notre bourse, que j'ai oubliée
sous mon chevet, et qui se retrouvera si vous l'ordonnez.

[*M. le*] (L).
[*revenu*] (V, L).
[*arrêtent*] (V).
Manque (V).

— Et que cela soit écrit là-haut... », ajouta le magistrat.

A l'instant il fit appeler ses gens : à l'instant le porteballe montrant un grand drôle de mauvaise mine, et nouvellement installé dans la maison, dit : « Voilà celui qui m'a vendu la montre. »

Le magistrat, prenant un air sévère, dit au porteballe et à son valet : « Vous mériteriez tous deux les galères, toi pour avoir vendu la montre, toi pour l'avoir achetée... » A son valet : « Rends à cet homme son argent, et mets bas ton habit sur-le-champ... » Au porteballe : « Dépêche-toi de vider le pays, si tu ne veux pas y rester accroché pour toujours. Vous faites tous deux un métier qui porte malheur... Jacques, à présent il s'agit de ta bourse. » Celle qui se l'était appropriée comparut sans se faire appeler ; c'était une grande fille faite au tour. « C'est moi, monsieur, qui ai la bourse, dit-elle à son maître ; mais je ne l'ai point volée, c'est lui qui me l'a donnée.

— Je vous ai donné ma bourse ?

— Oui.

— Cela se peut, mais que le diable m'emporte si je m'en souviens... »

Le magistrat dit à Jacques : « Allons, Jacques, n'éclaircissons pas cela davantage.

— Monsieur...

— Elle est jolie et complaisante à ce que je vois.

— Monsieur, je vous jure...

— Combien y avait-il dans la bourse ?

— Environ neuf cent dix-sept livres.

— Ah! Javotte! neuf cent dix-sept livres pour une nuit, c'est beaucoup trop pour vous et pour lui. Donnez-moi la bourse... »

La grande fille donna la bourse à son maître qui en tira un écu de six francs : « Tenez, lui dit-il, en lui jetant l'écu, voilà le prix de vos services ; vous valez mieux, mais pour un autre que Jacques. Je vous en souhaite deux fois autant tous les jours, mais hors de chez moi, entendez-vous? Et toi, Jacques, dépêche-toi de remonter sur ton cheval et de retourner à ton maître. »

Jacques salua le magistrat et s'éloigna sans répondre, mais il disait en lui-même : « L'effrontée! la coquine! il était donc écrit là-haut qu'un autre coucherait avec elle, et que Jacques payerait!... Allons, Jacques, console-toi ; n'es-tu pas trop heureux d'avoir rattrapé ta bourse et la montre de ton maître, et qu'il t'en ait si peu coûté? »

Jacques remonte sur son cheval et fend la presse qui s'était faite à l'entrée de la maison du magistrat ; mais comme il souffrait avec peine que tant de gens le prissent pour un fripon, il affecta de tirer la montre de sa poche et de regarder l'heure qu'il était ; puis il piqua des deux son cheval, qui n'y était pas fait, et qui n'en partit qu'avec plus de célérité. Son usage était de le laisser aller à sa fantaisie ; car il trouvait autant d'inconvénient à l'arrêter quand il galopait, qu'à le presser quand il marchait lentement. Nous croyons conduire le destin ; mais c'est toujours lui qui nous mène : et le destin, pour Jacques, était tout ce qui le touchait ou l'approchait, son cheval, son maître, un moine, un chien, une femme, un mulet, une corneille. Son cheval le conduisait donc à toutes jambes vers son maître, qui s'était assoupi sur le bord du chemin, la bride de son cheval passée dans son bras, comme je vous l'ai dit. Alors le cheval tenait à la bride ; mais lorsque Jacques arriva, la bride était restée à sa place, et le cheval n'y [tenait] plus. Un fripon s'était apparemment approché du dormeur, avait doucement coupé la bride et emmené l'animal. Au bruit du cheval de Jacques, son maître se réveilla, et son premier mot fut : « Arrive, arrive, maroufle! je te vais... » Là, il se mit à bâiller d'une aune.

[*N'y était plus*] (A. T.). [*Tenait*] (V).

— Bâillez, bâillez, monsieur, tout à votre aise, lui dit Jacques, mais où est votre cheval ?

— Mon cheval ?

— Oui, votre cheval... »

Le maître s'apercevant aussitôt qu'on lui avait volé son cheval, se disposait à tomber sur Jacques à grands coups de bride, lorsque Jacques lui dit : « Tout doux, monsieur, je ne suis pas d'humeur aujourd'hui à me laisser assommer ; je recevrai le premier coup, mais je jure qu'au second je pique des deux et vous laisse là... »

Cette menace de Jacques fit tomber subitement la fureur de son maître, qui lui dit d'un ton radouci : « Et ma montre ?

— La voilà.

— Et ta bourse ?

— La voilà.

— Tu as été bien longtemps ?

— Pas trop pour tout ce que j'ai fait. Écoutez bien. Je suis allé, je me suis battu, j'ai ameuté tous les paysans de la campagne, j'ai ameuté tous les habitants de la ville, j'ai été pris pour voleur de grand chemin, j'ai été conduit chez le juge, j'ai subi deux interrogatoires, j'ai presque fait pendre deux hommes ; j'ai fait mettre à la porte un valet, j'ai fait chasser une servante, j'ai été convaincu d'avoir couché avec une créature que je n'ai jamais vue et que j'ai pourtant payée ; et je suis revenu.

— Et moi, en t'attendant...

— En m'attendant il était écrit là-haut que vous vous endormiriez, et qu'on vous volerait votre cheval. Eh bien! monsieur, n'y pensons plus! c'est un cheval perdu, et peut-être est-il écrit là-haut qu'il se retrouvera.

— Mon cheval! mon pauvre cheval!

— Quand vous [continueriez] vos lamentations jusqu'à demain, il n'en sera ni plus ni moins.

[*continuerez*] (L).

— Qu'allons-nous faire?

— Je vais vous prendre en croupe, ou, si vous l'aimez mieux, nous quitterons nos bottes, nous les attacherons sur la selle de mon cheval, et nous poursuivrons notre route à pied.

— Mon cheval! mon pauvre cheval! »

Ils prirent le parti d'aller à pied, le maître s'écriant de temps en temps, mon cheval! mon pauvre cheval! et Jacques paraphrasant l'abrégé de ses aventures. Lorsqu'il en fut à l'accusation de la fille, son maître lui dit: Vrai, Jacques, tu n'avais pas couché avec cette fille?

JACQUES. Non, monsieur.

LE MAITRE. Et tu l'as payée?

JACQUES. Assurément!

LE MAITRE. Je fus une fois en ma vie plus malheureux que toi.

JACQUES. Vous payâtes après avoir couché?

LE MAITRE. Tu l'as dit.

JACQUES. Est-ce que vous ne me raconterez pas cela?

LE MAITRE. Avant que d'entrer dans l'histoire de mes amours, il faut être sorti de l'histoire des tiennes. Eh bien! Jacques, et tes amours, que je prendrai pour les premières et les seules de ta vie, nonobstant l'aventure de la servante du lieutenant général de Conches; car, quand tu aurais couché avec elle, tu n'en aurais pas été l'amoureux pour cela. Tous les jours on couche avec des femmes qu'on n'aime pas, et l'on ne couche pas avec des femmes qu'on aime. Mais...

JACQUES. Eh bien! mais!... qu'est-ce?

LE MAITRE. Mon cheval!... Jacques, mon ami, ne te fâche pas; mets-toi à la place de mon cheval, suppose que je t'aie perdu, et dis-moi [si tu ne m'en estimerais pas] davantage si tu m'entendais m'écrier: Mon Jacques! mon pauvre Jacques!

[*ne m'estimerais-tu pas?*] (V).

Jacques sourit et dit : J'en étais, je crois, au discours de mon hôte avec sa femme pendant la nuit qui suivit mon premier pansement. Je reposai un peu. Mon hôte et sa femme se levèrent plus tard que de coutume.

LE MAITRE. Je le crois.

JACQUES. A mon réveil, j'entr'ouvris doucement mes rideaux, et je vis mon hôte, sa femme et le chirurgien en conférence secrète vers la [porte]. Après ce que j'avais entendu pendant la nuit, il ne me fut pas difficile de deviner ce qui se traitait là. Je toussai. Le chirurgien dit au mari : « Il est éveillé ; compère, descendez à la cave, nous boirons un coup, cela rend !a main sûre ; je lèverai ensuite mon appareil, puis nous aviserons au reste. »

La bouteille arrivée et vidée, car, en terme de l'art, boire un coup c'est vider au moins une bouteille, le chirurgien s'approcha de mon lit, et me dit : « Comment la nuit a-t-elle été ? »

— Pas mal.

— Votre bras... Bon, bon, le pouls n'est pas mauvais, il n'y a presque plus de fièvre. Il faut voir à ce genou... Allons, commère, dit-il à l'hôtesse qui était debout au pied de mon lit derrière le rideau, aidez-nous... » L'hôtesse appela un de ses enfants... « Ce n'est pas un enfant qu'il nous faut ici, c'est vous, un faux mouvement nous apprêterait de la besogne pour un mois. Approchez. » L'hôtesse approcha, les yeux baissés... « Prenez cette jambe, la bonne, je me charge de l'autre. Doucement, doucement... A moi, encore un peu à moi... L'ami, un petit tour de corps à droite... à droite, vous dis-je, et nous y voilà... »

Je tenais le matelas à deux mains, je grinçais les dents, la sueur me coulait le long du visage. « L'ami, cela n'est pas doux.

— Je le sens.

[*fenêtre*] (V, L).

— Vous y voilà. Commère, lâchez la jambe, prenez l'oreiller ; approchez la chaise et mettez l'oreiller dessus... Trop près... Un peu plus loin... L'ami, donnez-moi la main, serrez-moi ferme. Commère, passez dans la ruelle, et tenez-le par-dessous le bras... A merveille. Compère, ne reste-t-il rien dans la bouteille ?

— Non.

— Allez prendre la place de votre femme, et qu'elle en aille chercher une autre... Bon, bon, versez plein... Femme, laissez votre homme où il est, et venez à côté de moi... » L'hôtesse appela encore [une] fois un de ses enfants. « Eh ! mort diable, je vous l'ai déjà dit, un enfant n'est pas ce qu'il nous faut. Mettez-vous à genoux, passez la main sous le mollet... Commère, vous tremblez comme si vous aviez fait un mauvais coup ; allons donc, du courage... La gauche sous le bas de la cuisse, là, au-dessus du bandage... Fort bien !... » Voilà les [coutures] ¹ coupées, les bandes déroulées, l'appareil levé et ma blessure à découvert. Le chirurgien tâte [en] dessus, [en] dessous, par les côtés, et à chaque fois qu'il me touche, il dit : « L'ignorant ! l'âne ! le butor ! et cela se mêle de chirurgie ! Cette jambe, une jambe à couper ? Elle durera autant que l'autre : c'est moi qui vous en réponds.

— Je guérirai ?

— J'en ai bien guéri d'autres.

— Je marcherai ?

— Vous marcherez.

— Sans boiter ?

— C'est autre chose ; diable, l'ami, comme vous y allez ! N'est-ce pas assez que je vous aie sauvé votre jambe ? Au demeurant, si vous boitez, ce sera peu de chose. Aimez-vous la danse ?

— Beaucoup.

— Si vous en marchez un peu moins bien, vous

[*une seconde fois*] (V).
[*ceintures*] (V).
[*au*] (V).

n'en danserez que mieux... Commère, le vin chaud...
Non, l'autre d'abord : encore un petit verre, et [votre]
pansement n'en ira pas plus mal. »

Il boit : on apporte le vin chaud, on m'étuve, on
remet l'appareil, on m'étend dans mon lit, on
m'exhorte à dormir, si je puis, on ferme les rideaux,
on finit la bouteille entamée, on en remonte une autre,
et la conférence reprend entre le chirurgien, l'hôte
et l'hôtesse.

L'HOTE. Compère, cela sera-t-il long ?

LE CHIRURGIEN. Très long... [A vous, compère.]

L'HOTE. Mais combien ? Un mois ?

LE CHIRURGIEN. Un mois ! Mettez-en deux, trois,
quatre, qui sait cela ? La rotule est entamée, le fémur,
le tibia... A vous, commère.

L'HOTE. Quatre mois ! miséricorde ! Pourquoi le
recevoir ici ? Que diable faisait-elle à sa porte ?

LE CHIRURGIEN. A moi ; car j'ai bien travaillé.

L'HOTESSE. Mon ami, voilà que tu recommences.
Ce n'est pas là ce que tu m'as promis cette nuit ; mais
patience, tu y reviendras.

L'HOTE. Mais, dis-moi, que faire de cet homme ?
Encore si l'année n'était pas si mauvaise !...

L'HOTESSE. Si tu voulais, j'irais chez le curé.

L'HOTE. Si tu y mets le pied, je te roue de coups.

LE CHIRURGIEN. Pourquoi donc, compère ? la mienne
y va bien.

L'HOTE. C'est votre affaire.

LE CHIRURGIEN. A ma filleule ; comment se porte-
t-elle ?

L'HOTESSE. Fort bien.

LE CHIRURGIEN. Allons, compère, à votre femme et
à la mienne ; ce sont deux bonnes femmes.

L'HOTE. La vôtre est plus avisée ; [elle] n'aurait pas
fait la sottise...

[*notre*] (V, L).
Manque (V).
[*et elle*] (V, L).

L'HOTESSE. Mais, compère, il y a les sœurs grises.

LE CHIRURGIEN. Ah! commère! un homme, un homme chez les sœurs! Et puis il y a une petite difficulté un peu plus grande que le doigt... Buvons aux sœurs, ce sont de bonnes filles.

L'HOTESSE. Et quelle difficulté?

LE CHIRURGIEN. Votre homme ne veut pas que vous alliez chez le curé et ma femme ne veut pas que j'aille chez les sœurs... Mais, compère, encore un coup, cela nous avisera peut-être. Avez-vous questionné cet homme? Il n'est peut-être pas sans ressource.

L'HOTE. Un soldat!

LE CHIRURGIEN. Un soldat a père, mère, frères, sœurs, des parents, des amis, quelqu'un sous le ciel... Buvons encore un coup, éloignez-vous, et laissez-moi faire.

Telle fut à la lettre la conversation du chirurgien, de l'hôte et de l'hôtesse : mais quelle autre couleur n'aurais-je pas été le maître de lui donner, en introduisant un scélérat parmi ces bonnes gens? Jacques se serait vu, ou vous auriez vu Jacques au moment d'être arraché de son lit, jeté sur un grand chemin ou dans une fondrière. — Pourquoi pas tué? — Tué, non. J'aurais bien su appeler quelqu'un à son secours ; ce quelqu'un-là aurait été un soldat de sa compagnie : mais cela aurait pué le *Cleveland* [1] à infecter. La vérité, la vérité! — La vérité, me direz-vous, est souvent froide, commune et plate ; par exemple, votre dernier récit du pansement de Jacques est vrai, mais qu'y a-t-il d'intéressant? Rien. — D'accord. — S'il faut être vrai, c'est comme Molière, Regnard, Richardson, Sedaine ; la vérité a ses côtés piquants, qu'on saisit quand on a du génie. [— Oui, quand on a du génie] ; mais quand on en manque? — Quand on en manque, il ne faut pas écrire. — Et si par malheur on

Manque (L).

ressemblait a un certain poète que j'envoyai à Pondichéry? — Qu'est-ce que ce poète? — Ce poète...
Mais si vous m'interrompez, lecteur, et si je m'interromps moi-même à tout coup, que deviendront
les amours de Jacques? Croyez-moi, laissons là le
poète... L'hôte et l'hôtesse s'éloignèrent... — Non,
non, l'histoire du poète de Pondichéry. — Le chirurgien s'approcha du lit de Jacques... — L'histoire
du poète de Pondichéry, l'histoire du poète de Pondichéry. — Un jour, il me vint un jeune poète, comme il
m'en vient tous les jours... Mais, lecteur, quel rapport
cela a-t-il avec le voyage de Jacques le Fataliste et
de son maître?... — L'histoire du poète de Pondichéry. — Après les compliments ordinaires sur mon
esprit, mon génie, mon goût, ma bienfaisance, et autres
propos dont je ne crois pas un mot, bien qu'il y ait
plus de vingt ans qu'on me les répète et peut-être de
bonne foi, le jeune poète tire un papier de sa poche :
ce sont des vers, me dit-il. — Des vers! — Oui, monsieur, et sur lesquels j'espère que vous aurez la bonté
de me dire votre avis. — Aimez-vous la vérité? —
Oui, monsieur, et je vous la demande. — Vous allez
la savoir. — Quoi! vous êtes assez bête pour croire
qu'un poète vient chercher la vérité chez vous? —
Oui. — Et pour la lui dire? — Assurément! — Sans
ménagement? — Sans doute : le ménagement le mieux
apprêté ne serait qu'une offense grossière ; fidèlement
interprété, il signifierait : vous êtes un mauvais poète ;
et comme je ne vous crois pas assez robuste pour entendre la vérité, vous n'êtes encore qu'un plat
homme. — Et la franchise vous a toujours réussi? —
Presque toujours... Je lis les vers de mon jeune poète,
et je lui dis : Non seulement vos vers sont mauvais, mais il m'est démontré que vous n'en ferez jamais
de bons. — Il faudra donc que j'en fasse de mauvais ; car je ne saurais m'empêcher d'en faire. — Voilà
une terrible malédiction! Concevez-vous, monsieur,
dans quel avilissement vous allez tomber? Ni les

dieux, ni les hommes, ni les colonnes n'ont pardonné la médiocrité aux poètes : c'est Horace qui l'a dit. — Je le sais. — Êtes-vous riche? — Non. — Êtes-vous pauvre? — Très pauvre. — Et vous allez joindre à la pauvreté le ridicule de mauvais poète ; vous aurez perdu toute votre vie, vous serez vieux. Vieux, pauvre et mauvais poète, ah! monsieur, quel rôle! — Je le conçois, mais je suis entraîné malgré moi... [Ici] Jacques aurait dit : Mais cela est écrit là-haut. — Avez-vous des parents? — J'en ai. — Quel est leur état? — Ils sont joailliers. — Feraient-ils quelque chose pour vous? — Peut-être. — Eh bien! voyez vos parents, proposez-leur de vous avancer une pacotille [de bijoux]. Embarquez-vous pour Pondichéry ; vous ferez de mauvais vers sur la route ; arrivé, vous ferez fortune. Votre fortune faite, vous reviendrez faire ici tant de mauvais vers qu'il vous plaira, pourvu que vous ne les fassiez pas imprimer, car il ne faut ruiner personne... Il y avait environ douze ans que j'avais donné ce conseil au jeune homme, lorsqu'il m'apparut ; je ne le reconnaissais pas. C'est moi, monsieur, me dit-il, que vous avez envoyé à Pondichéry. J'y ai été, j'ai amassé là une centaine de mille francs. Je suis revenu ; je me suis remis à faire des vers, et en voilà que je vous apporte... Ils sont toujours mauvais? — Toujours ; mais votre sort est arrangé, et je consens que vous continuiez à faire [de mauvais] vers. — C'est bien mon projet...

[Le] chirurgien s'étant approché du lit de Jacques, celui-ci ne lui laissa pas le temps de parler. J'ai tout entendu, lui dit-il... Puis, s'adressant à son maître, il ajouta... Il allait ajouter, lorsque son maître l'arrêta. Il était las de marcher ; il s'assit sur le bord du chemin,

Manque (V).
Manque (V).
[des] (V).
[Et le] (V, L.

la tête tournée vers un voyageur qui s'avançait de
leur côté, à pied, la bride de son cheval, qui le suivait,
passée dans son bras.

Vous allez croire, lecteur, que ce cheval est celui
qu'on a volé au maître de Jacques : et vous vous trom-
perez. C'est ainsi que cela arriverait dans un roman,
un peu plus tôt ou un peu plus tard, de cette manière
ou autrement ; mais ceci n'est point un roman, je
vous l'ai déjà dit, je crois, et je vous le répète encore.
Le maître dit à Jacques : Vois-tu cet homme qui vient
à nous ?

JACQUES. Je le vois.

LE MAITRE. Son cheval me paraît bon.

JACQUES. J'ai servi dans l'infanterie, et je ne m'y
connais pas.

LE MAITRE. Moi, j'ai commandé dans la cavalerie,
et je m'y connais.

JACQUES. Après ?

LE MAITRE. Après ? Je voudrais que tu allasses
proposer à cet homme de nous le céder, en payant
s'entend.

JACQUES. Cela est bien fou, mais j'y vais. Combien
y voulez-vous mettre ?

LE MAITRE. Jusqu'à cent écus...

Jacques, après avoir recommandé à son maître de
ne pas s'endormir, va à la rencontre du voyageur,
lui propose l'achat de son cheval, le paye et l'emmène.
Eh bien ! Jacques, lui dit son maître, si vous avez
vos pressentiments, vous voyez que j'ai aussi les miens.
Ce cheval est beau ; le marchand t'aura juré qu'il
[est] sans défaut ; mais en fait de chevaux tous les
hommes sont maquignons.

JACQUES. Et en quoi ne le sont-ils pas ?

[*était*] (L).

LE MAITRE. Tu le monteras et tu me céderas le tien.

JACQUES. D'accord.

Les voilà tous les deux à cheval, et Jacques ajoutant :

Lorsque je quittai la maison, mon père, ma mère, mon parrain, m'avaient tous donné quelque chose, chacun selon [ses] petits moyens ; et j'avais en réserve cinq louis, dont Jean, mon aîné, m'avait fait présent lorsqu'il partit pour son malheureux voyage de Lisbonne... (Ici Jacques se mit à pleurer, et son maître à lui représenter que cela était écrit là-haut.) Il est vrai, monsieur, je me le suis dit cent fois ; et avec tout cela je ne saurais m'empêcher de pleurer...

Puis voilà Jacques qui sanglote et qui pleure de plus [belle] ; et son maître qui prend sa prise de tabac, et qui regarde à sa montre l'heure qu'il est. Après avoir mis la bride de son cheval entre ses dents et essuyé ses yeux avec ses deux mains, Jacques [continua].

Des cinq louis de Jean, de mon engagement, et des présents de mes parents et amis, j'avais fait une bourse dont je n'avais pas encore soustrait une obole. Je retrouvai ce magot bien à point ; qu'en dites-vous, mon maître ?

LE MAITRE. Il était impossible que tu restasses plus longtemps dans la chaumière.

JACQUES. Même en payant.

LE MAITRE. Mais qu'est-ce que ton frère Jean était allé chercher à Lisbonne ?

JACQUES. Il me semble que vous prenez à tâche de me fourvoyer. Avec vos questions, nous aurons fait le tour du monde avant que d'avoir atteint la fin de mes amours.

[*leurs*] (V), (L).
[*bel*] (V).
[*commença*] (V).

LE MAITRE. Qu'importe, pourvu que tu parles et
que j'écoute ? ne sont-ce pas là les deux points importants ? Tu me grondes, lorsque tu devrais me
remercier.

JACQUES. Mon frère était allé chercher le repos
à Lisbonne [1]. Jean, mon frère, était un garçon d'esprit : c'est ce qui lui a porté malheur ; il eût été mieux
pour lui qu'il eût été un sot comme moi ; mais cela
était écrit là-haut. Il était écrit que le frère quêteur
des Carmes qui venait dans notre village demander
des œufs, de la laine, du chanvre, des fruits, du vin
à chaque saison, logerait chez mon père, qu'il débau-
cherait Jean, mon frère, et que Jean, mon frère, prendrait l'habit de moine.

LE MAITRE. Jean, ton frère, a été Carme ?

JACQUES. Oui, monsieur, et Carme [déchaux].
Il était actif, intelligent, chicaneur ; c'était l'avocat
consultant du village. Il savait lire et écrire, et, dès sa
jeunesse, il s'occupait à déchiffrer et à copier de vieux
parchemins. Il passa par toutes les fonctions de
l'ordre, successivement portier, sommelier, jardinier,
sacristain, adjoint à procure et banquier ; du train
dont il y allait, il aurait fait notre fortune à tous. Il
a marié et bien marié deux de nos sœurs et quelques
autres filles du village. Il ne passait pas dans les rues,
que les pères, les mères et les enfants n'allassent à lui,
et ne lui criassent : « Bonjour, frère Jean ; comment
vous portez-vous, frère Jean ? » Il est sûr que quand
il entrait dans une maison la bénédiction du ciel y
entrait avec lui ; et que s'il y avait une fille, deux mois
après sa visite elle était mariée. Le pauvre frère Jean !
l'ambition le perdit. Le procureur de la maison, auquel
on l'avait donné pour adjoint, était vieux. Les moines
ont dit qu'il avait formé le projet de lui succéder
après sa mort, que pour cet effet il bouleversa tout le
chartrier, qu'il brûla les anciens registres, et qu'il en

[déchaussé] (V).

fit de nouveaux, en sorte qu'à la mort du vieux procureur, le diable n'aurait vu goutte dans les titres de la communauté. Avait-on besoin d'un papier, il fallait perdre un mois à le chercher ; encore souvent ne le trouvait-on pas. Les Pères démêlèrent la ruse du frère Jean et son objet : ils prirent la chose au grave, et frère Jean, au lieu d'être procureur comme il s'en était flatté, fut réduit au pain et à l'eau, et [bien] discipliné jusqu'à ce qu'il eût communiqué à un autre la clef de ses registres. Les moines sont implacables. Quand on eut tiré de frère Jean tous les éclaircissements dont on avait besoin, on le fit porteur de charbon dans le laboratoire où l'on distille *l'eau des Carmes*. Frère Jean, ci-devant banquier de l'ordre et adjoint à procure, maintenant charbonnier ! Frère Jean avait du cœur, il ne put supporter ce déchet d'importance et de splendeur, et n'attendit qu'une occasion de se soustraire à cette humiliation.

Ce fut alors qu'il arriva dans la même maison un jeune Père qui passait pour la merveille de l'ordre au tribunal et dans la chaire ; il s'appelait le Père Ange [1]. Il avait de beaux yeux, un beau visage, un bras et des mains à modeler. Le voilà qui prêche, qui prêche, qui confesse, qui confesse ; voilà les vieux directeurs quittés par leurs dévotes ; voilà ces dévotes attachées au jeune Père Ange ; voilà que les veilles de dimanches et de grandes fêtes la boutique du Père Ange est environnée de pénitents et de pénitentes, et que les vieux Pères attendaient inutilement pratique dans leurs boutiques désertes ; ce qui les chagrinait beaucoup... Mais, monsieur, si je laissais là l'histoire de frère [Jean] et que je reprisse celle de mes amours, cela serait peut-être plus gai.

LE MAÎTRE. Non, non ; prenons une prise de tabac, voyons l'heure qu'il est et poursuis.

JACQUES. J'y consens, puisque vous le voulez...

Mais le cheval de Jacques fut d'un autre avis ; le voilà qui prend tout à coup le mors aux dents et qui se précipite dans une fondrière. Jacques a beau le serrer des genoux et lui tenir la bride courte, du plus bas de la fondrière, l'animal têtu s'élance et se met à grimper à toutes jambes un monticule où il s'arrête tout court et où Jacques, tournant ses regards autour de lui, se voit entre des fourches patibulaires.

Un autre que moi, lecteur, ne manquerait pas de garnir ces fourches de leur gibier et de ménager à Jacques une triste reconnaissance. Si je vous le disais, vous le croiriez peut-être, car il y a des hasards [plus] singuliers, mais la chose n'en serait pas plus vraie : ces fourches étaient vacantes.

Jacques laissa reprendre haleine à son cheval, qui de lui-même redescendit la montagne, remonta la fondrière et replaça Jacques à côté de son maître, qui lui dit : Ah! mon ami, quelle frayeur tu m'as causée! je t'ai tenu pour mort... mais tu rêves ; à quoi rêves-tu ?

JACQUES. A ce que j'ai trouvé là-haut.
LE MAITRE. Et qu'y as-tu donc trouvé ?
JACQUES. Des fourches patibulaires, un gibet.
LE MAITRE. [Diable!] cela est de fâcheux augure ; mais rappelle-toi ta doctrine. Si cela est écrit là-haut, tu auras beau faire, tu seras pendu, cher ami ; et si cela n'est pas écrit là-haut, le cheval en aura menti. Si cet animal n'est pas inspiré, il est sujet à des lubies ; il faut y prendre garde [1]...

Après un moment de silence, Jacques se frotta le front et secoua ses oreilles, comme on fait lorsqu'on cherche à écarter de soi une idée fâcheuse, et reprit brusquement :

Manque (L).
Manque (V).

Ces vieux moines tinrent conseil entre eux et résolurent à quelque prix et par quelque voie que ce fût, de se défaire d'une jeune barbe qui les humiliait. Savez-vous ce qu'ils firent ?... Mon maître, vous ne m'écoutez pas.

LE MAITRE. Je t'écoute, je t'écoute : continue.

JACQUES. Ils gagnèrent le portier, qui était un vieux coquin comme eux. Ce vieux coquin accusa le jeune Père d'avoir pris des libertés avec une de ses dévotes dans le parloir, et assura, par serment, qu'il l'avait vu. Peut-être cela était-il vrai, peut-être cela était-il faux : que sait-on ? Ce qu'il y a de plaisant, c'est que le lendemain de cette accusation, le prieur de la maison fut assigné au nom d'un chirurgien pour être satisfait des remèdes qu'il avait administrés et des soins qu'il avait donnés à ce scélérat de portier dans le cours d'une maladie galante... Mon maître, vous ne m'écoutez pas, et je sais ce qui vous distrait, je gage que ce sont ces fourches patibulaires.

LE MAITRE. Je ne saurais en disconvenir.

JACQUES. Je surprends vos yeux attachés sur mon visage ; est-ce que vous me trouvez l'air sinistre ?

LE MAITRE. Non, non.

JACQUES. C'est-à-dire, oui, oui. Eh bien! si je vous fais peur, nous n'avons qu'à nous séparer.

LE MAITRE. Allons donc, Jacques, vous perdez l'esprit ; est-ce que vous n'êtes pas sûr de vous ?

JACQUES. Non, monsieur ; et qui est-ce qui est sûr de soi ?

LE MAITRE. Tout homme de bien. Est-ce que Jacques, l'honnête Jacques, ne se sent pas là de l'horreur pour le crime ?... Allons, Jacques, finissons cette dispute et reprenez votre récit.

JACQUES. En conséquence de cette calomnie ou médisance du portier, on se crut autorisé à faire mille diableries, mille méchancetés à ce pauvre Père Ange dont la tête parut se déranger. Alors on appela un médecin qu'on corrompit et qui attesta que ce religieux était fou et qu'il avait besoin de respirer l'air natal. S'il n'eût été question que d'éloigner ou d'enfermer le Père Ange, c'eût été une affaire bientôt faite ; mais parmi les dévotes dont il était la coqueluche, il y avait de grandes dames à ménager. On leur parlait de leur directeur avec une commisération hypocrite : « Hélas! ce pauvre Père [Ange], c'est bien dommage! c'était l'aigle de notre communauté. — Qu'est-ce qui lui est donc arrivé? » A cette question on ne répondait qu'en poussant un profond soupir et en levant les yeux au ciel ; si l'on insistait, on baissait la tête et l'on se taisait. A cette singerie l'on ajoutait quelquefois : « O Dieu! qu'est-ce de nous!... Il a encore des moments surprenants... des éclairs de génie... Cela reviendra peut-être, mais il y a peu d'espoir... Quelle perte pour la religion!... » Cependant les mauvais procédés redoublaient ; il n'y avait rien qu'on ne tentât pour amener le Père Ange au point où on le disait ; et on y aurait réussi si frère Jean ne l'eût pris en pitié. Que vous dirai-je de plus? Un soir que nous étions tous endormis, nous entendîmes frapper à notre porte : nous nous levons ; nous ouvrons au Père Ange et à mon frère déguisés. Ils passèrent le jour suivant dans la maison ; le lendemain, dès l'aube du jour, ils décampèrent. Ils s'en allaient les mains bien garnies ; car Jean, en m'embrassant, me dit : « J'ai marié tes sœurs ; si j'étais resté dans le couvent, deux ans de plus, ce que j'y étais, tu serais un des gros fermiers du canton ; mais tout a changé, et voilà ce que je puis faire pour toi. Adieu, Jacques, si nous avons du bonheur, le Père et moi, tu t'en ressentiras... » puis il me lâcha dans la main les cinq louis dont je vous ai parlé, avec cinq autres pour la dernière des filles du village, qu'il avait mariée et qui venait d'accoucher d'un gros garçon qui

Manque (V).

ressemblait à frère Jean comme deux gouttes d'eau.

LE MAITRE, *sa tabatière ouverte et sa montre replacée.* — Et qu'allaient-ils faire à Lisbonne?

JACQUES. Chercher un tremblement de terre, qui ne pouvait se faire sans eux; être écrasés, engloutis, brûlés, comme il était écrit là-haut.

LE MAITRE. Ah! les moines! les moines!

JACQUES. Le meilleur ne vaut pas grand argent.

LE MAITRE. Je le sais mieux que toi.

JACQUES. Est-ce que vous avez passé par leurs mains?

LE MAITRE. Une autre fois je te dirai cela.

JACQUES. Mais pourquoi est-ce qu'ils sont si méchants?

LE MAITRE. Je crois que c'est parce qu'ils sont moines... Et puis revenons à tes amours.

JACQUES. Non, monsieur, n'y revenons pas.

LE MAITRE. Est-ce que tu ne veux plus que je les sache?

JACQUES. Je le veux toujours; mais le destin, lui, ne le veut pas. Est-ce que vous ne voyez pas qu'aussitôt que j'en ouvre la bouche, le diable s'en mêle, et qu'il survient toujours quelque incident qui me coupe la parole? Je ne les finirai pas, vous dis-je, cela est écrit là-haut.

LE MAITRE. Essaye, mon ami.

JACQUES. Mais si vous commenciez l'histoire des vôtres, peut-être que cela romprait le [sortilège] et qu'ensuite les miennes en iraient mieux. J'ai dans la tête que cela tient à cela; tenez, Monsieur, il me semble quelquefois que le destin me parle.

LE MAITRE. Et tu te trouves toujours bien de l'écouter?

JACQUES. Mais, oui, témoin le jour qu'il me dit que votre montre était sur le dos du porteballe...

[*sorcillège*] (V).

Le maître se mit à bâiller ; en bâillant il frappait de la main sur sa tabatière, et en frappant sur sa tabatière, il regardait au loin, et en regardant au loin, il dit à Jacques : Ne vois-tu pas quelque chose sur ta gauche ?

JACQUES. Oui, et je gage que c'est quelque chose qui ne voudra pas que je continue mon histoire, ni que vous commenciez la vôtre...

Jacques avait raison. Comme la chose qu'ils voyaient venait à eux et qu'ils allaient à elle, ces deux marches en sens contraire abrégèrent la distance ; et bientôt ils aperçurent un char drapé de noir [1], traîné par quatre chevaux noirs, couverts de housses noires qui leur enveloppaient la tête et qui descendaient jusqu'à leurs pieds ; derrière, deux domestiques en noir ; à la suite deux autres vêtus de noir, chacun sur un cheval noir, caparaçonné de noir ; sur le siège du char un cocher noir, le chapeau [rabattu [2]] et entouré d'un long crêpe qui pendait le long de son épaule gauche ; ce cocher avait la tête penchée, laissait flotter ses guides et conduisait moins ses chevaux qu'ils ne le conduisaient. Voilà nos deux voyageurs arrivés au côté de cette voiture funèbre. A l'instant, Jacques pousse un cri, tombe de son cheval plutôt qu'il n'en descend, s'arrache les cheveux, se roule à terre en criant : « Mon capitaine ! mon pauvre capitaine ! c'est lui, je n'en saurais douter, voilà ses armes... » Il y avait, en effet, dans le char, un long cercueil sous un drap mortuaire, sur le drap mortuaire une épée avec un cordon, et à côté du cercueil un prêtre, son bréviaire à la main et psalmodiant. Le char allait toujours, Jacques le suivait en se lamentant, le maître suivait Jacques en jurant et les domestiques certifiaient à Jacques que ce convoi était celui

[clabaud] (V, L).

de son capitaine, décédé dans la ville voisine, d'où on
le transportait à la sépulture de ses ancêtres. Depuis
que ce militaire avait été privé par la mort d'un autre
militaire, son ami, capitaine au même régiment, de la
satisfaction de se battre au moins une fois par semaine,
il en était tombé dans une mélancolie qui l'avait
éteint au bout de quelques mois. Jacques, après avoir
payé à son capitaine le tribut d'éloges, de regrets
et de larmes qu'il lui devait, fit excuse à son maître,
remonta sur son cheval, et ils allaient en silence.

Mais, pour Dieu, [l'auteur], me dites-vous, où
allaient-ils ?... Mais, pour Dieu, lecteur, vous répondrai-je, est-ce qu'on sait où l'on va ? Et vous, où
allez-vous ? Faut-il que je vous rappelle l'aventure
d'Ésope ? Son maître Xantippe lui dit un soir d'été
ou d'hiver, car les Grecs se baignaient dans toutes les
saisons : « Ésope, va au bain ; s'il y a peu de monde
nous nous baignerons... » Ésope part. Chemin faisant
il rencontre la patrouille d'Athènes. « Où vas-tu ?
— Où je vais ? répond Ésope, je n'en sais rien. —
Tu n'en sais rien ? marche en prison. — Eh bien!
reprit Ésope, ne l'avais-je pas bien dit que je ne savais
où j'allais ? je voulais aller au bain, et voilà que je
vais en prison... » Jacques suivait son maître comme
vous le vôtre ; son maître suivait le sien comme Jacques
le suivait. — Mais, qui était le maître du maître de
Jacques ? — Bon, est-ce qu'on manque de maître dans
ce monde ? Le maître de Jacques en avait cent pour
un, comme vous. Mais parmi tant de maîtres du
maître de Jacques, il fallait qu'il n'y en eût pas un
bon ; car d'un jour à l'autre il en changeait. — Il
était homme. — Homme passionné comme vous, lecteur ; homme curieux comme vous, lecteur ; [homme
importun comme vous, lecteur ; homme questionneur
comme vous, lecteur]. — Et pourquoi questionnait-il ?

[*lecteur*] (V, L).
Phrases inversées dans V et dans **L**.

— Belle question! Il questionnait pour apprendre et pour redire comme vous, lecteur...

Le maître dit à Jacques : Tu ne me parais pas disposé à reprendre l'histoire de tes amours.

JACQUES. Mon pauvre capitaine! il s'en va où nous allons tous, et où il est bien extraordinaire qu'il ne soit pas arrivé plus tôt. Ahi!... Ahi!...

LE MAITRE. Mais, Jacques, vous pleurez, je crois!... [«] Pleurez sans contrainte, parce que vous pouvez pleurer sans honte ; sa mort vous affranchit des bienséances scrupuleuses qui vous gênaient pendant sa vie. Vous n'avez pas les mêmes raisons de dissimuler votre peine que celles que vous aviez de dissimuler votre bonheur ; on ne pensera pas à tirer de vos larmes les conséquences qu'on eût tirées de votre joie. On pardonne au malheur. Et puis il faut dans ce moment se montrer sensible ou ingrat, et, tout bien considéré, il vaut mieux déceler une faiblesse que se laisser soupçonner d'un vice. Je veux que votre plainte soit libre pour être moins douloureuse, je la veux violente pour être moins longue. Rappelez-vous, exagérez-vous même ce qu'il était ; sa pénétration à sonder les matières les plus profondes ; sa subtilité à discuter les plus délicates ; son goût solide qui l'attachait aux plus importantes ; la fécondité qu'il jetait dans les plus stériles ; avec quel art il défendait les accusés : son indulgence lui donnait mille fois plus d'esprit que l'intérêt ou l'amour-propre n'en donnait au coupable ; il n'était sévère que pour lui seul. Loin de chercher des excuses aux fautes légères qui lui échappaient, il s'occupait avec toute la méchanceté d'un ennemi à se les exagérer, et avec tout l'esprit d'un jaloux à rabaisser le prix de ses vertus par un examen rigoureux des motifs qui l'avaient peut-être déterminé à son insu. Ne prescrivez à vos regrets d'autre terme que

Guillemets manquent (V).

celui que le temps y mettra. Soumettons-nous à l'ordre
universel lorsque nous perdons nos amis, comme nous
nous y soumettrons lorsqu'il lui plaira de disposer de
nous ; acceptons l'arrêt du sort qui les condamne, sans
désespoir, comme nous l'accepterons sans résistance
lorsqu'il se prononcera contre nous. Les devoirs de la
sépulture ne sont pas les derniers devoirs des [âmes].
La terre qui se remue dans ce moment se raffermira
sur la tombe de votre amant ; mais votre âme conser-
vera toute sa sensibilité. »

JACQUES. Mon maître, cela est fort beau ; mais à
quoi diable cela revient-il ? J'ai perdu mon capitaine,
j'en suis désolé ; et vous me détachez, comme un
perroquet, un lambeau de la consolation d'un homme
ou d'une femme à une autre femme qui a perdu son
amant.

LE MAITRE. Je crois que c'est d'une femme.

JACQUES. Moi, je crois que c'est d'un homme. Mais
que ce soit d'un homme ou d'une femme, encore une
fois, à quoi diable cela revient-il ? Est-ce que vous me
prenez pour la maîtresse de mon capitaine ? Mon
capitaine, monsieur, était un brave homme ; et moi,
j'ai toujours été un honnête garçon.

LE MAITRE. Jacques, qui est-ce qui vous le dispute ?

JACQUES. A quoi diable revient donc votre consolation d'un homme ou d'une femme à une autre
femme ? A force de vous le demander, vous me le
direz peut-être.

LE MAITRE. Non Jacques, il faut que vous trouviez
cela tout seul.

JACQUES. J'y rêverais le reste de ma vie, que je ne
le devinerais pas ; j'en aurais pour jusqu'au jugement
dernier.

LE MAITRE. Jacques, il m'a paru que vous m'écou-
tiez avec attention tandis que je [lisais [1]].

[amis] (V, L).
[disais] (L).

JACQUES. Est-ce qu'on peut la refuser au ridicule?

LE MAITRE. Fort bien, Jacques!

JACQUES. Peu s'en est fallu que je n'aie éclaté à l'endroit des bienséances rigoureuses qui me gênaient pendant la vie de mon capitaine, et dont j'avais été affranchi par sa mort.

LE MAITRE. Fort bien, Jacques! J'ai donc fait ce que je m'étais proposé. Dites-moi s'il était possible de s'y prendre mieux pour vous consoler. Vous pleuriez : si je vous avais entretenu de l'objet de votre douleur, qu'en serait-il arrivé? Que vous eussiez pleuré bien davantage, et que j'aurais achevé de vous désoler. Je vous ai donné le change, et par le ridicule de mon oraison funèbre, et par la petite querelle qui s'en est suivie. A présent, convenez que la pensée de votre capitaine est aussi loin de vous que le char funèbre qui le mène à son dernier domicile. Partant je pense que vous pouvez reprendre l'histoire de vos amours.

JACQUES. Je le pense aussi.

— Docteur, dis-je au chirurgien, demeurez-vous loin d'ici?

— A un bon quart de lieue au moins.

— Êtes-vous un peu commodément logé?

— Assez commodément.

— Pourriez-vous disposer d'un lit?

— Non.

— Quoi! pas même en payant, en payant bien?

— Oh! en payant et en payant bien, pardonnez-moi. Mais l'ami, vous ne me paraissez guère en état de payer, et moins encore de bien payer.

— C'est mon affaire. Et serais-je un peu soigné chez vous?

— Très bien. J'ai ma femme qui a gardé des malades toute sa vie ; j'ai une fille aînée qui fait le poil à tout venant, et qui vous lève un appareil aussi bien que moi.

— Combien me prendriez-vous pour mon logement, ma nourriture et vos soins?

— Le chirurgien dit en se grattant l'oreille : Pour le logement... la nourriture... les soins... Mais qui est-ce qui me répondra du payement?

— Je payerai tous les jours.

— Voilà ce qui s'appelle parler, cela... »

Mais, monsieur, je crois que vous ne m'écoutez pas.

LE MAITRE. Non, Jacques, il était écrit là-haut que tu parlerais cette fois, qui ne sera peut-être pas la dernière, sans être écouté.

JACQUES. Quand on n'écoute pas celui qui parle, c'est qu'on ne pense à rien, ou qu'on pense à autre chose que ce qu'il dit : lequel des deux faisiez-vous?

LE MAITRE. Le dernier. Je rêvais à ce qu'un des domestiques noirs qui suivait le char funèbre te disait, que ton capitaine avait été privé, par la mort de son ami, du plaisir de se battre au moins une fois la semaine. As-tu compris quelque chose à cela?

JACQUES. Assurément.

LE MAITRE. C'est pour moi une énigme que tu m'obligerais de m'expliquer.

JACQUES. Et que diable cela vous fait-il?

LE MAITRE. Peu de chose ; mais quand tu parleras, tu veux apparemment être écouté?

JACQUES. Cela va sans dire.

LE MAITRE. Eh bien! en conscience, je ne saurais t'en répondre, tant que cet inintelligible propos me chiffonnera la cervelle. Tire-moi de là, je t'en prie.

JACQUES. A la bonne heure! mais jurez-moi, du moins, que vous ne m'interromprez plus.

LE MAITRE. A tout hasard, je te le jure.

JACQUES. C'est que mon capitaine, bon homme, galant homme, homme de mérite, un des meilleurs officiers du corps, mais homme un peu hétéroclite, avait rencontré et fait amitié avec un autre officier du même corps, bon homme aussi, galant homme aussi, homme de mérite aussi, aussi bon officier que lui, [mais homme aussi hétéroclite que lui...].

Jacques était à entamer l'histoire de son capitaine, lorsqu'ils entendirent une troupe nombreuse d'hommes et de chevaux qui s'acheminaient derrière eux. C'était le même char lugubre qui revenait sur ses pas. Il était entouré... De gardes de la Ferme ? — Non. — De cavaliers de maréchaussée ? Peut-être. Quoi qu'il en soit, ce cortège était précédé du prêtre en soutane et en surplis, les mains liées derrière le dos ; du cocher noir, les mains liées derrière le dos ; et des deux valets noirs, les mains liées derrière le dos. Qui fut bien surpris ? Ce fut Jacques, qui s'écria : « Mon capitaine, mon pauvre capitaine n'est pas mort ! Dieu soit loué !... » [Puis] Jacques tourne bride, pique des deux, s'avance à toutes jambes au-devant du prétendu convoi. Il n'en était pas à trente pas, que les gardes de la Ferme ou les cavaliers de maréchaussée le couchent en joue et lui crient : « Arrête, retourne sur tes pas, ou tu es mort... » Jacques s'arrêta tout court, consulta le destin dans sa tête ; il lui sembla que le destin lui disait : Retourne sur tes pas : ce qu'il fit. Son maître lui dit : Eh bien ! Jacques, qu'est-ce ?

JACQUES. Ma foi, je n'en sais rien.

LE MAITRE. Et pourquoi ?

JACQUES. Je n'en sais pas davantage.

LE MAITRE. Tu verras que ce sont des contrebandiers qui auront rempli cette bière de marchandises prohibées, et qu'ils auront été vendus à la Ferme par les coquins mêmes de qui ils les avaient achetées.

JACQUES. Mais pourquoi ce carrosse aux armes de mon capitaine ?

LE MAITRE. Ou c'est un enlèvement. On aura caché

Manque (V).
[*Et que Jacques fait-il ?*] (V). Lecture douteuse.

dans ce cercueil, que sait-on, une femme, une fille, une religieuse ; ce n'est pas le linceul qui fait le mort.

JACQUES. Mais pourquoi ce carrosse aux armes de mon capitaine ?

LE MAITRE. Ce sera tout ce qu'il te plaira ; mais achève-moi l'histoire de ton capitaine.

JACQUES. Vous tenez encore à cette histoire ? Mais peut-être que mon capitaine est encore vivant.

LE MAITRE. Qu'est-ce que cela fait à la chose ?

JACQUES. Je n'aime pas à parler des vivants, parce qu'on est de temps en temps exposé à rougir du bien et du mal qu'on en a dit ; du bien qu'ils gâtent, du mal qu'ils réparent.

LE MAITRE. Ne sois ni fade panégyriste, ni censeur amer ; dis la chose comme elle est.

JACQUES. Cela n'est pas aisé. N'a-t-on pas son caractère, son intérêt, son goût, ses passions, d'après quoi l'on exagère ou l'on atténue ? Dis la chose comme elle est !... Cela n'arrive peut-être pas deux fois en un jour dans toute une grande ville. Et celui qui vous écoute est-il mieux disposé que celui qui parle ? Non. D'où il doit arriver que deux fois à peine en un jour, dans toute une grande ville, on soit entendu comme on dit.

LE MAITRE. Que diable, Jacques, voilà des maximes à proscrire l'usage de la langue et des oreilles, à ne rien dire, à ne rien écouter et à ne rien croire ! Cependant, dis comme toi, je t'écouterai comme moi, et je t'en croirai comme je pourrai.

[JACQUES. Mon cher maître, la vie se passe en quiproquos. Il y a les quiproquos d'amour, les quiproquos d'amitié, les quiproquos de politique, de [finance], [d'église], de magistrature, de commerce, de femmes, de maris...

Tout le passage, depuis [JACQUES. *Mon cher maître...*] jusqu'uà [*L'histoire de ton capitaine ?*] se trouve, en L, reporté ci-après, p. 93, à la suite du passage manquant en V, juste avant*Jac ques allait commencer l'histoire de son capitaine.*

[*finances*] (V). [*Église*] (V).

LE MAITRE. Eh! laisse là ces quiproquos, et tâche
de t'apercevoir que c'est en faire un grossier que de
t'embarquer dans un chapitre de morale, lorsqu'il
s'agit d'un fait historique. L'histoire de ton capitaine ?]

[JACQUES. Si l'on ne dit presque rien dans ce monde,
qui soit entendu comme on le dit, il y a bien pis, c'est
qu'on n'y fait presque rien qui soit jugé comme on l'a
fait.

LE MAITRE. Il n'y a peut-être pas sous le ciel une
autre tête qui contienne autant de paradoxes que la
tienne.

JACQUES. Et quel mal y aurait-il à cela ? Un paradoxe n'est pas toujours une fausseté.

LE MAITRE. Il est vrai.

JACQUES. Nous passions à Orléans, mon capitaine
et moi. Il n'était bruit dans la ville que d'une aventure
récemment arrivée à un citoyen appelé M. Le Pelletier, homme pénétré d'une si profonde commisération
pour les malheureux, qu'après avoir réduit, par des
aumônes démesurées, une fortune assez considérable
au plus étroit nécessaire, il allait de porte en porte chercher dans la bourse d'autrui des secours qu'il n'était
plus en état de puiser dans la sienne.

LE MAITRE. Et tu crois qu'il y avait deux opinions
sur la conduite de cet homme-là ?

JACQUES. Non, parmi les pauvres ; mais presque
tous les riches, sans exception, le regardaient comme
une espèce de fou ; et peu s'en fallut que ses proches
ne le fissent interdire comme dissipateur. Tandis que
nous nous rafraîchissions dans une auberge, une foule
d'oisifs s'était rassemblée autour d'une espèce d'orateur, le barbier de la rue, et lui disait : « Vous y étiez,
vous ! racontez-nous comment la chose s'est passée.

— Très volontiers, répondit l'orateur du coin, qui
ne demandait pas mieux que de pérorer. M. Aubertot,

Tout le passage, depuis [JACQUES. *Si l'on ne dit presque rien...*]
jusqu'à [*donc*], p. 93, manque (V).

une de mes pratiques, dont la maison fait face à l'église des Capucins, était sur sa porte ; M. Le Pelletier l'aborde et lui dit « Monsieur Aubertot, ne me donnerez-vous rien pour mes amis ? car c'est ainsi qu'il appelle les pauvres, comme vous savez.

— Non, pour aujourd'hui, monsieur Le Pelletier. »

M. Le Pelletier insiste. « Si vous saviez en faveur de qui je sollicite votre charité ! c'est une pauvre femme qui vient d'accoucher et qui n'a pas un guenillon pour entortiller son enfant.

— Je ne saurais.

— C'est une jeune et belle fille qui manque d'ouvrage et de pain, et que votre libéralité sauvera peut-être du désordre.

— Je ne saurais.

— C'est un manœuvre qui n'avait que ses bras pour vivre, et qui vient de se fracasser une jambe en tombant de son échafaud.

— Je ne saurais, vous dis-je.

— Allons, monsieur Aubertot, laissez-vous toucher, et soyez sûr que jamais vous n'aurez l'occasion de faire une action plus méritoire.

— Je ne saurais, je ne saurais.

— Mon bon, mon miséricordieux monsieur Aubertot !...

— Monsieur Le Pelletier, laissez-moi en repos ; quand je veux donner, je ne me fais pas prier...

Et cela dit, M. Aubertot lui tourne le dos, passe de sa porte dans son magasin, où M. Le Pelletier le suit ; il le suit de son magasin dans son arrière-boutique, de son arrière-boutique dans son appartement ; là, M. Aubertot, excédé des instances de M. Le Pelletier, lui donne un soufflet...

Alors mon capitaine se lève brusquement, et dit à l'orateur : « Et il ne le tua pas ? »

— Non, monsieur ; est-ce qu'on tue comme cela ?

— Un soufflet, morbleu ! un soufflet ! Et que fit-il donc ?

— Ce qu'il fit après son soufflet reçu? il prit un air riant, et dit à M. Aubertot : « Cela c'est pour moi ; mais mes pauvres?... »

A ce mot tous les auditeurs s'écrièrent d'admiration, excepté mon capitaine qui leur disait : « Votre M. Le Pelletier, messieurs, n'est qu'un gueux, un malheureux, un lâche, un infâme, à qui cependant cette épée aurait fait prompte justice, si j'avais été là ; et votre Aubertot aurait été bien heureux, s'il ne lui en avait coûté que le nez et les deux oreilles. »

L'orateur lui répliqua : « Je vois, monsieur, que vous n'auriez pas laissé le temps à l'homme insolent de reconnaître sa faute, de se jeter aux pieds de M. Le Pelletier, et de lui présenter sa bourse.

— Non certes!

— Vous êtes un militaire, et M. Le Pelletier est un chrétien ; vous n'avez pas les mêmes idées du soufflet.

— La joue de tous les hommes d'honneur est la même.

— Ce n'est pas tout à fait l'avis de l'Évangile.

— L'Évangile est dans mon cœur et dans mon fourreau, et je n'en connais pas d'autre... »

Le vôtre, mon maître, est je ne sais où ; le mien est écrit là-haut ; chacun apprécie l'injure et le bienfait à sa manière ; et peut-être n'en portons-nous pas le même jugement dans deux instants de notre vie.

LE MAITRE. Après, maudit bavard, après...

Lorsque le maître de Jacques avait pris de l'humeur, Jacques se taisait, se mettait à rêver, et souvent ne rompait le silence que par un propos, lié dans son esprit, mais aussi décousu dans la conversation que la lecture d'un livre dont on aurait sauté quelques feuillets. C'est précisément ce qui lui arriva lorsqu'il dit : Mon cher maître...

LE MAITRE. Ah! la parole t'est enfin revenue. Je

m'en réjouis pour tous les deux, car je commençais
à m'ennuyer de ne pas entendre, et toi de ne pas
parler. Parle donc...]

Jacques allait commencer l'histoire de son capitaine,
lorsque, pour la seconde fois, son cheval, se jetant brusquement hors de la grande route à droite, l'emporte
à travers une longue plaine, à un bon quart de lieue
de distance, et s'arrête tout court entre des fourches
patibulaires... Entre des fourches patibulaires! Voilà
une singulière allure de cheval de mener son cavalier
au gibet!...
— Qu'est-ce que cela signifie? disait Jacques.
Est-ce un avertissement du destin?

LE MAITRE. Mon ami, n'en doutez pas. Votre cheval est inspiré, et le fâcheux, c'est que tous ces pro-
nostics, inspirations, avertissements d'en haut par
rêves, par apparitions, ne servent à rien : la chose
n'en arrive pas moins. Cher ami, je vous conseille
de mettre votre conscience en bon état, d'arranger
vos petites affaires et de me dépêcher, le plus vite
que vous pourrez, l'histoire de votre capitaine et celle
de vos amours, car je serais fâché de vous perdre
sans les avoir entendues. Quand vous vous soucierez
encore plus que vous ne faites, à quoi cela remé-
dierait-il? à rien. L'arrêt du destin, prononcé deux
fois par votre cheval, s'accomplira. Voyez, n'avez-
vous rien à restituer à personne? Confiez-moi vos
dernières volontés, et soyez sûr qu'elles seront fidèlement remplies. Si vous m'avez pris quelque chose,
je vous le donne ; demandez-en seulement pardon
à Dieu, et pendant le temps plus ou moins court que
nous avons encore à vivre ensemble, ne me volez plus.

JACQUES. J'ai beau revenir sur le passé, je n'y vois

rien à démêler avec la justice des hommes. Je n'ai
ni tué, ni volé, ni violé.

LE MAITRE. Tant pis ; à tout prendre, j'aimerais
mieux que le crime fût commis qu'à commettre, et
pour cause.

JACQUES. Mais, monsieur, ce ne sera peut-être pas
pour mon compte, mais pour le compte d'un autre,
que je serai pendu.

LE MAITRE. Cela se peut.

JACQUES. Ce n'est peut-être qu'après ma mort que
je serai pendu.

LE MAITRE. Cela se peut encore.

JACQUES. Je ne serai peut-être pas pendu du tout.

LE MAITRE. J'en doute.

JACQUES. Il est peut-être écrit là-haut que j'assis-
terai seulement à la potence d'un autre ; et cet autre-
là, qui sait qui il est ? s'il est proche, ou s'il est loin ?

LE MAITRE. Monsieur Jacques, soyez pendu, puisque
le sort le veut, et que votre cheval le dit ; mais ne
soyez pas insolent : finissez vos conjectures imperti-
nentes, et faites-moi vite l'histoire de votre capitaine.

JACQUES. Monsieur, ne vous fâchez pas, on a quelquefois pendu de fort honnêtes gens : c'est un quiproquo de justice.

LE MAITRE. Ces quiproquos-là sont affligeants.
Parlons d'autre chose.

Jacques, un peu rassuré par les interprétations
diverses qu'il avait trouvées au pronostic du cheval,
dit :

Quand j'entrai au régiment, il y avait deux officiers à peu près égaux d'âge, de naissance, de service
et de mérite. Mon capitaine était l'un des deux. La
seule différence qu'il y eût entre eux, c'est que l'un
était riche et que l'autre ne l'était pas. Mon capitaine
était le riche. Cette conformité devait produire ou la
sympathie, ou l'antipathie la plus forte : elle produisit
l'une et l'autre...

Ici, Jacques s'arrêta, et cela lui arriva plusieurs fois dans le cours de son récit, à chaque mouvement de tête que son cheval faisait de droite et de gauche. Alors, pour continuer, il reprenait sa dernière phrase, comme s'il avait eu le hoquet.

... Elle produisit l'une et l'autre. Il y avait des jours où ils étaient les meilleurs amis du monde, et d'autres où ils étaient ennemis mortels. Les jours d'amitié ils se cherchaient, ils se fêtaient, ils s'embrassaient, ils se communiquaient leurs peines, leurs plaisirs, leurs besoins ; ils se consultaient sur leurs affaires les plus secrètes, sur leurs intérêts domestiques, sur leurs espérances, sur leurs craintes, sur leurs projets d'avancement. Le lendemain, se rencontraient-ils ? ils passaient l'un à côté de l'autre sans se regarder, ou ils se regardaient fièrement, ils s'appelaient Monsieur, ils s'adressaient des mots durs, ils mettaient l'épée à la main et se battaient [1]. S'il arrivait que l'un des deux fût blessé, l'autre se précipitait sur son camarade, pleurait, se désespérait, l'accompagnait chez lui et s'établissait à côté de son lit jusqu'à ce qu'il fût guéri. Huit jours, quinze jours, un mois après, c'était à recommencer, et l'on voyait, d'un instant à un autre, deux braves gens... deux braves gens, deux amis sincères, exposés à périr par la main l'un de l'autre, et le mort n'aurait certainement pas été le plus à plaindre des deux. On leur avait parlé plusieurs fois de la bizarrerie de leur conduite ; moi-même, à qui mon capitaine avait permis de parler, je lui disais : « Mais, monsieur, s'il vous arrivait de le tuer ? » A ces mots, il se mettait à pleurer et se couvrait les yeux de ses mains ; il courait dans son appartement comme un fou. Deux heures après, ou son camarade le ramenait chez lui blessé, ou il rendait le même service à son camarade. Ni mes remontrances... ni mes remontrances, ni celles des autres n'y faisaient rien ; on n'y trouva de remède qu'à les

séparer. Le ministre de la Guerre fut instruit d'une
persévérance si singulière dans des extrémités si op-
posées, et mon capitaine nommé à un commandement
de place, avec injonction expresse de se rendre sur-le-
champ à son poste, et défense de s'en éloigner ; une
autre défense fixa son camarade au régiment... Je
crois que ce maudit cheval me fera devenir fou... A
peine les ordres du ministre furent-ils arrivés, que
mon capitaine, sous prétexte d'aller remercier de la
faveur qu'il venait d'obtenir, partit pour la cour,
représenta qu'il était riche et que son camarade
indigent avait le même droit aux grâces du roi ;
que le poste qu'on venait de lui accorder récompen-
serait les services de son ami, suppléerait à son peu
de fortune, et qu'il en serait, lui, comblé de joie.
Comme le ministre n'avait eu d'autre intention que de
séparer ces deux hommes bizarres, et que les procédés
généreux touchent toujours, il fut arrêté... Maudite
bête, tiendras-tu ta tête droite ?... Il fut arrêté que
mon capitaine resterait au régiment et que son camarade irait occuper le commandement de place.

A peine furent-ils séparés, qu'ils sentirent le besoin
qu'ils avaient l'un de l'autre ; ils tombèrent dans une
mélancolie profonde. Mon capitaine demanda un congé
de semestre pour aller prendre l'air natal ; mais à deux
lieues de la garnison, il vend son cheval, se déguise
en paysan et s'achemine vers la place que son ami
commandait. Il paraît que c'était une démarche concertée entre eux. Il arrive... Va donc où tu voudras !
Y a-t-il encore là quelque gibet qu'il te plaise de
visiter ?... Riez bien, monsieur ; cela est en effet très
plaisant... Il arrive ; mais il était écrit là-haut que,
quelques précautions qu'ils prissent pour cacher la
satisfaction qu'ils avaient de se revoir et ne s'aborder
qu'avec les marques extérieures de la subordination
d'un paysan à un commandant de place, des soldats,
quelques officiers qui se rencontreraient par hasard
à leur entrevue et qui seraient instruits de leur aven-

ture, prendraient des soupçons et iraient prévenir le major de la place.

Celui-ci, homme prudent, sourit de l'avis, mais ne laissa pas d'y attacher toute l'importance qu'il méritait. Il mit des espions autour du commandant. Leur premier rapport fut que le commandant sortait peu, et que le paysan ne sortait point du tout. Il était impossible que ces deux hommes vécussent ensemble huit jours de suite, sans que leur étrange manie les reprît ; ce qui ne manqua pas d'arriver.

Vous voyez, lecteur, combien je suis obligeant ; il ne tiendrait qu'à moi de donner un coup de fouet aux chevaux qui traînent le carrosse drapé de noir, d'assembler, à la porte du gîte prochain, Jacques, son maître, les gardes des Fermes ou les cavaliers de maréchaussée avec le reste de leur cortège ; d'interrompre l'histoire du capitaine de Jacques et de vous impatienter à mon aise ; mais pour cela il faudrait mentir, et je n'aime pas le mensonge, à moins qu'il ne soit utile et forcé. Le fait est que Jacques et son maître ne virent plus le carrosse drapé, et que Jacques, toujours inquiet de l'allure de son cheval, continua son récit :

Un jour, les espions rapportèrent au major qu'il y avait eu une contestation fort vive entre le commandant et le paysan ; qu'ensuite ils étaient sortis, le paysan marchant le premier, le commandant ne le suivant qu'à regret, et qu'ils étaient entrés chez un banquier de la ville, où ils étaient encore.

On apprit dans la suite que, n'espérant plus de se revoir, ils avaient résolu de se battre à toute outrance, et que, sensible aux devoirs de la plus tendre amitié, au moment même de la férocité la plus inouïe, mon capitaine qui était riche, comme je vous l'ai dit... mon capitaine, qui était riche, avait exigé de son camarade qu'il acceptât une lettre de change de vingt-quatre mille livres, qui lui assurât de quoi vivre chez l'étranger, au cas qu'il fût tué, celui-ci protestant qu'il ne se battrait point sans ce préalable ; l'autre répondant à cette offre : « Est-ce que tu crois, mon ami, que si je te tue, je te survivrai ?... » [J'espère, monsieur, que vous ne me condamnerez pas à finir notre voyage sur ce bizarre animal...]

Ils sortaient de chez le banquier, et ils s'acheminaient vers les portes de la ville, lorsqu'ils se virent entourés du major et de quelques officiers. Quoique cette rencontre eût l'air d'un incident fortuit, nos deux amis, nos deux ennemis, comme il vous plaira de les appeler, ne s'y méprirent pas. Le paysan se laissa reconnaître pour ce qu'il était. On alla passer la nuit dans une maison écartée. Le lendemain, dès la pointe du jour, mon capitaine, après avoir embrassé plusieurs fois son camarade, s'en sépara pour ne plus le revoir. A peine fut-il arrivé dans son pays, qu'il mourut.

LE MAITRE. Et qui est-ce qui t'a dit qu'il était mort ?

JACQUES. Et ce cercueil ? et ce carrosse à ses armes ? Mon pauvre capitaine est mort, je n'en doute pas.

LE MAITRE. Et ce prêtre les mains liées sur le dos ; et ces gens les mains liées sur le dos, et ces gardes de la Ferme ou ces cavaliers de maréchaussée ; et ce retour du convoi vers la ville ? Ton capitaine est vivant, je n'en doute pas ; mais ne sais-tu rien de son camarade ?

JACQUES. L'histoire de son camarade est une belle ligne du grand rouleau ou de ce qui est écrit là-haut.

LE MAITRE. J'espère...

Le cheval de Jacques ne permit pas à son maître d'achever ; il part comme un éclair, ne s'écartant

<hr>

La phrase figure six lignes plus haut, après : « ... *comme je vous l'ai dit...* » (V, L).

ni à droite ni à gauche, suivant la grande route. On ne vit plus Jacques ; et son maître, persuadé que le chemin aboutissait à des fourches patibulaires, se tenait les côtés de rire. Et puisque Jacques et son maître ne sont bons qu'ensemble et ne valent rien séparés non plus que Don Quichotte sans Sancho et Richardet sans Ferragus [1], ce que le continuateur de Cervantès [2] et l'imitateur de l'Arioste, monsignor Forti-Guerra [3], n'ont pas assez compris, lecteur, causons ensemble jusqu'à ce qu'ils se soient rejoints.

Vous allez prendre l'histoire du capitaine de Jacques pour un conte, et vous aurez tort. Je vous proteste que telle qu'il l'a racontée à son maître, tel fut le récit que j'en avais entendu faire aux Invalides [4], je ne sais en quelle année, le jour de Saint-Louis, à table chez un monsieur de Saint-Étienne, major de l'hôtel ; et l'historien qui parlait en présence de plusieurs autres officiers de la maison, qui avaient connaissance du fait, était un personnage grave qui n'avait point du tout l'air d'un badin. Je vous le répète donc pour ce moment et pour la suite : soyez circonspect si vous ne voulez pas prendre dans cet entretien de Jacques et de son maître le vrai pour le faux, le faux pour le vrai. Vous voilà bien averti, et je m'en lave les mains. — Voilà, me direz-vous, deux hommes bien extra-ordinaires ! — Et c'est là ce qui vous met en défiance ? Premièrement, la nature est si variée, surtout dans les instincts et les caractères, qu'il n'y a rien de si bizarre dans l'imagination d'un poète dont l'expérience et l'observation ne vous offrissent le modèle dans la nature. Moi, qui vous parle, j'ai rencontré le pendant du *Médecin malgré lui*, que j'avais regardé jusque-là comme la plus folle et la plus gaie des fictions. — Quoi ! le pendant du mari à qui sa femme dit : J'ai trois enfants sur les bras ; et qui lui répond : Mets-les à terre... Ils me demandent du pain : donne-leur le fouet ! — Précisément. Voici son entretien avec ma femme.

« Vous voilà, monsieur [Gousse] ?

— Non, madame, je ne suis pas un autre.

— D'où venez-vous ?

— D'où j'étais allé.

— Qu'avez-vous fait là ?

— J'ai raccommodé un moulin qui allait mal.

— A qui appartenait ce moulin ?

— Je n'en sais rien ; je n'étais pas allé [pour] raccommoder le meunier.

— Vous êtes fort bien vêtu contre votre usage ; pourquoi sous cet habit, qui est très propre, une chemise sale ?

— C'est que je n'en ai qu'une.

— Et pourquoi n'en avez-vous qu'une ?

— C'est que je n'ai qu'un corps à la fois.

— Mon mari n'y est pas, mais cela ne vous empêchera pas de dîner ici.

— Non, puisque je ne lui ai confié ni mon estomac ni mon appétit.

— Comment se porte votre femme ?

— Comme il lui plaît ; c'est son affaire.

— Et vos enfants ?

— A merveille !

— Et celui qui a de si beaux yeux, un si bel embonpoint, une si belle peau ?

— Beaucoup mieux que les autres ; il est mort.

— Leur apprenez-vous quelque chose ?

— Non, madame.

— Quoi ? ni à lire, ni à écrire, ni le catéchisme ?

— Ni à lire, ni à écrire, ni le catéchisme.

— Et pourquoi cela ?

— C'est qu'on ne m'a rien appris, et que je n'en suis pas plus ignorant. S'ils ont de l'esprit, ils feront comme moi ; s'ils sont sots, ce que je leur apprendrais ne les rendrait que plus sots... »

[*G...*] (V). Et dans toute la suite.
Manque (V).

Si vous rencontrez jamais cet original [1], il n'est pas nécessaire de le connaître pour l'aborder. Entraînez-le dans un cabaret, dites-lui votre affaire, proposez-lui de vous suivre à vingt lieues, il vous suivra ; après l'avoir employé, renvoyez-le sans un sou ; il s'en retournera satisfait.

Avez-vous entendu parler d'un certain [Prémontval [2]] qui donnait à Paris des leçons publiques de mathématiques ? C'était son ami... Mais Jacques et son maître se sont peut-être rejoints : voulez-vous que nous allions à eux, ou rester avec moi ?... Gousse et Prémontval tenaient ensemble l'école. Parmi les élèves qui s'y rendaient en foule, il y avait une jeune fille appelée Mlle Pigeon [3], la fille de cet habile artiste qui a construit ces deux beaux planisphères qu'on a transportés du Jardin du Roi [4] dans les salles de l'Académie des Sciences. Mlle Pigeon allait là tous les matins avec son portefeuille sous le bras et son étui de mathématiques dans son manchon. Un des professeurs, Prémontval, devint amoureux de son écolière, et tout à travers les propositions sur les solides inscrits à la sphère, il y eut un enfant de fait. Le père Pigeon n'était pas homme à entendre patiemment la vérité de ce corollaire. La situation des amants devient embarrassante, ils en confèrent ; mais n'ayant rien, mais rien du tout, quel pouvait être le résultat de leurs délibérations ? Ils appellent à leur secours l'ami Gousse. Celui-ci, sans mot dire, vend tout ce qu'il possède, linge, habits, machines, meubles, livres ; fait une somme, jette les deux amoureux dans une chaise de poste, les accompagne à franc étrier jusqu'aux Alpes ; là, il vide sa bourse du peu d'argent qui lui restait, [le leur donne], les embrasse, leur souhaite un bon voyage, et s'en revient à pied demandant l'aumône jusqu'à Lyon, où il gagna, à peindre

[Dans toute l'anecdote, Vandeul ne garde en général que l'initiale des noms propres.]
[*le tout donné*] (V).

les parois d'un cloître de moines, de quoi revenir à Paris sans mendier. — Cela est très beau. — Assurément! et d'après cette action héroïque, vous croyez à Gousse un grand fonds de morale? Eh bien! détrompez-vous, il n'en avait [pas] plus qu'il n'y en a dans la tête d'un brochet. — Cela est impossible. — Cela est. Je l'avais occupé. Je lui donne un mandat de quatre-vingts livres sur mes commettants; la somme était écrite en chiffres; que fait-il? Il ajoute un zéro, et se fait payer huit cents livres. — Ah! l'horreur! — Il n'est pas plus malhonnête quand il me vole, qu'honnête quand il se dépouille pour un ami; c'est un original sans principes. Ces quatre-vingts francs ne lui suffisaient pas, avec un trait de plume il s'en procurait huit cents dont il avait besoin. Et les livres [précieux] dont il me fait présent? — Qu'est-ce que ces livres?... — Mais Jacques et son maître? Mais les amours de Jacques? Ah! lecteur, la patience avec laquelle vous m'écoutez me prouve le peu d'intérêt que vous prenez à mes deux personnages, et je suis tenté de les laisser où ils sont... J'avais besoin d'un livre précieux, il me l'apporte; quelque temps après j'ai besoin d'un autre livre précieux, il me l'apporte encore; je veux les payer, il en refuse le prix. J'ai besoin d'un troisième livre précieux. « Pour celui-ci, dit-il, vous ne l'aurez pas, vous avez parlé trop tard; mon docteur de Sorbonne est mort.

— Et qu'a de commun la mort de votre docteur de Sorbonne avec le livre que je désire? Est-ce que vous avez pris les deux autres dans sa bibliothèque?

— Assurément!

— Sans son aveu?

— Eh! qu'en avais-je besoin pour exercer une justice distributive? Je n'ai fait que déplacer ces livres pour le mieux, en les transférant d'un endroit où ils

[*non*] (V, L).
Manque (V).

étaient inutiles, dans un autre où l'on en ferait un bon usage... » [Et prononcez] après cela sur l'allure des hommes! Mais c'est l'histoire de Gousse avec sa femme qui est excellente... Je vous entends; vous en avez assez, et votre avis serait que nous allassions rejoindre nos deux voyageurs. Lecteur, vous me traitez comme un automate, cela n'est pas poli; dites les amours de Jacques, ne dites pas les amours de Jacques; ... je veux que vous me parliez de l'histoire de Gousse; j'en ai assez... Il faut sans doute que j'aille quelquefois à votre fantaisie; mais il faut que j'aille quelquefois à la mienne, sans compter que tout auditeur qui me permet de commencer un récit s'engage d'en entendre la fin.

Je vous ai dit premièrement; or, dire un premièrement, c'est annoncer au moins un secondement. Secondement donc... Écoutez-moi, ne m'écoutez pas, je parlerai tout seul... Le capitaine de Jacques et son camarade pouvaient être tourmentés d'une jalousie violente et secrète: c'est un sentiment que l'amitié n'éteint pas toujours. Rien de si difficile à pardonner que le mérite. N'appréhendaient-ils pas un passe-droit, qui les aurait également offensés tous deux? Sans s'en douter, ils cherchaient d'avance à se délivrer d'un concurrent dangereux, ils se tâtaient pour l'occasion à venir. Mais comment avoir cette idée de celui qui cède si généreusement son commandement de place à son ami indigent? Il le cède, il est vrai; mais s'il en eût été privé, peut-être l'eût-il revendiqué à la pointe de l'épée. Un passe-droit entre les militaires, s'il n'honore pas celui qui en profite, déshonore son rival. Mais laissons tout cela, et disons que c'était leur coin de folie. Est-ce que chacun n'a pas le sien? Celui de nos deux officiers fut pendant plusieurs siècles celui de toute l'Europe; on l'appelait l'esprit de chevalerie. Toute cette mul-

[*Comment prononcer*] (V).

titude brillante, armée de pied en [cap], décorée de diverses livrées d'amour, caracolant sur des palefrois, la lance au poing, la visière haute ou baissée, se regardant fièrement, se mesurant de l'œil, se menaçant, se renversant sur la poussière, jonchant l'espace d'un vaste tournoi des éclats d'armes brisées, n'étaient que des amis jaloux du mérite en vogue [.] Ces amis, au moment où ils tenaient leurs lances en arrêt, chacun à l'extrémité de la carrière, et qu'ils avaient pressé de l'aiguillon les flancs de leurs coursiers, devenaient les plus terribles ennemis ; ils fondaient les uns sur les autres avec la même fureur qu'ils auraient portée sur un champ de bataille. Eh bien ! nos deux officiers n'étaient que deux paladins, nés de nos jours, avec les mœurs des anciens. Chaque vertu et chaque vice se montre et passe de mode. La force du corps eut son temps, l'adresse aux exercices eut le sien. La bravoure est tantôt plus, tantôt moins considérée ; plus elle est commune, moins on en est vain, moins on en fait l'éloge. Suivez les inclinations des hommes, et vous en remarquerez qui semblent être venus au monde trop tard : ils sont d'un autre siècle. Et qu'est-ce qui empêcherait de croire que nos deux militaires avaient été engagés dans ces combats journaliers et périlleux par le seul désir de trouver le côté faible de son rival et d'obtenir la supériorité sur lui ? Les duels se répètent dans la société sous toutes sortes de formes, entre des prêtres, entre des magistrats, entre des littérateurs, entre des philosophes ; chaque état a sa lance et ses chevaliers, et nos assemblées les plus respectables, les plus amusantes, ne sont que de petits tournois où quelquefois on porte des livrées de l'amour dans le fond de son cœur, sinon sur l'épaule. Plus il y a d'assistants, plus la joute est vive ; la présence de femmes y pousse la chaleur et

[*cape*] (V).
[?] (V).

l'opiniâtreté à toute outrance, et la honte d'avoir suc-
combé devant elles ne s'oublie guère.

Et Jacques?... Jacques avait franchi les portes de
la ville, traversé les rues aux acclamations des enfants,
et atteint l'extrémité du faubourg opposé, où son
cheval s'élançant dans une petite porte basse, il y eut
entre le linteau de cette porte et la tête de Jacques
un choc terrible dans lequel il fallait que le linteau
fût déplacé ou Jacques renversé en arrière ; ce fut,
comme on pense bien, le dernier qui arriva. Jacques
tomba, la tête fendue et sans connaissance. On le
ramasse, on le rappelle à la vie avec des eaux spiri-
tueuses ; je crois même qu'il fut saigné par le maître
de la maison. — Cet homme était donc chirurgien? —
Non. Cependant son maître était arrivé et demandait
de ses nouvelles à tous ceux qu'il rencontrait. « N'auriez-vous point aperçu un grand homme sec, monté
sur un cheval pie?

— Il vient de passer, il allait comme si le diable
l'eût emporté ; il doit être arrivé chez son maître.

— Et qui est son maître?

— Le bourreau [1].

— Le bourreau!

— Oui, car ce cheval est le sien.

— Où demeure le bourreau?

— Assez loin, mais ne vous donnez pas la peine
d'y aller, voilà ses gens qui vous apportent apparemment l'homme sec que vous demandez, et que nous
avons pris pour un de ses valets... »

Et qui est-ce qui parlait ainsi avec le maître de
Jacques? C'était un aubergiste à la porte duquel il
s'était arrêté, il n'y avait pas à se tromper : il était
court et gros comme un tonneau ; en chemise retrous-
sée jusqu'aux coudes ; avec un bonnet de coton sur
la tête, un tablier de cuisine autour de lui et un grand
couteau à son côté. « Vite, vite, un lit pour ce malheureux, lui dit le maître de Jacques, un chirurgien, un
médecin, un apothicaire... » Cependant on avait déposé

Jacques à ses pieds, le front couvert d'une épaisse
et énorme compresse, et les yeux fermés. « Jacques ?
Jacques ?

— Est-ce vous, mon maître ?

— Oui, c'est moi ; regarde-moi donc.

— Je ne saurais.

— Qu'est-ce donc qu'il t'est arrivé ?

— Ah ! le cheval ! le maudit cheval ! je vous dirai
tout cela demain, si je ne meurs pas pendant la nuit. »

Tandis qu'on le transportait et qu'on le montait
à sa chambre, le maître dirigeait la marche et criait :
« Prenez garde, allez doucement ; doucement, mordieu ! vous allez le blesser. Toi, qui le tiens par les
jambes, tourne à droite ; toi, qui lui tiens la tête,
tourne à gauche. » Et Jacques disait à voix basse :
« Il était donc écrit là-haut !... »

A peine Jacques fut-il couché, qu'il s'endormit
profondément. Son maître passa la nuit à son chevet,
lui tâtant le pouls et humectant sans cesse sa compresse
avec de l'eau vulnéraire. Jacques le surprit à son
réveil dans cette fonction, et lui dit : Que faites-
vous là ?

LE MAITRE. Je te veille. Tu es mon serviteur, quand
je suis malade ou bien portant ; mais je suis le tien
quand tu te portes mal.

JACQUES. Je suis bien aise de savoir que vous êtes
humain ; ce n'est pas trop la qualité des maîtres envers
leurs valets.

LE MAITRE. Comment va la tête ?

JACQUES. Aussi bien que la solive contre laquelle
elle a lutté.

LE MAITRE. Prends ce drap entre tes dents et secoue
fort [1]... Qu'as-tu senti ?

JACQUES. Rien ; la cruche me paraît sans fêlure.

LE MAITRE. Tant mieux. Tu veux te lever, je crois ?

JACQUES. Et que voulez-vous que je fasse là ?

LE MAITRE. Je veux que tu te reposes.

JACQUES. Mon avis, à moi, est que nous déjeunions et que nous partions.

LE MAITRE. Et le cheval ?

JACQUES. Je l'ai laissé chez son maître, honnête homme, galant homme, qui l'a repris pour ce qu'il nous l'a vendu.

LE MAITRE. Et cet honnête homme, ce galant homme, sais-tu qui il est ?

JACQUES. Non.

LE MAITRE. Je te le dirai quand nous serons en route.

JACQUES. Et pourquoi pas à présent ? Quel mystère y a-t-il à cela ?

LE MAITRE. Mystère ou non, quelle nécessité y a-t-il de te l'apprendre dans ce moment ou dans un autre ?

JACQUES. Aucune.

LE MAITRE. Mais il te faut un cheval.

JACQUES. L'hôte de cette auberge ne demandera peut-être pas mieux que de nous céder un des siens.

LE MAITRE. Dors encore un moment, et je vais voir à cela.

Le maître de Jacques descend, ordonne le déjeuner, achète un cheval, remonte et trouve Jacques habillé. Ils ont déjeuné et les voilà partis ; Jacques protestant qu'il était malhonnête de s'en aller sans avoir fait une visite de politesse au citoyen à la porte duquel il s'était presque assommé et qui l'avait si obligeamment secouru ; son maître le tranquillisant sur sa délicatesse par l'assurance qu'il avait bien récompensé ses satellites qui l'avaient apporté à l'auberge ; Jacques prétendant que l'argent donné aux serviteurs ne l'acquittait pas avec leur maître ; que c'était ainsi que l'on inspirait aux hommes le regret et le dégoût de la bienfaisance, et que l'on se donnait à soi-même un air d'ingratitude. « Mon maître, j'entends tout ce que cet homme dit de moi par ce que je dirais de lui, s'il était à ma place et moi à la sienne... »

Ils sortaient de la ville lorsqu'ils rencontrèrent un homme grand et vigoureux, le chapeau bordé sur la tête, l'habit galonné sur toutes les tailles [1], allant seul si vous en exceptez deux grands chiens qui le précédaient. Jacques ne l'eut pas plus tôt aperçu, que descendre de cheval, s'écrier : « C'est lui ! » et se jeter à son cou, fut l'affaire d'un instant. L'homme aux deux chiens paraissait très embarrassé des caresses de Jacques, le repoussait doucement, et lui disait : « Monsieur, vous me faites trop d'honneur.

— Eh non ! je vous dois la vie, et je ne saurais trop vous en remercier.

—. Vous ne savez pas qui je suis.

— N'êtes-vous pas le citoyen officieux qui m'a secouru, qui m'a saigné et qui m'a pansé, lorsque mon cheval...

— Il est vrai.

— N'êtes-vous pas le citoyen honnête qui a repris ce cheval pour le même prix qu'il me l'avait vendu ?

— Je le suis. » Et Jacques de le rembrasser [sur] une joue et sur l'autre, et son maître de sourire, et les deux chiens debout, le nez en l'air et comme émerveillés d'une scène qu'ils voyaient pour la première fois. Jacques, après avoir ajouté à ses démonstrations de gratitude force révérences, que son bienfaiteur ne lui rendait pas, et force souhaits qu'on recevait froidement, remonte sur son cheval, et dit à son maître : J'ai la plus profonde vénération pour cet homme que vous devez me faire connaître.

LE MAÎTRE. Et pourquoi, Jacques, est-il si vénérable à vos yeux ?

JACQUES. C'est que n'attachant aucune importance aux services qu'il rend, il faut qu'il soit naturellement officieux et qu'il ait une longue habitude de bienfaisance.

[*et sur*] (V).

LE MAITRE. Et à quoi jugez-vous cela ?

JACQUES. A l'air indifférent et froid avec lequel il a reçu mon remercîment ; il ne me salue point, il ne me dit pas un mot, il semble me méconnaître, et peut-être à présent se dit-il en lui-même avec un sentiment de mépris : Il faut que la bienfaisance soit fort étrangère à ce voyageur, et que l'exercice de la justice lui soit bien pénible, puisqu'il en est si touché... Qu'est-ce qu'il y a donc de si absurde dans ce que je vous dis, pour vous faire rire de si bon cœur !... Quoi qu'il en soit, dites-moi le nom de cet homme, afin que je [le mette] sur mes tablettes.

LE MAITRE. Très volontiers ; écrivez.

JACQUES. Dites.

LE MAITRE. Écrivez : l'homme auquel je porte la plus profonde vénération....

JACQUES. La plus profonde vénération...

LE MAITRE. Est...

JACQUES. Est...

LE MAITRE. Le bourreau de ***.

JACQUES. Le [bourreau !]

LE MAITRE. Oui, oui, le [bourreau].

JACQUES. Pourriez-vous me dire où est le sel de cette plaisanterie ?

LE MAITRE. Je ne plaisante point. Suivez les chaînons de votre gourmette. Vous avez besoin d'un cheval, le sort vous adresse à un passant, et ce passant, c'est un bourreau. Ce cheval vous conduit deux fois entre des fourches patibulaires ; la troisième, il vous dépose chez un bourreau ; là vous tombez sans vie, de là on vous apporte, où ? dans une auberge, un gîte, un asile commun. Jacques, savez-vous l'histoire de la mort de Socrate ?

JACQUES. Non.

LE MAITRE. C'était un sage d'Athènes. Il y a long-

[*l'écrive*] (V, L).
[*bourreau de*] (V).

temps que le rôle de sage est dangereux parmi les fous. Ses concitoyens le condamnèrent à boire la ciguë. Eh bien! Socrate fit comme vous venez de faire ; il en usa avec le bourreau qui lui présenta la ciguë aussi poliment que vous. Jacques, vous êtes une espèce de philosophe [1], convenez-en. Je sais bien que c'est une race d'hommes odieuse aux grands, devant lesquels ils ne fléchissent pas le genou ; aux magistrats, protecteurs par état des préjugés qu'ils poursuivent ; aux prêtres, qui les voient rarement au pied de leurs autels ; aux poètes, gens sans principes et qui regardent sottement la philosophie comme la cognée des beaux-arts, sans compter que ceux même d'entre eux qui se sont exercés dans le genre odieux de la satire, n'ont été que des flatteurs ; aux peuples, de tout temps les esclaves des tyrans qui les oppriment, des fripons qui les trompent, et des bouffons qui les amusent. Ainsi je connais, comme vous voyez, tout le péril de votre profession et toute l'importance de l'aveu que je vous demande ; mais je n'abuserai pas de votre secret. Jacques, mon ami, vous êtes un philosophe, j'en suis fâché pour vous ; et s'il est permis de lire dans les choses présentes celles qui doivent arriver un jour, et si ce qui est écrit là-haut se manifeste quelquefois aux hommes longtemps avant l'événement, je présume que votre mort sera philosophique, et que vous recevrez le lacet d'aussi bonne grâce que Socrate reçut la coupe de la ciguë.

JACQUES. Mon maître, un prophète ne dirait pas mieux ; mais heureusement...

LE MAITRE. Vous n'y croyez pas trop ; ce qui achève de donner de la force à mon pressentiment.

JACQUES. Et vous, monsieur, y croyez-vous?

LE MAITRE. J'y crois ; mais je n'y croirais pas que ce serait sans conséquence.

JACQUES. Et pourquoi?

LE MAITRE. C'est qu'il n'y a du danger que pour ceux qui parlent ; et je me tais.

JACQUES. Et aux pressentiments?

LE MAITRE. J'en ris, mais j'avoue que c'est en tremblant. Il y en a qui ont un caractère si frappant! On
a été bercé de ces contes-là de si bonne heure! Si vos
rêves s'étaient réalisés cinq ou six fois, et qu'il vous
arrivât de rêver que votre ami est mort, vous iriez
bien vite le matin chez lui pour savoir ce qui en est.
Mais les pressentiments dont il est impossible de se
défendre, ce sont surtout ceux qui se présentent au
moment où la chose se passe loin de nous, et qui ont
un air symbolique.

JACQUES. Vous êtes quelquefois si profond et si
sublime, que je ne vous entends pas. Ne pourriez-vous
pas m'éclaircir cela par un exemple?

LE MAITRE. Rien de plus aisé. Une femme vivait
à la campagne avec son mari octogénaire et attaqué
de la pierre. Le mari quitte sa femme et vient à la ville
se faire opérer. La veille de l'opération il écrit à sa
femme : « A l'heure où vous recevrez cette lettre, je
serai sous le bistouri de frère Cosme ¹... » Tu connais
ces anneaux de mariage qui se séparent en deux parties, sur chacune desquelles les noms de l'époux et de
sa femme sont gravés. Eh bien! cette femme en avait
un pareil au doigt, lorsqu'elle ouvrit la lettre de son
mari. A l'instant, les deux moitiés de cet anneau se
séparent ; celle qui portait son nom reste à son doigt ;
celle qui portait le nom de son mari tombe brisée sur
la lettre qu'elle lisait... Dis-moi, Jacques, crois-tu
qu'il y ait de tête assez forte, d'âme assez ferme, pour
n'être pas plus ou moins ébranlée d'un pareil incident,
et dans une circonstance pareille? Aussi cette femme
en pensa mourir. Ses transes durèrent jusqu'au jour
de la poste suivante par laquelle son mari lui écrivit
que l'opération s'était faite heureusement, qu'il était
hors de tout danger, et qu'il se flattait de l'embrasser
avant la fin du mois.

JACQUES. Et l'embrassa-t-il en effet?

LE MAITRE. Oui.

JACQUES. Je vous ai fait cette question, parce que j'ai remarqué plusieurs fois que le destin était cauteleux. On lui dit au premier moment qu'il en aura menti, et il se trouve au second moment, qu'il a dit vrai. Ainsi donc, monsieur, vous me croyez dans le cas du pressentiment symbolique ; et, malgré vous, vous me croyez menacé de la mort du philosophe ?

LE MAITRE. Je ne saurais te le dissimuler ; mais pour écarter cette triste idée, ne pourrais-tu pas ?...

JACQUES. Reprendre l'histoire de mes amours ?...

Jacques reprit l'histoire de ses amours. Nous l'avions laissé, je crois, avec le chirurgien.

LE CHIRURGIEN. J'ai peur qu'il n'y ait de la besogne à votre genou pour plus d'un jour.

JACQUES. Il y en aura tout juste pour tout le temps qui est écrit là-haut, qu'importe ?

LE CHIRURGIEN. A tant par jour pour le logement, la nourriture et mes soins, cela fera une somme.

JACQUES. Docteur, il ne s'agit pas de la somme pour tout ce temps ; mais combien par jour.

LE CHIRURGIEN. Vingt-cinq sous, serait-ce trop ?

JACQUES. Beaucoup trop ; allons, docteur, je suis un pauvre diable : ainsi réduisons la chose à la moitié, et avisez le plus promptement que vous pourrez à me faire transporter chez vous.

LE CHIRURGIEN. Douze sous et demi, ce n'est guère ; vous mettrez bien les treize sous !

JACQUES. Douze sous et demi, treize sous... Tope.

LE CHIRURGIEN. Et vous payerez tous les jours ?

JACQUES. C'est la condition.

LE CHIRURGIEN. C'est que j'ai une diable de femme qui n'entend pas raillerie, voyez-vous.

JACQUES. Eh! docteur, faites-moi transporter bien vite auprès de votre diable de femme.

LE CHIRURGIEN. Un mois à treize sous par jour, c'est dix-neuf livres dix sous. Vous mettrez bien vingt francs ?

JACQUES. Vingt francs, soit.

LE CHIRURGIEN. Vous voulez être bien nourri, bien soigné, promptement guéri. Outre la nourriture, le logement et les soins, il y aura peut-être les médicaments, il y aura des linges, il y aura...

JACQUES. Après?

LE CHIRURGIEN. Ma foi, le tout vaudra bien vingt-quatre [francs [1]].

JACQUES. Va pour vingt-quatre [francs] ; mais sans queue [2].

LE CHIRURGIEN. Un mois à vingt-quatre francs ; deux mois, cela fera quarante-huit livres ; trois mois, cela fera soixante et douze. Ah! que la doctoresse serait contente, si vous pouviez lui avancer, en entrant, la moitié de ces soixante et douze livres!

JACQUES. J'y consens.

LE CHIRURGIEN. Elle serait bien plus contente encore...

JACQUES. Si je payais le quartier [3]? Je le payerai.

Jacques ajouta : Le chirurgien alla retrouver mes hôtes, les prévint de notre arrangement, et un moment après l'homme, la femme et les enfants se rassemblèrent autour de mon lit avec un air serein ; ce furent des questions sans fin sur ma santé et sur mon genou, des éloges sur le chirurgien, leur compère et sa femme, des souhaits à perte de vue, la plus belle affabilité, un intérêt! un empressement à me servir! Cependant le chirurgien ne leur avait pas dit que j'avais quelque argent, mais ils connaissaient l'homme ; il me prenait chez lui, et ils le savaient. Je payai ce que je devais à ces gens ; je fis aux enfants de petites largesses que leur père et mère ne laissèrent pas longtemps entre leurs mains. C'était le matin. L'hôte partit pour s'en aller aux champs, l'hôtesse prit sa hotte sur ses épaules et s'éloigna ; les enfants, attristés et mécontents d'avoir été spoliés, disparurent, et quand il fut question de me tirer de mon grabat, de me vêtir et de m'arranger sur mon brancard, il ne se trouva personne que le docteur, qui se mit à crier à tue-tête et que personne n'entendit.

LE MAÎTRE. Et Jacques, qui aime à se parler à lui-même, se disait apparemment : Ne payez jamais d'avance, si vous ne voulez pas être mal servi.

JACQUES. Non, mon maître ; ce n'était pas le temps de moraliser, mais bien celui de s'impatienter et de jurer. Je m'impatientai, je jurai, je fis de la morale ensuite : et tandis que je moralisais, le docteur, qui m'avait laissé seul, revint avec deux paysans qu'il avait loués pour mon transport et à mes frais, ce qu'il ne me laissa pas ignorer. Ces hommes me rendirent tous les soins préliminaires à mon installation sur l'espèce de brancard qu'on me fit avec un matelas étendu sur des perches.

LE MAÎTRE. [Dieu] soit loué ! te voilà dans la maison du chirurgien, et amoureux de la femme ou de la fille du docteur.

JACQUES. Je crois, mon maître, que vous vous trompez.

LE MAÎTRE. Et tu crois que je passerai trois mois dans la maison du docteur avant que d'avoir entendu le premier mot de tes amours ? Ah ! Jacques, cela ne se peut. Fais-moi grâce, je te prie, et de la description de la maison, et du caractère du docteur, et de l'humeur de la doctoresse, et des progrès de ta guérison ; saute, saute par-dessus tout cela. Au fait ! allons au fait ! Voilà ton genou à peu près guéri, te voilà assez bien portant, et tu aimes.

JACQUES. J'aime donc, puisque vous êtes si pressé.

LE MAÎTRE. Et qui aimes-tu ?

JACQUES. Une grande brune de dix-huit ans, faite

[*Et Dieu*] (V).

au tour, grands yeux noirs, petite bouche vermeille, beaux bras, jolies mains... Ah! mon maître, les jolies mains!... C'est que ces mains-là...

LE MAITRE. Tu crois encore les tenir.

JACQUES. C'est que vous les avez prises et tenues plus d'une fois à la dérobée, et qu'il n'a dépendu que d'elles que vous n'en ayez fait tout ce qu'il vous plairait.

LE MAITRE. Ma foi, Jacques, je ne m'attendais pas à celui-là.

JACQUES. Ni moi non plus.

LE MAITRE. J'ai beau rêver, je ne me rappelle ni grande brune, ni jolies mains : tâche de t'expliquer.

JACQUES. J'y consens ; mais c'est à la condition que nous reviendrons sur nos pas et que nous rentrerons dans la maison du chirurgien.

LE MAITRE. Crois-tu que cela soit écrit là-haut ?

JACQUES. C'est vous qui me l'allez apprendre ; mais il est écrit ici-bas que *chi va piano va sano*.

LE MAITRE. Et que *chi va sano lontano* ; et je voudrais bien arriver.

JACQUES. Eh bien! qu'avez-vous résolu ?

LE MAITRE. Ce que tu voudras.

JACQUES. En ce cas, nous revoilà chez le chirurgien ; et il était écrit là-haut que nous y reviendrions. Le docteur, sa femme et ses enfants se concertèrent si bien pour épuiser ma bourse par toutes sortes de petites rapines, qu'ils y eurent bientôt réussi. La guérison de mon genou paraissait bien avancée sans l'être, la plaie était refermée à peu de chose près, je pouvais sortir à l'aide d'une béquille, et il me restait encore dix-huit francs. Pas de gens qui aiment plus à parler que les bègues, pas de gens qui aiment plus à marcher que les boiteux. Un jour d'automne, une après-dînée qu'il faisait beau, je projetai une longue course ; du village que j'habitais au village voisin, il y avait environ deux lieues.

LE MAITRE. Et ce village s'appelait ?

JACQUES. Si je vous le nommais, vous sauriez tout.
Arrivé là, j'entrai dans un cabaret, je me reposai, je
me rafraîchis. Le jour commençait à baisser, et je me
disposais à regagner le gîte lorsque, de la maison où
j'étais, j'entendis une femme qui poussait les cris les
plus aigus. Je sortis ; on s'était attroupé autour d'elle.
Elle était à terre, elle s'arrachait les cheveux ; elle
disait, en montrant les débris d'une grande cruche :
« Je suis ruinée, je suis ruinée pour un mois ; pendant
ce temps qui est-ce qui nourrira mes pauvres enfants ?
Cet intendant, qui a l'âme plus dure qu'une pierre,
ne me fera pas grâce d'un [sou]. Que je suis malheureuse ! Je suis ruinée ! je suis ruinée !... » Tout le monde
la plaignait ; je n'entendais autour d'elle que : « la
pauvre femme ! » mais personne ne mettait la main
dans la poche. Je m'approchai brusquement et lui
dis : « Ma bonne, qu'est-ce qui vous est arrivé ? — Ce
qui m'est arrivé ! est-ce que vous ne le voyez pas ?
On m'avait envoyée acheter une cruche d'huile : j'ai
fait un faux pas, je suis tombée, ma cruche s'est cassée,
et voilà l'huile dont elle était pleine... » Dans ce moment survinrent les petits enfants de cette femme, ils
étaient presque nus, et les mauvais vêtements de leur
mère montraient toute la misère de la famille ; et la
mère et les enfants se mirent à crier. Tel que vous
me voyez, il en fallait dix fois moins pour me toucher ;
mes entrailles s'émurent de compassion, les larmes me
vinrent aux yeux. Je demandai à cette femme, d'une
voix entrecoupée, pour combien il y avait d'huile
dans sa cruche. « Pour combien ? me répondit-elle
en levant les mains en haut. Pour neuf francs, pour
plus que je ne saurais gagner en un mois... » A l'instant, déliant ma bourse et lui jetant deux gros écus,
« tenez, ma bonne, lui dis-je, en voilà douze... » et,
sans attendre ses remercîments, je repris le chemin du
village.

[*sol*] (V).

LE MAITRE. Jacques, vous fîtes là une belle chose.

JACQUES. Je fis une sottise, ne vous déplaise. Je ne fus pas à cent pas du village que je me le dis ; je ne fus pas à moitié chemin que je me le dis bien mieux ; arrivé chez mon chirurgien, le gousset vide, je le sentis bien autrement.

LE MAITRE. Tu pourrais bien avoir raison, et mon éloge être aussi [déplacé] que ta commisération... Non, non, Jacques, je persiste dans mon premier jugement, et c'est l'oubli de ton propre besoin qui fait le principal mérite de ton action. J'en vois les suites : tu vas être exposé à l'inhumanité de ton chirurgien et de sa femme ; ils te chasseront de chez eux ; mais quand tu devrais mourir à leur porte sur un fumier, sur [ce fumier] tu serais satisfait de toi.

JACQUES. Mon maître, je ne suis pas de cette force-là. Je m'acheminais cahin-caha ; et, puisqu'il faut vous l'avouer, regrettant mes deux gros écus, qui n'en étaient pas moins donnés, et gâtant par mon regret l'œuvre que j'avais faite. J'étais à une égale distance des deux villages, et le jour était tout à fait tombé, lorsque trois bandits sortent d'entre les broussailles qui bordaient le chemin, se jettent sur moi, me renversent à terre, me fouillent, et sont étonnés de me trouver aussi peu d'argent que j'en avais. Ils avaient compté sur une meilleure proie ; témoins de l'aumône que j'avais faite au village, ils avaient imaginé que celui qui peut se dessaisir aussi lestement d'un demi-louis devait en avoir encore une vingtaine. Dans la rage de voir leur espérance trompée et de s'être exposés à avoir les os brisés sur un échafaud pour une poignée de sous-marqués, si je les dénonçais, s'ils étaient pris et que je les reconnusse, ils balancèrent un moment s'ils ne m'assassineraient pas. Heureusement ils entendirent du bruit ; ils s'enfuirent, et j'en fus quitte pour

[*déplacée*] (V).
[*un fumier !*] (V).

quelques contusions que je me fis en tombant et que je reçus tandis qu'on me volait. Les bandits éloignés, je me retirai ; je regagnai le village comme je pus : j'y arrivai à deux heures de nuit, pâle, défait, la douleur de mon genou fort accrue et souffrant, en différents endroits, des coups que j'avais remboursés. Le docteur... Mon maître, qu'avez-vous ? Vous serrez les dents, vous vous agitez comme si vous étiez en présence d'un ennemi.

LE MAITRE. J'y suis, en effet ; j'ai l'épée à la main ; je fonds sur tes voleurs et je te venge. Dis-moi comment celui qui a écrit le grand rouleau a pu écrire que telle serait la récompense d'une action généreuse ? Pourquoi moi, qui ne suis qu'un misérable composé de défauts, je prends ta défense, tandis que lui qui t'a vu tranquillement attaqué, renversé, maltraité, foulé aux pieds, lui qu'on dit être l'assemblage de toute perfection !...

JACQUES. Mon maître, paix, paix : ce que vous dites là sent le fagot en diable.

LE MAITRE. Qu'est-ce que tu regardes ?

JACQUES. Je regarde s'il n'y a personne autour de nous qui vous ait entendu... Le docteur me tâta le pouls et me trouva de la fièvre. Je me couchai sans parler de mon aventure, rêvant sur mon grabat, ayant affaire à deux âmes... Dieu! quelles âmes ! n'ayant pas le sou, et pas le moindre doute que le lendemain, à mon réveil, on n'exigeât le prix dont nous étions convenus par jour.

En cet endroit, le maître jeta ses bras autour du cou de son valet, en s'écriant : Mon pauvre Jacques, que vas-tu faire ? Que vas-tu devenir ? Ta position m'effraye.

JACQUES. Mon maître, rassurez-vous, me voilà.

LE MAITRE. Je n'y pensais pas ; j'étais à demain, à côté de toi, chez le docteur, au moment où tu t'éveilles, et où l'on vient te demander de l'argent.

JACQUES. Mon maître, on ne sait de quoi se réjouir, ni de quoi s'affliger dans la vie. Le bien amène le mal, le mal amène le bien. Nous marchons dans la nuit au-dessous de ce qui est écrit là-haut, également insensés dans nos souhaits, dans notre joie et dans notre afflic-tion. Quand je pleure, je trouve souvent que je suis un sot.

LE MAITRE. Et quand tu ris?

JACQUES. Je trouve encore que je suis un sot; cependant, je ne puis m'empêcher de pleurer ni de rire : et c'est ce qui me fait enrager. J'ai cent fois essayé... Je ne fermai pas l'œil de la nuit...

LE MAITRE. Non, non, dis-moi ce que tu as essayé.

JACQUES. De me moquer de tout. Ah! si j'avais pu y réussir.

LE MAITRE. A quoi cela t'aurait-il servi?

JACQUES. A me délivrer de souci, à n'avoir plus besoin de rien, à me rendre parfaitement maître de moi, à me trouver aussi bien la tête contre une borne, au coin de la rue, que sur un bon oreiller. Tel je suis quelquefois ; mais le diable est que cela ne dure pas, et que dur et ferme comme un rocher dans les grandes occasions, il arrive souvent qu'une petite contradic-tion, une bagatelle me déferre ; c'est à se donner des soufflets. J'y ai renoncé ; j'ai pris le parti d'être comme je suis ; et j'ai vu, en y pensant un peu, que cela reve-nait presque au même, en ajoutant : Qu'importe comme on soit? C'est une autre résignation plus facile et plus commode.

LE MAITRE. Pour plus commode, cela est sûr.

JACQUES. Dès le matin, le chirurgien tira mes rideaux et me dit : « Allons, l'ami, votre genou ; car il faut que j'aille au loin.

— Docteur, lui dis-je d'un ton douloureux, j'ai sommeil.

— Tant mieux! c'est bon signe.

— Laissez-moi dormir, je ne me soucie pas d'être pansé.

— Il n'y a pas grand inconvénient à cela, dormez...»

Cela dit, il referme mes rideaux ; et je ne dors pas. Une heure après, la doctoresse tira mes rideaux et me dit :

« Allons, l'ami, prenez votre rôtie au sucre.

— Madame la doctoresse, lui répondis-je d'un ton douloureux, je ne me sens pas d'appétit.

— Mangez, mangez, vous n'en payerez ni plus ni moins.

— Je ne veux pas manger.

— Tant mieux, ce sera pour mes enfants et pour moi. »

Et cela dit, elle referme mes rideaux, appelle ses enfants et les voilà qui se mettent à dépêcher ma rôtie au sucre.

Lecteur, si je faisais ici une pause, et que je reprisse l'histoire de l'homme à une seule chemise, parce qu'il n'avait qu'un corps à la fois, je voudrais bien savoir ce que vous en penseriez ? Que je me suis fourré dans une *impasse* à la Voltaire [1] ou vulgairement dans un cul-de-sac, d'où je ne sais comment sortir, et que je me jette dans un conte fait à plaisir, pour gagner du temps et chercher quelque moyen de sortir de celui que j'ai commencé. Eh bien ! lecteur, vous vous abusez de tout point. Je sais comment Jacques sera tiré de sa détresse, et ce que je vais vous dire de Gousse, l'homme à une seule chemise à la fois, parce qu'il n'avait qu'un corps à la fois, n'est point du tout un conte.

C'était un jour de Pentecôte, le matin, que je reçus un billet de Gousse, par lequel il me suppliait de le visiter dans une prison où il était confiné. En m'habillant, je rêvais à son aventure ; et je pensais que son tailleur, son boulanger, son marchand de vin ou son hôte avaient obtenu et mis à exécution contre lui une prise de corps. J'arrive, et je le trouve faisant chambrée commune avec d'autres personnages d'une figure omineuse [2]. Je lui demandai ce que c'étaient que ces gens-là.

« Le vieux que vous voyez avec ses lunettes sur le nez est un homme adroit qui sait supérieurement le calcul et qui cherche à faire cadrer les registres qu'il copie avec ses comptes. Cela est difficile, nous en avons causé, mais je ne doute point qu'il n'y réussisse.

— Et cet autre?

— C'est un sot.

— Mais encore?

— Un sot, qui avait inventé une machine à contrefaire les billets publics, mauvaise machine, machine vicieuse qui pèche par vingt endroits.

— Et ce troisième, qui est vêtu d'une livrée et qui joue de la basse?

— Il n'est ici qu'en attendant ; ce soir peut-être ou demain matin, car son affaire n'est rien, il sera transféré à Bicêtre.

— Et vous?

— Moi? mon affaire est moindre encore. »

Après cette réponse, il se lève, pose son bonnet sur le lit, et à l'instant ses trois camarades de prison disparaissent. Quand j'entrai, j'avais trouvé Gousse en robe de chambre, assis à une petite table, traçant des figures de géométrie et travaillant aussi tranquillement que s'il eût été chez lui. Nous voilà seuls. « Et vous, que faites-vous ici?

— Moi, je travaille, comme vous voyez.

— Et [qui] vous y a fait mettre?

— Moi.

— Comment vous?

— Oui, moi, monsieur.

— Et comment vous y êtes-vous pris?

— Comme je m'y serais pris avec un autre. Je me suis fait un procès à moi-même ; je l'ai gagné, et en conséquence de la sentence que j'ai obtenue contre moi et du décret qui s'en est suivi, j'ai été appréhendé et conduit ici.

[*qui est-ce qui*] (V, L).

— Êtes-vous fou ?

— Non, monsieur, je vous dis la chose telle qu'elle est.

— Ne pourriez-vous pas vous faire un autre procès à vous-même, le gagner, et, en conséquence d'une autre sentence et d'un autre décret, vous faire élargir ?

— Non, monsieur. »

Gousse avait une servante jolie, et qui lui servait de moitié plus souvent que la sienne. Ce partage inégal avait troublé la paix domestique. Quoique rien ne fût plus difficile que de tourmenter cet homme, celui de tous qui s'épouvantait le moins du bruit, il prit le parti de quitter sa femme et de vivre avec sa servante. Mais toute sa fortune consistait en meubles, en machines, en dessins, en outils et autres effets mobiliers ; et il aimait mieux laisser sa femme toute nue que de s'en aller les mains vides ; en conséquence, voici le projet qu'il conçut. Ce fut de faire des billets à sa servante, qui en poursuivrait le payement et obtiendrait la saisie et la vente de ses effets, qui iraient du pont Saint-Michel dans le logement où il se proposait de s'installer avec elle. Il est enchanté de l'idée, il fait les billets, il s'assigne, il a deux procureurs. Le voilà courant chez l'un et chez l'autre, se poursuivant lui-même avec toute la vivacité possible, s'attaquant bien, se défendant mal ; le voilà condamné à payer sous les peines portées par la loi ; le voilà s'emparant en idée de tout ce qu'il pouvait y avoir dans sa maison ; mais il n'en fut pas tout à fait ainsi. Il avait affaire à une coquine très rusée qui, au lieu de le faire exécuter dans ses meubles, se jeta sur sa personne, le fit prendre et mettre en prison ; en sorte que quelque bizarres que furent les réponses énigmatiques qu'il m'avait faites, elles n'en étaient pas moins vraies.

Tandis que je vous faisais cette histoire, que vous prendrez pour un conte... — Et celle de l'homme à la livrée qui raclait de la basse ? — Lecteur, je vous la

promets, d'honneur, vous ne la perdrez pas ; mais
permettez que je revienne à Jacques et à son maître.
Jacques et son maître avaient atteint le gîte où ils
avaient la nuit à passer. Il était tard ; la porte de la
ville était fermée, et ils avaient été obligés de s'arrêter
dans le faubourg. Là, j'entends un vacarme... — Vous
entendez ! Vous n'y étiez pas ; il ne s'agit pas de vous.
— Il est vrai. Eh bien ! Jacques... son maître... On entend
un vacarme effroyable. Je vois deux hommes... — Vous
ne voyez rien ; il ne s'agit pas de vous, vous n'y étiez
pas. — Il est vrai. Il y avait deux hommes à table, causant assez tranquillement à la porte de la chambre
qu'ils occupaient ; une femme, les deux poings sur
les côtés, leur vomissait un torrent d'injures, et Jacques
essayait d'apaiser cette femme, qui n'écoutait non
plus ses remontrances pacifiques que les deux personnages à qui elle s'adressait ne faisaient attention à ses
invectives. « Allons, ma bonne, lui disait Jacques,
patience, remettez-vous ; voyons, de quoi s'agit-il ?
Ces messieurs me semblent d'honnêtes gens.

— Eux, d'honnêtes gens ? Ce sont des brutaux, des
gens sans pitié, sans humanité, sans aucun sentiment.
Eh ! quel mal leur faisait cette pauvre Nicole pour la
maltraiter ainsi ? Elle en sera peut-être estropiée pour
le reste de sa vie.

— Le mal n'est peut-être pas aussi grand que vous
le croyez.

— Le coup a été effroyable, vous dis-je ; elle en
sera estropiée.

— Il faut voir ; il faut envoyer chercher le chirurgien.

— On y est allé.

— La faire mettre au lit.

— Elle y est, et pousse des [cris] à fendre le cœur.
Ma pauvre Nicole !... »

Au milieu de ces lamentations, on sonnait d'un côté,

[sanglots] (V).

et l'on criait : « Notre hôtesse! du vin... » Elle répondait : « On y va. » On sonnait d'un autre côté, et l'on criait : « Notre hôtesse! du linge. » Elle répondait : « On y va. — Les côtelettes et le canard! — On y va. — Un pot à boire, un pot de chambre! — On y va, on y va. » Et d'un autre coin du logis un homme forcené criait : « Maudit bavard! enragé bavard! de quoi te mêles-tu? As-tu résolu de me faire attendre jusqu'à demain? Jacques! Jacques! » L'hôtesse, un peu remise de sa douleur et de sa fureur, dit à Jacques : « Monsieur, laissez-moi, vous êtes trop bon.

— Jacques! Jacques!

— Courez vite. Ah! si vous saviez tous les malheurs de cette pauvre créature!...

— Jacques! Jacques!

— Allez donc, c'est, je crois, votre maître qui vous appelle.

— Jacques! Jacques! »

C'était en effet le maître de Jacques qui s'était déshabillé seul, qui se mourait de faim et qui s'impatientait de n'être pas servi. Jacques monta, et un moment après Jacques, l'hôtesse, qui avait vraiment l'air abattu : « Monsieur, dit-elle au maître de Jacques, mille pardons ; c'est qu'il y a des choses dans la vie qu'on ne saurait digérer. Que voulez-vous? J'ai des poulets, des pigeons, un râble de lièvre excellent, des lapins : c'est le canton des bons lapins. Aimeriez-vous mieux un oiseau de rivière? » Jacques ordonna le souper de son maître comme pour lui, selon son usage. On servit, et tout en dévorant, le maître disait à Jacques : Eh! que diable faisais-tu là-bas?

JACQUES. Peut-être [bien], peut-être [mal]; qui le sait ?
LE MAITRE. Et quel bien ou quel mal faisais-tu là-bas ?

[*un bien*] (V, L).
[*un mal*] (V, L).

JACQUES. J'empêchais cette femme de se faire assommer elle-même par deux hommes qui sont là-bas et qui ont cassé tout au moins un bras à sa servante.

LE MAÎTRE. Et peut-être ç'aurait été pour elle un bien que d'être assommée...

JACQUES. Par dix raisons meilleures les unes que les autres [. Un] des plus grands bonheurs qui me soient arrivés de ma vie, à moi qui vous parle...

LE MAÎTRE. C'est d'avoir été assommé ?... A boire.

JACQUES. Oui, monsieur, assommé, assommé sur le grand chemin, la nuit ; en revenant du village, comme je vous le disais, après avoir fait, selon moi, la sottise ; selon vous, la belle œuvre de donner mon argent.

LE MAÎTRE. Je me rappelle... A boire... Et l'origine de la querelle que tu apaisais là-bas, et du mauvais traitement fait à la fille ou à la servante de l'hôtesse ?

JACQUES. Ma foi, je l'ignore.

LE MAÎTRE. Tu ignores le fond d'une affaire, et tu t'en mêles ! Jacques, cela n'est ni selon la prudence, ni selon la justice, ni selon les principes... A boire...

JACQUES. Je ne sais ce que c'est que des principes, [sinon] des règles qu'on prescrit aux autres pour soi. Je pense d'une façon et je ne saurais m'empêcher de faire d'une autre. Tous les sermons ressemblent aux préambules des édits du roi ; tous les prédicateurs voudraient qu'on pratiquât leurs leçons, parce que nous nous en trouverions mieux peut-être ; mais eux à coup sûr... La vertu...

LE MAÎTRE. La vertu, Jacques, c'est une bonne chose ; les méchants et les bons en disent du bien... A boire...

JACQUES. Car ils y trouvent les uns et les autres leur compte.

LE MAÎTRE. Et comment fut-ce un si grand bonheur pour toi d'être assommé ?

[, *un*] (V).
[*selon*] (L).

JACQUES. Il est tard, vous avez bien soupé et moi
aussi ; nous sommes fatigués tous les deux, croyez-
moi, couchons-nous.

LE MAITRE. Cela ne se peut, et l'hôtesse nous doit
encore quelque chose. En attendant, reprend l'histoire
de tes amours.

JACQUES. Où en étais-je ? Je vous prie, mon maître,
pour cette fois-ci, et pour toutes les autres, de me
remettre sur la voie.

LE MAITRE. Je m'en charge, et, pour entrer en ma
fonction de souffleur, tu étais dans ton lit, sans argent,
fort empêché de ta personne, tandis que la doctoresse et ses enfants mangeaient ta rôtie au sucre.

JACQUES. Alors on entendit un carrosse s'arrêter à
la porte de la maison. Un valet entre et demande :
« N'est-ce pas ici que loge un pauvre homme, un soldat qui marche avec une béquille, qui revint hier au
soir du village prochain ?

— Oui, répondit la doctoresse, que lui voulez-vous ?

— Le prendre dans ce carrosse et l'amener avec
nous.

— Il est dans ce lit ; tirez les rideaux et parlez-lui. »

Jacques en était là lorsque l'hôtesse entra et leur dit :
Que voulez-vous pour dessert ?

LE MAITRE. Ce que vous avez.

L'hôtesse, sans se donner la peine de descendre,
cria de la chambre : « Nanon, apportez des fruits, des
biscuits, des confitures... »

A ce mot de Nanon, Jacques dit à part lui : « Ah !
c'est sa fille qu'on a maltraitée, on se mettrait en
colère à moins... »

Et le maître dit à l'hôtesse : Vous étiez bien fâchée
tout à l'heure ?

L'HOTESSE. Et qui est-ce qui ne se fâcherait pas ?
La pauvre créature ne leur avait rien fait ; elle était

à peine entrée dans leur chambre, que je l'entends jeter des cris, mais des cris... Dieu merci! je suis un peu rassurée ; le chirurgien prétend que ce ne sera rien; elle a cependant deux énormes contusions, l'une à la tête, l'autre à l'épaule.

LE MAITRE. Y a-t-il longtemps que vous l'avez ?

L'HOTESSE. Une quinzaine au plus. Elle avait été abandonnée à la poste voisine.

LE MAITRE. Comment, abandonnée ?

L'HOTESSE. Eh, mon Dieu, oui! C'est qu'il y a des gens qui sont plus durs que des pierres. Elle a pensé être noyée en passant la rivière qui coule ici près ; elle est arrivée ici comme par miracle, et je l'ai reçue par charité.

LE MAITRE. Quel âge a-t-elle ?

L'HOTESSE. Je lui crois plus d'un an et demi...

A ce mot, Jacques part d'un éclat de rire et s'écrie : C'est une chienne!

L'HOTESSE. La plus jolie bête du monde ; je ne donnerais pas ma Nicole pour dix louis. Ma pauvre Nicole!

LE MAITRE. Madame a le cœur [tendre].

L'HOTESSE. Vous l'avez dit, je tiens à mes bêtes et à mes gens.

LE MAITRE. C'est fort bien fait. Et qui sont ceux qui ont si fort maltraité votre Nicole ?

L'HOTESSE. Deux bourgeois de la ville prochaine. Ils se parlent sans cesse à l'oreille ; ils s'imaginent qu'on ne sait ce qu'ils disent, et qu'on ignore leur aventure. Il n'y a pas plus de trois heures qu'ils sont ici, et il ne me manque pas un mot de toute leur affaire. Elle est plaisante ; et si vous n'étiez pas plus pressé de vous coucher que moi, je vous la raconterais tout comme leur domestique l'a dite à ma servante, qui s'est trouvée

[*bon*] (A. T., V et L).

par hasard être sa payse, qui l'a redite à mon mari, qui me l'a redite. La belle-mère du plus jeune [des deux] a passé par ici il n'y a pas plus de trois mois ; elle s'en allait assez malgré elle dans un couvent de province où elle n'a pas fait [de] vieux os ; elle y est morte ; et voilà pourquoi nos deux jeunes gens sont en deuil... Mais voilà que, sans m'en apercevoir, j'enfile leur histoire. Bonsoir, messieurs, et bonne nuit. Vous avez trouvé le vin bon ?

LE MAITRE. Très bon.

L'HOTESSE. Vous avez été contents de votre souper ?

LE MAITRE. Très contents. Vos épinards étaient un peu salés.

L'HOTESSE. J'ai quelquefois la main lourde. Vous serez bien couchés, et dans des draps de lessive ; ils ne servent jamais ici deux fois.

Cela dit, l'hôtesse se retira, et Jacques et son maître se mirent au lit en riant du quiproquo qui leur avait fait prendre une chienne pour la fille ou la servante de la maison, et de la passion de l'hôtesse pour une chienne perdue qu'elle possédait depuis quinze jours. Jacques dit à son maître, en attachant le serre-tête à son bonnet de nuit : « Je gagerais bien que de tout ce qui a vie dans l'auberge, cette femme n'aime que sa Nicole. » Son maître lui répondit : « Cela se peut, Jacques ; mais dormons. »

Tandis que Jacques et son maître reposent, je vais m'acquitter de ma promesse, par le récit de l'homme de la prison, qui raclait de la basse, ou plutôt de son camarade, le sieur Gousse.

« Ce troisième, me dit-il, est un intendant de grande maison. Il était devenu amoureux d'une pâtissière de la rue de l'Université. Le pâtissier était un bon homme

Manque (L).
Manque (V, L).

qui regardait de plus près à son four qu'à la conduite
de sa femme. Si ce n'était pas sa jalousie, c'était son
assiduité qui gênait nos deux amants? Que firent-ils
pour se délivrer de cette contrainte? L'intendant
présenta à son maître un placet où le pâtissier était
traduit comme un homme de mauvaises mœurs, un
ivrogne qui ne sortait pas de la taverne, un brutal qui
battait sa femme, la plus honnête et la plus malheureuse des femmes. Sur ce placet il obtint une lettre de
cachet, et cette lettre de cachet, qui disposait de la
liberté du mari, fut mise entre les mains d'un exempt,
pour l'exécuter sans délai. Il arriva par hasard que cet
exempt était l'ami du pâtissier. Ils allaient de temps
en temps chez le marchand de vin ; le pâtissier fournis-
sait les petits pâtés, l'exempt payait la bouteille.
Celui-ci, muni de la lettre de cachet, passe devant la
porte du pâtissier, et lui fait le signe convenu. Les
voilà tous les deux occupés à manger et à arroser les
petits pâtés ; et l'exempt demandant à son camarade
comment allait son commerce? Fort bien.

— S'il n'avait aucune mauvaise affaire?

— Aucune.

— S'il n'avait point d'ennemis?

— Il ne s'en connaissait pas.

— Comment il vivait avec ses parents, ses voisins,
sa femme?

— En amitié et en paix.

— D'où peut donc venir, ajouta l'exempt, l'ordre
que j'ai de t'arrêter? Si je faisais mon devoir, je te
mettrais la main [sur le] collet, il y aurait là un carrosse tout près, et je te conduirais au lieu prescrit par
cette lettre de cachet. Tiens, lis... »

Le pâtissier lut et pâlit. L'exempt lui dit : « Ras-
sure-toi, avisons seulement ensemble à ce que nous
avons de mieux à faire pour ma sûreté et pour la tienne.
Qui est-ce qui fréquente chez toi?

[au] (L).

— Personne.

— Ta femme est coquette et jolie.

— Je la laisse faire à sa tête.

— Personne ne la couche-t-il en joue ?

— Ma foi non, si ce n'est un certain intendant qui vient quelquefois lui serrer les mains et lui débiter des sornettes ; mais c'est dans ma boutique, devant moi, en présence de mes garçons, et je crois qu'il ne se passe rien entre eux qui ne soit en tout bien et en tout honneur.

— Tu es un bon homme !

— Cela se peut ; mais le mieux de tout point est de croire sa femme honnête, et c'est ce que je fais.

— Et cet intendant, à qui est-il ?

— [A M. de Saint-Florentin [1]].

— Et de quels bureaux crois-tu que vienne la lettre de cachet ?

— Des bureaux de M. de [Saint-Florentin], peut-être.

— Tu l'as dit.

— Oh ! manger ma pâtisserie, [baiser] ma femme et me faire enfermer, cela est trop noir, et je ne saurais le croire !

— Tu es un bon homme ! Depuis quelques jours, comment trouves-tu ta femme ?

— Plutôt triste que gaie.

— Et l'intendant, y a-t-il longtemps que [tu ne l'as] vu ?

— Hier, je crois ; oui, c'était hier.

— N'as-tu rien remarqué ?

— Je suis fort peu remarquant ; mais il m'a semblé qu'en se séparant ils se faisaient quelques signes de la tête, comme quand l'un dit oui et que l'autre dit non.

— Quelle était la tête qui disait oui ?

— Celle de l'intendant.

Rayé et remplacé par : [*Au ministre M. ...*] (V).
[*coucher avec*] (V).
[*vous ne l'avez*] (V).

— Ils sont innocents ou ils sont complices. Écoute, mon ami, ne rentre pas chez toi ; sauve-toi en quelque lieu de sûreté, au Temple, dans l'Abbaye [1], où tu voudras, et cependant laisse-moi faire ; surtout souviens-toi bien...

— De ne me pas montrer et de me taire.

— C'est cela. »

Au même moment la maison du pâtissier est entourée d'espions. Des mouchards, sous toutes sortes de vêtements, s'adressent à la pâtissière, et lui demandent son mari : elle répond à l'un qu'il est malade, à un autre qu'il est parti pour une fête, à un troisième pour une noce. Quand il reviendra ? Elle n'en sait rien.

Le troisième jour, sur les deux heures du matin, on vient avertir l'exempt qu'on avait vu un homme, le nez enveloppé dans un manteau, ouvrir doucement la porte de la rue et se glisser doucement dans la maison du pâtissier. Aussitôt l'exempt, accompagné d'un commissaire, d'un serrurier, d'un fiacre et de quelques archers, se transporte sur les lieux. La porte est crochetée, l'exempt et le commissaire montent à petit bruit. On frappe à la chambre de la pâtissière : point de réponse ; on frappe encore : point de réponse ; à la troisième fois on demande du dedans : « Qui est-ce ?

— Ouvrez.

— Qui est-ce ?

— Ouvrez, c'est de la part du roi.

— Bon ! disait l'intendant à la pâtissière avec laquelle il était couché ; il n'y a point de danger : c'est l'exempt qui vient pour exécuter son ordre. Ouvrez : je me nommerai ; il se retirera, et tout sera fini. »

La pâtissière, en chemise, ouvre et se remet dans son lit.

L'EXEMPT. Où est votre mari ?

LA PATISSIÈRE. Il n'y est pas.

L'EXEMPT, *écartant le rideau*. Qui est-ce qui est donc là ?

L'INTENDANT. C'est moi ; je suis l'intendant de M. de [Saint-Florentin].

L'EXEMPT. Vous mentez, vous êtes le pâtissier, car le pâtissier est celui qui couche avec la pâtissière. Levez-vous, habillez-vous, et suivez-moi.

« Il fallut obéir ; on le conduisit ici. Le ministre, instruit de la scélératesse de son intendant, a approuvé la conduite de l'exempt, qui doit venir ce soir à la chute du jour le prendre dans cette prison pour le transférer à Bicêtre, où, grâce à l'économie des administrateurs, il mangera son quarteron de mauvais pain, son once [1] de vache, et raclera de [sa] basse du matin au soir... » Si j'allais aussi mettre ma tête sur un oreiller, en attendant le réveil de Jacques et de son maître ; qu'en pensez-vous ?

Le lendemain Jacques se leva de grand matin, mit la tête à la fenêtre pour voir quel temps il faisait, vit qu'il faisait un temps détestable, se recoucha, et nous laissa dormir, son maître et moi, tant qu'il nous plut.

Jacques, son maître et les autres voyageurs qui s'étaient arrêtés au même gîte, crurent que le ciel s'éclaircirait sur le midi ; il n'en fut rien ; et la pluie de l'orage ayant gonflé le ruisseau qui séparait le faubourg de la ville, au point qu'il eût été dangereux de le passer, tous ceux dont la route conduisait de ce côté prirent le parti de perdre une journée, et d'attendre. Les uns se mirent à causer ; d'autres à aller et venir, à mettre le nez à la porte, à regarder le ciel et à rentrer en jurant et frappant du pied ; plusieurs à politiquer et à boire ; beaucoup à jouer ; le reste à fumer, à dormir et à ne rien faire. Le maître dit à Jacques : J'espère que Jacques va reprendre le récit de ses amours, et que le ciel, qui

[D...] (V).
[*la*] (V).

veut que j'aie la satisfaction d'en entendre la fin, nous retient ici par le mauvais temps.

JACQUES. Le ciel qui veut! On ne sait jamais ce que le ciel veut ou ne veut pas, et il n'en sait peut-être rien lui-même. Mon pauvre capitaine qui n'est plus me l'a répété cent fois ; et plus j'ai vécu, plus j'ai reconnu qu'il avait raison... A vous, mon maître.

LE MAITRE. J'entends. Tu en étais au carrosse et au valet, à qui la doctoresse a dit d'ouvrir ton rideau et de te parler.

JACQUES. Ce valet s'approche de mon lit, et me dit : « Allons, camarade, debout, habillez-vous et partons. » Je lui répondis d'entre les draps et la couverture dont j'avais la tête enveloppée, sans le voir, sans en être vu : « Camarade, laissez-moi dormir et partez. » Le valet me réplique qu'il a des ordres de son maître, et qu'il faut qu'il les exécute.

« Et votre maître qui ordonne d'un homme [qu'il ne] connaît pas, a-t-il ordonné de payer ce que je dois ici ?

— C'est une affaire faite. Dépêchez-vous, tout le monde vous attend au château, où je vous réponds que vous serez mieux qu'ici, si la suite répond à la curiosité qu'on a de vous [voir]. »

Je me laisse persuader ; je me lève, je m'habille, on me prend sous le bras. J'avais fait mes adieux à la doctoresse et j'allais monter en carrosse, lorsque cette femme, s'approchant de moi, me tire par la manche, et me prie de passer dans un coin de la chambre, qu'elle avait un mot à me dire. « Là, notre ami, ajouta-t-elle, vous n'avez point, je crois, à vous plaindre de nous ; le docteur vous a sauvé une jambe, moi, je vous ai bien soigné, et j'espère qu'au château vous ne nous oublierez pas.

[*qui ne le*] (V).
Manque (V, L).

— Qu'y pourrais-je pour vous?

— Demander que ce fût mon mari qui vînt pour vous
y panser ; il y a du monde là! C'est la meilleure pratique du canton ; le seigneur est un homme généreux,
on en est grassement payé ; il ne tiendrait qu'à vous de
faire notre fortune. Mon mari a bien tenté à plusieurs
reprises de s'y fourrer, mais inutilement.

— Mais, madame la doctoresse, n'y a-t-il pas un
chirurgien du château?

— Assurément!

— Et si cet autre était votre mari, seriez-vous bien
aise qu'on le desservît et qu'il fût expulsé?

— Ce chirurgien est un homme à qui vous ne devez
rien, et je crois que vous devez quelque chose à mon
mari : si vous allez à deux pieds comme ci-devant,
c'est son ouvrage.

— Et parce que votre mari m'a fait du bien, il faut
que je fasse du mal à un autre? Encore si la place était
vacante... »

Jacques allait continuer, lorsque l'hôtesse entra
tenant entre ses bras Nicole emmaillottée, la baisant, la
plaignant, la caressant, lui parlant comme à son
enfant : Ma pauvre Nicole, elle n'a eu qu'un cri de
toute la nuit. Et vous, messieurs, avez-vous bien
dormi?

LE MAITRE. Très bien.

L'HOTESSE. Le temps est pris de tous côtés.

JACQUES. Nous en sommes assez fâchés.

L'HOTESSE. Ces messieurs vont-ils loin?

JACQUES. Nous n'en savons rien.

L'HOTESSE. Ces messieurs suivent quelqu'un?

JACQUES. Nous ne suivons personne.

L'HOTESSE. Ils vont, ou ils s'arrêtent, selon les
affaires qu'ils ont sur la route?

JACQUES. Nous n'en avons aucune.

L'HOTESSE. Ces messieurs voyagent pour leur plaisir ?

JACQUES. Ou pour leur peine.

L'HOTESSE. Je souhaite que ce soit le premier.

JACQUES. Votre souhait n'y fera pas un zeste ; ce sera selon qu'il est écrit là-haut.

L'HOTESSE. Oh! c'est un mariage ?

JACQUES. Peut-être que oui, peut-être que non.

L'HOTESSE. Messieurs, prenez-y garde. Cet homme qui est là-bas, et qui a si rudement traité ma pauvre Nicole, en a fait un bien saugrenu... Viens, ma pauvre bête ; viens que je te baise ; je te promets que cela n'arrivera plus. Voyez comme elle tremble de tous ses membres !

LE MAITRE. Et qu'a donc de si singulier le mariage de cet homme ?

A cette question du maître de Jacques, l'hôtesse dit : « J'entends du bruit là-bas, je vais donner mes ordres, et je reviens vous conter tout cela... » Son mari, las de crier : « Ma femme, ma femme », monte, et avec lui son compère qu'il ne voyait pas. L'hôte dit à sa femme : « Eh! que diable faites-vous là ?... » Puis se retournant et apercevant son compère : M'apportez-vous de l'argent ?

LE COMPÈRE. Non, compère, vous savez bien que je n'en ai point.

L'HOTE. Tu n'en as point ? Je saurai bien en faire avec ta charrue, tes chevaux, tes bœufs et ton lit. Comment, gredin !

LE COMPÈRE. Je ne suis point un gredin.

L'HOTE. Et qui es-tu donc ? Tu es dans la misère, tu ne sais où prendre de quoi ensemencer tes champs ; ton propriétaire, las de te faire des avances, ne te veut plus rien donner. Tu viens à moi ; cette femme intercède ; cette maudite bavarde, qui est la cause de toutes les sottises de ma vie, me résout à te prêter ; je te prête ;

tu promets de me rendre ; tu me manques dix fois. Oh!
je te promets, moi, que je ne te manquerai pas. Sors
d'ici...

Jacques et son maître se préparaient à plaider pour
ce pauvre diable ; mais l'hôtesse, en posant le doigt sur
sa bouche, leur fit signe de se taire.

L'HOTE. Sors d'ici.

LE COMPÈRE. Compère, tout ce que vous dites est
vrai ; il l'est aussi que les huissiers sont chez moi, et que
dans un moment nous serons réduits à la besace, ma
fille, mon garçon et moi.

L'HOTE. C'est le sort que tu mérites. Qu'es-tu venu
faire ici ce matin ? Je quitte le remplissage de mon vin,
je remonte de ma cave et je ne te trouve point. Sors
d'ici, te dis-je.

LE COMPÈRE. Compère, j'étais venu ; j'ai craint la
réception que vous me faites ; je m'en suis retourné ;
et je m'en vais.

L'HOTE. Tu feras bien.

LE COMPÈRE. Voilà donc ma pauvre Marguerite,
qui est si sage et si jolie, qui s'en ira en condition à
Paris!

L'HOTE. [En condition] à Paris! Tu en veux donc
faire une malheureuse ?

LE COMPÈRE. Ce n'est pas moi qui le veux ; c'est
l'homme dur à qui je parle.

L'HOTE. Moi, un homme dur! Je ne le suis point : je
ne le fus jamais ; et tu le sais bien.

LE COMPÈRE. Je ne suis plus en état de nourrir ma
fille ni mon garçon ; ma fille servira, mon garçon s'en-
gagera.

L'HOTE. Et c'est moi qui en serais la cause! Cela ne
sera pas. Tu es un cruel homme ; tant que je vivrai tu
seras mon supplice. Çà, voyons ce qu'il te faut.

[*En condition !*] (V).

LE COMPÈRE. [Il] ne me faut rien. Je suis désolé de vous devoir, et je ne vous devrai de ma vie. Vous faites plus de mal par vos injures que de bien par vos services. Si j'avais de l'argent, je vous le jetterais au visage ; mais je n'en ai point. Ma fille deviendra tout ce qu'il plaira à Dieu ; mon garçon se fera tuer s'il le faut ; moi, je mendierai ; mais ce ne sera pas à votre porte. Plus, plus d'obligations à un vilain homme comme vous. Empochez bien l'argent de mes bœufs, de mes chevaux et de mes ustensiles : grand bien vous fasse. Vous êtes né pour faire des ingrats, et je ne veux pas l'être. Adieu.

L'HÔTE. Ma femme, il s'en va ; arrête-le donc.

L'HÔTESSE. Allons, compère, avisons au moyen de vous secourir.

LE COMPÈRE. Je ne veux point de ses secours, ils sont trop chers...

L'hôte répétait tout bas à sa femme : « Ne le laisse pas aller, arrête-le donc. Sa fille à Paris ! son garçon à l'armée ! lui à la porte de la paroisse ! je ne saurais souffrir cela. »

Cependant sa femme faisait des efforts inutiles ; le paysan, qui avait de l'âme, ne voulait rien accepter et se faisait tenir à quatre. L'hôte, les larmes aux yeux, s'adressait à Jacques et à son maître, et leur disait : « Messieurs, tâchez de le fléchir... » Jacques et son maître se mêlèrent de la partie ; tous à la fois conjuraient le paysan. Si j'ai jamais vu... — Si vous avez jamais vu ! Mais vous n'y étiez pas. Dites si l'on a jamais vu. — Eh bien ! soit. Si l'on a jamais vu un homme confondu d'un refus, transporté qu'on voulût bien accepter son argent, c'était cet hôte, il embrassait sa femme, il embrassait son compère, il embrassait Jacques et son maître, il criait : Qu'on aille bien vite chasser de chez lui ces exécrables huissiers.

LE COMPÈRE. [Convenez] aussi...

[Compère, il] (V).
[Mon compère, convenez...] (V).

L'HOTE. Je conviens que je gâte tout ; mais, compère, que veux-tu ? Comme je suis, me voilà. Nature m'a fait l'homme le plus dur et le plus tendre ; je ne sais ni accorder ni refuser.

LE COMPÈRE. Ne pourriez-vous pas être autrement ?

L'HOTE. Je suis à l'âge où l'on ne se corrige guère ; mais si les premiers qui se sont adressés à moi m'avaient rabroué comme tu as fait, peut-être en serais-je devenu meilleur. Compère, je te remercie de ta leçon, peut-être en profiterai-je... Ma femme, va vite, descends, et donne-lui ce qu'il lui faut. Que diable, marche donc, mordieu! marche donc ; tu vas!... Ma femme, je te prie de te presser un peu et de ne le pas faire attendre ; tu reviendras ensuite retrouver ces messieurs avec lesquels il me semble que tu te trouves bien...

La femme et le compère descendirent ; l'hôte resta encore un moment ; et lorsqu'il s'en fut allé, Jacques dit à son maître : « Voilà un singulier homme! Le ciel qui avait envoyé ce mauvais temps qui nous retient ici, parce qu'il voulait que vous entendissiez mes amours, que veut-il à présent? »

Le maître, en s'étendant dans son fauteuil, bâillant, frappant sur sa tabatière, répondit : Jacques, nous avons plus d'un jour à vivre ensemble, à moins que...

JACQUES. C'est-à-dire que pour aujourd'hui le ciel veut que je me taise ou que ce soit l'hôtesse qui parle ; c'est une bavarde qui ne demande pas mieux ; qu'elle parle donc.

LE MAITRE. Tu prends de l'humeur.

JACQUES. C'est que j'aime à parler aussi.

LE MAITRE. Ton tour viendra.

JACQUES. Ou ne viendra pas.

Je vous entends, lecteur ; voilà, dites-vous, le vrai dénoûment du *Bourru bienfaisant* [1]. Je le pense. J'au-

rais introduit dans cette pièce, si j'en avais été l'auteur, un personnage qu'on aurait pris pour épisodique,
et qui ne l'aurait point été. Ce personnage se serait
montré quelquefois, et sa présence aurait été motivée.
La première fois il serait venu demander grâce ;
mais la crainte d'un mauvais accueil l'aurait fait
sortir avant l'arrivée de Géronte. Pressé par l'irrup-
tion des huissiers dans sa maison, il aurait eu la seconde fois le courage d'attendre Géronte ; mais celui-ci
aurait refusé de le voir. Enfin, je l'aurais amené au
dénoûment, où il aurait fait exactement le rôle du
paysan avec l'aubergiste ; il aurait eu, comme le paysan, une fille qu'il allait placer chez une marchande
de modes, un fils qu'il allait retirer des écoles pour
entrer en condition ; lui, il se serait déterminé à mendier
jusqu'à ce qu'il se fût ennuyé de vivre. On aurait vu
le Bourru bienfaisant aux pieds de cet homme ; on
aurait entendu le Bourru bienfaisant gourmandé
comme il le méritait ; il aurait été forcé de s'adresser
à toute la famille qui l'aurait environné, pour fléchir
son débiteur et le contraindre à accepter de nouveaux
secours. Le Bourru bienfaisant aurait été puni ; il
aurait promis de se corriger ; mais dans le moment
même il serait revenu à son caractère, en s'impatien-
tant contre les personnages en scène, qui se seraient
fait des politesses pour rentrer dans la maison ; il aurait
dit brusquement : *Que le diable emporte les cérém...*
Mais il se serait arrêté court au milieu du mot, et,
d'un ton radouci, il aurait dit à ses nièces : « Allons,
mes nièces ; donnez-moi la main et passons. » — Et
pour que ce personnage eût été lié au fond, vous en
auriez fait un protégé du neveu de Géronte ? —
Fort bien ! — Et ç'aurait été à la prière du neveu que
l'oncle aurait prêté son argent ? — A merveille ! —
Et ce prêt aurait été un grief de l'oncle contre son neveu ? — C'est cela même. — Et le dénoûment de cette
pièce agréable n'aurait pas été une répétition générale,
avec toute la famille en corps, de ce qu'il a fait aupa-

ravant avec chacun d'eux en particulier ? — Vous avez
raison. — Et si je rencontre jamais M. Goldoni, je
lui réciterai la scène de l'auberge. — Et vous ferez
bien ; il est plus habile homme qu'il ne faut pour en
tirer bon parti.

L'hôtesse remonta, toujours Nicole entre ses bras,
et dit : « J'espère que vous aurez un bon dîner ; le
braconnier vient d'arriver ; le garde du seigneur ne
tardera pas... » Et, tout en parlant ainsi, elle prenait
une chaise. La voilà assise, et son récit qui commence.

L'HOTESSE. Il faut se méfier des valets ; les maîtres
n'ont point de pires ennemis...

JACQUES. Madame, vous ne savez pas ce que vous
dites ; il y en a de bons, il y en a de mauvais, et l'on
compterait peut-être plus de bons valets que de bons
maîtres.

LE MAITRE. Jacques, vous ne vous observez pas ;
et vous commettez précisément la même indiscrétion
qui vous a choqué.

JACQUES. C'est que les maîtres...

LE MAITRE. C'est que les valets...

Eh bien! lecteur, à quoi tient-il que je n'élève une
violente querelle entre ces trois personnages ? Que
l'hôtesse ne soit prise par les épaules, et jetée hors de
la chambre par Jacques ; que Jacques ne soit pris
par les épaules et chassé par son maître ; que l'un
ne s'en aille d'un côté, l'autre d'un autre ; et que vous
n'entendiez ni l'histoire de l'hôtesse, ni la suite des
amours de Jacques ? Rassurez-vous, je n'en ferai rien.
L'hôtesse reprit donc :

Il faut convenir que s'il y a de bien méchants hommes, il y a de bien méchantes femmes.

JACQUES. Et qu'il ne faut pas aller loin pour les
trouver.

L'HOTESSE. De quoi vous mêlez-vous? Je suis femme, il me convient de dire des femmes tout ce qu'il me plaira ; je n'ai que faire de votre approbation.

JACQUES. Mon approbation en vaut bien une autre.

L'HOTESSE. Vous avez là, monsieur, un valet qui fait l'entendu et qui vous manque. J'ai des valets aussi, mais je voudrais bien qu'ils s'avisassent!...

LE MAITRE. Jacques, taisez-vous, et laissez parler madame.

L'hôtesse, encouragée par ce propos de maître, se lève, entreprend Jacques, porte ses deux poings sur ses deux côtés, oublie qu'elle tient Nicole, la lâche, et voilà Nicole sur le carreau, froissée et se débattant dans son maillot, aboyant à tue-tête, l'hôtesse mêlant ses cris aux aboiements de Nicole, Jacques mêlant ses éclats de rire aux aboiements de Nicole et aux cris de l'hôtesse, et le maître de Jacques ouvrant sa tabatière, reniflant sa prise de tabac et ne pouvant s'empêcher de rire. Voilà toute l'hôtellerie en tumulte. « Nanon, Nanon, vite, vite, apportez la bouteille à l'eau-de-vie... Ma pauvre Nicole est morte... Démaillotez-la... Que vous êtes gauche!

— Je fais de mon mieux.

— Comme elle crie! Otez-vous de là, laissez-moi faire... Elle est morte!... Ris bien, grand nigaud ; il y a, en effet, de quoi rire... Ma pauvre Nicole est morte!

— Non, madame, non, je crois qu'elle en reviendra, la voilà qui remue. »

Et Nanon, de frotter d'eau-de-vie le nez de la chienne, et de lui en faire avaler ; et l'hôtesse de se lamenter, de se déchaîner contre les valets impertinents ; et Nanon, de dire : « Tenez, madame, elle ouvre les yeux ; la voilà qui vous regarde.

— La pauvre bête, comme cela parle! qui n'en serait touché?

— Madame, caressez-la donc un peu ; répondez-lui donc quelque chose.

— Viens, ma pauvre Nicole ; crie, mon enfant, crie si cela peut te soulager. Il y a un sort pour les bêtes comme pour les gens ; il envoie le bonheur à des fainéants hargneux, braillards et gourmands, le malheur à une autre qui sera la meilleure créature du monde.

— Madame a bien raison, il n'y a point de justice, ici-bas.

— Taisez-vous, remmaillotez-la, portez-la sous mon oreiller, et songez qu'au moindre cri qu'elle fera, je m'en prends à vous. Viens, pauvre bête, que je t'embrasse encore une fois avant qu'on t'emporte. Approchez-la donc, sotte que vous êtes... Ces chiens, cela est si bon ; cela vaut mieux...

JACQUES. Que père, mère, frères, sœurs, enfants, valets, époux...

L'HOTESSE. Mais oui, ne pensez pas rire, cela est innocent, cela vous est fidèle, cela ne vous fait jamais de mal, au lieu que le reste...

JACQUES. Vivent les chiens! il n'y a rien de plus parfait sous le ciel.

L'HOTESSE. S'il y a quelque chose de plus parfait, du moins ce n'est pas l'homme. Je voudrais bien que vous connussiez celui du meunier, c'est l'amoureux de ma Nicole ; il n'y en a pas un parmi vous, tous tant que vous êtes, qu'il ne fît rougir de honte. Il vient, dès la pointe du jour, de plus d'une lieue ; il se plante devant cette fenêtre ; ce sont des soupirs, et des soupirs à faire pitié. Quelque temps qu'il fasse, il reste ; la pluie lui tombe sur le corps ; son corps s'enfonce dans le sable ; à peine lui voit-on les oreilles et le bout du nez. En feriez-vous autant pour la femme que vous aimeriez le plus [1] ?

LE MAITRE. Cela est très galant.

JACQUES. Mais aussi où est la femme aussi digne de ces soins que votre Nicole ?...

La passion de l'hôtesse pour les bêtes n'était pourtant pas sa passion dominante, comme on pourrait l'imaginer ; c'était celle de parler. Plus on avait de plaisir et de patience à l'écouter, plus on avait de mérite ; aussi ne se fit-elle pas prier pour reprendre l'histoire interrompue du mariage singulier ; elle y mit seulement pour condition que Jacques se tairait. Le maître promit du silence pour Jacques. Jacques s'étala nonchalamment dans un coin, les yeux fermés, son bonnet renfoncé sur ses oreilles et le dos à demi tourné à l'hôtesse. Le maître toussa, cracha, se moucha, tira sa montre, vit l'heure qu'il était, tira sa tabatière, frappa sur le couvercle, prit sa prise de tabac ; et l'hôtesse se mit en devoir de goûter le plaisir délicieux de pérorer.

L'hôtesse allait débuter, lorsqu'elle entendit sa chienne crier.

Nanon, voyez donc à cette pauvre bête... Cela me trouble, je ne sais plus où j'en étais.

JACQUES. Vous n'avez encore rien dit.

L'HOTESSE. Ces deux hommes avec lesquels j'étais en querelle pour ma pauvre Nicole, lorsque vous êtes arrivé, monsieur...

JACQUES. Dites messieurs.

L'HOTESSE. Et pourquoi ?

JACQUES. C'est qu'on nous a traités jusqu'à présent avec [cette] politesse, et que j'y suis fait. Mon maître m'appelle Jacques, les autres, monsieur Jacques.

L'HOTESSE. Je ne vous appelle ni Jacques, ni monsieur Jacques, je ne vous parle pas... (*Madame ? — Qu'est-ce ? — La carte du numéro cinq. — Voyez sur le*

Manque (L).

coin de la cheminée.) Ces deux hommes sont [bons] gentilshommes ; ils viennent de Paris et s'en vont à la terre du plus âgé.

JACQUES. Qui sait cela ?

L'HOTESSE. Eux, qui le disent.

JACQUES. Belle raison !...

Le maître fit un signe à l'hôtesse, sur lequel elle comprit que Jacques avait la cervelle brouillée. L'hôtesse répondit au signe du maître par un mouvement compatissant des épaules, et ajouta : A son âge ! Cela est très fâcheux.

JACQUES. Très fâcheux de ne savoir jamais où l'on va.

L'HOTESSE. Le plus âgé des deux s'appelle le marquis des Arcis. C'était un homme de plaisir, très aimable, croyant peu à la vertu des femmes.

JACQUES. Il avait raison.

L'HOTESSE. Monsieur Jacques, vous m'interrompez.

JACQUES. Madame l'hôtesse du *Grand-Cerf*, je ne vous parle pas.

L'HOTESSE. M. le marquis en trouva pourtant une assez bizarre pour lui tenir rigueur. Elle s'appelait Mme de La Pommeraye [1]. C'était une veuve qui avait des mœurs, de la naissance, de la fortune et de la hauteur. M. des Arcis rompit avec toutes ses connaissances, s'attacha uniquement à Mme de La Pommeraye, lui fit sa cour avec la plus grande assiduité, tâcha par tous les sacrifices imaginables de lui prouver qu'il l'aimait, lui proposa même de l'épouser ; mais cette femme avait été si malheureuse avec un premier mari, qu'elle... (*Madame ? — Qu'est-ce ? — La clef du coffre à l'avoine ? — Voyez au clou, et si elle n'y est pas, voyez au coffre*) qu'elle aurait mieux aimé s'exposer

[*deux bons*] (V).

à toutes sortes de malheurs qu'au danger d'un second
mariage.

JACQUES. Ah! si cela avait été écrit là-haut!

L'HOTESSE. Cette femme vivait très retirée. Le marquis était un ancien ami de son mari ; elle l'avait reçu,
et elle continuait de le recevoir. Si on lui pardonnait
son goût efféminé pour la galanterie, c'était ce qu'on
appelle un homme d'honneur. La poursuite constante
du marquis, secondée de ses qualités personnelles,
de sa jeunesse, de sa figure, des apparences de la passion la plus vraie, de la solitude, du penchant à la
tendresse, en un mot, de tout ce qui nous livre à la
séduction des hommes... (*Madame ? — Qu'est-ce ? —
C'est le courrier. — Mettez-le à la chambre verte, et
servez-le à l'ordinaire*) eut son effet, et Mme de La
Pommeraye, après avoir lutté plusieurs mois contre le
marquis, contre elle-même, exigé selon l'usage les
serments les plus solennels, rendit heureux le marquis,
qui aurait joui du sort le plus doux, s'il avait pu conserver pour sa maîtresse les sentiments qu'il avait
jurés et qu'on avait pour lui. Tenez, monsieur, il n'y
a que les femmes qui sachent aimer ; les hommes n'y
entendent rien... (*Madame ? — Qu'est-ce ? — Le
Frère Quêteur. — Donnez-lui douze sous pour ces
messieurs qui sont ici, six sous pour moi, et qu'il aille
dans les autres chambres.*) Au bout de quelques années,
le marquis commença à trouver la vie de Mme de La
Pommeraye trop unie. Il lui proposa de se répandre
dans la société : elle y consentit ; à recevoir quelques
femmes et quelques hommes : et elle y consentit ;
à avoir un dîner-souper : et elle y consentit. Peu à
peu, il passa un jour, deux jours sans la voir ; peu à
peu il manqua au dîner-souper qu'il avait arrangé ;
peu à peu il abrégea ses visites ; il eut des affaires qui
l'appelaient : lorsqu'il arrivait, il disait un mot, s'éta-
lait dans un fauteuil, prenait une brochure, la jetait,
parlait à son chien ou s'endormait. Le soir, sa santé,
qui devenait misérable, voulait qu'il se retirât de

bonne heure : c'était l'avis de Tronchin. « C'est un grand homme que Tronchin! Ma foi! je ne doute pas qu'il ne tire d'affaire notre [amie [1]] dont les autres désespéraient. » Et tout en parlant ainsi, il prenait sa canne et son chapeau et s'en allait, oubliant quelquefois de l'embrasser. Mme de La Pommeraye... (*Madame ? — Qu'est-ce ? — Le tonnelier. — Qu'il descende à la cave, et qu'il visite les deux pièces [de vin].*) Mme de La Pommeraye pressentit qu'elle n'était plus aimée ; il fallut s'en assurer, et voici comment elle s'y prit... (*Madame ? — J'y vais, j'y vais.*)

L'hôtesse, fatiguée de ces interruptions, descendit, et prit apparemment les moyens de les faire cesser.

L'HOTESSE. Un jour, après dîner, elle dit au marquis : « Mon ami, vous rêvez [.]

— Vous rêvez aussi, marquise.

— Il est vrai et même assez tristement.

— Qu'avez-vous ?

— Rien.

— Cela n'est pas vrai. Allons, marquise, dit-il en bâillant, racontez-moi cela ; cela vous désennuiera et moi.

— Est-ce que vous vous ennuyez ?

— Non ; c'est qu'il y a des jours...

— Où l'on s'ennuie.

— Vous vous trompez, mon amie ; je vous jure que vous vous trompez : c'est qu'en effet il y a des jours... On ne sait à quoi cela tient.

— Mon ami, il y a longtemps que je suis tentée de vous faire une confidence ; mais je crains de vous affliger.

— Vous pourriez m'affliger, vous ?

— Peut-être ; mais le ciel m'est témoin de mon innocence... » (*Madame ? Madame ? Madame ? — Pour qui et pour quoi que ce soit, je vous ai défendu de m'appe-*

[*amie*] cf. aux notes la variante de Sch.
[*du coin*] (V).
[?] (V).

ler ; appelez mon mari. — Il est absent.) Messieurs, je
vous demande pardon, je suis à vous dans un moment.

Voilà l'hôtesse descendue, remontée et reprenant
son récit :

« ... Cela s'est fait sans mon consentement, à mon
insu, par une malédiction à laquelle toute l'espèce
humaine est apparemment assujettie, puisque moi,
moi-même, je n'y ai pas échappé.

— Ah! c'est de vous... [Et avoir] peur!... De quoi
s'agit-il ?

— Marquis, il s'agit... Je suis désolée ; je vais vous
désoler, et, tout bien considéré, il vaut mieux que je
me taise.

— Non, mon amie, parlez ; auriez-vous au fond
de votre cœur un secret pour moi ? La première de
nos conventions ne fut-elle pas que nos âmes s'ouvri-
raient l'une à l'autre sans réserve ?

— Il est vrai, et voilà ce qui me pèse ; c'est un
reproche qui met le comble à un beaucoup plus important que je me fais. Est-ce que vous ne vous apercevez
pas que je n'ai plus la même gaieté ? J'ai perdu l'appétit ; je ne bois et je ne mange que par raison ; je
ne saurais dormir. Nos sociétés les plus intimes
me déplaisent. La nuit, je m'interroge et je me dis :
Est-ce qu'il est moins aimable ? [Non]. Auriez-vous
à lui reprocher quelques liaisons suspectes ? Non.
Est-ce que sa tendresse pour vous est diminuée ?
Non. Pourquoi, votre ami étant le même, votre cœur
est-il donc changé ? car il l'est : vous ne pouvez vous
le cacher ; vous ne l'attendez plus avec la même
impatience ; vous n'avez plus le même plaisir à le
voir ; cette inquiétude quand il tardait à revenir ;
cette douce émotion au bruit de sa voiture, quand on

[*J'avais*] (V).
[*Non. Est-ce que vous auriez à vous en plaindre ! Non*] (V, L).

l'annonçait, quand il paraissait, vous ne l'éprouvez plus.

— Comment, madame! »

Alors la marquise de La Pommeraye se couvrit les yeux de [ses mains], pencha la tête et se tut un moment, après lequel elle ajouta : « Marquis, je me suis attendue à tout votre étonnement, à toutes les choses amères que vous m'allez dire. Marquis! épargnez-moi.... Non, ne m'épargnez pas, dites-les-moi ; je les écouterai avec résignation, parce que je les mérite. Oui, mon cher marquis, il est vrai... Oui, je suis... Mais, n'est-ce pas un assez grand malheur que la chose soit arrivée, sans y ajouter encore la honte, le mépris d'être fausse, en vous le dissimulant? Vous êtes le même, mais votre amie est changée ; votre amie vous révère, vous estime autant et plus que jamais ; mais... mais une femme accoutumée comme elle à examiner de près ce qui se passe dans les replis les plus secrets de son âme et à ne s'en imposer sur rien, ne peut se cacher que l'amour en est sorti. La découverte est affreuse, mais elle n'en est pas moins réelle. La marquise de La Pommeraye, moi, moi, inconstante! légère!... Marquis, entrez en fureur, cherchez les noms les plus odieux, je me les suis donnés d'avance ; donnez-les-moi, je suis prête à les accepter tous..., tous, excepté celui de femme fausse, que vous m'épargnerez, je l'espère, car en vérité je ne le suis pas... (*Ma femme ? — Qu'est-ce ? — Rien. — On n'a pas un moment de repos dans cette maison, même les jours qu'on n'a presque point de monde et que l'on croit n'avoir rien à faire. Qu'une femme de mon état est à plaindre, surtout avec une bête de mari!*) » Cela dit, Mme de La Pommeraye se renversa sur son fauteuil et se mit à pleurer. Le marquis se précipita à ses genoux, et lui dit : « Vous êtes une femme charmante, une femme adorable, une femme comme il n'y en a point. Votre

[*sa main*] (V). [*beide Hände*] (Sch.).

franchise, votre honnêteté me confond et devrait me faire mourir de honte. Ah! quelle supériorité ce moment vous donne sur moi! Que je vous vois grande et que je me trouve petit! c'est vous qui avez parlé la première, et c'est moi qui fus coupable le premier. Mon amie, votre sincérité m'entraîne ; je serais un monstre si elle ne m'entraînait pas, et je vous avouerai que l'histoire de votre cœur est mot à mot l'histoire du mien. Tout ce que vous vous êtes dit, je me le suis dit ; mais je me taisais, je souffrais, et je ne sais quand j'aurais eu le courage de parler.

— Vrai, mon ami?

— Rien de plus vrai ; et il ne nous reste qu'à nous féliciter réciproquement d'avoir perdu en même temps le sentiment fragile et trompeur qui nous unissait.

— En effet, quel malheur que mon amour eût duré lorsque le vôtre aurait cessé!

— Ou que ce fût en moi qu'il eût cessé le premier.

— Vous avez raison, je le sens.

— Jamais vous ne m'avez paru aussi aimable, aussi belle que dans ce moment ; et si l'expérience du passé ne m'avait rendu circonspect, je croirais vous aimer plus que jamais. » Et le marquis en lui parlant ainsi lui prenait les mains, et les lui baisait... (*Ma femme ? — Qu'est-ce ? — Le marchand de paille. — Vois sur le registre. — Et le registre ?... reste, reste, je l'ai...*) Mme de La Pommeraye renfermant en elle-même le dépit mortel dont elle était déchirée, reprit la parole et dit au marquis : « Mais, marquis, qu'allons-nous devenir?

— Nous ne nous en sommes imposé ni l'un ni l'autre ; vous avez droit à toute mon estime ; je ne crois pas avoir entièrement perdu le droit que j'avais à la vôtre : nous continuerons de nous voir, nous nous livrerons à la confiance de la plus tendre amitié. Nous nous serons épargné tous ces ennuis, toutes ces petites perfidies, tous ces reproches, toute cette humeur, qui accompagnent communément les passions qui finissent ; nous serons uniques dans notre espèce. Vous recouvrerez toute votre liberté, vous me rendrez la mienne ; nous voyagerons dans le monde ; je serai le confident de vos conquêtes ; je ne vous cèlerai rien des miennes, si j'en fais quelques-unes, ce dont je doute fort, car vous m'avez rendu difficile. Cela sera délicieux ! Vous m'aiderez de vos conseils, je ne vous refuserai pas les miens dans les circonstances périlleuses où vous croirez en avoir besoin. Qui sait ce qui peut arriver ? »

JACQUES. Personne.

L'HOTESSE. « Il est très vraisemblable que plus j'irai, plus vous gagnerez aux comparaisons, et que je vous reviendrai plus passionné, plus tendre, plus convaincu que jamais que Mme de La Pommeraye était la seule femme faite pour mon bonheur ; et après ce retour, il y a tout à parier que je vous resterai jusqu'à la fin de ma vie.

— S'il arrivait qu'à votre retour vous ne [me] trouvassiez plus ? car enfin, marquis, on n'est pas toujours juste ; et il ne serait pas impossible que je ne me prisse de goût, de fantaisie, de passion même pour un autre qui ne vous vaudrait pas.

— J'en serais assurément désolé ; mais je n'aurais point à me plaindre ; je ne m'en plaindrais qu'au sort qui nous aurait séparés lorsque nous étions unis, et qui nous rapprocherait lorsque nous ne pourrions plus l'être... »

Après cette conversation, ils se mirent à moraliser sur l'inconstance du cœur humain, sur la frivolité des serments, sur les liens du mariage... (*Madame ?* — *Qu'est-ce ?* — *Le coche.*) Messieurs, dit l'hôtesse, il faut que je vous quitte. Ce soir, lorsque toutes mes affaires seront faites, je reviendrai, et je vous achèverai cette

[*vous*] (V).

aventure, si vous en êtes curieux... (*Madame ?... Ma femme ?... Notre hôtesse ?...* — *On y va, on y va.*)

L'hôtesse partie, le maître dit à son valet : Jacques, as-tu remarqué une chose ?

JACQUES. Quelle ?

LE MAITRE. C'est que cette femme raconte beaucoup mieux qu'il ne convient à une femme d'auberge [1].

JACQUES. Il est vrai. Les fréquentes interruptions des gens de cette maison m'ont impatienté plusieurs fois.

LE MAITRE. Et moi aussi.

Et vous, lecteur, parlez sans dissimulation ; car vous voyez que nous sommes en beau train de franchise ; voulez-vous que nous laissions là cette élégante et prolixe bavarde d'hôtesse, et que nous reprenions les amours de Jacques ? Pour moi je ne tiens à rien. Lorsque cette femme remontera, Jacques le bavard ne demande pas mieux que de reprendre son rôle, et de lui fermer la porte au nez ; il en sera quitte pour lui dire par le trou de la serrure : « Bonsoir, madame ; mon maître dort ; je vais me coucher : il faut remettre le reste à notre passage. »

[« Le premier serment [2] que se firent deux êtres de chair, ce fut au pied d'un rocher qui tombait en poussière ; ils attestèrent de leur constance un ciel qui n'est pas un instant le même ; tout passait en eux et autour d'eux, et ils croyaient leurs cœurs affranchis de vicissitudes. O enfants ! toujours enfants !... »] Je ne sais de qui sont ces réflexions, de Jacques, de son maître ou de moi ; il est certain qu'elles sont de l'un des trois, et qu'elles furent précédées et suivies de beaucoup d'autres qui nous auraient menés, Jacques, son maître et moi, jusqu'au souper, jusqu'après le souper, jus-

---

Sans guillemets (V).

qu'au retour de l'hôtesse, si [Jacques n'eût dit à son maître : Tenez, monsieur, toutes ces grandes sentences que vous venez de débiter à propos de botte, ne valent pas une vieille fable des écraignes [1] de mon village.

LE MAITRE. Et quelle est cette fable ?

JACQUES. C'est la fable de la Gaine et du Coutelet. Un jour la Gaine et le Coutelet se prirent de querelle ; le Coutelet dit à la Gaine : « Gaine, ma mie, vous êtes une friponne, car tous les jours, vous recevez de nouveaux Coutelets... La Gaine répondit au Coutelet : Mon ami Coutelet, vous êtes un fripon, car tous les jours vous changez de Gaine... Gaine, ce n'est pas là ce que vous m'avez promis... Coutelet, vous m'avez trompée le premier... » Ce débat s'était élevé à table ; Cil [2] qui était assis entre la Gaine et le Coutelet, prit la parole et leur dit : « Vous, Gaine, et vous, Coutelet, vous fîtes bien de changer, puisque changement vous duisait [3] ; mais vous eûtes tort de vous promettre que vous ne changeriez pas. Coutelet, ne voyais-tu pas que Dieu te fit pour aller à plusieurs Gaines ; et toi, Gaine, pour recevoir plus d'un Coutelet ? Vous regardiez comme fous certains Coutelets qui faisaient vœu de se passer à forfait de Gaines, et comme folles certaines Gaines qui faisaient vœu de se fermer pour tout Coutelet ; et vous ne pensiez pas que vous étiez presque aussi fous lorsque vous juriez, toi, Gaine, de t'en tenir à un seul Coutelet ; toi, Coutelet, de t'en tenir à une seule Gaine. »

Ici le maître dit à Jacques : Ta fable n'est pas trop morale ; mais elle est gaie]. Tu ne sais pas la singu-

[A partir de *Jacques* jusqu'à *gaie* : manque (V). La copie V enchaîne : *si le maître n'eût dit à Jacques :*
LE MAITRE. *Tu ne sais pas la singulière idée...* (cf. ici, page suivante).
] Fin du passage manquant dans V.

lière idée qui me passe par la tête. Je te marie avec notre hôtesse ; et je cherche comment un mari aurait fait, lorsqu'il aime à parler, avec une femme qui ne déparle pas.

JACQUES. Comme j'ai fait les douze premières années de ma vie, que j'ai passées chez mon grand-père et ma grand'mère.

LE MAITRE. Comment s'appelaient-ils ? Quelle était leur profession ?

JACQUES. Ils étaient brocanteurs. Mon grand-père Jason eut plusieurs enfants. Toute la famille était sérieuse ; ils se levaient, ils s'habillaient, ils allaient à leurs affaires ; ils revenaient, ils dînaient, ils retournaient sans avoir dit un mot. Le soir, ils se jetaient sur des chaises ; la mère et les filles filaient, cousaient, tricotaient sans mot dire ; les garçons se reposaient ; le père lisait l'Ancien Testament.

LE MAITRE. Et toi, que faisais-tu ?

JACQUES. Je courais dans la chambre avec un bâillon.

LE MAITRE. Avec un bâillon !

JACQUES. Oui, avec un bâillon ; et c'est à ce maudit bâillon que je dois la rage de parler. La semaine se passait quelquefois sans qu'on eût ouvert la bouche dans la maison des Jason. Pendant toute sa vie, qui fut longue, ma grand'mère n'avait dit que *chapeau à vendre*, et mon grand-père, qu'on voyait dans les inventaires, droit, les mains sous sa redingote, n'avait dit qu'*un sou*. Il y avait des jours où il était tenté de ne pas croire à la Bible.

LE MAITRE. Et pourquoi ?

JACQUES. A cause des redites, qu'il regardait comme un bavardage [indigne] de l'Esprit-Saint. Il disait que les rediseurs sont des sots, qui prennent ceux qui les écoutent pour des sots.

[*en dépit de*] (V).

LE MAITRE. Jacques, si pour te dédommager du long silence que tu as gardé pendant les douze années du bâillon chez ton grand-père et pendant que l'hôtesse a parlé...

JACQUES. Je reprenais l'histoire de mes amours?

LE MAITRE. Non ; mais une autre sur laquelle tu m'as laissé, celle du camarade de ton capitaine.

JACQUES. Oh! mon maître, la cruelle mémoire que vous avez!

LE MAITRE. Mon Jacques, mon petit Jacques...

JACQUES. De quoi riez-vous?

LE MAITRE. De ce qui me fera rire plus d'une fois ; c'est de te voir dans ta jeunesse chez ton grand-père avec le bâillon.

JACQUES. Ma grand'mère me l'ôtait lorsqu'il n'y avait plus personne ; et lorsque mon grand-père s'en apercevait, il n'en était pas plus content ; il lui disait : Continuez, et cet enfant sera le plus effréné bavard qui ait encore existé. Sa prédiction s'est accomplie.

LE MAITRE. Allons, mon Jacques, mon petit Jacques, l'histoire du camarade de ton capitaine.

JACQUES. Je ne m'y refuserai pas ; mais vous ne la croirez point.

LE MAITRE. Elle est donc bien merveilleuse!

JACQUES. Non, c'est qu'elle est déjà arrivée à un autre, à un militaire français, appelé, je crois, monsieur de [Guerchy [1]].

LE MAITRE. Eh bien! je dirai comme un poète français, qui avait fait une assez bonne épigramme, disait à quelqu'un qui se l'attribuait en sa présence : « Pourquoi monsieur ne l'aurait-il pas faite? je l'ai bien faite, moi... » Pourquoi l'histoire de Jacques ne serait-elle pas arrivée au camarade de son capitaine, puisqu'elle est bien arrivée au militaire français de Guerchy? Mais, en me la racontant, tu feras d'une pierre deux

Changé en [*Guerchycourt*] par Vandeul (V).

coups, tu m'apprendras l'aventure de ces deux personnages, car je l'ignore.

JACQUES. Tant mieux! mais jurez-le-moi.

LE MAITRE. Je te le jure.

Lecteur, je serais bien tenté d'exiger de vous le
même serment ; mais je vous ferai seulement remarquer dans le caractère de Jacques une bizarrerie qu'il
tenait apparemment de son grand-père Jason, le brocanteur silencieux ; c'est que Jacques, au rebours
des bavards, quoiqu'il aimât beaucoup à dire, avait
en aversion les redites. Aussi disait-il quelquefois
à son maître : « Monsieur me prépare le plus triste
avenir ; que deviendrai-je quand je n'aurai plus rien
à dire ?

— Tu recommenceras.

— Jacques, recommencer! Le contraire est écrit
là-haut ; et s'il m'arrivait de recommencer, je ne pourrais m'empêcher de m'écrier : « Ah! si ton grand-père
t'entendait!... » et je regretterais le bâillon. » [].

JACQUES. Dans le temps qu'on jouait aux jeux de
hasard aux foires de Saint-Germain et de Saint-
Laurent [1]...

LE MAITRE. Mais c'est à Paris, et le camarade de
ton capitaine était commandant d'une place fron-
tière.

JACQUES. Pour Dieu, monsieur, laissez-moi dire...
Plusieurs officiers entrèrent dans une boutique, et y
trouvèrent un autre officier qui causait avec la maîtresse de la boutique. L'un d'eux proposa à celui-ci
de jouer au passe-dix [2] ; car il faut que vous sachiez
qu'après la mort de mon capitaine, son camarade,
devenu riche, était aussi devenu joueur. Lui donc,
ou M. de Guerchy, accepte. Le sort met le cornet à la
main de son adversaire qui passe, passe, passe, que

cela ne finissait point. Le jeu s'était échauffé, et l'on avait joué le tout, le tout du tout, les petites moitiés, les grandes moitiés, le grand tout, le grand tout du tout, lorsqu'un des assistants s'avisa de dire à M. de Guerchy, ou au camarade de mon capitaine, qu'il ferait bien de s'en tenir là et de cesser de jouer, parce qu'on en savait plus que lui. Sur ce propos, qui n'était qu'une plaisanterie, le camarade de mon capitaine, ou M. de Guerchy, crut qu'il avait affaire à un filou ; il mit [subitement] la main à sa poche, en tira un couteau bien pointu, et lorsque son antagoniste porta la main sur les dés pour les placer dans le cornet, il lui plante le couteau dans la main, et la lui cloue sur la table, en lui disant : « Si les dés sont pipés, vous êtes un fripon ; s'ils sont bons, j'ai tort... » Les dés se trouvèrent bons. M. de Guerchy dit : « J'en suis très fâché, et j'offre telle réparation qu'on voudra... » Ce ne fut pas le propos du camarade de mon capitaine ; il dit : « J'ai perdu mon argent ; j'ai percé la main à un galant homme : mais en revanche j'ai recouvré le plaisir de me battre tant qu'il me plaira... » L'officier cloué se retire et va se faire panser. Lorsqu'il est guéri, il vient trouver l'officier cloueur et lui demande raison ; celui-ci, ou M. de Guerchy, trouve la demande juste. L'autre, le camarade de mon capitaine, jette les bras à son cou, et lui dit : « Je vous attendais avec une impatience que je ne saurais vous exprimer... » Ils vont sur le pré ; le cloueur, M. de Guerchy, ou le camarade de mon capitaine, reçoit un bon coup d'épée à travers le corps ; le cloué le relève, le fait porter chez lui et lui dit : « Monsieur, nous nous reverrons... » M. de Guerchy ne répondit rien ; le camarade de mon capitaine lui répondit : « Monsieur, j'y compte bien. » Ils se battent une seconde, une troisième, jusqu'à huit ou dix fois, et toujours le cloueur reste sur place. C'étaient tous les deux des officiers de distinction,

[*subitement*] (V).

tous les deux gens de mérite ; leur aventure fit grand bruit ; le ministère s'en mêla. L'on retint l'un à Paris, et l'on fixa l'autre à son poste. M. de Guerchy se soumit aux ordres de la cour ; le camarade de mon capitaine en fut désolé ; et telle est la différence de deux hommes braves par caractère, mais dont l'un est sage, et l'autre a un grain de folie.

Jusqu'ici l'aventure de M. de Guerchy et du camarade de mon capitaine leur est commune : c'est la même ; et voilà la raison pour laquelle je les ai nommés tous deux, entendez-vous, mon maître ? Ici je vais les séparer et je ne vous parlerai plus que du camarade de mon capitaine, parce que le reste n'appartient qu'à lui. Ah ! monsieur, c'est ici que vous allez voir combien nous sommes peu maîtres de nos destinées, et combien il y a de choses bizarres écrites sur le grand rouleau !

Le camarade de mon capitaine, ou le cloueur, sollicite la permission de faire un tour dans sa province : il l'obtient. Sa route était par Paris. Il prend place dans une voiture publique. A trois heures du matin, cette voiture passe devant l'Opéra ; on sortait du bal. Trois ou quatre jeunes étourdis masqués projettent d'aller déjeuner avec les voyageurs ; on arrive au point du jour à la déjeunée. On se regarde. Qui fut bien étonné ? Ce fut le cloué de reconnaître son cloueur. Celui-ci lui présente la main, l'embrasse et lui témoigne combien il est enchanté d'une si heureuse rencontre ; à l'instant ils passent derrière une grange, mettent l'épée à la main, l'un en redingote, l'autre en domino ; le cloueur, ou le camarade de mon capitaine, est encore jeté sur le carreau. Son adversaire envoie à son secours, se met à table avec ses amis et le reste de la carrossée, boit et mange gaiement. Les uns se disposaient à suivre leur route, et les autres à retourner dans la capitale, en masque et sur des chevaux de poste, lorsque l'hôtesse reparut et mit fin au récit de Jacques.

La voilà remontée, et je vous préviens, lecteur, qu'il

n'est plus en mon pouvoir de la renvoyer. — Pourquoi donc? — C'est qu'elle se présente avec deux bouteilles de champagne, une dans chaque main, et qu'il est écrit là-haut que tout orateur qui s'adressera à Jacques avec cet exorde s'en fera nécessairement écouter.

Elle entre, pose ses deux bouteilles sur la table, et dit : « Allons, monsieur Jacques, faisons la paix... » L'hôtesse n'était pas de la première jeunesse ; c'était une femme grande et replète, ingambe, de bonne mine, pleine d'embonpoint, la bouche un peu grande, mais de belles dents, des joues larges, des yeux à fleur de tête, le front carré, la plus belle peau, la physionomie ouverte, vive et gaie, les bras un peu forts, mais les mains superbes, des mains à peindre ou à modeler. Jacques la prit par le milieu du corps, et l'embrassa fortement ; sa rancune n'avait jamais tenu contre du bon vin et une belle femme ; cela était écrit là-haut de lui, de vous, lecteur, de moi et de beaucoup d'autres. « Monsieur, dit-elle au maître, est-ce que vous nous laisserez aller tout seuls? Voyez, eussiez-vous encore cent lieues à faire, vous n'en boirez pas de meilleur de toute la route. » En parlant ainsi elle avait placé une des deux bouteilles entre ses genoux, et elle en tirait le bouchon ; ce fut avec une adresse singulière qu'elle en couvrit le goulot avec le pouce, sans laisser échapper une goutte de vin. « Allons, dit-elle à Jacques ; vite, vite, votre verre. » Jacques approche son verre ; l'hôtesse, en écartant son pouce un peu de côté, donne vent à la bouteille, et voilà le visage de Jacques tout couvert de mousse. Jacques s'était prêté à cette espièglerie, et l'hôtesse de rire et Jacques et son maître de rire. On but quelques rasades les unes sur les autres pour s'assurer de la sagesse de la bouteille, puis l'hôtesse dit : « Dieu merci! ils sont tous dans leurs lits, on ne m'interrompra plus, et je puis reprendre mon récit. » Jacques, en la regardant avec des yeux dont le vin de Champagne avait augmenté la vivacité naturelle, lui dit ou à son maître : Notre hôtesse a été belle comme un ange ; qu'en pensez-vous, monsieur ?

LE MAITRE. A été ! Pardieu, Jacques, c'est qu'elle l'est encore !

JACQUES. Monsieur, vous avez raison ; c'est que je ne la compare pas à une autre femme, mais à elle-même quand elle était jeune.

L'HOTESSE. Je ne vaux pas grand'chose à présent ; c'est lorsqu'on m'aurait prise entre les deux premiers doigts de chaque main qu'il me fallait voir ! On se détournait de quatre lieues pour séjourner ici. Mais laissons là les bonnes et les mauvaises têtes que j'ai tournées, et revenons à M\ *me* de La Pommeraye.

JACQUES. Si nous buvions d'abord un coup aux mauvaises têtes que vous avez tournées, ou à ma santé ?

L'HOTESSE. Très volontiers ; il y en avait qui en valaient la peine, en comptant ou sans compter la vôtre. Savez-vous que j'ai été pendant dix ans la ressource des militaires, en tout bien et tout honneur. J'en ai obligé nombre qui auraient eu bien de la peine à faire leur campagne sans moi. Ce sont de braves gens, je n'ai à me plaindre d'aucun, ni eux de moi. Jamais de billets ; ils m'ont fait quelquefois attendre ; au bout de deux, de trois, de quatre ans mon argent m'est revenu...

Et puis la voilà qui se met à faire l'énumération des officiers qui lui avaient fait l'honneur de puiser dans sa bourse, et monsieur un tel, [colonel] du régiment de ***, et monsieur un tel, capitaine au régiment de ***, et voilà Jacques qui se met à faire un cri : Mon capitaine ! mon pauvre capitaine ! vous l'avez connu ?

L'HOTESSE. Si je l'ai connu ? un grand homme, bien

[*lieutenant*] (correction de Vandeul) (V).

fait, un peu sec, l'air noble et sévère, le jarret bien
tendu, deux petits points rouges à la tempe droite.
Vous avez donc servi ?

JACQUES. Si j'ai servi !

L'HOTESSE. Je vous en aime davantage ; il doit vous
rester de bonnes qualités de votre premier état. Buvons
à la santé de votre capitaine.

JACQUES. S'il est encore vivant.

L'HOTESSE. Mort ou vivant, qu'est-ce que cela fait ?
Est-ce qu'un militaire n'est pas fait pour être tué [1] ?
Est-ce qu'il ne doit pas être enragé, après dix sièges
et cinq ou six batailles, de mourir au milieu de cette
canaille de gens noirs !... Mais revenons à notre histoire,
et buvons encore un coup.

LE MAITRE. Ma foi, notre hôtesse, vous avez raison.

L'HOTESSE. Je suis bien aise que vous pensiez ainsi.

LE MAITRE. Car votre vin est excellent.

L'HOTESSE. Ah ! c'est de mon vin que vous parliez ?
Eh bien ! vous avez encore raison. Vous rappelez-vous
où nous en étions ?

LE MAITRE. Oui, à la conclusion de la plus perfide des
confidences.

L'HOTESSE. M. le marquis des Arcis et Mme de La
Pommeraye s'embrassèrent, enchantés l'un de l'autre,
et se séparèrent. Plus la dame s'était contrainte en sa
présence, plus sa douleur fut violente quand il fut
parti. Il n'est donc que trop vrai, s'écria-t-elle, il ne
m'aime plus !... Je ne vous ferai point le détail de toutes
nos extravagances quand on nous délaisse, vous en
seriez trop vains. Je vous ai dit que cette femme avait
de la fierté ; mais elle était bien autrement vindicative.
Lorsque les premières fureurs furent calmées, et qu'elle
jouit de toute la tranquillité de son indignation, elle son-
gea à se venger, mais à se venger d'une manière cruelle,
d'une manière à effrayer tous ceux qui seraient tentés
à l'avenir de séduire et de tromper une honnête femme.
Elle s'est vengée, elle s'est cruellement vengée ; sa
vengeance a éclaté et n'a corrigé personne ; nous n'en

avons pas été depuis moins vilainement séduites et trompées.

JACQUES. Bon pour les autres, mais vous!...

L'HOTESSE. Hélas! moi toute la première. Oh! que nous sommes sottes! Encore si ces vilains hommes gagnaient au change! Mais laissons cela. Que fera-t-elle? Elle n'en sait encore rien; elle y rêvera ; elle y rêve.

JACQUES. Si tandis qu'elle y rêve...

L'HOTESSE. C'est bien dit. Mais nos deux bouteilles sont vides... (*Jean. — Madame. — Deux bouteilles, de celles qui sont tout au fond, derrière les fagots. — J'entends.*) — A force d'y rêver, voici ce qui lui vint en idée. Mme de La Pommeraye avait autrefois connu une femme de province qu'un procès avait appelée à Paris, avec sa fille, jeune, belle et bien élevée. Elle avait appris que cette femme, ruinée par la perte de son procès, en avait été réduite à tenir tripot [1]. On s'assemblait chez elle, on jouait, on soupait, et communément un ou deux des convives restaient, passaient la nuit avec madame [et] mademoiselle, à leur choix. Elle [mit] un de ses gens en quête de ces créatures. On les déterra, on les invita à faire visite à Mme de La Pommeraye, qu'elles se rappelaient à peine. Ces femmes, qui avaient pris le nom de Mme et de Mlle d'[Aisnon], ne se firent pas attendre ; dès le lendemain, la mère se rendit chez Mme de La Pommeraye. Après les premiers compliments, Mme de La Pommeraye demanda à la d'Aisnon ce qu'elle avait fait, ce qu'elle faisait depuis la perte de son procès.

« Pour vous parler avec sincérité, lui répondit la d'Aisnon, je fais un métier périlleux, infâme, peu lucratif, et qui me déplaît, mais la nécessité contraint la loi. J'étais presque résolue à mettre ma fille à l'Opéra, mais elle n'a qu'une petite voix de chambre, et n'a

---

[*ou*] (L).
[*met*] (V). Sch. emploie le passé, comme A. T. et L.
[*Esnom*] (par Vandeul) (V).

jamais été qu'une danseuse médiocre. Je l'ai prome-
née, pendant et après mon procès, chez des magistrats,
chez des grands, chez des prélats, chez des financiers,
qui s'en sont accommodés pour un terme et qui l'ont
laissée là. Ce n'est pas qu'elle ne soit belle comme un
ange, qu'elle n'ait de la finesse, de la grâce ; mais aucun
esprit de libertinage, rien de ces talents propres à
réveiller la langueur d'hommes [blasés]. Mais ce qui
nous a le plus nui, c'est qu'elle s'était entêtée d'un
petit abbé de qualité, impie, incrédule, dissolu, hypocrite, antiphilosophe, que je ne vous nommerai pas ;
mais c'est le dernier de ceux qui, pour arriver à l'épis-
copat, ont pris la route qui est en même temps la plus
sûre et qui demande le moins de talent. Je ne sais ce
qu'il faisait entendre à ma fille, à qui il venait lire
tous les matins les feuillets de son dîner, de son souper,
de sa rapsodie. Sera-t-il évêque, ne le sera-t-il pas ?
Heureusement ils se sont brouillés. Ma fille lui ayant
demandé un jour s'il connaissait ceux contre lesquels
il écrivait, et l'abbé lui ayant répondu que non ; s'il
avait d'autres sentiments que ceux qu'il ridiculisait,
et l'abbé lui ayant répondu que non, elle se laissa emporter à sa vivacité, et lui représenta que son rôle était
celui du plus méchant et du plus faux des hommes [1]. »

[Mme de La Pommeraye lui demanda si elles étaient
fort connues.]

« Beaucoup trop, malheureusement.

— A ce que je vois, vous ne tenez point à votre état ?

— Aucunement, et ma fille me proteste tous les
jours que la condition la plus malheureuse lui paraît
préférable à la sienne ; elle en est d'une mélancolie qui
achève d'éloigner d'elle...

[blasés]. Après cette phrase : *Je donne à jouer et à souper ; et
le soir, qui veut rester, reste* (V, L).
  Le passage sur le petit abbé : « Mais ce qui nous a le plus nui...
des hommes » manque chez *Sch.*
  [Mme de la Pommeraye... connues.] En style direct chez Sch.
« *Êtes-vous fort connues ici ?* » *demanda la Marquise.*

— Si je me mettais en tête de vous faire à l'une et à l'autre le sort le plus brillant, vous y consentiriez donc?

— A bien moins.

— Mais il s'agit de savoir si vous pouvez me promettre de vous conformer à la rigueur des conseils que je vous donnerai.

— Quels qu'ils soient vous pouvez y compter.

— Et vous serez à mes ordres quand il me plaira?

— Nous les attendrons avec impatience.

— Cela me suffit; retournez-vous-en; vous ne tarderez pas à les recevoir. En attendant, défaites-vous de vos meubles, vendez tout, ne réservez pas même vos robes, si vous en avez de voyantes : cela ne cadrerait point à mes vues. »

Jacques, qui commençait à s'intéresser, dit à l'hôtesse : Et si nous buvions à la santé de Mme de La Pommeraye?

L'HOTESSE. Volontiers.

JACQUES. Et à celle de Mme d'Aisnon.

L'HOTESSE. Tope.

JACQUES. Et vous ne refuserez pas celle de Mlle d'Aisnon, qui a une jolie voix de chambre, peu de talents pour la danse, et une mélancolie qui la réduit à la triste nécessité d'accepter un nouvel amant tous les soirs.

L'HOTESSE. Ne riez pas, c'est la plus cruelle chose. Si vous saviez le supplice quand on n'aime pas!...

JACQUES. A Mlle d'Aisnon, à cause de son supplice.

L'HOTESSE. Allons.

JACQUES. Notre hôtesse, aimez-vous votre mari?

L'HOTESSE. Pas autrement.

JACQUES. Vous êtes donc bien à plaindre; car il me semble d'une belle santé.

L'HOTESSE. Tout ce qui reluit n'est pas or.

JACQUES. A la belle santé de notre hôte.

L'HOTESSE. Buvez tout seul.

LE MAITRE. Jacques, Jacques, mon ami, tu te presses beaucoup.

L'HOTESSE. Ne craignez rien, monsieur, il est loyal ; et demain il n'y paraîtra pas.

JACQUES. Puisqu'il n'y paraîtra pas demain, et que je ne fais pas ce soir grand cas de ma raison, mon maître, ma belle hôtesse, encore une santé, une santé qui me tient fort à cœur, c'est celle de l'abbé de Mlle d'Aisnon.

L'HOTESSE. Fi donc, monsieur Jacques ; un hypocrite, un ambitieux, un ignorant, un calomniateur, un intolérant ; car c'est comme cela qu'on appelle, je crois, ceux qui égorgeraient volontiers quiconque ne pense [point] comme eux.

LE MAITRE. C'est que vous ne savez pas, notre hôtesse, que Jacques que voilà est une espèce de philosophe, et qu'il fait un cas infini de ces petits imbéciles qui se déshonorent eux-mêmes et la cause qu'ils défendent si mal. Il dit que son capitaine les appelait le contrepoison des Huet, des Nicole, des Bossuet. Il n'entendait rien à cela, ni vous non plus... Votre mari est-il couché ?

L'HOTESSE. Il y a belle heure !

LE MAITRE. Et il vous laisse causer comme cela ?

L'HOTESSE. Nos maris sont aguerris... Mme de La Pommeraye monte dans son carrosse, court les faubourgs les plus éloignés du quartier de la d'Aisnon, loue un petit appartement en maison honnête, dans le voisinage de la paroisse, le fait meubler le plus succinctement qu'il est possible, invite la d'Aisnon et sa fille à dîner, et les installe, ou le jour même, ou quelques jours après, leur laissant un précis de la conduite qu'elles ont à tenir.

JACQUES. Notre hôtesse, nous avons oublié la santé de Mme de La Pommeraye, celle du marquis des Arcis ; ah! cela n'est pas honnête.

[*pas*] (V, L).

L'HÔTESSE. Allez, allez, monsieur Jacques, la cave n'est pas vide... Voici ce précis, ou ce que j'en ai retenu : « Vous ne fréquenterez [point] les promenades publiques, car il ne faut pas qu'on vous découvre.

Vous ne recevrez personne, pas même vos voisins et vos voisines, parce qu'il faut que vous affectiez la plus profonde retraite.

Vous prendrez, dès demain, l'habit de dévotes, parce qu'il faut qu'on vous croie telles.

Vous n'aurez chez vous que des livres de dévotion, parce qu'il ne faut rien autour de vous qui puisse vous trahir.

Vous serez de la plus grande assiduité aux offices de la paroisse, jours de fêtes et jours ouvrables.

Vous vous intriguerez pour avoir entrée au parloir de quelque couvent ; le bavardage de ces recluses ne nous sera pas inutile.

Vous ferez connaissance étroite avec le curé et les prêtres de la paroisse, parce que je puis avoir besoin de leur témoignage.

Vous n'en recevrez d'habitude aucun.

Vous irez à confesse et vous approcherez des sacrements au moins deux fois le mois.

Vous reprendrez votre nom de famille, parce qu'il est honnête, et qu'on fera tôt ou tard des informations dans votre province.

Vous ferez de temps en temps quelques petites aumônes, et vous n'en recevrez point, sous quelque prétexte que ce puisse être. Il faut qu'on ne vous croie ni pauvres ni riches.

Vous filerez, vous coudrez, vous tricoterez, vous broderez, et vous donnerez aux dames de charité votre ouvrage à vendre.

Vous vivrez de la plus grande sobriété ; deux petites portions d'auberge ; et puis c'est tout.

[*pas*] (V).

Votre fille ne sortira jamais sans vous, ni vous sans elle.

De tous les moyens d'édifier à peu de frais, vous n'en négligerez aucun.

Surtout jamais chez vous, je vous le répète, ni prêtres, ni moines, ni dévotes.

Vous irez dans les rues les yeux baissés ; à l'église, vous ne verrez que Dieu.

J'en conviens, cette vie est austère, mais elle ne durera pas, et je vous en promets la plus signalée récompense. Voyez, consultez-vous : si cette contrainte vous paraît au-dessus de vos forces, avouez-le-moi ; je n'en serai ni offensée, ni surprise. J'oubliais de vous dire qu'il serait à propos que vous vous fissiez un verbiage de la mysticité, et que l'histoire de l'Ancien et du Nouveau Testament vous devînt familière, afin qu'on vous prenne pour des dévotes d'ancienne date. [Faites-vous jansénistes ou molinistes, comme il vous plaira ; mais le mieux sera d'avoir l'opinion de votre curé [1]]. Ne manquez pas, à tort et à travers, dans toute occasion, de vous déchaîner contre les philosophes ; criez que Voltaire est l'Antéchrist, [sachez par cœur l'ouvrage de votre petit abbé, et colportez-le, s'il le faut... »].

Mme de La Pommeraye ajouta . « Je ne vous verrai point chez vous ; je ne suis pas digne du commerce d'aussi saintes femmes ; mais n'en ayez aucune inquiétude : vous viendrez ici clandestinement quelquefois, et nous nous dédommagerons, en petit comité, de votre régime pénitent. Mais, tout en jouant la dévotion, n'allez pas vous en empêtrer. Quant aux dépenses de votre petit ménage, c'est mon affaire Si mon projet réussit, vous n'aurez plus besoin de moi ; s'il manque sans qu'il y ait de votre faute, je suis assez riche pour vous assurer un sort honnête et meilleur que l'état que vous m'aurez sacrifié. Mais surtout soumission, sou-

---

1. Cette phrase et, quatre lignes plus loin, la fin de phrase manquent chez Sch.

mission absolue, illimitée à mes volontés, sans quoi je ne réponds de rien pour le présent, et ne m'engage à rien pour l'avenir. »

LE MAITRE, *en frappant sur sa tabatière et regardant à sa montre l'heure qu'il est.* — Voilà une terrible tête de femme! Dieu me garde d'en rencontrer une pareille.

L'HOTESSE. Patience, [patience], vous ne la connaissez pas encore.

JACQUES. En attendant, ma belle, notre charmante hôtesse, si nous disions un mot à [la] bouteille?

L'HOTESSE. Monsieur Jacques, mon vin de Champagne m'embellit à vos yeux.

LE MAITRE. Je suis pressé depuis si longtemps de vous faire une question, peut-être indiscrète, que je n'y saurais plus tenir.

L'HOTESSE. Faites votre question.

LE MAITRE. Je suis sûr que vous n'êtes pas née dans une hôtellerie.

L'HOTESSE. Il est vrai.

LE MAITRE. Que vous y avez été conduite d'un état plus élevé par des circonstances extraordinaires.

L'HOTESSE. J'en conviens.

LE MAITRE. Et si nous suspendions un moment l'histoire de Mme de La Pommeraye...

L'HOTESSE. Cela ne se peut. Je raconte [volontiers] les aventures des autres, mais non pas les miennes. Sachez seulement que j'ai été élevée à Saint-Cyr, où j'ai peu lu l'Évangile et beaucoup de romans. De l'abbaye royale à l'auberge que je tiens il y a [loin].

LE MAITRE. Il suffit; prenez que je ne vous aie rien dit.

L'HOTESSE. Tandis que nos deux dévotes édifiaient, et que la bonne odeur de leur piété et de la sainteté de leurs mœurs se répandait à la ronde, Mme de La Pommeraye observait avec le marquis les démonstrations

extérieures de l'estime, de l'amitié, de la confiance
la plus parfaite. Toujours bien venu, jamais ni grondé,
ni boudé, même après de longues absences : il lui racontait toutes ses petites bonnes fortunes, et elle paraissait
s'en amuser franchement. Elle lui donnait ses conseils
dans les occasions d'un succès difficile ; elle lui jetait
quelquefois des mots de mariage, mais c'était d'un ton
si désintéressé, qu'on ne pouvait la soupçonner de
parler pour elle. Si le marquis lui adressait quelques-
uns de ces propos tendres ou galants dont on ne peut
guère se dispenser avec une femme qu'on a connue, ou
elle en souriait, ou elle les laissait tomber. A l'en croire,
son cœur était paisible ; et, ce qu'elle n'aurait jamais
imaginé, elle éprouvait qu'un ami tel que lui suffisait
au bonheur de la vie ; et puis elle n'était plus de la
première jeunesse, et ses goûts étaient bien émoussés.

« Quoi ! vous n'avez rien à me confier ?

— Non.

— Mais le petit comte, mon amie, qui vous pressait
si vivement de mon règne ?

— Je lui ai fermé ma porte, et je ne le vois plus.

— C'est d'une bizarrerie ! Et pourquoi l'avoir éloigné ?

— C'est qu'il ne me plaît pas.

— Ah ! madame, je crois vous deviner : vous
m'aimez encore.

— Cela se peut.

— Vous comptez sur un retour.

— Pourquoi non ?

— Et vous vous ménagez tous les avantages d'une
conduite sans reproche.

— Je le crois.

— Et si j'avais le bonheur ou le malheur de reprendre, vous vous feriez au moins un mérite du silence
que vous garderiez sur mes torts.

— Vous me croyez bien délicate et bien généreuse.

— Mon amie, après ce que vous avez fait, il n'est
aucune sorte d'héroïsme dont vous ne soyez capable.

— Je ne suis pas trop fâchée que vous le pensiez.

— Ma foi, je cours le plus grand danger avec vous, j'en suis sûr. »

JACQUES. Et moi aussi.

L'HÔTESSE. Il y avait environ trois mois qu'ils en étaient au même point, lorsque Mme de La Pommeraye crut qu'il était temps de mettre en jeu ses grands ressorts. Un jour d'été qu'il faisait beau, et qu'elle attendait le marquis à dîner, elle fit dire à la d'Aisnon et à sa fille de se rendre au Jardin du Roi. Le marquis vint; on servit de bonne heure ; on dîna : on dîna gaiement. Après dîner, Mme de La Pommeraye propose une promenade au marquis, s'il n'avait rien de plus agréable à faire. Il n'y avait ce jour-là ni Opéra, ni comédie ; ce fut le marquis qui en fit la remarque ; et pour se dédommager d'un spectacle amusant par un spectacle utile, le hasard voulut que ce fut lui-même qui invita la marquise à aller voir le Cabinet du Roi [1]. Il ne fut pas refusé, comme vous pensez bien. Voilà les chevaux mis ; [les voilà] partis ; les voilà arrivés au Jardin du Roi ; et les voilà mêlés dans la foule, regardant tout, et ne voyant rien, comme les autres.

Lecteur, j'avais oublié de vous peindre le site des trois personnages dont il s'agit ici. Jacques, son maître et l'hôtesse ; faute de cette attention, vous les avez entendus parler, mais vous ne les avez point vus ; il vaut mieux tard que jamais. Le maître, à gauche, en bonnet de nuit, en robe de chambre, était étalé nonchalamment dans un grand fauteuil de tapisserie, son mouchoir jeté sur le bras du fauteuil, et sa tabatière à la main. L'hôtesse sur le fond, en face de la porte, proche ¹ la table, son verre devant elle. Jacques, sans chapeau, à sa droite, les deux coudes appuyés sur la table, et la tête penchée entre deux bouteilles : deux autres étaient à terre à côté de lui.

[*voilà* Mme *de La Pommeraye et M. des Arcis*] (V).

Au sortir du Cabinet, le marquis et sa bonne amie se promenèrent dans le jardin. Ils suivaient la première allée qui est à droite en entrant, proche l'école des arbres, lorsque Mme de La Pommeraye fit un cri de surprise, en disant : « Je ne me trompe pas, je crois que ce sont elles ; oui, ce sont elles-mêmes. »

Aussitôt, on quitte le marquis, et l'on s'avance à la rencontre de nos deux dévotes. La d'Aisnon fille était à ravir sous ce vêtement simple, qui, n'attirant point le regard, fixe l'attention tout entière sur la personne. « Ah! c'est vous, madame?

— Oui, c'est moi.

— Et comment vous portez-vous, et qu'êtes-vous devenue depuis une éternité?

— Vous savez nos malheurs ; il a fallu s'y résigner, et vivre retirées comme il convenait à notre petite fortune ; sortir du monde, quand on ne peut plus s'y montrer décemment.

— Mais, moi, me délaisser, moi qui ne suis pas du monde, et qui ai toujours le bon esprit de le trouver aussi maussade qu'il l'est!

— Un des inconvénients de l'infortune, c'est la méfiance qu'elle inspire : les indigents craignent d'être importuns.

— Vous, importunes pour moi! ce soupçon est une bonne injure.

— Madame, j'en suis tout à fait innocente, je vous ai rappelée dix fois à maman, mais elle me disait : Mme de La Pommeraye... personne, ma fille, ne pense plus à nous.

— Quelle injustice! Asseyons-nous, nous causerons. Voilà M. le marquis des Arcis ; c'est mon ami ; et sa présence ne nous gênera pas. Comme mademoiselle est grandie! comme elle est embellie depuis que nous ne nous sommes vues!

— Notre position a cela d'avantageux qu'elle nous prive de tout ce qui nuit à la santé : voyez son visage, voyez ses bras ; voilà ce qu'on doit à la vie frugale et

réglée, au sommeil, au travail, à la bonne conscience ;
et c'est quelque chose... »

On s'assit, on s'entretint d'amitié. La d'Aisnon
mère parla bien, la d'Aisnon fille parla peu. Le ton de la
dévotion fut celui de l'une et de l'autre, mais avec
aisance et sans pruderie. Longtemps avant la chute du
jour nos deux dévotes se levèrent. On leur représenta
qu'il était encore de bonne heure ; la d'Aisnon mère dit
assez haut, à l'oreille de Mme de La Pommeraye, qu'elles
avaient encore un exercice de piété à remplir, et qu'il
leur était impossible de rester plus longtemps. Elles
étaient déjà à quelque distance, lorsque Mme de La
Pommeraye se reprocha de ne leur avoir pas demandé
leur demeure, et de ne leur avoir pas appris la sienne :
« C'est une faute, ajouta-t-elle, que je n'aurais pas
commise autrefois. » Le marquis courut pour la réparer ;
elles acceptèrent l'adresse de Mme de La Pommeraye,
mais, quelles que furent les instances du marquis,
il ne put obtenir la leur. Il n'osa pas leur offrir sa voiture,
en avouant à Mme de La Pommeraye qu'il en avait été
tenté.

Le marquis ne manqua pas de demander à Mme de La
Pommeraye ce que c'étaient que ces deux femmes.

« Ce sont deux créatures plus heureuses que nous.
Voyez la belle santé dont elles jouissent ! la sérénité qui
règne sur leur visage ! l'innocence, la décence qui dictent
leurs propos ! On ne voit point cela, on n'entend point
cela dans nos cercles. Nous plaignons les dévots ; les
dévots nous plaignent : et à tout prendre, je penche à
croire qu'ils ont raison.

— Mais, marquise, est-ce que vous seriez tentée de
devenir dévote ?

— Pourquoi pas ?

— Prenez-y garde, je ne voudrais pas que notre
rupture, si c'en est une, vous menât jusque-là.

— Et vous aimeriez mieux que je rouvrisse ma porte
au petit comte ?

— Beaucoup mieux.

— Et vous me le conseilleriez ?

— Sans balancer... »

Mme de La Pommeraye dit au marquis ce qu'elle savait du nom, de la province, du premier état et du procès des deux dévotes, y mettant tout l'intérêt et tout le pathétique possible, puis elle ajouta : « Ce sont deux femmes d'un mérite rare, la fille surtout. Vous concevez qu'avec une figure comme la sienne on ne manque de rien ici quand on veut en faire ressource ; mais elles ont préféré une honnête [modicité] à une aisance honteuse ; ce qui leur reste est si mince, qu'en vérité je ne sais comment elles font pour subsister. Cela travaille nuit et jour. Supporter l'indigence quand on y est né, c'est ce qu'une multitude d'hommes savent faire ; mais passer de l'opulence au plus étroit nécessaire, s'en contenter, y trouver la félicité, c'est ce que je ne comprends pas. Voilà à quoi sert la religion. Nos philosophes auront beau dire, la religion est une bonne chose.

— Surtout pour les malheureux.

— Et qui est-ce qui ne l'est pas plus ou moins ?

— Je veux mourir si vous ne devenez dévote.

— Le grand malheur ! Cette vie est si peu de chose quand on la compare à une éternité à venir !

— Mais vous parlez déjà comme un missionnaire.

— Je parle comme une femme persuadée. Là, marquis, répondez-moi vrai ; toutes nos richesses ne seraient-elles pas de bien pauvres guenilles à nos yeux, si nous étions plus pénétrés de l'attente des biens et de la crainte des peines d'une autre vie ? Corrompre une jeune fille ou une femme attachée à son mari, avec la croyance qu'on peut mourir entre ses bras, et tomber tout à coup dans des supplices sans fin, convenez que ce serait le plus incroyable délire.

— Cela se fait pourtant tous les jours.

— C'est qu'on n'a point de foi, c'est qu'on s'étourdit.

[*médiocrité*] (V).

— C'est que nos opinions religieuses ont peu d'influence sur nos mœurs. Mais, mon amie, je vous jure que vous vous acheminez à toutes jambes au confessionnal.

— C'est bien ce que je pourrais faire de mieux.

— Allez, vous êtes folle ; vous avez encore une vingtaine d'années de jolis péchés à faire : n'y manquez pas ; ensuite vous vous en repentirez, et vous irez vous en vanter aux pieds du prêtre, si cela vous convient... Mais voilà une conversation d'un tour bien sérieux ; votre imagination se noircit furieusement, et c'est l'effet de cette abominable solitude où vous vous êtes renfoncée. Croyez-moi, rappelez au plus tôt le petit comte, vous ne verrez plus ni diable, ni enfer, et vous serez charmante comme auparavant. Vous craignez que je vous le reproche si nous nous raccommodons jamais ; mais d'abord nous ne nous raccommoderons peut-être pas ; et par une appréhension bien ou mal fondée, vous vous privez du plaisir le plus doux ; et, en vérité, l'honneur de valoir mieux que moi ne vaut pas ce sacrifice.

— Vous dites bien vrai, aussi n'est-ce pas là ce qui me retient...

Ils dirent encore beaucoup d'autres choses que je ne me rappelle pas.

JACQUES. Notre hôtesse, buvons un coup : cela rafraîchit la mémoire.

L'HOTESSE. Buvons un coup... Après quelques tours d'allées, Mme de La Pommeraye et le marquis remontèrent en voiture. Mme de La Pommeraye dit : « Comme cela me vieillit ! Quand cela vint à Paris, cela n'était pas plus haut qu'un chou.

— Vous parlez de la fille de cette dame que nous avons trouvée à la promenade ?

— Oui. C'est comme dans un jardin où les roses fanées font place aux roses nouvelles. L'avez-vous regardée ?

— Je n'y ai pas manqué.

— Comment la trouvez-vous?

— C'est la tête d'une vierge de Raphaël sur le corps de sa *Galathée ;* et puis une douceur dans la voix!

— Une modestie dans le regard!

— Une bienséance dans le maintien!

— Une décence dans le propos qui ne m'a frappée dans aucune fille comme dans celle-là. Voilà l'effet de l'éducation.

— Lorsqu'il est préparé par un [bon] naturel. »

Le marquis déposa Mme de La Pommeraye à sa porte ; et Mme de La Pommeraye n'eut rien de plus pressé que de témoigner à nos deux dévotes combien elle était satisfaite de la manière dont elles avaient rempli leur rôle.

JACQUES. Si elles continuent comme elles ont débuté, monsieur le marquis des Arcis, fussiez-vous le diable, vous ne vous en tirerez pas.

LE MAITRE. Je voudrais bien savoir quel est leur projet.

JACQUES. Moi, j'en serais bien fâché : cela gâterait tout.

L'HOTESSE. De ce jour, le marquis devint plus assidu chez Mme de La Pommeraye, qui s'en aperçut sans lui en demander la raison. Elle ne lui parlait jamais la première des deux dévotes ;elle attendait qu'il entamât ce texte : ce que le marquis faisait toujours d'impatience et avec une indifférence mal simulée.

LE MARQUIS. Avez-vous vu vos amies?

MADAME DE LA POMMERAYE. Non.

LE MARQUIS. Savez-vous que cela n'est pas trop bien? Vous êtes riche : elles sont dans le malaise ; et vous ne les invitez pas même à manger quelquefois!

MADAME DE LA POMMERAYE. Je me croyais un peu mieux connue de monsieur le marquis. L'amour autrefois me prêtait des vertus ; aujourd'hui l'amitié me prête des défauts. Je les ai invitées dix fois sans avoir

[beau] (L).

pu les obtenir une Elles refusent de venir chez moi,
par des idées singulières ; et quand je les visite, il faut
que je laisse mon carrosse à l'entrée de la rue et que
j'aille en déshabillé, sans rouge et sans diamants. Il ne
faut pas trop s'étonner de leur circonspection : un faux
rapport suffirait pour aliéner l'esprit d'un certain
nombre de personnes bienfaisantes et les priver de
leurs secours. Marquis, le bien apparemment coûte
beaucoup à faire.

LE MARQUIS. Surtout aux dévots.

MADAME DE LA POMMERAYE. Puisque le plus léger
prétexte suffit pour les en dispenser. Si l'on savait que
j'y prends intérêt, bientôt on dirait : Mme de La
Pommeraye les protège : elles n'ont besoin de rien...
Et voilà les charités supprimées.

LE MARQUIS. Les charités ?

MADAME DE LA POMMERAYE. Oui, monsieur, les
charités !

LE MARQUIS. Vous les connaissez, et elles en sont aux
charités ?

MADAME DE LA POMMERAYE. Encore une fois, marquis, je vois bien que vous ne m'aimez plus, et qu'une
partie de votre estime s'en est allée avec votre tendresse. Et qui est-ce qui vous a dit que, si ces femmes
étaient dans le besoin des aumônes de la paroisse,
c'était de ma faute ?

LE MARQUIS. Pardon, madame, mille pardons, j'ai
tort. Mais quelle raison de se refuser à la bienveillance
d'une amie ?

MADAME DE LA POMMERAYE. Ah ! marquis, nous
sommes bien loin, nous autres gens du monde, de
connaître les délicatesses scrupuleuses des âmes timo-
rées. Elles ne croient pas pouvoir accepter les secours
de toute personne indistinctement.

LE MARQUIS. C'est nous ôter le meilleur moyen
d'expier nos folles dissipations.

MADAME DE LA POMMERAYE. Point du tout. Je
suppose, par exemple, que monsieur le marquis des

Arcis fût touché de compassion pour elles; que ne fait-il passer ces secours par des mains plus dignes?

LE MARQUIS. Et moins sûres.

MADAME DE LA POMMERAYE. Cela se peut.

LE MARQUIS. Dites-moi, si je leur envoyais une vingtaine de louis, croyez-vous qu'elles les refuseraient?

MADAME DE LA POMMERAYE. J'en suis sûre; et ce refus vous semblerait déplacé dans une mère qui a un enfant charmant?

LE MARQUIS. Savez-vous que j'ai été tenté de les aller voir?

MADAME DE LA POMMERAYE. Je le crois. Marquis, marquis, prenez garde à vous; voilà un mouvement de compassion bien subit et bien suspect.

LE MARQUIS. Quoi qu'il en soit, m'auraient-elles reçu?

MADAME DE LA POMMERAYE. Non certes! Avec l'éclat de votre voiture, de vos habits, de vos gens et les charmes de la jeune personne, il n'en fallait pas davantage pour apprêter au caquet des voisins, des voisines et les perdre.

LE MARQUIS. Vous me chagrinez; car, certes, ce n'était pas mon dessein. Il faut donc renoncer à les secourir et à les voir?

MADAME DE LA POMMERAYE. Je le crois.

LE MARQUIS. Mais si je leur faisais passer mes secours par votre moyen?

MADAME DE LA POMMERAYE. Je ne crois pas ces secours-là assez purs pour m'en charger.

LE MARQUIS. Voilà qui est cruel!

MADAME DE LA POMMERAYE. Oui, cruel: c'est le mot.

LE MARQUIS. Quelle vision! marquise, vous vous moquez. Une jeune fille que je n'ai jamais vue qu'une fois...

MADAME DE LA POMMERAYE. Mais du petit nombre de celles qu'on n'oublie pas quand on les a vues.

LE MARQUIS. Il est vrai que ces figures-là vous suivent.

MADAME DE LA POMMERAYE. Marquis, prenez garde à vous ; vous vous préparez des chagrins ; et j'aime mieux avoir à vous en garantir que d'avoir à vous en consoler. N'allez pas confondre celle-ci avec celles que vous avez connues : cela ne se ressemble pas ; on ne les tente pas, on ne les séduit pas, on n'en approche pas, elles n'écoutent pas, on n'en vient pas à bout. »

Après cette conversation, le marquis se rappela tout à coup qu'il avait une affaire pressée ; il se leva brusquement et sortit soucieux.

Pendant un assez long intervalle de temps, le marquis ne passa presque pas un jour sans voir Mme de La Pommeraye ; mais il arrivait, il s'asseyait, il gardait le silence ; Mme de La Pommeraye parlait seule ; le marquis, au bout d'un quart d'heure, se levait et s'en allait.

Il fit ensuite une éclipse de près d'un mois, après laquelle il reparut ; mais triste, mais mélancolique, mais défait. La marquise, en le voyant, lui dit : « Comme vous voilà fait ! d'où sortez-vous ? Est-ce que vous avez passé tout ce temps en petite maison [1] ?

LE MARQUIS. Ma foi, à peu près. De désespoir, je me suis précipité dans un libertinage affreux.

MADAME DE LA POMMERAYE. Comment ! de désespoir ?

LE MARQUIS. Oui, de désespoir... »

Après ce mot, il se mit à se promener en long et en large sans mot dire ; il allait aux fenêtres, il regardait le ciel, il s'arrêtait devant Mme de La Pommeraye ; il allait à la porte, il appelait ses gens à qui il n'avait rien à dire ; il les renvoyait ; il rentrait ; il revenait à Mme de La Pommeraye, qui travaillait sans l'apercevoir ; il voulait parler, il n'osait ; enfin Mme de La Pommeraye en eut pitié, et lui dit : « Qu'avez-vous ? On est un mois sans vous voir ; vous reparaissez avec un visage de déterré et vous rôdez comme une âme en peine.

LE MARQUIS. Je n'y puis plus tenir, il faut que je vous dise tout. J'ai été vivement frappé de la fille de votre amie ; j'ai tout, mais tout fait pour l'oublier ; et plus j'ai fait, plus je m'en suis souvenu. Cette créature angélique m'obsède ; rendez-moi un service important.

MADAME DE LA POMMERAYE. Quel ?

LE MARQUIS. Il faut absolument que je la revoie et que je vous en aie l'obligation. J'ai mis mes grisons [1] en campagne. Toute leur venue, toute leur allée est de chez elles à l'église et de l'église chez elles. Dix fois je me suis présenté à pied sur leur chemin ; elles ne m'ont seulement pas aperçu ; je me suis planté sur leur porte inutilement. Elles m'ont d'abord rendu libertin comme un sapajou, puis dévot comme un ange ; je n'ai pas manqué la messe une fois depuis quinze jours. Ah! mon amie, quelle figure ! qu'elle est belle !... »

Mme de La Pommeraye savait tout cela. « C'est-à-dire, répondit-elle au marquis, qu'après avoir tout mis en œuvre pour guérir, vous n'avez rien omis pour devenir fou, et que c'est le dernier parti qui vous a réussi ?

LE MARQUIS. Et réussi, je ne saurais vous exprimer à quel point. N'aurez-vous pas compassion de moi et ne vous devrai-je pas le bonheur de la revoir ?

MADAME DE LA POMMERAYE. La chose est difficile, et je m'en occuperai, mais à une condition : c'est que vous laisserez ces infortunées en repos et que vous cesserez de les tourmenter. Je ne vous célerai point qu'elles m'ont écrit de votre persécution avec amertume, et voilà leur lettre... »

La lettre qu'on donnait à lire au marquis avait été concertée entre elles. C'était la d'Aisnon fille qui paraissait l'avoir écrite par ordre de sa mère : et l'on y avait mis, d'honnête, de doux, de touchant, d'élégance et

d'esprit, tout ce qui pouvait renverser la tête du
marquis. Aussi en accompagnait-il chaque mot d'une
exclamation ; pas une phrase qu'il ne relût ; il pleurait
de joie ; il disait à Mme de La Pommeraye : « Convenez
donc, madame, qu'on n'écrit pas mieux que cela.

MADAME DE LA POMMERAYE. J'en conviens.

LE MARQUIS. Et qu'à chaque ligne on se sent pénétré
d'admiration et de respect pour des femmes de ce
caractère !

MADAME DE LA POMMERAYE. Cela devrait être.

LE MARQUIS. Je vous tiendrai ma parole ; mais
songez, je vous en supplie, à ne pas manquer à la vôtre.

MADAME DE LA POMMERAYE. En vérité, marquis, je
suis aussi folle que vous. Il faut que vous ayez conservé
un terrible empire sur moi ; cela m'effraye.

LE MARQUIS. Quand la reverrai-je ?

MADAME DE LA POMMERAYE. Je n'en sais rien. Il
faut s'occuper premièrement du moyen d'arranger la
chose, et d'éviter tout soupçon. Elles ne peuvent
ignorer vos vues ; voyez la couleur que ma complai-
sance aurait à leurs yeux, si elles s'imaginaient que
j'agis de concert avec vous... Mais, marquis, entre nous,
qu'ai-je besoin de cet embarras-là ? Que m'importe
que vous aimiez, que vous n'aimiez pas [?] que vous
extravaguiez ? Démêlez votre fusée vous-même. Le
rôle que vous me faites faire est aussi trop singulier.

LE MARQUIS. Mon amie, si vous m'abandonnez, je
suis perdu ! Je ne vous parlerai point de moi, puisque
je vous offenserais ; mais je vous conjurerai par ces
intéressantes et dignes créatures qui vous sont si chères ;
vous me connaissez, épargnez-leur toutes les folies
dont je suis capable. J'irai chez elles ; oui, j'irai, je vous
en préviens ; je forcerai leur porte, j'entrerai malgré
elles, je m'asseyerai, je ne sais ce que je dirai, ce que je
ferai ; car que n'avez-vous point à craindre de l'état
violent où je suis ?... »

[/] (V).

Vous remarquerez, messieurs, dit l'hôtesse, que depuis le commencement de cette aventure jusqu'à ce moment, le marquis des Arcis n'avait pas dit un mot qui ne fût un coup de poignard dirigé au cœur de Mme de La Pommeraye. Elle étouffait d'indignation et de rage ; aussi répondit-elle au marquis, d'une voix tremblante et entrecoupée :

Mais vous avez raison. Ah! si j'avais été aimée comme cela, peut-être que... Passons là-dessus... Ce n'est pas pour vous que j'agirai, mais je me flatte du moins, monsieur le marquis, que vous me donnerez du temps.

LE MARQUIS. Le moins, le moins que je pourrai.

JACQUES. Ah! notre hôtesse, quel diable de femme! [l'enfer] n'est pas pire. J'en tremble : et il faut que je boive un coup pour me rassurer... Est-ce que vous me laisserez boire tout seul ?

L'HÔTESSE. Moi, je n'ai pas peur... Mme de La Pommeraye disait : Je souffre, mais je ne souffre pas seule. Cruel homme! j'ignore quelle sera la durée de mon tourment ; mais j'éterniserai le tien... Elle tint le marquis près d'un mois dans l'attente de l'entrevue qu'elle avait promise, c'est-à-dire qu'elle lui laissa tout le temps de pâtir, de se bien enivrer, et que sous prétexte d'adoucir la longueur du délai, elle lui permit de l'entretenir de sa passion.

LE MAITRE. Et de la fortifier en en parlant.

JACQUES. Quelle femme! quel diable de femme! Notre hôtesse, ma frayeur redouble.

L'HÔTESSE. Le marquis venait donc tous les jours causer avec Mme de La Pommeraye, qui achevait de l'irriter, de l'endurcir et de [le perdre] par les discours les plus artificieux. Il s'informait de la patrie, de la naissance, de l'éducation, de la fortune et du désastre de ces femmes ; il y revenait sans cesse, et ne se croyait

[*Lucifer*] (V, L).
[*perdre le marquis*] (V).

jamais assez instruit et touché. La marquise lui faisait
remarquer le progrès de ses sentiments, et lui en fami-
liarisait le terme, sous prétexte de lui en inspirer de
l'effroi. Marquis, lui disait-elle, prenez-y garde, cela
vous mènera loin ; il pourrait arriver un jour que mon
amitié, dont vous faites un étrange abus, ne m'excusât
ni à mes yeux ni aux vôtres. Ce n'est pas que tous les
jours on ne fasse de plus grandes folies. Marquis, je
crains fort que vous n'obteniez cette fille qu'à des
conditions qui, jusqu'à présent, n'ont pas été de votre
goût.

Lorsque Mme de La Pommeraye crut le marquis bien
préparé pour le succès de son dessein, elle arrangea
avec les deux femmes qu'elles viendraient dîner chez
elle ; et avec le marquis que, pour leur donner le change,
il les surprendrait en habit de campagne : ce qui fut
exécuté.

On en était au second service lorsqu'on annonça le
marquis. Le marquis, Mme de La Pommeraye et les
deux d'Aisnon, jouèrent supérieurement l'embarras.
« Madame, dit-il à Mme de La Pommeraye, j'arrive de
ma terre ; il est trop tard pour aller chez moi où l'on
ne m'attend que ce soir, et je me suis flatté que vous
ne me refuseriez pas à dîner... » Et tout en parlant, il
avait pris une chaise, et s'était mis à table. On avait
disposé le couvert de manière qu'il se trouvât à côté
de la mère et en face de la fille. Il remercia d'un clin
d'œil Mme de La Pommeraye de cette attention délicate. Après le trouble du premier instant, nos deux
dévotes se rassurèrent. On causa, on fut même gai. Le
marquis fut de la plus grande attention pour la mère,
et de la politesse la plus réservée pour la fille. C'était un
amusement secret bien plaisant pour ces trois femmes,
que le scrupule du marquis à ne rien dire, à ne se rien
permettre qui pût les effaroucher. Elles eurent l'inhumanité de le faire parler dévotion pendant trois heures de
suite, et Mme de La Pommeraye lui disait : Vos discours font merveilleusement l'éloge de vos parents ;

les premières leçons qu'on en reçoit ne s'effacent jamais. Vous entendez toutes les subtilités de l'amour divin, comme si vous n'aviez été qu'à saint François de Sales pour toute nourriture. N'auriez-vous pas été un peu quiétiste ?

— Je ne m'en souviens plus... »

Il est inutile de dire que nos dévotes mirent dans la conversation tout ce qu'elles avaient de grâces, d'esprit, de séduction et de finesse. On toucha en passant le chapitre des passions, et Mlle Duquênoi (c'était son nom de famille) prétendit qu'il n'y en avait qu'une seule de dangereuse. Le marquis fut de son avis. Entre les six et sept, les deux femmes se retirèrent, sans qu'il fût possible de les arrêter ; Mme de La Pommeraye prétendant avec Mme Duquênoi qu'il fallait aller de préférence à son devoir, sans quoi il n'y aurait presque point de journée dont la douceur ne fût altérée par le remords. Les voilà parties au grand regret du marquis, et le marquis en tête à tête avec Mme de La Pommeraye.

MADAME DE LA POMMERAYE. Eh bien! marquis, ne faut-il pas que je sois bien bonne ? Trouvez-moi à Paris une autre femme qui en fasse autant.

LE MARQUIS, *en se jetant à ses genoux.* J'en conviens ; il n'y en a pas une qui vous ressemble. Votre bonté me confond : vous êtes la seule véritable amie qu'il y ait au monde.

MADAME DE LA POMMERAYE. Êtes-vous bien sûr de sentir toujours également le prix de mon procédé ?

LE MARQUIS. Je serais un monstre d'ingratitude, si j'en rabattais.

MADAME DE LA POMMERAYE. Changeons de texte. Quel est l'état de votre cœur ?

LE MARQUIS. Faut-il vous l'avouer franchement ? Il faut que j'aie cette fille-là, ou que j'en périsse.

MADAME DE LA POMMERAYE. Vous l'aurez sans doute, mais il faut savoir comme quoi.

LE MARQUIS. Nous verrons.

MADAME DE LA POMMERAYE. Marquis, marquis, je vous connais, je les connais : tout est vu.

Le marquis fut environ deux mois sans se montrer chez Mᵐᵉ de La Pommeraye ; et voici ses démarches dans cet intervalle. Il fit connaissance avec le confesseur de la mère et de la fille. [C'était un ami du petit abbé dont je vous ai parlé.] Ce prêtre, après avoir mis toutes les difficultés hypocrites qu'on peut apporter à une intrigue malhonnête, et vendu le plus chèrement qu'il lui fut possible la sainteté de son ministère, se prêta à tout ce que le marquis voulut.

La première scélératesse de l'homme de Dieu, ce fut d'aliéner la bienveillance du curé, et de lui persuader que ces deux protégées de Mᵐᵉ de La Pommeraye obtenaient de la paroisse une aumône dont elles privaient des indigents plus à plaindre qu'elles. Son but était de les amener à ses vues par la misère.

Ensuite il travailla au tribunal de la confession à jeter la division entre la mère et la fille. Lorsqu'il entendait la mère se plaindre de sa fille, il aggravait les torts de celle-ci, et irritait le ressentiment de l'autre. Si c'était la fille qui se plaignît de sa mère, il lui insinuait que la puissance des pères et mères sur leurs enfants était limitée, et que, si la persécution de sa mère était poussée jusqu'à un certain point, il ne serait peut-être pas impossible de la soustraire à une autorité tyrannique. Puis il lui donnait pour pénitence de revenir à confesse.

Une autre fois il lui parlait de ses charmes, mais lestement : c'était un des plus dangereux présents que Dieu pût faire à une femme ; de l'impression qu'en avait éprouvée un honnête homme qu'il ne nommait pas, mais qui n'était pas difficile à deviner. Il passait de là à la miséricorde infinie du ciel et à son indulgence pour des fautes que certaines circonstances nécessitaient ; à la faiblesse de la nature, dont chacun

[ ] Manque dans Sch.

trouve l'excuse en soi-même ; à la violence et à la géné-
ralité de certains penchants, dont les hommes les plus
saints n'étaient pas exempts. Il lui demandait ensuite
si elle n'avait point de désirs, si le tempérament ne
lui parlait pas en rêves, si la présence des hommes
ne la troublait pas. Ensuite, il agitait la question si
une femme devait céder ou résister à un homme
passionné, et laisser mourir et damner celui pour qui
le sang de Jésus-Christ a été versé : et il n'osait la
décider. Puis il poussait de profonds soupirs ; il levait
les yeux au ciel, il priait pour la tranquillité des âmes
en peine... La jeune fille le laissait aller. Sa mère et
Mme de La Pommeraye, à qui elle rendait fidèlement
les propos du directeur, lui suggéraient des confidences qui toutes tendaient à l'encourager.

JACQUES. Votre Mme de La Pommeraye est une
méchante femme.

LE MAITRE. Jacques, c'est bientôt dit. Sa méchanceté, d'où lui vient-elle ? Du marquis des Arcis. Rends
celui-ci tel qu'il avait juré et qu'il devait être, et trouve-
moi quelque défaut dans Mme de La Pommeraye.
Quand nous serons en route, tu l'accuseras, et je me
chargerai de la défendre. Pour ce prêtre, vil et séducteur, je te l'abandonne.

JACQUES. C'est un si méchant homme, que je crois
que de cette affaire-ci je n'irai plus à confesse. Et vous,
notre hôtesse ?

L'HOTESSE. Pour moi je continuerai mes visites à mon
vieux curé, qui n'est pas curieux, et qui n'entend que
ce qu'on lui dit.

JACQUES. Si nous buvions à la santé de votre curé ?

L'HOTESSE. Pour cette fois-ci je vous ferai raison ;
car c'est un bon homme qui, les dimanches et jours
de fêtes, laisse danser les filles et les garçons, et qui
permet aux hommes et aux femmes de venir chez moi,
pourvu qu'ils n'en sortent pas ivres. A mon curé !

JACQUES. A votre curé !

L'HOTESSE. Nos femmes ne doutaient pas qu'incessamment l'homme de Dieu ne hasardât de remettre une lettre à sa pénitente : ce qui fut fait ; mais avec quel ménagement ! Il ne savait de qui elle était ; il ne doutait point que ce ne fût de quelque âme bienfaisante et charitable qui avait découvert leur misère, et qui leur proposait des secours ; il en remettait assez souvent de pareilles. Au demeurant vous êtes sage, madame votre mère est prudente, et j'exige que vous ne l'ouvriez qu'en sa présence. Mlle Duquênoi accepta la lettre et la remit à sa mère, qui la fit passer sur-le-champ à Mme de La Pommeraye. Celle-ci, munie de ce papier, fit venir le prêtre, l'accabla des reproches qu'il méritait, et le menaça de le déférer à ses supérieurs, si elle entendait encore parler de lui.

Dans cette lettre, le marquis s'épuisait en éloges de sa propre personne, en éloges de Mlle Duquênoi ; peignait sa passion aussi violente qu'elle l'était, et proposait des conditions fortes, même un enlèvement.

Après avoir fait la leçon au prêtre, Mme de La Pommeraye appela le marquis chez elle ; lui représenta combien sa conduite était peu digne d'un galant homme ; jusqu'où elle pouvait être compromise ; lui montra sa lettre, et protesta que, malgré la tendre amitié qui les unissait, elle ne pouvait se dispenser de la produire au tribunal des lois, ou de la remettre à Mme Duquênoi, s'il arrivait quelque aventure éclatante à sa fille. « Ah ! marquis, lui dit-elle, l'amour vous corrompt ; vous êtes mal né, puisque le faiseur de grandes choses ne vous en inspire que d'avilissantes. Et que vous ont fait ces pauvres femmes, pour ajouter l'ignominie à la misère ? Faut-il que, parce que cette fille est belle, et veut rester vertueuse, vous en deveniez le persécuteur ? Est-ce à vous à lui faire détester un des plus beaux présents du ciel ? Par où ai-je mérité, moi, d'être votre complice ? Allons, marquis, jetez-vous à mes pieds, demandez-moi pardon, et faites serment de laisser mes tristes amies en repos. » Le marquis lui promit de ne plus rien entreprendre sans son aveu ; mais qu'il fallait qu'il eût cette fille à quelque prix que ce fût.

Le marquis ne fut point du tout fidèle à sa parole. La mère était instruite ; il ne balança pas à s'adresser à elle. Il avoua le crime de son projet ; il offrit une somme considérable, des espérances que le temps pourrait amener ; et sa lettre fut accompagnée d'un écrin de riches pierreries.

Les trois femmes tinrent conseil. La mère et la fille inclinaient à accepter ; mais ce n'était pas là le compte de Mme de La Pommeraye. Elle revint sur la parole qu'on lui avait donnée ; elle menaça de tout révéler ; et au grand regret de nos deux dévotes, dont la jeune détacha de ses oreilles des girandoles qui lui allaient si bien, l'écrin et la lettre furent renvoyés avec une réponse pleine de fierté et d'indignation.

Mme de La Pommeraye se plaignit au marquis du peu de fond qu'il y avait à faire sur ses promesses. Le marquis s'excusa sur l'impossibilité de lui proposer une commission si indécente. « Marquis, marquis, lui dit Mme de La Pommeraye, je vous ai déjà prévenu, et je vous le répète : vous n'en êtes pas où vous voudriez ; mais il n'est plus temps de vous prêcher, ce seraient paroles perdues : il n'y a plus de ressources. »

Le marquis avoua qu'il le pensait comme elle, et lui demanda la permission de faire une dernière tentative ; c'était d'assurer des rentes considérables sur les deux têtes, de partager sa fortune avec les deux femmes, et de les rendre propriétaires à vie d'une de ses maisons à la ville, et d'une autre à la campagne. « Faites, lui dit la marquise ; je n'interdis que la violence ; mais croyez, mon ami, que l'honneur et la vertu, quand elle est vraie, n'ont point de prix aux yeux de ceux qui ont le bonheur de les posséder. Vos nouvelles offres ne réussiront pas mieux que les précédentes : je connais ces femmes et j'en ferais la gageure. »

Les nouvelles propositions sont faites. Autre conciliabule des trois femmes. La mère et la fille attendaient en silence la décision de Mme de La Pommeraye. Celle-ci se promena un moment sans parler. « Non, non, dit-elle, cela ne suffit pas à mon cœur ulcéré. » Et aussitôt elle prononça le refus ; et aussitôt ces deux femmes fondirent en larmes, se jetèrent à ses pieds, et lui représentèrent combien il était affreux pour elles de repousser une fortune immense, qu'elles pouvaient accepter sans aucune fâcheuse conséquence. Mme de La Pommeraye leur répondit sèchement : « Est-ce que vous imaginez que ce que je fais, je le fais pour vous ? Qui êtes-vous ? Que vous dois-je ? A quoi tient-il que je ne vous renvoie l'une et l'autre à votre tripot ? Si ce que l'on vous offre est trop pour vous, c'est trop peu pour moi. Écrivez, madame, la réponse que je vais vous dicter, et qu'elle parte sous mes yeux. » Ces femmes s'en retournèrent encore plus effrayées qu'affligées.

JACQUES. Cette femme a le diable au corps, et que veut-elle donc ? Quoi! un refroidissement d'amour n'est pas assez puni par le sacrifice de la moitié d'une grande fortune ?

LE MAITRE. Jacques, vous n'avez jamais été femme, encore moins honnête femme, et vous jugez d'après votre caractère qui n'est pas celui de Mme de La Pommeraye! Veux-tu que je te dise ? J'ai bien peur que le mariage du marquis des Arcis et d'une catin ne soit écrit là-haut.

JACQUES. S'il est écrit là-haut, il se fera.

L'HOTESSE. Le marquis ne tarda pas à reparaître chez Mme de La Pommeraye. « Eh bien, lui dit-elle, vos nouvelles offres ?

LE MARQUIS. Faites et rejetées. J'en suis désespéré. Je voudrais arracher cette malheureuse passion de mon cœur ; je voudrais m'arracher le cœur, et je ne saurais. Marquise, regardez-moi ; ne trouvez-vous pas qu'il y a entre cette jeune fille et moi quelques traits de ressemblance ?

MADAME DE LA POMMERAYE. Je ne vous en avais rien dit ; mais je m'en étais aperçue. Il ne s'agit pas de cela : que résolvez-vous ?

LE MARQUIS. Je ne puis me résoudre à rien. Il me prend des envies de me jeter dans une chaise de poste, et de courir tant que terre me portera ; un moment après la force m'abandonne ; je suis comme anéanti, ma tête s'embarrasse : je deviens stupide, et ne sais que [devenir].

MADAME DE LA POMMERAYE. Je ne vous conseille pas de voyager ; ce n'est pas la peine d'aller jusqu'à Villejuif pour revenir.

Le lendemain, le marquis écrivit à la marquise qu'il partait pour sa campagne ; qu'il y resterait tant qu'il pourrait, et qu'il la suppliait de le servir auprès de ses amies, si l'occasion s'en présentait ; son absence fut courte : [il revint avec la résolution d'épouser [1]].

JACQUES. Ce pauvre marquis me fait pitié.

LE MAITRE. Pas trop à moi.

L'HOTESSE. Il descendit à la porte de Mme de La Pommeraye. Elle était sortie. En rentrant elle trouva le marquis étendu dans un fauteuil, les yeux fermés, et absorbé dans la plus profonde rêverie. Ah ! marquis, vous voilà ? la campagne n'a pas eu de longs charmes pour vous.

— Non, lui répondit-il, je ne suis bien nulle part, et j'arrive déterminé à la plus haute sottise qu'un homme de mon état, de mon âge et de mon caractère puisse faire. Mais il vaut mieux épouser que de souffrir. J'épouse.

MADAME DE LA POMMERAYE. Marquis, l'affaire est grave, et demande de la réflexion.

LE MARQUIS. Je n'en ai fait qu'une, mais elle est solide : c'est que je ne puis jamais être plus malheureux que je le suis.

[*faire*] (V).
[*Il revint en ville et se fit déposer chez la marquise*] (Sch.).

MADAME DE LA POMMERAYE. Vous pourriez vous tromper.

JACQUES. La traîtresse!

LE MARQUIS. Voici donc enfin, mon amie, une négociation dont je puis, ce me semble, vous charger honnêtement. Voyez la mère et la fille ; interrogez la mère, sondez le cœur de la fille, et dites-leur mon dessein.

MADAME DE LA POMMERAYE. Tout doucement, marquis. J'ai cru les connaître assez pour ce que j'en avais à faire ; mais à présent qu'il s'agit du bonheur de mon ami, il me permettra d'y regarder de plus près. Je m'informerai dans leur province, et je vous promets de les suivre pas à pas pendant toute la durée de leur séjour à Paris.

LE MARQUIS. Ces précautions me semblent assez superflues. Des femmes dans la misère, qui résistent aux appâts que je leur ai tendus, ne peuvent être que les créatures les plus rares. Avec mes offres, je serais venu à bout d'une duchesse. D'ailleurs, ne m'avez-vous pas dit vous-même...

MADAME DE LA POMMERAYE. Oui, j'ai dit tout ce qu'il vous plaira ; mais avec tout cela, permettez que je me satisfasse.

JACQUES. La chienne! la coquine! l'enragée! et pourquoi aussi s'attacher à une pareille femme?

LE MAITRE. Et pourquoi aussi la séduire et s'en détacher?

L'HOTESSE. Pourquoi cesser de l'aimer sans rime ni raison?

JACQUES, *montrant le ciel du doigt*. Ah! mon maître!

LE MARQUIS. Pourquoi, marquise, ne vous mariez-vous pas aussi?

MADAME DE LA POMMERAYE. A qui, s'il vous plaît?

LE MARQUIS. Au petit comte ; il a de l'esprit, de la naissance, de la fortune.

MADAME DE LA POMMERAYE. Et qui est-ce qui me répondra de sa fidélité? C'est vous peut-être!

LE MARQUIS. Non ; mais il me semble qu'on se passe
aisément de la fidélité d'un mari.

MADAME DE LA POMMERAYE. D'accord ; mais [ ]
je serais peut-être assez bizarre pour m'en offenser ;
et je suis vindicative.

LE MARQUIS. Eh bien! vous vous vengeriez, cela
s'en va sans dire. C'est que nous prendrions un hôtel
commun, et que nous formerions tous quatre la plus
agréable société.

MADAME DE LA POMMERAYE. Tout cela est fort beau ;
mais je ne me marie pas. Le seul homme que j'aurais
peut-être été tentée d'épouser...

LE MARQUIS. C'est moi ?

MADAME DE LA POMMERAYE. Je puis vous l'avouer
à présent sans conséquence.

LE MARQUIS. Et pourquoi ne me l'avoir pas
dit ?

MADAME DE LA POMMERAYE. Par l'événement, j'ai
bien fait. Celle que vous allez avoir vous convient de
tout point mieux que moi.

L'HOTESSE. Mme de La Pommeraye mit à ses informations toute l'exactitude et la célérité qu'elle voulut.
Elle produisit au marquis les attestations les plus
flatteuses ; il y en avait de Paris, il y en avait de la
province. Elle exigea du marquis encore une quinzaine,
afin qu'il s'examinât derechef. Cette quinzaine lui
parut éternelle ; enfin la marquise fut obligée de céder
à son impatience et à ses prières. La première entrevue
se fait chez ses amies ; on y convient de tout, les bans
se publient ; le contrat se passe ; le marquis [fait]
présent à Mme de La Pommeraye d'un superbe diamant, et le mariage est consommé.

JACQUES. Quelle trame et quelle vengeance!

LE MAITRE. Elle est incompréhensible.

JACQUES. Délivrez-moi du souci de la première nuit

L intercale [*si le mien m'était infidèle*].
[*fit*] (V).

des noces, et jusqu'à présent je n'y vois pas un grand mal.

LE MAITRE. Tais-toi, nigaud.

L'HOTESSE. La nuit des noces se passa fort bien.

JACQUES. Je croyais...

L'HOTESSE. Croyez à ce que votre maître vient de vous dire... Et en parlant ainsi elle souriait, et en souriant, elle passait sa main sur le visage de Jacques, et lui serrait le nez... Mais ce fut le lendemain...

JACQUES. Le lendemain, ne fut-ce pas comme la veille ?

L'HOTESSE. Pas tout à fait. Le lendemain, Mme de La Pommeraye écrivit au marquis un billet qui l'invitait à se rendre chez elle au plus tôt, pour affaire importante. Le marquis ne se fit pas attendre.

On le reçut avec un visage où l'indignation se peignait dans toute sa force ; le discours qu'on lui tint ne fut pas long ; le voici : « Marquis, lui dit-elle, apprenez à me connaître. Si les autres femmes s'estimaient assez pour éprouver mon ressentiment, vos semblables seraient moins communs. Vous aviez acquis une honnête femme que vous n'avez pas su conserver ; cette femme, c'est moi ; elle s'est vengée en vous en faisant épouser une digne de vous. Sortez de chez moi, et allez-vous-en rue Traversière [1], à l'hôtel [de] Hambourg, où l'on vous apprendra le sale métier que votre femme et votre belle-mère ont exercé pendant dix ans, sous le nom de d'Aisnon. »

La surprise et la consternation de ce pauvre marquis ne peuvent se rendre. Il ne savait qu'en penser ; mais son incertitude ne dura que le temps d'aller d'un bout de la ville à l'autre. Il ne rentra point chez lui de tout le jour ; il erra dans les rues. Sa belle-mère et sa femme eurent quelque soupçon de ce qui s'était passé. Au premier coup de marteau, la belle-mère se sauva dans son appartement, et s'y enferma à la clef ;

[*d'*] (V).

sa femme l'attendit seule. A l'approche de son époux
elle lut sur son visage la fureur qui le possédait. Elle
se jeta à ses pieds, la face collée contre le parquet,
sans mot dire. « Retirez-vous, lui dit-il, infâme! loin
de moi... » Elle voulut se relever ; mais elle retomba
sur son visage, les bras étendus à terre entre les pieds
du marquis. « Monsieur, lui dit-elle, foulez-moi aux
pieds, écrasez-moi, car je l'ai mérité ; faites de moi
tout ce qu'il vous plaira ; mais épargnez ma mère...

— Retirez-vous, reprit le marquis ; retirez-vous!
c'est assez de l'infamie dont vous m'avez couvert ;
épargnez-moi un crime... »

La pauvre créature resta dans l'attitude où elle
était, et ne lui répondit rien. Le marquis était assis
dans un fauteuil, la tête enveloppée de ses bras, et
le corps à demi penché sur les pieds de son lit, hurlant
par intervalles, sans la regarder : « Retirez-vous!... »
Le silence et l'immobilité de la malheureuse le surpri-
rent ; il lui répéta d'une voix plus forte encore : « Qu'on
se retire ; est-ce que vous ne m'entendez pas?... »
Ensuite il se baissa, la poussa durement, et reconnaissant qu'elle était sans sentiment et presque sans vie,
il la prit par le milieu du corps, l'étendit sur un canapé,
attacha un moment sur elle des regards où se pei-
gnaient alternativement la commisération et le courroux. Il sonna : des valets entrèrent ; on appela ses
femmes, à qui il dit : « Prenez votre maîtresse qui se
trouve mal ; portez-la dans son appartement, et se-
courez-la... » Peu d'instants après il envoya secrètement savoir de ses nouvelles. On lui dit qu'elle était
revenue de son premier évanouissement ; mais que,
les défaillances se succédant rapidement, elles étaient
si fréquentes et si longues qu'on ne pouvait lui répondre de rien. Une ou deux heures après il renvoya
secrètement savoir son état. On lui dit qu'elle suffo-
quait, et qu'il lui était survenu une espèce de hoquet
qui se faisait entendre jusque dans les cours. A la
troisième fois, c'était sur le matin, on lui rapporta

qu'elle avait beaucoup pleuré, que le hoquet s'était calmé, et qu'elle paraissait s'assoupir.

Le jour suivant, le marquis fit mettre ses chevaux à sa chaise, et disparut pendant quinze jours, sans qu'on sût ce qu'il était devenu. Cependant, avant de s'éloigner, il avait pourvu à tout ce qui était nécessaire à la mère et à la fille, avec ordre d'obéir à madame comme à lui-même.

Pendant cet intervalle, ces deux femmes restèrent l'une en présence de l'autre, sans presque se parler, la fille sanglotant, poussant quelquefois des cris, s'arrachant les cheveux, se tordant les bras, sans que sa mère osât s'approcher d'elle et la consoler. L'une montrait la figure du désespoir, l'autre la figure de l'endurcissement. La fille vingt fois dit à sa mère : « Maman, sortons d'ici ; sauvons-nous. » Autant de fois la mère s'y opposa, et lui répondit : « Non, ma fille, il faut rester ; il faut voir ce que cela deviendra : cet homme ne nous tuera pas... » « Eh! plût à Dieu, lui répondit sa fille, qu'il l'eût déjà fait!... » Sa mère lui répliquait : « Vous feriez mieux de vous taire, que de parler comme une sotte. »

A son retour, le marquis s'enferma dans son cabinet, et écrivit deux lettres, l'une à sa femme, l'autre à sa belle-mère. Celle-ci partit dans la même journée, et se rendit au couvent des Carmélites de la ville prochaine, où elle est morte il y a quelques jours. Sa fille s'habilla, et se traîna dans l'appartement de son mari où il lui avait apparemment enjoint de venir. Dès la porte, elle se jeta à genoux. « Levez-vous », lui dit le marquis...

Au lieu de se lever, elle s'avança vers lui sur ses genoux ; elle tremblait de tous ses membres : elle était échevelée ; elle avait le corps un peu penché, les bras portés de son côté, la tête relevée, le regard attaché sur ses yeux, et le visage inondé de pleurs. « Il me semble », lui dit-elle, un sanglot séparant chacun de ses mots, « que votre cœur justement irrité s'est ra-

douci, et que peut-être avec le temps j'obtiendrai
miséricorde. Monsieur, de grâce, ne vous hâtez pas
de me pardonner. Tant de filles honnêtes sont devenues
de malhonnêtes femmes, que peut-être serai-je un
exemple contraire. Je ne suis pas encore digne que
vous vous rapprochiez de moi ; attendez, laissez-moi
seulement l'espoir du pardon. Tenez-moi loin de vous ;
vous verrez ma conduite ; vous la jugerez : trop
heureuse mille fois, trop heureuse si vous daignez
quelquefois m'appeler ! Marquez-moi le recoin obscur
de votre maison où vous permettez que j'habite ;
j'y resterai sans murmure. Ah ! si je pouvais m'arracher le nom et le titre qu'on m'a fait usurper, et
mourir après, à l'instant vous seriez satisfait ! Je me
suis laissé conduire par faiblesse, par séduction, par
autorité, par menaces, à une action infâme ; mais ne
croyez pas, monsieur, que je sois méchante : je ne le
suis pas, puisque je n'ai pas balancé à paraître devant
vous quand vous m'avez appelée, et que j'ose à présent lever les yeux sur vous et vous parler. Ah ! si
vous pouviez lire au fond de mon cœur, et voir combien mes fautes passées sont loin de moi ; combien
les mœurs de mes pareilles me sont étrangères ! La
corruption s'est posée sur moi ; mais elle ne s'y est
point attachée. Je me connais, et une justice que je
me rends, c'est que par mes goûts, par mes sentiments,
par mon caractère, j'étais née digne de l'honneur de
vous appartenir. Ah ! s'il m'eût été libre de vous voir,
il n'y avait qu'un mot à dire, et je crois que j'en aurais
eu le courage. Monsieur, disposez de moi comme il
vous plaira ; faites entrer vos gens : qu'ils me dépouil-
lent, qu'ils me jettent la nuit dans la rue : je souscris
à tout. Quel que soit le sort que vous me préparez,
je m'y soumets : le fond d'une campagne, l'obscurité
d'un cloître peut me dérober pour jamais à vos yeux :
parlez, et j'y vais. Votre bonheur n'est point perdu
sans ressources, et vous pouvez m'oublier...

— Levez-vous, lui dit doucement le marquis ; je

vous ai pardonné : au moment même de l'injure j'ai
respecté ma femme en vous ; il n'est pas sorti de ma
bouche une parole qui l'ait humiliée, ou du moins je
m'en repens, et je proteste qu'elle n'en entendra plus
aucune qui l'humilie, si elle se souvient qu'on ne peut
rendre son époux malheureux sans le devenir. Soyez
honnête, soyez heureuse, et faites que je le sois.
Levez-vous, je vous en prie, ma femme, levez-vous et
embrassez-moi ; madame la marquise, levez-vous, vous
n'êtes pas à votre place ; madame des Arcis, levez-
vous... »

Pendant qu'il parlait ainsi, elle était restée le visage
caché dans ses mains, et la tête appuyée sur les genoux
du marquis ; mais au mot de ma femme, au mot de
madame des Arcis, elle se leva brusquement, et se
précipita sur le marquis, elle le tenait embrassé, à
moitié suffoquée par la douleur et par la joie; puis elle se
séparait de lui, se jetait à terre, et lui baisait les pieds.

« Ah! lui disait le marquis, je vous ai pardonné ;
je vous l'ai dit ; et je vois que vous n'en croyez rien.

— Il faut, lui [répondit]-elle, que cela soit, et que
je ne le croie jamais. »

Le marquis ajoutait : « En vérité, je crois que je ne
me repens de rien ; et que [cette] Pommeraye, au lieu
de se venger, m'aura rendu un grand service. Ma femme,
allez vous habiller, tandis qu'on s'occupera à faire vos
malles. Nous partons pour ma terre, où nous resterons
jusqu'à ce que nous puissions reparaître ici sans conséquence pour vous et pour moi... »

Ils passèrent presque trois ans de suite absents de
la capitale.

JACQUES. Et je gagerais bien que ces trois ans
s'écoulèrent comme un jour, et que le marquis des
Arcis fut un des meilleurs maris et eut une des meilleures femmes qu'il y eût au monde.

[*répondait*] (L).
En surcharge : [*Mad.*] (V).

LE MAITRE. Je serais de moitié ; mais en vérité je ne sais pourquoi, car je n'ai point été satisfait de cette fille pendant tout le cours des menées de la dame de La Pommeraye et de sa mère. Pas un instant de crainte, pas le moindre signe d'incertitude, pas un remords ; je l'ai vue se prêter, sans aucune répugnance, à cette longue horreur. Tout ce qu'on a voulu d'elle, elle n'a jamais hésité de le faire ; elle va à confesse ; elle communie ; elle joue la religion et ses ministres. Elle m'a semblé aussi fausse, aussi méprisable, aussi méchante que les deux autres... Notre hôtesse, vous narrez assez bien ; mais vous n'êtes pas encore profonde dans l'art dramatique. Si vous vouliez que cette jeune fille intéressât, il fallait lui donner de la franchise, et nous la montrer victime innocente et forcée de sa mère et de [La] Pommeraye, il fallait que les traitements les plus cruels l'entraînassent, malgré qu'elle en eût, à concourir à une suite de forfaits continus pendant une année ; il fallait préparer ainsi le raccommodement de cette femme avec son mari. Quand on introduit un personnage sur la scène, il faut que son rôle soit un : or je vous demanderai, notre charmante hôtesse, si la fille qui complote avec deux scélérats est bien la femme suppliante que nous avons vue aux pieds de son mari ? Vous avez péché contre les règles d'Aristote, d'Horace, de Vida et de Le Bossu [1].

L'HOTESSE. Je ne connais ni bossu ni droit : je vous ai dit la chose comme elle s'est passée, sans en rien omettre, sans y rien ajouter. Et qui sait ce qui se passait au fond du cœur de cette jeune fille, et si, dans les moments où elle nous paraissait agir le plus lestement, elle n'était pas secrètement dévorée de chagrin ?

JACQUES. Notre hôtesse, pour cette fois, il faut que je sois de l'avis de mon maître qui me le pardonnera, car cela m'arrive si rarement ; de son Bossu, que je ne connais point ; et de ces autres messieurs qu'il a cités,

Id. [Mme de La] (V).

et que je ne connais pas davantage. Si Mlle Duquênoi, ci-devant [la] d'Aisnon, avait été une jolie enfant, il y aurait paru.

L'HOTESSE. Jolie enfant ou non, tant y a que c'est une excellente femme ; que son mari est avec elle content comme un roi, et qu'il ne la troquerait pas contre une autre.

LE MAITRE. Je l'en félicite : il a été plus heureux que sage.

L'HOTESSE. Et moi, je vous souhaite une bonne nuit. Il est tard, et il faut que je sois la dernière couchée et la première levée. Quel maudit métier ! Bonsoir, messieurs, bonsoir. Je vous avais promis, je ne sais plus à propos de quoi, l'histoire d'un mariage saugrenu : et je crois vous avoir tenu parole. Monsieur Jacques, je crois que vous n'aurez pas de peine à vous endormir ; car vos yeux sont plus qu'à demi fermés. Bonsoir, monsieur Jacques.

LE MAITRE. Eh bien, notre hôtesse, il n'y a donc pas moyen de savoir vos aventures ?

L'HOTESSE. Non.

JACQUES. Vous avez un furieux goût pour les contes !

LE MAITRE. Il est vrai ; ils m'instruisent et m'amusent. Un bon conteur est un homme rare.

JACQUES. Et voilà tout juste pourquoi je n'aime pas les contes, à moins que je ne les fasse.

LE MAITRE. Tu aimes mieux parler mal que te taire.

JACQUES. Il est vrai.

LE MAITRE. Et moi, j'aime mieux entendre mal parler que de ne rien entendre.

JACQUES. Cela nous met tous deux fort à notre aise.

Je ne sais où l'hôtesse, Jacques et son maître avaient mis leur esprit, pour n'avoir pas trouvé une seule des choses qu'il y avait à dire en faveur de Mlle Duquênoi.

Id. [*Mlle*] (V).

Est-ce que cette fille comprit rien aux artifices de la dame de La Pommeraye, avant le dénoûment ? Est-ce qu'elle n'aurait pas mieux aimé accepter les offres que la main du marquis, et l'avoir pour amant que pour époux ? Est-ce qu'elle n'était pas continuellement sous les menaces et le despotisme de la marquise ? Peut-on la blâmer de son horrible aversion pour un état infâme ? et si l'on prend le parti de l'en estimer davantage, peut-on exiger d'elle bien de la délicatesse, bien du scrupule dans le choix des moyens de s'en tirer ?

Et vous croyez, lecteur, que l'apologie de Mme de La Pommeraye est plus difficile à faire ? Il vous aurait été peut-être plus agréable d'entendre là-dessus Jacques et son maître ; mais ils avaient à parler de tant d'autres choses plus intéressantes, qu'ils auraient vraisemblablement négligé celle-ci. Permettez donc que je m'en occupe un moment.

Vous entrez en fureur au nom de Mme de La Pommeraye, et vous vous écriez : « Ah ! la femme horrible ! ah ! l'hypocrite ! ah ! la scélérate !... » Point d'exclamation, point de courroux, point de partialité : raisonnons. Il se fait tous les jours des actions plus noires, sans aucun génie. Vous pouvez haïr ; vous pouvez redouter Mme de La Pommeraye : mais vous ne la mépriserez pas. Sa vengeance est atroce ; mais elle n'est souillée d'aucun motif d'intérêt. On ne vous a pas dit qu'elle avait jeté au nez du marquis le beau diamant dont il lui avait fait présent ; mais elle le fit : je le sais par les voies les plus sûres. Il ne s'agit ni d'augmenter sa fortune, ni d'acquérir quelques titres d'honneur. Quoi ! si cette femme en avait fait autant, pour obtenir à un mari la récompense de ses services ; si elle s'était prostituée à un ministre ou même à un premier commis, pour un cordon ou pour une colonelle [1] ; au dépositaire de la feuille des Bénéfices [2], pour une riche abbaye, cela vous paraîtrait tout simple, l'usage serait pour vous : et lorsqu'elle se venge d'une perfidie, vous vous révoltez contre elle au lieu de voir que son ressentiment ne

vous indigne que parce que vous êtes incapable d'en
éprouver un aussi profond, ou que vous ne faites presque aucun cas de la vertu des femmes. Avez-vous un
peu réfléchi sur les sacrifices que Mme de La Pommeraye
avait faits au marquis ? Je ne vous dirai pas que sa
bourse lui avait été ouverte en toute occasion, et que
pendant plusieurs années il n'avait eu d'autre maison,
d'autre table que la sienne : cela vous ferait hocher de
la tête ; mais elle s'était assujettie à toutes ses fantaisies, à tous ses goûts ; pour lui plaire elle avait renversé
le plan de sa vie. Elle jouissait de la plus haute consi-
dération dans le monde, par la pureté de ses mœurs :
et elle s'était rabaissée sur la ligne commune. On dit
d'elle, lorsqu'elle eut agréé l'hommage du marquis des
Arcis : Enfin cette merveilleuse Mme de La Pommeraye
s'est donc faite comme une d'entre nous... Elle avait
remarqué autour d'elle les souris ironiques ; elle avait
entendu les plaisanteries, et souvent elle en avait
rougi et baissé les yeux ; elle avait avalé tout le calice
de l'amertume préparé aux femmes dont la conduite
réglée a fait trop longtemps la satire des mauvaises
mœurs de celles qui les entourent ; elle avait supporté
tout l'éclat scandaleux par lequel on se venge des
[imprudentes] bégueules qui affichent de l'honnêteté.
Elle était vaine ; et elle serait morte de douleur plutôt
que de promener dans le monde, après la honte de la
vertu abandonnée, le ridicule d'une délaissée. Elle
touchait au moment où la perte d'un amant ne se
répare plus. Tel était son caractère, que cet événement
la condamnait à l'ennui et à la solitude. Un homme en
poignarde un autre pour un geste, pour un démenti ;
et il ne sera pas permis à une honnête femme perdue,
déshonorée, trahie, de jeter le traître entre les bras d'une
courtisane ? Ah ! lecteur, vous êtes bien léger dans vos
éloges, et bien sévère dans votre blâme. Mais, me direz-
vous, c'est plus encore la manière que la chose que je

[*Impudentes*] dans l'éd. Brière. [*imprudentes*] (A. T., V).

reproche à la marquise. Je ne me fais pas à un ressentiment d'une si longue tenue ; à un tissu de fourberies,
de mensonges, qui dure près d'un an. Ni moi non plus,
ni Jacques, ni son maître, ni l'hôtesse. Mais vous par-
donnez tout à un premier mouvement ; et je vous dirai
que, si le premier mouvement des autres est court,
celui de Mme de La Pommeraye et des femmes de son
caractère est long. Leur âme reste quelquefois toute
leur vie comme au premier moment de l'injure ; et
quel inconvénient, quelle injustice y a-t-il à cela ? Je
n'y vois que des trahisons moins communes ; et j'approu-
verais fort une loi qui condamnerait aux courtisanes
celui qui aurait séduit et abandonné une honnête
femme : l'homme commun aux femmes communes.

Tandis que je disserte, le maître de Jacques ronfle
comme s'il m'avait écouté ; et Jacques, à qui les mus-
cles des jambes refusaient le service, rôde dans la
chambre, en chemise et pieds nus, culbute tout ce
qu'il rencontre et réveille son maître qui lui dit d'entre
ses rideaux : « Jacques, tu es ivre.

— Ou peu s'en faut.

— A quelle heure as-tu résolu de te coucher ?

— Tout à l'heure, monsieur ; c'est qu'il y a... c'est
qu'il y a...

— Qu'est-ce qu'il y a ?

— Dans cette bouteille un reste qui s'éventerait.
J'ai en horreur les bouteilles en vidange ; cela me
reviendrait en tête, quand je serais couché ; et il n'en
faudrait pas davantage pour m'empêcher de fermer
l'œil. Notre hôtesse est, par ma foi, une excellente
femme, et son vin de Champagne un excellent vin ;
ce serait dommage de le laisser éventer... Le voilà
bientôt à couvert... et il ne s'éventera plus... »

Et tout en balbutiant, Jacques, en chemise et pieds
nus, avait sablé deux ou trois rasades sans ponctuation,
comme il s'exprimait, c'est-à-dire de la bouteille au
verre, du verre à la bouche. Il y a deux versions sur

ce qui suivit après qu'il eut éteint les lumières. Les
uns [prétendent] qu'il se mit à tâtonner le long des
murs sans pouvoir retrouver son lit, et qu'il disait :
« Ma foi, il n'y est plus, ou, s'il y est, il est écrit là-
haut que je ne le retrouverai pas ; dans l'un et l'autre
cas, il faut s'en passer » ; et qu'il prit le parti de s'étendre sur des chaises. D'autres, qu'il était écrit là-haut
qu'il s'embarrasserait les pieds dans les chaises, qu'il
tomberait sur le carreau et qu'il y resterait. De ces
deux versions, demain, après-demain, vous choisirez,
à tête reposée, celle qui vous conviendra le mieux.

Nos deux voyageurs, qui s'étaient couchés tard et la
tête un peu chaude de vin, dormirent la grasse matinée ;
Jacques à terre ou sur des chaises, selon la version que
vous aurez préférée ; son maître plus à son aise dans
son lit. L'hôtesse monta et leur annonça que la journée
ne serait pas belle ; mais que, quand le temps leur
permettrait de continuer leur route, ils risqueraient leur
vie ou seraient arrêtés par le gonflement des eaux du
ruisseau qu'ils auraient à traverser ; et que plusieurs
hommes [de] cheval, qui n'avaient pas voulu l'en croire,
avaient été forcés de rebrousser chemin. Le maître dit
à Jacques : « Jacques, que ferons-nous ? » Jacques
répondit : « Nous déjeunerons d'abord avec notre
hôtesse : ce qui nous avisera. » L'hôtesse jura que c'était
sagement pensé. On servit à déjeuner. L'hôtesse ne
demandait pas mieux que d'être gaie ; le maître de
Jacques s'y serait prêté ; mais Jacques commençait à
souffrir ; il mangea de mauvaise grâce, il but peu,
il se tut. Ce dernier symptôme était surtout fâcheux ;
c'était la suite de la mauvaise nuit qu'il avait passée
et du mauvais lit qu'il avait eu. Il se plaignait de
douleurs dans les membres ; sa voix rauque annonçait
un mal de gorge. Son maître lui conseilla de se coucher :
il n'en voulut rien faire. L'hôtesse lui proposait une

[*prétendant*] (L).
[*à*] (L).

soupe à l'oignon. Il demanda qu'on fît du feu dans la
chambre, car il ressentait du frisson ; qu'on lui pré-
parât de la tisane et qu'on lui apportât une bouteille
de vin blanc : ce qui fut exécuté sur-le-champ. Voilà
l'hôtesse partie et Jacques en tête à tête avec son
maître. Celui-ci allait à la fenêtre, disait : « Quel diable
de temps ! » regardait à sa montre (car c'était la seule
en qui il eût confiance) quelle heure il était, prenait
sa prise de tabac, recommençait la même chose d'heure
en heure, s'écriant à chaque fois : « Quel diable de
temps ! » se tournant vers Jacques et ajoutant : « La
belle occasion pour reprendre et achever l'histoire de
tes amours ! mais on parle mal d'amour et d'autre chose
quand on souffre. Vois, tâte-toi, si tu peux continuer,
continue ; sinon, bois ta tisane et dors. »

Jacques prétendit que le silence lui était malsain ;
qu'il était un animal jaseur ; et que le principal avantage de sa condition, celui qui le touchait le plus, c'était
la liberté de se dédommager des douze années de
bâillon qu'il avait passées chez son grand-père, à qui
Dieu fasse miséricorde.

LE MAITRE. Parle donc, puisque cela nous fait plaisir
à tous deux. Tu en étais à je ne sais quelle proposition
malhonnête de la femme du chirurgien ; il s'agissait, je
crois, d'expulser celui qui servait au château et d'y
installer son mari.

JACQUES. M'y voilà ; mais un moment, s'il vous
plaît. Humectons.

Jacques remplit un grand gobelet de tisane, y versa
un peu de vin blanc et l'avala. C'était une recette qu'il
tenait de son capitaine et que M. Tissot [1], qui la
tenait de Jacques, recommande dans son traité des
maladies populaires. Le vin blanc, disaient Jacques et
M. Tissot, fait pisser, est diurétique, corrige la fadeur de
la tisane et soutient le ton de l'estomac et des intes-
tins. Son verre de tisane bu, Jacques continua :

Me voilà sorti de la maison du chirurgien, monté dans la voiture, arrivé au château et entouré de tous ceux qui l'habitaient.

LE MAITRE. Est-ce que tu y étais connu ?

JACQUES. Assurément ! Vous rappelleriez-vous une certaine femme à la cruche d'huile ?

LE MAITRE. Fort bien !

JACQUES. Cette femme était la commissionnaire de l'intendant et des domestiques. Jeanne avait prôné dans le château l'acte de commisération que j'avais exercé envers elle ; ma bonne œuvre était parvenue aux oreilles du maître : on ne lui avait pas laissé ignorer les coups de pied et de poing dont elle avait été récompensée la nuit sur le grand chemin. Il avait ordonné qu'on me découvrît et qu'on me transportât chez lui. M'y voilà. On me regarde ; on m'interroge, on m'admire. Jeanne m'embrassait et me remerciait. « Qu'on le loge commodément, disait le maître à ses gens, et qu'on ne le laisse manquer de rien » ; au chirurgien de la maison : « Vous le visiterez [assidûment]... » Tout fut exécuté de point en point. Eh bien ! mon maître, qui sait ce qui est écrit là-haut ? Qu'on dise à présent que c'est bien ou mal fait de donner son argent ; que c'est un malheur d'être assommé... Sans ces deux événements, M. Desglands n'aurait jamais entendu parler de Jacques.

LE MAITRE. M. Desglands, seigneur de [Miremont] ! C'est au château de Miremont que tu es ? chez mon vieil ami, le père de M. Desforges, l'intendant de la province ?

JACQUES. Tout juste. Et la jeune brune à la taille légère, aux yeux noirs...

LE MAITRE. Est Denise, la fille de Jeanne ?

JACQUES. Elle-même.

[avec assiduité] (V, L).
Changé en [*Miramon*] par Vandeul (V).

LE MAITRE. Tu as raison, c'est une des plus belles et des plus honnêtes créatures qu'il y ait à vingt lieues à la ronde. Moi et la plupart de ceux qui fréquentaient le château de Desglands [avaient] tout mis en œuvre inutilement pour la séduire ; et il n'y en avait pas un de nous qui n'eût fait de grandes sottises pour elle, à condition d'en faire une petite pour lui.

Jacques cessant ici de parler, son maître lui dit : A quoi penses-tu? Que fais-tu?

JACQUES. Je fais ma prière.
LE MAITRE. Est-ce que tu pries?
JACQUES. Quelquefois.
LE MAITRE. Et que dis-tu?
JACQUES. Je dis : « Toi qui as fait le grand rouleau, quel que tu sois, et dont le doigt a tracé toute l'écriture qui est là-haut, tu as su de tous les temps ce qu'il me fallait ; que ta volonté soit faite. *Amen.* »
LE MAITRE. Est-ce que tu ne ferais pas aussi bien de te taire?
JACQUES. Peut-être que oui, peut-être que non. Je prie à tout hasard ; et quoi qu'il m'advînt, je ne m'en réjouirais ni m'en plaindrais, si je me possédais ; mais c'est que je suis inconséquent et violent, que j'oublie mes principes ou les leçons de mon capitaine et que je ris et pleure comme un sot.
LE MAITRE. Est-ce que ton capitaine ne pleurait point, ne riait jamais?
JACQUES. Rarement... Jeanne m'amena sa fille un matin ; et s'adressant d'abord à moi, elle me dit : « Monsieur, vous voilà dans un beau château, où vous serez un peu mieux que chez votre chirurgien. Dans les commencements surtout, oh! vous serez soigné à ravir ; mais je connais les domestiques, il y a assez longtemps que je le suis ; peu à peu leur beau zèle se

[*avions*] (en surcharge, V).

ralentira. Les maîtres ne penseront plus à vous ; et si votre maladie dure, vous serez oublié, mais si parfaitement oublié, que s'il vous prenait fantaisie de mourir de faim, cela vous réussirait... » Puis se tournant vers sa fille : « Écoute, Denise, lui dit-elle, je veux que tu visites cet honnête homme-là quatre fois par jour : le matin, à l'heure du dîner, sur les cinq heures et à l'heure du souper. Je veux que tu lui obéisses comme à moi. Voilà qui est dit, et n'y manque pas. »

LE MAITRE. Sais-tu ce qui lui est arrivé à ce pauvre Desglands ?

JACQUES. Non, monsieur ; mais si les souhaits que j'ai faits pour sa prospérité n'ont pas été remplis, ce n'est pas faute d'avoir été sincères. C'est lui qui me donna au commandeur de La Boulaye, qui périt en passant à Malte ; c'est le commandeur de La Boulaye qui me donna à son frère aîné le capitaine, qui est peut-être mort à présent de la fistule ; c'est ce capitaine qui me donna à son frère le plus jeune, l'avocat général de Toulouse, qui devint fou, et que la famille fit enfermer. C'est M. Pascal, avocat général de Toulouse, qui me donna au comte de Tourville, qui aima mieux laisser croître sa barbe sous un habit de capucin que d'exposer sa vie ; c'est le comte de Tourville qui me donna à la marquise du Belloy, qui s'est sauvée à Londres avec un étranger ; c'est la marquise du Belloy qui me donna à un de ses cousins, qui s'est ruiné avec les femmes et qui a passé aux îles ; c'est ce cousin-là qui me recommanda à un M. [Hérissant], usurier de profession, qui faisait valoir l'argent de M. de Rusai, docteur de Sorbonne, qui me fit entrer chez Mlle Isselin [1], que vous entreteniez, [et] qui me plaça chez vous, à qui je devrai un morceau de pain sur mes vieux jours, car vous me l'avez promis si je vous restais attaché : et il n'y a pas d'apparence que

---

Tous les noms propres, en ce passage, ont été rayés ou changés par Vandeul [*Hérissant* pour *Harpon*]. [*et c'est Mlle Isselin qui*] (V).

nous nous séparions. Jacques a été fait pour vous, et vous fûtes fait pour Jacques.

LE MAITRE. Mais, Jacques, tu as parcouru bien des maisons en assez peu de temps.

JACQUES. Il est vrai ; on m'a renvoyé quelquefois.

LE MAITRE. Pourquoi ?

JACQUES. C'est que je suis né bavard, et que tous ces gens-là voulaient qu'on se tût. Ce n'était pas comme vous, qui me remercieriez demain si je me taisais. J'avais tout juste le vice qui vous convenait. Mais qu'est-ce donc qui est arrivé à M. Desglands ? dites-moi cela, tandis que je m'apprêterai un coup de tisane.

LE MAITRE. Tu as demeuré dans son château et tu n'as jamais entendu parler de son emplâtre ?

JACQUES. Non.

LE MAITRE. Cette aventure-là sera pour la route ; l'autre est courte. Il avait fait sa fortune au jeu. Il s'attacha à une femme que tu auras pu voir dans son château, femme d'esprit, mais sérieuse, taciturne, originale et dure. Cette femme lui dit un jour : « Ou vous m'aimez mieux que le jeu, et en ce cas donnez-moi votre parole d'honneur que vous ne jouerez jamais ; ou vous aimez mieux le jeu que moi, et en ce cas ne me parlez plus de votre passion, et jouez tant qu'il vous plaira... » Desglands donna sa parole d'honneur qu'il ne jouerait plus. — Ni gros ni petit jeu ? — Ni gros ni petit jeu. Il y avait environ dix ans qu'ils vivaient ensemble dans le château que tu connais, lorsque Desglands, appelé à la ville par une affaire d'intérêt, eut le malheur de rencontrer chez son notaire une de ses anciennes connaissances de brelan [1], qui l'entraîna à dîner dans un tripot, où il perdit en une seule séance tout ce qu'il possédait. Sa maîtresse fut inflexible ; elle était riche ; elle fit à Desglands une pension modique et se sépara de lui pour toujours.

JACQUES. J'en suis fâché ; c'était un galant homme.

LE MAITRE. [Comment va la gorge ?

JACQUES. Mal.

LE MAITRE. C'est que tu parles trop, et que tu ne bois pas assez.

JACQUES. C'est que je n'aime pas la tisane, et que j'aime à parler].

LE MAITRE. Eh bien! Jacques, te voilà chez Desglands, près de Denise, et Denise autorisée par sa mère à te faire au moins quatre visites par jour. La coquine! préférer un Jacques!

JACQUES. Un Jacques! un Jacques, monsieur, est un homme comme un autre.

LE MAITRE. Jacques, tu te trompes, un Jacques n'est point un homme comme un autre.

JACQUES. C'est quelquefois mieux qu'un autre.

LE MAITRE. Jacques, vous vous oubliez. Reprenez l'histoire de vos amours, et souvenez-vous que vous n'êtes et que vous ne serez jamais qu'un Jacques [1].

JACQUES. Si, dans la chaumière où nous trouvâmes les coquins, Jacques n'avait pas valu un peu mieux que son maître...

LE MAITRE. Jacques, vous êtes un insolent : vous abusez de ma bonté. Si j'ai fait la sottise de vous tirer de votre place, je saurai bien vous y remettre. Jacques, prenez votre bouteille et votre coquemar [2], et descendez là-bas.

JACQUES. Cela vous plaît a dire, monsieur ; je me trouve bien ici, et je ne descendrai pas là-bas.

LE MAITRE. Je te dis que tu descendras.

JACQUES. Je suis sûr que vous ne dites pas vrai. Comment, monsieur, après m'avoir accoutumé pendant dix ans à vivre de pair à compagnon...

LE MAITRE. Il me plaît que cela cesse.

JACQUES. Après avoir souffert toutes mes impertinences...

LE MAITRE. Je n'en veux plus souffrir.

JACQUES. Après m'avoir fait asseoir à table à côté de vous, m'avoir appelé votre ami...

Le passage entre crochets manque dans l'éd. originale et dans la copie consultée par A. T. Il figure dans V.

LE MAITRE. Vous ne savez pas ce que c'est que le nom d'ami donné par un supérieur à son subalterne.

JACQUES. Quand on sait que tous vos ordres ne sont que des clous à soufflet [1], s'ils n'ont été ratifiés par Jacques ; après avoir si bien accolé votre nom au mien, que l'un ne va jamais sans l'autre, et que tout le monde dit Jacques et son maître ; tout à coup il vous plaira de les séparer! Non, monsieur, cela ne sera pas. Il est écrit là-haut que tant que Jacques vivra, que tant que son maître vivra, et même après qu'ils seront morts tous deux, on dira Jacques et son maître.

LE MAITRE. Et je dis, Jacques, que vous descendrez, et que vous descendrez sur-le-champ, parce que je vous l'ordonne.

JACQUES. Monsieur, commandez-moi toute autre chose, si vous voulez que je vous obéisse.

Ici, le maître de Jacques se leva, le prit à la boutonnière et lui dit gravement :

« Descendez. »

Jacques lui répondit froidement :

« Je ne descends pas. »

Le maître le secoua fortement, lui dit :

« Descendez, maroufle! obéissez-moi. »

Jacques lui répliqua froidement encore :

« Maroufle, tant qu'il vous plaira ; mais le maroufle ne descendra pas. Tenez, monsieur, ce que j'ai à la tête, comme on dit, je ne l'ai pas au talon. Vous vous échauffez inutilement, Jacques restera où il est, et ne descendra pas. »

Et puis Jacques et son maître, après s'être modérés jusqu'à ce moment, s'échappent tous les deux à la fois, et se mettent à crier à tue-tête :

« Tu descendras.

— Je ne descendrai pas.

— Tu descendras.

— Je ne descendrai pas. »

A ce bruit, l'hôtesse monta, et s'informa de ce que

c'était ; mais ce ne fut pas dans le premier instant qu'on lui répondit ; on continua à crier : « Tu descendras. Je ne descendrai pas. » Ensuite le maître, le cœur gros, se promenant dans la chambre, disait en grommelant : « A-t-on jamais rien vu de pareil ? » L'hôtesse ébahie et debout : « Eh bien ! messieurs, de quoi s'agit-il ? »

Jacques, sans s'émouvoir, à l'hôtesse : C'est mon maître à qui la tête tourne ; il est fou.

LE MAITRE. C'est bête que tu veux dire.

JACQUES. Tout comme il vous plaira.

LE MAITRE, *à l'hôtesse.* L'avez-vous entendu ?

L'HOTESSE. Il a tort ; mais la paix, la paix ; parlez l'un ou l'autre, et que je sache ce dont il s'agit.

LE MAITRE, *à Jacques.* Parle, maroufle.

JACQUES, *à son maître.* Parlez vous-même.

L'HOTESSE, *à Jacques.* Allons, monsieur Jacques, parlez, votre maître vous l'ordonne ; après tout, un maître est un maître...

Jacques expliqua la chose à l'hôtesse. L'hôtesse, après avoir entendu, leur dit : Messieurs, voulez-vous m'accepter pour arbitre ?

JACQUES ET SON MAITRE, *tous les deux à la fois.* Très. volontiers, très volontiers, notre hôtesse.

L'HOTESSE. Et vous vous engagez d'honneur à exécuter ma sentence ?

JACQUES ET SON MAITRE. D'honneur, d'honneur...

Alors l'hôtesse s'asseyant sur la table, et prenant le ton et le maintien d'un grave magistrat, dit :

« Ouï la déclaration de monsieur Jacques, et d'après des faits tendant à prouver que son maître est un bon, un très bon, un trop bon maître ; et que Jacques n'est point un mauvais serviteur, quoiqu'un peu sujet à confondre la possession absolue et inamovible avec la concession passagère et gratuite, j'annule l'égalité qui s'est établie entre eux par laps de temps, et la recrée sur-le-champ. Jacques descendra, et quand il aura descendu, il remontera : il rentrera dans toutes les prérogatives dont il a joui jusqu'à ce jour. Son maître lui tendra la main, et lui dira d'amitié : « Bonjour, Jacques, je suis bien aise de vous revoir... » Jacques lui répondra : « Et moi, monsieur, je suis enchanté de vous retrouver... » Et je défends qu'il soit jamais question entre eux de cette affaire, et que la prérogative de maître et de serviteur soit agitée à l'avenir. Voulons que l'un ordonne et que l'autre obéisse, chacun de son mieux ; et qu'il soit laissé, entre ce que l'un peut et ce que l'autre doit, la même obscurité que ci-devant. »

En achevant ce prononcé, qu'elle avait pillé dans quelque ouvrage du temps, publié à l'occasion d'une querelle toute pareille [1], et où l'on avait entendu, de l'une des extrémités du royaume à l'autre, le maître crier à son serviteur : « Tu descendras ! » et le serviteur crier de son côté : « Je ne descendrai pas ! » allons, dit-elle à Jacques, vous, donnez-moi le bras sans parlementer davantage...

Jacques s'écria douloureusement : Il était donc écrit là-haut que je descendrais !..

L'HOTESSE, *à Jacques*. Il était écrit là-haut qu'au moment où l'on prend maître, on descendra, on montera, on avancera, on reculera, on restera, et cela sans qu'il soit jamais libre aux pieds de se refuser aux ordres de la tête. Qu'on me donne le bras, et que mon ordre s'accomplisse...

Jacques donna le bras à l'hôtesse ; mais à peine eurent-ils passé le seuil de la chambre, que le maître se précipita sur Jacques, et l'embrassa ; quitta Jacques pour embrasser l'hôtesse ; et les embrassant l'un et l'autre, il disait : « Il est écrit là-haut que je ne me déferai jamais de cet original-là, et que tant que je

vivrai il sera mon maître et que je serai son serviteur... »
L'hôtesse ajouta : « Et qu'à vue de pays, vous ne vous
en trouverez pas plus mal tous deux. » L'hôtesse,
après avoir apaisé cette querelle, qu'elle prit pour la
première, et qui n'était pas la centième de la même
espèce, et réinstallé Jacques à sa place, s'en alla à ses
affaires, et le maître dit à Jacques : « A présent que
nous voilà de sang-froid et en état de juger sainement,
ne conviendras-tu pas ?

JACQUES. Je conviendrai que quand on a donné sa
parole d'honneur, il faut la tenir ; et puisque nous
avons promis au juge sur notre parole d'honneur de ne
pas revenir sur cette affaire, [il] n'en faut plus parler.

LE MAITRE. Tu as raison.

JACQUES. Mais sans revenir sur cette affaire, ne
pourrions-nous pas en prévenir cent autres par quelque
arrangement raisonnable ?

LE MAITRE. J'y consens.

JACQUES. Stipulons : 1º qu'attendu qu'il est écrit
là-haut que je vous suis essentiel, et que je sens, que
je sais que vous ne pouvez pas vous passer de moi,
j'abuserai de ces avantages toutes et quantes fois que
l'occasion s'en présentera.

LE MAITRE. Mais, Jacques, on n'a [jamais] rien
stipulé de pareil.

JACQUES. Stipulé ou non stipulé, cela s'est fait
de tous les temps, se fait aujourd'hui, et se fera
tant que le monde durera. Croyez-vous que les
autres n'aient pas cherché comme vous à se soustraire
à ce décret, et que vous serez plus habile qu'eux ?
Défaites-vous de cette idée, et soumettez-vous à la
loi d'un besoin dont il n'est pas en votre pouvoir de
vous affranchir.

Stipulons : 2º qu'attendu qu'il est aussi impossible

[*qu'il*] (V).
Manque (V).

à Jacques de ne pas connaître son ascendant et sa
force sur son maître, qu'à son maître de méconnaître
sa faiblesse et de se dépouiller de son indulgence, il
faut que Jacques soit insolent, et que, pour la paix,
son maître ne s'en aperçoive pas. Tout cela s'est arrangé
à notre insu, tout cela fut scellé là-haut au moment
où la nature fit Jacques et son maître. Il fut arrêté
que vous auriez [les titres], et que j'aurais la chose.
Si vous vouliez vous opposer à la volonté de nature,
vous n'y feriez que de l'eau claire.

LE MAITRE. Mais, à ce compte, ton lot vaudrait mieux
que le mien.

JACQUES. Qui vous le dispute ?

LE MAITRE. Mais, à ce compte, je n'ai qu'à prendre
ta place et te mettre à la mienne.

JACQUES. Savez-vous ce qui en arriverait ? Vous y
perdriez le titre, et vous n'auriez pas la chose. Restons
comme nous sommes, nous sommes fort bien tous
deux ; et que le reste de notre vie soit employé à faire un
proverbe.

LE MAITRE. Quel proverbe ?

JACQUES. [Jacques mène son maître]. Nous serons
les premiers dont on l'aura dit ; mais on le répétera
de mille autres qui valent mieux que vous et moi.

LE MAITRE. Cela me semble dur, très dur.

JACQUES. Mon maître, mon cher maître, vous allez
regimber contre un aiguillon qui n'en piquera que
plus vivement. Voilà donc qui est convenu entre nous.

LE MAITRE. Et que fait notre consentement à une
loi nécessaire ?

JACQUES. Beaucoup. Croyez-vous qu'il soit inutile
de savoir une bonne fois, nettement, clairement, à
quoi s'en tenir ? Toutes nos querelles ne sont venues
jusqu'à présent que parce que nous ne nous étions
pas encore bien dit, vous, que vous vous appelleriez

[*le titre*] (V, L).
[ ] Souligné dans V.

mon maître, et que c'est moi qui serais le vôtre. Mais voilà qui est entendu ; et nous n'avons plus qu'à cheminer en conséquence.

LE MAITRE. Mais où diable as-tu appris tout cela ?

JACQUES. Dans le grand livre. Ah! mon maître, on a beau réfléchir, méditer, étudier dans tous les livres du monde, on n'est jamais qu'un petit clerc quand on n'a pas lu dans le grand livre...

L'après-dînée, le soleil s'éclaircit. Quelques voyageurs assurèrent que le ruisseau était guéable. Jacques descendit ; son maître paya l'hôtesse très largement. Voilà à la porte de l'auberge un assez grand nombre de passagers que le mauvais temps y avait retenus, se préparant à continuer leur route ; parmi ces passagers, Jacques et son maître, l'homme au mariage saugrenu et son compagnon. Les piétons ont pris leurs bâtons et leurs bissacs ; d'autres s'arrangent dans leurs fourgons ou leurs voitures ; les cavaliers sont sur leurs chevaux, et boivent le vin de l'étrier. L'hôtesse affable tient une bouteille à la main, présente des verres, et les remplit, sans oublier le sien ; on lui dit des choses obligeantes ; elle y répond avec politesse et gaieté. On pique des deux, on se salue et l'on s'éloigne.

Il arriva que Jacques et son maître, le marquis des Arcis et son compagnon de voyage, avaient la même route à faire. De ces quatre personnages il n'y a que ce dernier qui ne vous soit pas connu. Il avait à peine atteint l'âge de vingt-deux ou de vingt-trois ans. Il était d'une timidité qui se peignait sur son visage ; il portait sa tête un peu penchée sur l'épaule gauche ; il était silencieux, et n'avait presque aucun usage du monde. S'il faisait la révérence, il inclinait la partie supérieure de son corps sans remuer ses jambes ; assis, il avait le tic de prendre les basques de son habit, et de les croiser sur ses cuisses, de tenir ses mains dans les fentes, et d'écouter ceux qui parlaient, les

yeux presque fermés. A cette allure singulière Jacques
le déchiffra ; et s'approchant de l'oreille de son maître,
il lui dit : « Je gage que ce jeune homme a porté l'habit
de moine ¹ ?

— Et pourquoi cela, Jacques ?

— Vous verrez.

Nos quatre voyageurs allèrent de compagnie,
s'entretenant de la pluie, du beau temps, de l'hôtesse,
de l'hôte, de la querelle du marquis des Arcis, au sujet
de Nicole. Cette chienne affamée et malpropre venait
sans cesse s'essuyer à ses bas ; après l'avoir inutilement
chassée plusieurs fois avec sa serviette, d'impatience
il lui avait détaché un assez violent coup de pied...
Et voilà tout de suite la conversation tournée sur cet
attachement singulier des femmes pour les animaux.
Chacun en dit son avis. Le maître de Jacques, s'adressant à Jacques, lui dit : « Et toi, Jacques, qu'en penses-
tu ? »

Jacques demanda à son maître s'il n'avait pas remarqué que, quelle que fût la misère des petites gens,
n'ayant pas de pain pour eux, ils avaient tous des
chiens ; s'il n'avait pas remarqué que ces chiens,
étant tous instruits à faire des tours, à marcher à
deux pattes, à danser, à rapporter, à sauter pour le roi,
pour la reine, à faire le mort, cette éducation les avait
rendus les plus malheureuses bêtes du monde. D'où
il conclut que tout homme voulait commander à un
autre ; et que l'animal se trouvant dans la société im-
médiatement au-dessous de la classe des derniers
citoyens commandés par toutes les autres classes,
ils prenaient un animal pour commander aussi à
quelqu'un. Eh bien ! dit Jacques, chacun a son chien.
Le ministre est le chien du roi, le premier commis est le
chien du ministre, la femme est le chien du mari, ou le
mari le chien de la femme ; Favori est le chien de celle-
ci, et Thibaud est le chien de l'homme du coin. Lorsque
mon maître me fait parler quand je voudrais me taire,
ce qui, à la vérité, m'arrive rarement, continua

Jacques ; lorsqu'il me fait taire quand je voudrais parler, ce qui est très difficile ; lorsqu'il me demande l'histoire de mes amours, et que j'aimerais mieux causer d'autre chose ; lorsque j'ai commencé l'histoire de mes amours, et qu'il l'interrompt : que suis-je autre chose que son chien ? les hommes faibles sont les chiens des hommes fermes.

LE MAITRE. Mais, Jacques, cet attachement pour les animaux, je ne le remarque pas seulement dans les petites gens, je connais de grandes dames entourées d'une meute de chiens, sans compter les chats, les perroquets, les oiseaux.

JACQUES. C'est leur satire et celle de ce qui les entoure. Elles n'aiment personne ; personne ne les aime : et elles jettent aux chiens un sentiment dont elles ne savent que faire.

LE MARQUIS DES ARCIS. Aimer les animaux ou jeter son cœur aux chiens, cela est singulièrement vu.

LE MAITRE. Ce qu'on donne à ces animaux-là suffirait à la nourriture de deux ou trois malheureux.

JACQUES. A présent en êtes-vous surpris ?

LE MAITRE. Non.

Le marquis des Arcis tourna les yeux sur Jacques, sourit de ses idées ; puis, s'adressant à son maître, il lui dit : Vous avez là un serviteur qui n'est pas ordinaire.

LE MAITRE. Un serviteur, vous avez bien de la bonté : c'est moi qui suis le sien ; et peu s'en est fallu que ce matin, pas plus tard, il ne me l'ait prouvé en forme.

Tout en causant on arriva à la couchée, et l'on fit chambrée commune. Le maître de Jacques et le marquis des Arcis soupèrent ensemble. Jacques et le jeune homme furent servis à part. Le maître ébaucha en quatre mots au marquis l'histoire de Jacques et de son

tour de tête fataliste. Le marquis parla du jeune homme
qui le suivait. Il avait été prémontré. Il était sorti de sa
maison par une aventure bizarre ; des amis le lui avaient
recommandé ; et il en avait fait son secrétaire en attendant mieux. Le maître de Jacques dit : Cela est plaisant.

LE MARQUIS DES ARCIS. Et que trouvez-vous de
plaisant à cela ?

LE MAITRE. Je parle de Jacques. A peine sommes-
nous entrés dans le logis que nous venons de quitter,
que Jacques m'a dit à voix basse : « Monsieur, regardez
bien ce jeune homme, je gagerais qu'il a été moine. »

LE MARQUIS. Il a rencontré juste, je ne sais [sur
quoi]. Vous couchez-vous de bonne heure ?

LE MAITRE. Non, pas ordinairement ; et ce soir j'en
suis d'autant moins pressé que nous n'avons fait que
demi-journée.

LE MARQUIS DES ARCIS. Si vous n'avez rien qui vous
occupe plus utilement ou plus agréablement, je vous
raconterai l'histoire de mon secrétaire ; elle n'est pas
commune.

LE MAITRE. Je l'écouterai volontiers.

Je vous entends, lecteur : vous me dites : Et les
amours de Jacques ?... Croyez-vous que je n'en sois pas
pas aussi curieux que vous ? Avez-vous oublié que
Jacques aimait à parler, et surtout à parler de lui ; manie générale des gens de son état ; manie qui les tire
de leur abjection, qui les place dans la tribune, et qui
les transforme tout à coup en personnages intéressants ?
Quel est, à votre avis, le motif qui attire la populace
aux exécutions publiques ? L'inhumanité ? Vous vous
trompez : le peuple n'est point inhumain ; ce malheureux autour de l'échafaud duquel il s'attroupe, il
l'arracherait des mains de la justice s'il le pouvait. Il

[*pourquoi*] (V).

va chercher en Grève une scène qu'il puisse raconter à
son retour dans le faubourg ; celle-là ou une autre,
cela lui est indifférent, pourvu qu'il fasse un rôle, qu'il
rassemble ses voisins, et qu'il s'en fasse écouter.
Donnez au boulevard une fête amusante ; et vous verrez
que la place des exécutions sera vide. Le peuple est
avide de spectacles, et y court, parce qu'il est amusé
quand il en jouit, et qu'il est encore amusé par le récit
qu'il en fait quand il en est revenu. Le peuple est terrible dans sa fureur ; mais elle ne dure pas. Sa misère
propre l'a rendu compatissant ; il détourne les yeux du
spectacle d'horreur qu'il est allé chercher ; il s'attendrit,
il s'en retourne en pleurant... Tout ce que je vous
débite là, lecteur, je le tiens de Jacques, je vous l'avoue,
parce que je n'aime pas à me faire honneur de l'esprit
d'autrui. Jacques ne connaissait ni le nom de vice, ni
le nom de vertu ; il prétendait qu'on était heureusement ou malheureusement né. Quand il entendait prononcer les mots [récompenses] ou [châtiments], il
haussait les épaules. Selon lui la récompense était
l'encouragement des bons ; le châtiment, l'effroi des
méchants. Qu'est-ce autre chose, disait-il, s'il n'y a
point de liberté, et que notre destinée soit écrite là-
haut ? Il croyait qu'un homme s'acheminait aussi
nécessairement à la gloire ou à l'ignominie, qu'une
boule qui aurait la conscience d'elle-même suit la pente
d'une montagne[1] ; et que, si l'enchaînement des causes
et des effets qui forment la vie d'un homme depuis le
premier instant de sa naissance jusqu'à son dernier
soupir nous était connu, nous resterions convaincus
qu'il n'a fait que ce qu'il était nécessaire de faire. Je
l'ai plusieurs fois contredit, mais sans avantage et sans
fruit. En effet, que répliquer à celui qui vous dit :
Quelle que soit la somme des éléments dont je suis
composé, je suis un ; or, une cause n'a qu'un effet ;
j'ai toujours été une cause une ; je n'ai donc jamais eu

[ ] soulignés dans V.

qu'un effet à produire ; ma durée n'est donc qu'une
suite d'effets nécessaires. C'est ainsi que Jacques rai-
sonnait d'après son capitaine. La distinction d'un
monde physique et d'un monde moral lui semblait vide
de sens. Son capitaine lui avait fourré dans la tête
toutes ces opinions qu'il avait puisées, lui, dans son
Spinoza qu'il savait par cœur. D'après ce système, on
pourrait imaginer que Jacques ne se réjouissait, ne
s'affligeait de rien ; cela n'était pourtant pas vrai. Il se
conduisait à peu près comme vous et moi [1]. Il remerciait son bienfaiteur, pour qu'il lui fît encore du bien.
Il se mettait en colère contre l'homme injuste ; et
quand on lui objectait qu'il ressemblait alors au chien
qui mord la pierre qui l'a frappé : « Nenni, disait-il, la
pierre mordue par le chien ne se corrige pas ; l'homme
injuste est modifié par le bâton. » Souvent il était
inconséquent comme vous et moi, et sujet à oublier ses
principes, excepté dans quelques circonstances où sa
philosophie le dominait évidemment ; c'était alors
qu'il disait : « Il fallait que cela fût, car cela était écrit
là-haut. » Il tâchait à prévenir le mal ; il était prudent
avec le plus grand mépris pour la prudence. Lorsque
l'accident était arrivé, il en revenait à son refrain ; et il
était consolé. Du reste, bon homme, franc, honnête,
brave, attaché, fidèle, très têtu, encore plus bavard, et
affligé comme vous et moi d'avoir commencé l'histoire
de ses amours sans presque aucun espoir de la finir. Ainsi
je vous conseille, lecteur, de prendre votre parti ; et au
défaut des amours de Jacques, de vous accommoder des
aventures du secrétaire du marquis des Arcis. D'ailleurs,
je le vois, ce pauvre Jacques, le cou entortillé d'un
large mouchoir ; sa gourde, ci-devant pleine de bon vin,
ne contenant que de la tisane ; toussant, jurant contre
l'hôtesse, qu'ils ont quittée, et contre son vin de Champagne, ce qu'il ne ferait pas s'il se ressouvenait que
tout est écrit là-haut, même son rhume.

Et puis, lecteur, toujours des contes d'amour ; un,
deux, trois, quatre contes d'amour que je vous ai faits ;

trois ou quatre autres contes d'amour qui vous reviennent encore : ce sont beaucoup de contes d'amour. Il
est vrai d'un autre côté que, puisqu'on écrit pour vous,
il faut ou se passer de votre applaudissement, ou vous
servir à votre goût, et que vous l'avez bien décidé pour
les contes d'amour. Toutes vos nouvelles en vers ou en
prose sont des contes d'amour ; presque tous vos
poèmes, élégies, églogues, idylles, chansons, épîtres,
comédies, tragédies, opéras, sont des contes d'amour.
Presque toutes vos peintures et vos sculptures ne sont
que des contes d'amour. Vous êtes aux contes d'amour
pour toute nourriture depuis que vous existez, et vous
ne vous en lassez point. L'on vous tient à ce régime et
l'on vous y tiendra longtemps encore, hommes et
femmes, grands et petits enfants, sans que vous vous
en lassiez. En vérité, cela est merveilleux. Je voudrais
que l'histoire du secrétaire du marquis des Arcis fût
encore un conte d'amour ; mais j'ai peur qu'il n'en soit
rien, et que vous n'en soyez ennuyé. Tant pis pour le
marquis des Arcis, pour le maître de Jacques, pour
vous, lecteur, et pour moi.

Il vient un moment [1] où presque toutes les jeunes
filles et les jeunes garçons tombent dans la mélancolie ;
ils sont tourmentés d'une inquiétude vague qui se promène sur tout, et qui ne trouve rien qui la calme. Ils
cherchent la solitude ; ils pleurent ; le silence des cloî-
tres les touche ; l'image de la paix qui semble régner
dans les maisons religieuses les séduit. Ils prennent
pour la voix de Dieu qui les appelle à lui les premiers
efforts d'un tempérament qui se développe : et c'est
précisément lorsque la nature les sollicite, qu'ils
embrassent un genre de vie contraire au vœu de la
nature. L'erreur ne dure pas ; l'expression de la nature
devient plus claire : on la reconnaît ; et l'être séquestré
tombe dans les regrets, la langueur, les vapeurs, la
folie ou le désespoir... Tel fut le préambule du marquis
des Arcis. Dégoûté du monde à l'âge de dix-sept ans,

Richard (c'est le nom de mon secrétaire) se sauva de la maison paternelle, et prit l'habit de prémontré.

LE MAITRE. De prémontré? Je lui en sais gré. Ils sont blancs comme des cygnes, et saint Norbert qui les fonda n'omit qu'une chose dans ses [conditions]...

LE MARQUIS DES ARCIS. D'assigner un vis-à-vis à chacun de ses religieux.

LE MAITRE. Si ce n'était pas l'usage des amours d'aller tout nus [1], ils se déguiseraient en prémontrés. Il règne dans cet ordre une politique singulière. On vous permet la duchesse, la marquise, la comtesse, la présidente, la conseillère, même la financière, mais point la bourgeoise ; quelque jolie que soit la marchande, vous verrez rarement un prémontré dans une boutique.

LE MARQUIS DES ARCIS. C'est ce que Richard m'avait dit. Richard aurait fait ses vœux après deux ans de noviciat, si ses parents ne s'y étaient opposés. Son père exigea qu'il rentrerait dans la maison, et que là il lui serait permis d'éprouver sa vocation, en observant toutes les règles de la vie monastique pendant une année : traité qui fut fidèlement rempli de part et d'autre. L'année d'épreuve, sous les yeux de sa famille, écoulée, Richard demanda à faire ses vœux. Son père lui répondit : « Je vous ai accordé une année pour prendre une dernière résolution, j'espère que vous ne m'en refuserez pas une pour la même chose ; je consens seulement que vous alliez la passer où il vous plaira [2]. En attendant la fin de ce second délai, l'abbé de l'ordre se l'attacha. C'est dans cet intervalle qu'il fut impliqué dans une des aventures qui n'arrivent que dans les couvents. Il y avait alors à la tête d'une des maisons de l'ordre un supérieur d'un caractère extraordinaire : il s'appelait le père Hudson [3]. Le père Hudson avait la figure la plus intéressante : un grand front, un visage ovale, un nez aquilin, de grands yeux bleus, de belles

joues larges, une belle bouche, de belles dents, le souris le plus fin, une tête couverte d'une forêt de cheveux
blancs, qui ajoutaient la dignité à l'intérêt de sa figure ;
de l'esprit, des connaissances, de la gaieté, le maintien
et le propos le plus honnête, l'amour de l'ordre, celui
du travail ; mais les passions les plus fougueuses, mais
le goût le plus effréné des plaisirs et des femmes, mais
le génie de l'intrigue porté au dernier point, mais les
mœurs les plus dissolues, mais le despotisme le plus
absolu dans sa maison. Lorsqu'on lui en donna l'administration, elle était infectée d'un jansénisme ignorant ;
les études s'y faisaient mal, les affaires temporelles
étaient en désordre, les devoirs religieux y étaient tom-
bés en désuétude, les offices divins s'y célébraient avec
indécence, les logements superflus y étaient occupés par
des pensionnaires dissolus. Le père Hudson convertit
ou éloigna les jansénistes, présida lui-même aux études,
rétablit le temporel, remit la règle en vigueur, expulsa
les pensionnaires scandaleux, introduisit dans la célé-
bration des offices la régularité et la bienséance, et fit
de sa communauté une des plus édifiantes. Mais cette
austérité à laquelle il assujettissait les autres, lui, s'en
dispensait ; ce joug de fer sous lequel il tenait ses subalternes, il n'était pas assez dupe pour le partager ; aussi
[étaient-ils animés] contre le père Hudson d'une fureur
renfermée qui n'en était que plus violente et plus
dangereuse. Chacun était son ennemi et son espion ;
chacun s'occupait, en secret, à percer les ténèbres de
sa conduite ; chacun tenait un état séparé de ses dé-
sordres cachés ; chacun avait résolu de le perdre ; il ne
faisait pas une démarche qui ne fût suivie ; ses intrigues
étaient à peine nouées, qu'elles étaient connues. L'abbé
de l'ordre avait une maison attenante au monastère.
Cette maison avait deux portes, l'une qui s'ouvrait dans
la rue, l'autre dans le cloître ; Hudson en avait forcé les
serrures ; l'abbatiale était devenue le réduit de ses

[*tout le couvent était-il animé*] (V).

scènes nocturnes, et le lit de l'abbé celui de ses plaisirs. C'était par la porte de la rue, lorsque la nuit était avancée, qu'il introduisait lui-même, dans les appartements de l'abbé, des femmes de toutes les conditions : c'était là qu'on faisait des soupers délicats. Hudson avait un confessionnal, et il avait corrompu toutes celles d'entre ses pénitentes qui en valaient la peine. Parmi ces pénitentes il y avait une petite confiseuse qui faisait bruit dans le quartier, par sa coquetterie et ses charmes ; Hudson, qui ne pouvait fréquenter chez elle, l'enferma dans son sérail. Cette espèce de rapt ne se fit pas sans donner des soupçons aux parents et à l'époux. Ils lui rendirent visite. Hudson les reçut avec un air consterné. Comme ces bonnes gens étaient en train de lui exposer leur chagrin, la cloche sonne ; c'était à six heures du soir : Hudson leur impose silence, ôte son chapeau, se lève, fait un grand signe de croix, et dit d'un ton affectueux et pénétré : *Angelus Domini nuntiavit Mariæ...* Et voilà le père de la confiseuse et ses frères honteux de leur soupçon, qui disaient, en descendant l'escalier, à l'époux : « Mon fils, vous êtes un sot... Mon frère, n'avez-vous point de honte ? Un homme qui dit l'*Angelus*, un saint ! »

Un soir, en hiver, qu'il s'en retournait à son couvent, il fut attaqué par une de ces créatures qui sollicitent les passants ; elle lui paraît jolie : il la suit ; à peine est-il entré, que le guet survient. Cette aventure en aurait perdu un autre ; mais Hudson était homme de tête, et cet accident lui concilia la bienveillance et la protection du magistrat de police. Conduit en sa présence, voici comme il lui parla : « Je m'appelle Hudson, je suis le supérieur de ma maison. Quand j'y suis entré tout était en désordre ; il n'y avait ni science, ni discipline, ni mœurs ; le spirituel y était négligé jusqu'au scandale ; le [dégât] du temporel menaçait la maison d'une ruine prochaine. J'ai tout rétabli ; mais je suis homme, et j'ai

[*dégoût*] (V).

mieux aimé m'adresser à une femme corrompue, que de
m'adresser à une honnête femme. Vous pouvez à présent disposer de moi comme il vous plaira... » Le magistrat lui recommanda d'être plus circonspect à l'avenir,
lui promit le secret sur cette aventure, et lui témoigna
le désir de le connaître plus intimement.

Cependant les ennemis dont il était environné avaient,
chacun de leur côté, envoyé au général de l'ordre des
mémoires, où ce qu'ils savaient de la mauvaise
conduite d'Hudson était exposé. La confrontation de
ces mémoires en augmentait la force. Le général était
janséniste, et par conséquent disposé à tirer vengeance
de l'espèce de persécution qu'Hudson avait exercée
contre les adhérents à ses opinions. Il aurait été enchanté d'étendre le reproche des mœurs corrompues
d'un seul défenseur de la bulle et de la morale relâchée
sur la secte entière. En conséquence il remit les différents mémoires des faits et gestes d'Hudson entre les
mains de deux commissaires qu'il dépêcha secrètement,
avec ordre de procéder à leur vérification et de la constater juridiquement ; leur enjoignant surtout de mettre
à la conduite de cette affaire la plus grande circonspection, le seul moyen d'accabler subitement le coupable,
et de le soustraire à la protection de la cour et [du
Mirepoix [1]], aux yeux duquel le jansénisme était le
plus grand de tous les crimes, et la soumission à la bulle
Unigenitus [2], la première des vertus. Richard, mon
secrétaire, fut un des deux commissaires.

Voilà ces deux hommes partis du noviciat, installés
dans la maison d'Hudson et procédant sourdement
aux informations. Ils eurent bientôt recueilli une liste
de plus de forfaits qu'il n'en fallait pour mettre cinquante moines dans l'*in pace*. Leur séjour avait été
long, mais leur menée si adroite qu'il n'en était rien
transpiré. Hudson, tout fin qu'il était, touchait au
moment de sa perte, qu'il n'en avait pas le moindre

Maquillé en [*évêque-cardinal*], puis [*Monsieur de*] par Vandeul (V).

soupçon. Cependant le peu d'attention de ces nouveaux venus à lui faire la cour, le secret de leur voyage, [leurs sorties tantôt ensemble, tantôt séparés ; leurs fréquentes conférences avec les autres religieux], l'espèce de gens qu'ils visitaient et dont ils étaient visités, lui causèrent quelque inquiétude. Il les épia, il les fit épier ; et bientôt l'objet de leur mission fut évident pour lui. Il ne se déconcerta point ; il s'occupa profondément de la manière, non d'échapper à l'orage qui le menaçait, mais de l'attirer sur la tête des deux commissaires : et voici le parti très extraordinaire auquel il s'arrêta.

Il avait séduit une jeune fille qu'il tenait cachée dans un petit logement du faubourg Saint-Médard. Il court chez elle, et lui tient le discours suivant : « Mon enfant, tout est découvert, nous sommes perdus ; avant huit jours vous serez renfermée, et j'ignore ce qu'il sera fait de moi. Point de désespoir, point de cris ; remettez-vous de votre trouble. Écoutez-moi, faites ce que je vous dirai, faites-le bien, je me charge du reste. Demain je pars pour la campagne. Pendant mon absence, allez trouver deux religieux que je vais vous nommer. (Et il lui nomma les deux commissaires.) Demandez à leur parler en secret. Seule avec eux, jetez-vous à leurs genoux, implorez leur secours, implorez leur justice, implorez leur médiation auprès du général, sur l'esprit duquel vous savez qu'ils peuvent beaucoup ; pleurez, sanglotez, arrachez-vous les cheveux ; et en pleurant, sanglotant, vous arrachant les cheveux, racontez-leur toute notre histoire, et la racontez de la manière la plus propre à inspirer de la commisération pour vous, de l'horreur contre moi.

— Comment, monsieur, je leur dirai...

— Oui, vous leur direz qui vous êtes, à qui vous appartenez, que je vous ai séduite au tribunal de la confession, enlevée d'entre les bras de vos parents, et reléguée dans la maison où vous êtes. Dites qu'après vous avoir ravi l'honneur et précipitée dans le crime, je vous ai abandonnée à la misère ; dites que vous ne savez plus que devenir.

— Mais, Père...

— Exécutez ce que je vous prescris, et ce qui me reste à vous prescrire, ou résolvez votre perte et la mienne. Ces deux moines ne manqueront pas de vous plaindre, de vous assurer de leur assistance et de vous demander un second rendez-vous que vous leur accorderez. Ils s'informeront de vous et de vos parents, et comme vous ne leur aurez rien dit qui ne soit vrai, vous ne pouvez leur devenir suspecte. Après cette première et leur seconde entrevue, je vous prescrirai ce que vous aurez à faire à la troisième. Songez seulement à bien jouer votre rôle. »

Tout se passa comme Hudson l'avait imaginé. Il fit un second voyage. Les deux commissaires en instruisirent la jeune fille ; elle revint dans la maison. Ils lui redemandèrent le récit de sa malheureuse histoire. Tandis qu'elle racontait à l'un, l'autre prenait des notes sur ses tablettes. Ils gémirent sur son sort, l'instruisirent de la désolation de ses parents, qui n'était que trop réelle, et lui promirent sûreté pour sa personne et prompte vengeance de son séducteur ; mais à la condirion qu'elle signerait sa déclaration. Cette proposition parut d'abord la révolter ; on insista : elle consentit. Il n'était plus question que du jour, de l'heure et de l'endroit où se dresserait cet acte, qui demandait du temps et de la commodité... « Où nous sommes, cela ne se peut ; si le prieur revenait, et qu'il m'aperçût... Chez moi, je n'oserais vous le proposer... » Cette fille et les commissaires se séparèrent, s'accordant réciproquement du temps pour lever ces difficultés.

Dès le jour même, Hudson fut informé de ce qui s'était passé. Le voilà au comble de la joie ; il touche au moment de son triomphe ; bientôt il apprendra à ces blancs-becs-là à quel homme ils ont affaire. « Prenez la plume, dit-il à la jeune fille, et donnez-leur rendez

vous dans l'endroit que je vais vous indiquer. Ce rendez-
vous leur conviendra, j'en suis sûr. La maison est honnête, et la femme qui l'occupe jouit, dans son voisinage,
et parmi les autres locataires, de la meilleure réputation. »

Cette femme était cependant une de ces intrigantes
secrètes qui jouent la dévotion, qui s'insinuent dans
les meilleures maisons, qui ont le ton doux, affectueux,
patelin, et qui surprennent la confiance des mères et
des filles, pour les amener au désordre. C'était l'usage
qu'Hudson faisait de celle-ci ; c'était sa marcheuse[1].
Mit-il, ne mit-il pas l'intrigante dans son secret ? c'est
ce que j'ignore. En effet, les deux envoyés du général
acceptent le rendez-vous. Les y voilà avec la jeune
fille. L'intrigante se retire. On commençait à verbaliser, lorsqu'il se fait un grand bruit dans la maison.

« Messieurs, à qui en voulez-vous ? — Nous en
voulons à la dame Simion. (C'était le nom de l'intrigante.) — Vous êtes à sa porte. »

On [frappa] violemment à la porte. « Messieurs, dit
la jeune fille aux deux religieux, répondrai-je ?

— Répondez.

— Ouvrirai-je ?

— Ouvrez... »

Celui qui parlait ainsi était un commissaire avec
lequel Hudson était en liaison intime ; car qui ne
connaissait-il pas ? Il lui avait révélé son péril et dicté
son rôle. « Ah ! ah ! dit le commissaire en entrant,
deux religieux en tête à tête avec une fille ! Elle n'est
pas mal. » La jeune fille s'était si indécemment vêtue,
qu'il était impossible de se méprendre à son état et à
ce qu'elle pouvait avoir à démêler avec deux moines
dont le plus âgé n'avait pas trente ans. Ceux-ci pro-
testaient de leur innocence. Le commissaire ricanait
en passant la main sous le menton de la jeune fille qui

[*frappe*] (L).

s'était jetée à ses pieds et qui demandait grâce. « Nous sommes en lieu honnête, disaient les moines.

— Oui, oui, en lieu honnête, disait le commissaire.

— Qu'ils étaient venus pour affaire importante.

— L'affaire importante qui conduit ici, nous la connaissons. Mademoiselle, parlez.

— Monsieur le commissaire, ce que ces messieurs vous assurent est la pure vérité. »

Cependant le commissaire verbalisait à son tour, et comme il n'y avait rien dans son procès-verbal que l'exposition pure et simple du fait, les deux moines furent obligés de signer. En descendant ils trouvèrent tous les locataires sur les paliers de leurs appartements, à la porte de la maison une populace nombreuse, un fiacre, des archers [1] qui les mirent dans le fiacre, au bruit confus de l'invective et des huées. Ils s'étaient couvert le visage de leurs manteaux, ils se désolaient. Le commissaire perfide s'écriait : « Eh ! pourquoi, mes Pères, fréquenter ces endroits et ces créatures-là ? Cependant ce ne sera rien ; j'ai ordre de la police de vous déposer entre les mains de votre supérieur, qui est un galant homme, indulgent, il ne mettra pas à cela plus d'importance que cela ne vaut. Je ne crois pas qu'on en use dans vos maisons comme chez les cruels capucins. Si vous aviez affaire à des capucins, ma foi, je vous plaindrais [2]. »

Tandis que le commissaire leur parlait, le fiacre s'acheminait vers le couvent, la foule grossissait, l'entourait, le précédait, et le suivait à toutes jambes. On entendait ici : Qu'est-ce ?... Là : Ce sont des moines... Qu'ont-ils fait ? On les a pris chez des filles... Des prémontrés chez des filles ! Eh oui : ils courent sur les brisées des carmes et des cordeliers... Les voilà arrivés. Le commissaire descend, frappe à la porte, frappe encore, frappe une troisième fois ; enfin elle s'ouvre. On avertit le supérieur Hudson, qui se fait attendre une demi-heure au moins, afin

de donner au scandale tout son éclat. Il paraît enfin.
Le commissaire lui parle à l'oreille ; le commissaire a l'air d'intercéder ; Hudson de rejeter
rudement sa prière ; enfin, celui-ci prenant un visage
sévère et un ton ferme, lui dit : « Je n'ai point de religieux dissolus dans ma maison ; ces gens-là sont
deux étrangers qui me sont inconnus, peut-être deux
coquins déguisés, dont vous pouvez faire tout ce
qu'il vous plaira. »

A ces mots, la porte se ferme ; le commissaire
remonte dans la voiture, et dit à nos deux pauvres
diables plus morts que vifs : « J'y ai fait tout ce que
j'ai pu ; je n'aurais jamais cru le père Hudson si dur.
Aussi, pourquoi diable aller chez des filles ?

— Si celle avec laquelle vous nous avez trouvés en
est une, ce n'est point le libertinage qui nous a menés
chez elle.

— Ah ! ah ! mes Pères ; et c'est à un vieux commissaire que vous dites cela ! Qui êtes-vous ?

— Nous sommes religieux ; et l'habit que nous
portons est le nôtre.

— Songez que demain il faudra que votre affaire
s'éclaircisse ; [parlez] vrai ; je puis peut-être vous
servir.

— Nous vous avons dit vrai... Mais où allons-
nous ?

— Au petit Châtelet.

— Au petit Châtelet ! En prison !

— J'en suis désolé. »

Ce fut en effet là que Richard et son compagnon
furent déposés ; mais le dessein d'Hudson n'était
pas de les y laisser. Il était monté en chaise
de poste, il était arrivé à Versailles ; il parlait au
ministre ; il lui traduisait cette affaire comme il lui
convenait. « Voilà, monseigneur, à quoi l'on s'expose

[*parlez-moi*] (V, L).

lorsqu'on introduit la réforme dans une maison dissolue, et qu'on en chasse les hérétiques. Un moment plus tard, j'étais perdu, j'étais déshonoré. La persécution n'en restera pas là ; toutes les horreurs dont il est possible de noircir un homme de bien, vous les entendrez ; mais j'espère, monseigneur, que vous vous rappellerez que notre général...

— Je sais, je sais, et je vous plains. Les services que vous avez rendus à l'Église et à votre ordre ne seront point oubliés. Les élus du Seigneur ont de tous les temps été exposés à des disgrâces : ils ont su les supporter ; il faut savoir imiter leur courage. Comptez sur les bienfaits et la protection du roi. Les moines ! les moines ! je l'ai été, et j'ai connu par expérience ce dont ils sont capables.

— Si le bonheur de l'Église et de l'État voulait que votre Éminence me [survécût], je persévérerais sans crainte.

— Je ne tarderai pas à vous tirer de là. Allez.

— Non, monseigneur, non, je ne m'éloignerai pas sans un ordre exprès qui délivre ces deux mauvais religieux...

— Je crois que l'honneur de la religion et de votre habit vous touche au point d'oublier des injures personnelles ; cela est tout à fait chrétien, et j'en suis édifié sans en être surpris d'un homme tel que vous. Cette affaire n'aura point d'éclat.

— Ah ! monseigneur, vous comblez mon âme de joie ! Dans ce moment c'est tout ce que je redoutais.

— Je vais travailler à cela. »

Dès le soir même Hudson eut l'ordre d'élargissement, et le lendemain Richard et son compagnon, dès la pointe du jour, étaient à vingt lieues de Paris, sous la conduite d'un exempt qui les remit dans la maison professe. Il était aussi porteur d'une lettre qui en-

[*survive*] (V).

joignait au général de cesser de pareilles menées, et
d'imposer la peine claustrale à nos deux religieux.

Cette aventure jeta la consternation parmi les
ennemis d'Hudson ; il n'y avait pas un moine dans
sa maison que son regard ne fît trembler. Quelques
mois après il fut pourvu d'une riche abbaye. Le général en conçut un dépit mortel. Il était vieux, et il y
avait tout à craindre que l'abbé Hudson ne lui suc-
cédât. Il aimait tendrement Richard. « Mon pauvre
ami, lui dit-il un jour, que deviendrais-tu si tu tombais sous l'autorité du scélérat Hudson ? J'en suis
effrayé. Tu n'es point engagé ; si tu m'en croyais, tu
quitterais l'habit... » Richard suivit ce conseil, et
revint dans la maison paternelle, qui n'était pas
éloignée de l'abbaye possédée par Hudson.

Hudson et Richard fréquentaient les mêmes maisons,
il était impossible qu'ils ne se rencontrassent pas, et
en effet ils se rencontrèrent. Richard était un jour
chez la dame d'un château situé entre Châlons et
Saint-Dizier, mais plus près de Saint-Dizier que de
Châlons, et à une portée de fusil de l'abbaye d'Hudson.
La dame lui dit : « Nous avons ici votre ancien prieur :
il est très aimable, mais, au fond, quel homme est-ce ?

— Le meilleur des amis et le plus dangereux des
ennemis.

— Est-ce que vous ne seriez pas tenté de le voir ?

— Nullement... »

A peine eut-il fait cette réponse qu'on entendit le
bruit d'un cabriolet qui entrait dans les cours, et
qu'on en vit descendre Hudson avec une des plus
belles femmes du canton. « Vous le verrez malgré
que vous en ayez, lui dit la dame du château, car
c'est lui. »

La dame du château et Richard vont au-devant de
la dame du cabriolet et de l'abbé Hudson. Les dames
s'embrassent : Hudson, en s'approchant de Richard,
et le reconnaissant, s'écrie : « Eh ! c'est vous, mon cher
Richard ? vous avez voulu me perdre, je vous le

pardonne ; pardonnez-moi votre visite au petit Châtelet, et n'y pensons plus.

— Convenez, monsieur l'abbé, que vous étiez un grand vaurien.

— Cela se peut.

— Que, si l'on vous avait rendu justice, la visite au Châtelet, ce n'est pas moi, c'est vous qui l'auriez faite.

— Cela se peut... C'est, je crois, au péril que je courus alors, que je dois mes nouvelles mœurs. Ah! mon cher Richard, combien cela m'a fait réfléchir, et que je suis changé!

— Cette femme avec laquelle vous êtes venu est charmante.

— Je n'ai plus d'yeux pour ces attraits-là.

— Quelle taille!

— Cela m'est devenu bien indifférent.

— Quel embonpoint!

— On revient tôt ou tard d'un plaisir qu'on ne prend que sur le faîte d'un toit, au péril à chaque mouvement de se rompre le cou.

— Elle a les plus belles mains du monde.

— J'ai renoncé à l'usage de ces mains-là. Une tête bien faite revient à l'esprit de son état, au seul vrai bonheur.

— Et ces yeux qu'elle tourne sur vous à la dérobée ; convenez que vous, qui êtes connaisseur, vous n'en avez guère attaché de plus brillants et de plus doux. Quelle grâce, quelle légèreté et quelle noblesse dans sa démarche, dans son maintien!

— Je ne pense plus à ces vanités ; je lis l'Écriture, je médite les Pères.

— Et de temps en temps les perfections de cette dame. Demeure-t-elle loin du [Moncetz]? Son époux est-il jeune?... »

Hudson, impatienté de ces questions, et bien

Le copiste a laissé en blanc. On a ajouté ensuite : [*De l'Abbaye*] (V).

convaincu que Richard ne le prendrait pas pour un saint, lui dit brusquement : « Mon cher Richard, vous vous [f...] de moi, et vous avez raison. »

Mon cher lecteur, pardonnez-moi la propriété de cette expression ; et convenez qu'ici comme dans une infinité de bons contes, tels, par exemple, que celui de la conversation de Piron et de feu l'abbé Vatri, le mot honnête gâterait tout. — Qu'est-ce que c'est que cette conversation de Piron et de l'abbé Vatri [1] ? — Allez la demander à l'éditeur de ses ouvrages, qui n'a pas osé l'écrire ; mais qui ne se fera pas tirer l'oreille pour vous la dire.

Nos quatre personnages se rejoignirent au château ; on dîna bien, on dîna gaiement, et sur le soir on se sépara avec promesse de se revoir... Mais tandis que le marquis des Arcis causait avec le maître de Jacques, Jacques de son côté n'était pas muet avec monsieur le secrétaire Richard, qui le trouvait un franc original, ce qui arriverait plus souvent parmi les hommes, si l'éducation d'abord, ensuite le grand usage du monde, ne les usaient comme ces pièces d'argent qui, à force de circuler, perdent leur empreinte. Il était tard ; la pendule avertit les maîtres et les valets qu'il était l'heure de se reposer, et ils suivirent son avis.

[Jacques, en déshabillant son maître, lui dit : Monsieur, aimez-vous les tableaux ?

LE MAÎTRE. Oui, mais en récit ; car en couleur et sur la toile, quoique j'en juge aussi décidément qu'un amateur, je t'avouerai que je n'y entends rien du tout ; que je serais bien embarrassé de distinguer une école d'une autre ; qu'on me donnerait un Boucher pour un Rubens ou pour un Raphaël ; que je prendrais

<hr>

[*fichez*] (V). [*foutez*] (L).
Depuis : [*Jacques, en déshabillant son maître...*], jusqu'à [*Il est vrai*], p. 234, manque (V).

une mauvaise copie pour un sublime original ; que j'apprécierais mille écus une croûte de six francs ; et six francs un morceau de mille écus ; et que je ne me suis jamais pourvu qu'au pont Notre-Dame, chez un certain Tremblin, qui était de mon temps la ressource de la misère ou du libertinage, et la ruine du talent des jeunes élèves de Vanloo [1].

JACQUES. Et comment cela ?

LE MAITRE. Qu'est-ce que cela te fait ? Raconte-moi ton tableau, et sois bref, car je tombe de sommeil.

JACQUES. Placez-vous devant la fontaine des Innocents ou proche la porte Saint-Denis ; ce sont deux accessoires qui enrichiront la composition.

LE MAITRE. M'y voilà.

JACQUES. Voyez au milieu de la rue un fiacre, la soupente cassée, et renversé sur le côté.

LE MAITRE. Je le vois.

JACQUES. Un moine et deux filles en sont sortis. Le moine s'enfuit à toutes jambes. Le cocher se hâte de descendre de son siège. Un caniche du fiacre s'est mis à la poursuite du moine, et l'a saisi par sa jaquette ; le moine fait tous ses efforts pour se débarrasser du chien. Une des filles, débraillée, la gorge découverte, se tient les côtés à force de rire. L'autre fille, qui s'est fait une bosse au front, est appuyée contre la portière, et se presse la tête à deux mains. Cependant la populace s'est attroupée, les polissons accourent et poussent des cris, les marchands et les marchandes ont bordé le seuil de leurs boutiques, et d'autres spectateurs sont à leurs fenêtres.

LE MAITRE. Comment diable! Jacques, ta composition est bien ordonnée, riche, plaisante, variée et pleine de mouvement. A notre retour à Paris, porte ce sujet à Fragonard ; et tu verras ce qu'il en saura faire.

JACQUES. Après ce que vous m'avez confessé de vos lumières en peinture, je puis accepter votre éloge sans baisser les yeux.

LE MAITRE. Je gage que c'est une des aventures de l'abbé Hudson ?

JACQUES. Il est vrai.]

Lecteur, tandis que ces bonnes gens dorment, j'aurais une petite question à vous proposer à discuter sur votre oreiller : c'est ce qu'aurait été l'enfant né de l'abbé Hudson et de la dame de La Pommeraye ? — Peut-être un honnête homme. — Peut-être un sublime coquin. — Vous me direz cela demain matin.

Ce matin, le voilà venu, et nos voyageurs séparés ; car le marquis des Arcis ne suivait plus la même route que Jacques et son maître. — Nous allons donc reprendre la suite des amours de Jacques ? — Je l'espère ; mais ce qu'il y a de bien certain, c'est que le maître sait l'heure qu'il est, qu'il a pris sa prise de tabac et qu'il a dit à Jacques : « Eh bien ! Jacques, tes amours ? »

Jacques, au lieu de répondre à cette question, disait : N'est-ce pas le diable ! Du matin au soir ils disent du mal de la vie, et ils ne peuvent se résoudre à la quitter ! Serait-ce que la vie présente n'est pas, à tout prendre, une si mauvaise chose, ou qu'ils en craignent une pire à venir ?

LE MAITRE. C'est l'un et l'autre. A propos, Jacques, crois-tu à la vie à venir ?

JACQUES. Je n'y crois ni décrois ; je n'y pense pas. Je jouis de mon mieux de celle qui nous a été accordée en avancement d'hoirie.

LE MAITRE. Pour moi, je me regarde comme en chrysalide ; et j'aime à me persuader que le papillon, ou mon âme, venant un jour à percer sa coque, s'envolera à la justice divine.

JACQUES. Votre image est charmante.

LE MAITRE. Elle n'est pas de moi ; je l'ai lue, je

crois, dans un poète italien appelé Dante, qui a fait
un ouvrage intitulé : *la Comédie de l'Enfer, du Pur-*
gatoire et du Paradis.

JACQUES. Voilà un singulier sujet de comédie !

LE MAITRE. Il y a, pardieu, de belles choses, surtout
dans son enfer. Il enferme les hérésiarques dans des
tombeaux de feu, dont la flamme s'échappe et porte
le ravage au loin ; les ingrats, dans des niches où ils
versent des larmes qui se glacent sur leurs visages ;
et les paresseux, dans d'autres niches ; et il dit de ces
derniers que le sang s'échappe de leurs veines, et qu'il
est recueilli par des vers dédaigneux... Mais à quel
propos ta sortie contre notre mépris d'une vie que
nous craignons de perdre ?

JACQUES. A propos de ce que le secrétaire du marquis des Arcis m'a raconté du mari de la jolie femme
au cabriolet.

LE MAITRE. Elle est veuve !

JACQUES. Elle a perdu son mari dans un voyage,
qu'elle a fait à Paris ; et le diable d'homme ne voulait
pas entendre parler des sacrements. Ce fut la dame du
château où Richard rencontra l'abbé Hudson qu'on
chargea de le réconcilier avec le béguin.

LE MAITRE. Que veux-tu dire avec ton béguin ?

JACQUES. Le béguin est la coiffure qu'on met aux
enfants nouveau-nés !

LE MAITRE. Je l'entends. Et comment s'y prit-elle
pour l'embéguiner ?

JACQUES. On fit cercle autour du feu. Le médecin,
après avoir tâté le pouls du malade, qu'il trouva bien
bas, vint s'asseoir à côté des autres. La dame dont
il s'agit s'approcha de son lit, et lui fit plusieurs
questions ; mais sans élever la voix plus qu'il ne le
fallait pour que cet homme ne perdît pas un mot de
ce qu'on avait à lui faire entendre ; après quoi la
conversation s'engagea entre la dame, le docteur et
quelques-uns des autres assistants, comme je vais
vous la rendre.

LA DAME. Eh bien! docteur, nous direz-vous des nouvelles de Mme de Parme?

LE DOCTEUR. Je sors d'une maison où l'on m'a assuré qu'elle était si mal qu'on n'en espérait plus rien.

LA DAME. Cette princesse a toujours donné des marques de piété. Aussitôt qu'elle s'est sentie en danger, elle a demandé à se confesser et à recevoir ses sacrements.

LE DOCTEUR. Le curé de Saint-Roch lui porte aujourd'hui une relique à Versailles; mais elle arrivera trop tard.

LA DAME. Madame Infante n'est pas la seule qui donne de ces exemples. M. le duc de Chevreuse, qui a été bien malade, n'a pas attendu qu'on lui proposât les sacrements, il les a appelés de lui-même : ce qui a fait grand plaisir à sa famille.

LE DOCTEUR. Il est beaucoup mieux.

UN DES ASSISTANTS. Il est certain que cela ne fait pas mourir; au contraire.

LA DAME. En vérité, dès qu'il y a du danger on devrait satisfaire à ces devoirs-là. Les malades ne conçoivent pas apparemment combien il est dur pour ceux qui les entourent, et combien cependant il est indispensable de leur en faire la proposition!

LE DOCTEUR. Je sors de chez un malade qui me dit, il y a deux jours : « Docteur, comment me trouvez-vous?

— Monsieur, la fièvre est forte, et les redoublements fréquents.

— Mais croyez-vous qu'il en survienne un bientôt?

— Non, je le crains seulement pour ce soir.

— Cela étant, je vais faire avertir un certain homme avec lequel j'ai une petite affaire particulière, afin de la terminer pendant que j'ai encore toute ma tête... » Il se confessa, il reçut tous ses sacrements. Je revins le soir, point de redoublement. Hier il était mieux; aujourd'hui il est hors d'affaire. J'ai vu beaucoup de fois dans le courant de ma pratique cet effet-là des sacrements.

LE MALADE, *à son domestique.* Apportez-moi mon poulet.

JACQUES. On le lui sert, il veut le couper et n'en a pas la force ; on lui en dépèce l'aile en petits morceaux ; il demande du pain, se jette dessus, fait des efforts pour en mâcher une bouchée, qu'il ne saurait avaler, et qu'il rend dans sa serviette ; il demande du vin pur ; il y mouille les bords de ses lèvres, et dit « Je me porte bien... » Oui, mais une demi-heure après il n'était plus.

LE MAITRE. Cette dame s'y était pourtant [bien] prise... et tes amours ?

JACQUES. Et la condition que vous avez acceptée ?

LE MAITRE. J'entends... Tu es installé au château de Desglands, et la vieille commissionnaire Jeanne a ordonné à sa jeune fille Denise de te visiter quatre fois le jour, et de te soigner. Mais avant que d'aller en avant, dis-moi, Denise avait-elle son pucelage ?

JACQUES, *en toussant.* Je le crois.

LE MAITRE. Et toi ?

JACQUES. Le mien, il y avait beaux jours qu'il courait les champs.

LE MAITRE. Tu n'en étais donc pas à tes premières amours ?

JACQUES. Pourquoi donc ?

LE MAITRE. C'est qu'on aime celle à qui on le donne, comme on est aimé de celle à qui on le ravit.

JACQUES. Quelquefois oui, quelquefois non.

LE MAITRE. Et comment le perdis-tu ?

JACQUES. Je ne le perdis pas ; je le troquai bel et bien.

LE MAITRE. Dis-moi un mot de ce troc-là.

JACQUES. Ce sera le premier chapitre de saint Luc [1],

[assez bien] (L).

une kyrielle de *genuit* à ne point finir, depuis la première jusqu'à Denise la dernière.

LE MAITRE. Qui crut l'avoir et qui ne l'eut point.

JACQUES. Et avant Denise, les deux voisines de
notre chaumière.

LE MAITRE. Qui crurent l'avoir et qui ne l'eurent
point.

JACQUES. Non.

LE MAITRE. Manquer un pucelage à deux, cela
n'est pas trop adroit.

JACQUES. Tenez, mon maître, je devine, au coin
de votre lèvre droite qui se relève, et à votre narine
gauche qui se crispe, qu'il vaut autant que je fasse la
chose de bonne grâce, que d'en être prié ; d'autant que
je sens augmenter mon mal de gorge, que la suite
de mes amours sera longue, et que je n'ai guère de
courage que pour un ou deux petits contes.

LE MAITRE. Si Jacques voulait me faire un grand
plaisir...

JACQUES. Comment s'y prendrait-il ?

LE MAITRE. Il débuterait par la perte de son pucelage. Veux-tu que je te le dise ? J'ai toujours été
friand du récit de ce grand événement.

JACQUES. Et pourquoi, s'il vous plaît ?

LE MAITRE. C'est que de tous ceux du même genre,
c'est le seul qui soit piquant ; les autres n'en sont que
d'insipides et communes répétitions. De tous les
péchés d'une jolie pénitente, je suis sûr que le confesseur n'est attentif qu'à celui-là.

JACQUES. Mon maître, mon maître, je vois que vous
avez la tête corrompue, et qu'à votre agonie le diable
pourrait bien se montrer à vous sous la même forme
de parenthèse qu'à Ferragus [1].

LE MAITRE. Cela se peut. Mais tu fus déniaisé, je
gage, par quelque vieille impudique de ton village [2] ?

JACQUES. Ne gagez pas, vous perdriez.

LE MAITRE. Ce fut par la servante de ton curé ?

JACQUES. Ne gagez pas, vous perdriez encore.

LE MAITRE. Ce fut donc par sa nièce?

JACQUES. Sa nièce crevait d'humeur et de dévotion, deux qualités qui vont fort bien ensemble, mais qui ne me vont pas.

LE MAITRE. Pour cette fois, je crois que j'y suis.

JACQUES. Moi, je n'en crois rien.

LE MAITRE. Un jour de foire ou de marché...

JACQUES. Ce n'était ni un jour de foire, ni un jour de marché.

LE MAITRE. Tu allas à la ville.

JACQUES. Je n'allai point à la ville.

LE MAITRE. Et il était écrit là-haut que tu rencontrerais dans une taverne quelqu'une de ces créatures obligeantes ; que tu t'enivrerais...

JACQUES. J'étais à jeun ; et ce qui était écrit là-haut, c'est qu'à l'heure qu'il est vous vous épuiseriez en fausses conjectures ; et que vous gagneriez un défaut dont vous m'avez corrigé, la fureur de deviner, et toujours de travers. Tel que vous me voyez, monsieur, j'ai été une fois baptisé.

LE MAITRE. Si tu te proposes d'entamer la perte de ton pucelage au sortir des fonts baptismaux, nous n'y serons pas si tôt.

JACQUES. J'eus donc un parrain et une marraine. Maître Bigre, le plus fameux charron du village, avait un fils. Bigre le père fut mon parrain, et Bigre le fils était mon ami. A l'âge de dix-huit à dix-neuf ans nous nous amourachâmes tous les deux à la fois d'une petite couturière appelée Justine. Elle ne passait pas pour autrement cruelle ; mais elle jugea à propos de se signaler par un premier dédain, et son choix tomba sur moi.

LE MAITRE. Voilà une de ces bizarreries des femmes auxquelles on ne comprend rien.

JACQUES. Tout le logement du charron maître Bigre, mon parrain, consistait en une boutique et une soupente. Son lit était au fond de la boutique. Bigre le fils, mon ami, couchait sur la soupente, à laquelle on grimpait par une petite échelle, placée à peu près à égale distance du lit de son père et de la porte de la boutique.

Lorsque Bigre mon parrain était bien endormi, Bigre mon ami ouvrait doucement la porte, et Justine montait à la soupente par [la] petite échelle. Le lendemain, dès la pointe du jour, avant que Bigre le père fût éveillé, Bigre le fils descendait de la soupente, rouvrait la porte, et Justine s'évadait comme elle était entrée.

LE MAÎTRE. Pour aller ensuite visiter quelque soupente, la sienne ou une autre.

JACQUES. Pourquoi non? Le commerce de Bigre et de Justine était assez doux ; mais il fallait qu'il fût troublé : cela était écrit là-haut ; il le fut donc.

LE MAÎTRE. Par le père?

ACQUES. Non.

LE MAÎTRE. Par la mère?

JACQUES. Non, elle était morte.

LE MAÎTRE. Par un rival?

JACQUES. Eh! non, non, de par tous les diables! non. Mon maître, il est écrit là-haut que vous en avez pour le reste de vos jours ; tant que vous vivrez vous devinerez, je vous le répète, et vous devinerez de travers.

Un matin, que mon ami Bigre, plus fatigué qu'à l'ordinaire ou du travail de la veille, ou du plaisir de la nuit, reposait doucement entre les bras de Justine, voilà une voix formidable qui se fait entendre au pied du petit escalier : « Bigre! Bigre! maudit paresseux! l'*Angelus* est sonné, il est près de cinq heures et demie, et te voilà encore dans ta soupente! As-tu résolu d'y rester jusqu'à midi? Faut-il que j'y monte et que je t'en fasse descendre plus vite que tu ne voudrais? Bigre! Bigre! »

— Mon père?

[*une*] (L).

— Et cet essieu après lequel ce vieux bourru de fermier attend ; veux-tu qu'il revienne encore ici recommencer son tapage ?

— Son essieu est prêt, et avant qu'il soit un quart d'heure il l'aura... »

Je vous laisse à juger des transes de Justine et de mon [pauvre] ami Bigre le fils.

LE MAÎTRE. Je suis sûr que Justine se promit bien de ne plus se retrouver sur la soupente, et qu'elle y était le soir même. Mais comment en sortira-t-elle ce matin ?

JACQUES. Si vous vous mettez en devoir de le deviner, je me tais... Cependant Bigre le fils s'était précipité du lit, jambes nues, sa culotte à la main, et sa veste sur son bras. Tandis qu'il s'habille, Bigre le père grommelle entre ses dents : « Depuis qu'il s'est entêté de cette petite coureuse, tout va de travers. Cela finira ; cela ne saurait durer ; cela commence à me lasser. Encore si c'était une fille qui en valût la peine ; mais une créature! Dieu sait quelle créature! Ah! si la pauvre défunte, qui avait de l'honneur jusqu'au bout des ongles, voyait cela, il y a longtemps qu'elle eût bâtonné l'un, et arraché les yeux à l'autre au sortir de la grand'messe sous le porche, devant tout le monde ; car rien ne l'arrêtait : mais si j'ai été trop bon jusqu'à présent, et qu'ils s'imaginent que je continuerai, ils se trompent. »

LE MAÎTRE. Et ces propos, Justine les entendait de la soupente ?

JACQUES. Je n'en doute pas. Cependant Bigre le fils s'en était allé chez le fermier, avec son essieu sur l'épaule, et Bigre le père s'était mis à l'ouvrage. Après quelques coups de doloire [1], son nez lui demande une prise de tabac ; il cherche sa tabatière dans ses poches, au chevet de son lit, il ne la trouve point. « C'est ce coquin, dit-il, qui s'en est saisi comme de

Manque (L).

coutume ; voyons s'il ne l'aura point laissée là-haut... »
Et le voilà qui monte à la soupente. Un moment après
il s'aperçoit que sa pipe et son couteau lui manquent ;
et il remonte à la soupente.

LE MAITRE. Et Justine ?

JACQUES. Elle avait ramassé ses vêtements à la
hâte, et s'était glissée sous le lit, où elle était étendue
à plat ventre, plus morte que vive.

LE MAITRE. Et ton ami Bigre le fils ?

JACQUES. Son essieu rendu, mis en place et payé, il
était accouru chez moi, et m'avait exposé le terrible
embarras où il se trouvait. Après m'en être un peu
amusé, « écoute, lui dis-je, Bigre, va te promener par
le village, où tu voudras, je te tirerai d'affaire. Je ne te
demande qu'une chose c'est de m'en laisser le temps... »
Vous souriez, monsieur, qu'est-ce qu'il y a ?

LE MAITRE. Rien.

JACQUES. Mon ami Bigre sort. Je m'habille, car
je n'étais pas encore levé. Je vais chez son père, qui
ne m'eut pas plus tôt aperçu, que poussant un cri de
surprise et de joie, il me dit : « Eh! filleul, te voilà!
d'où sors-tu et que viens-tu faire ici de si grand
matin?... » Mon parrain Bigre avait vraiment de
l'amitié pour moi ; aussi lui répondis-je avec franchise : « Il ne s'agit pas de savoir d'où je sors, mais
comment je rentrerai chez nous.

— Ah! filleul, tu deviens libertin ; j'ai bien peur
que Bigre et toi [ne] fassiez la paire. Tu as passé
la nuit dehors.

— Et mon père n'entend pas raison sur ce point.

— Ton père a raison, filleul, de ne pas entendre
raison là-dessus. Mais commençons par déjeuner, la
bouteille nous avisera. »

LE MAITRE. Jacques, cet homme était dans les bons
principes.

JACQUES. Je lui répondis que je n'avais ni besoin

[*vous ne*] (L).

ni envie de boire ou de manger, et que je tombais de
lassitude et de sommeil. Le vieux Bigre, qui de son
temps n'en cédait pas à son camarade, ajouta en
ricanant : « Filleul, elle était jolie, et tu t'en es donné.
Écoute : Bigre est sorti ; monte à la soupente, et
jette-toi sur son lit... Mais un mot avant qu'il revienne. C'est ton ami ; lorsque vous vous trouverez
tête à tête, dis-lui que je suis mécontent, très mécontent. C'est une petite Justine que tu dois connaître
(car quel est le garçon du village qui ne la connaisse
pas ?) qui me l'a débauché ; tu me rendrais un vrai
service, si tu le détachais de cette créature. Auparavant c'était ce qu'on appelle un joli garçon ; mais
depuis qu'il a fait cette malheureuse connaissance...
Tu ne m'écoutes pas ; tes yeux se ferment ; monte,
et va te reposer. »

Je monte, je me déshabille, je lève la couverture et
les draps, je tâte partout, point de Justine. Cependant
Bigre, mon parrain, disait : « Les enfants ! les maudits
enfants ! n'en voilà-t-il pas encore un qui désole son
père ? » Justine n'étant pas dans le lit, je me doutai
qu'elle était dessous. Le bouge était tout à fait [obs-
cur]. Je me baisse, je promène mes mains, je rencontre un de ses bras, je la saisis, je la tire à moi ;
elle sort de dessous la couchette en tremblant. Je
l'embrasse, je la rassure, je lui fais signe de se coucher.
Elle joint ses deux mains, elle se jette à mes pieds,
elle serre mes genoux. Je n'aurais peut-être pas
résisté à cette scène muette, si le jour l'eût éclairée ;
mais lorsque les ténèbres ne rendent pas timide, elles
rendent entreprenant. D'ailleurs j'avais ses anciens
mépris sur le cœur. Pour toute réponse je la poussai
vers l'escalier qui conduisait à la boutique. Elle en
poussa un cri de frayeur. Bigre qui l'entendit, dit :
« Il rêve... » Justine s'évanouit ; ses genoux se dérobent
sous elle ; dans son délire elle disait d'une voix étouffée :

[*aveugle*] (V, L).

« Il va venir... il vient... je l'entends qui monte...
je suis perdue!... Non, non, lui répondis-je d'une
voix étouffée, remettez-vous, taisez-vous, et couchez-
vous... » Elle persiste dans son refus ; je tiens ferme :
elle se résigne : et nous voilà l'un à côté de l'autre.

LE MAITRE. Traître! scélérat! sais-tu quel crime
tu vas commettre? Tu vas violer cette fille, sinon
par la force, du moins par la terreur. Poursuivi au
tribunal des lois, tu en éprouverais toute la rigueur
réservée aux ravisseurs.

JACQUES. Je ne sais si je la violai, mais je sais bien
que je ne lui fis pas de mal, et qu'elle ne m'en fit
point. D'abord en détournant sa bouche de mes bai-
sers, elle l'approcha de mon oreille et me dit tout bas :
« Non, non, Jacques, non... » A ce mot, je fais semblant
de sortir du lit, et de m'avancer vers l'escalier. Elle
me retint, et me dit encore à l'oreille : « Je ne vous
aurais jamais cru si méchant ; je vois qu'il ne faut
attendre de vous aucune pitié ; mais du moins, pro-
mettez-moi, jurez-moi...

— Quoi ?

— Que Bigre n'en saura rien. »

LE MAITRE. Tu promis, tu juras, et tout alla fort
bien.

JACQUES. Et puis très bien encore.

LE MAITRE. Et puis encore très bien ?

JACQUES. C'est précisément comme si vous y aviez
été. Cependant, Bigre mon ami, impatient, soucieux
et las de rôder autour de la maison sans me rencontrer,
rentre chez son père, qui lui dit avec humeur : « Tu as
été bien longtemps pour rien... » Bigre lui répondit
avec plus d'humeur encore : « Est-ce qu'il n'a pas
fallu allégir ¹ par les deux bouts ce diable d'essieu
qui s'est trouvé trop gros.

— Je t'en avais averti ; mais tu n'en veux jamais
faire qu'à ta tête.

— C'est qu'il est plus aisé d'en ôter que d'en
remettre.

— Prends cette jante, et va la finir à la porte.

— Pourquoi à la porte ?

— C'est que le bruit de l'outil réveillerait Jacques, ton ami.

— Jacques !...

— Oui, Jacques, il est là-haut sur la soupente, qui repose. Ah ! que les pères sont à plaindre ; si ce n'est d'une chose, c'est d'une autre ! Eh bien ! te remueras-tu ? Tandis que tu restes là comme un imbécile, la tête baissée, la bouche béante, et les bras pendants, la besogne ne se fait pas... » Bigre mon ami, furieux, s'élance vers l'escalier ; Bigre mon parrain le retient en lui disant : « Où vas-tu ? laisse dormir ce pauvre diable, qui est excédé de fatigue. A sa place, serais-tu bien aise qu'on troublât ton repos ? »

LE MAITRE. Et Justine entendait encore tout cela ?

JACQUES. Comme vous m'entendez.

LE MAITRE. Et que faisais-tu ?

JACQUES. Je riais.

LE MAITRE. Et Justine ?

JACQUES. Elle avait arraché sa cornette [1] ; elle se tirait par les cheveux ; elle levait les yeux au ciel, du moins je le présume ; elle se tordait les bras.

LE MAITRE. Jacques, vous êtes un barbare ; vous avez un cœur de bronze.

JACQUES. Non, monsieur, non, j'ai de la sensibilité ; mais je la réserve pour une meilleure occasion. Les dissipateurs de cette richesse en ont tant prodigué lorsqu'il en fallait être économe, qu'ils ne s'en trouvent plus quand il faudrait en être prodigue... Cependant je m'habille, et je descends. Bigre le père me dit : « Tu avais besoin de cela, cela t'a bien fait ; quand tu es venu, tu avais l'air d'un déterré ; et te [voilà] vermeil et frais comme l'enfant qui vient de téter. Le sommeil est une bonne chose !... Bigre, descends à la cave, et apporte une bouteille, afin que nous dé-

[revoilà] (L).

jeunions. A présent, filleul, [tu déjeuneras] volontiers ? — Très volontiers... » La bouteille est arrivée
et placée sur l'établi ; nous sommes debout autour.
Bigre le père remplit son verre et le mien, Bigre le
fils, en écartant le sien, dit d'un ton farouche : « Pour
moi, je ne suis pas altéré [de] si matin.

— Tu ne veux pas boire ?

— Non.

— Ah ! je sais ce que c'est ; tiens, filleul, il y a de
la Justine là-dedans ; il aura passé chez elle, ou il ne
l'aura pas trouvée, ou il l'aura surprise avec un autre ;
cette bouderie contre la bouteille n'est pas naturelle :
c'est ce que je te dis.

MOI. Mais vous pourriez bien avoir deviné juste.

BIGRE LE FILS. Jacques, trêve de plaisanteries,
placées ou déplacées, je ne les aime pas.

BIGRE LE PÈRE. Puisqu'il ne veut pas boire, il ne
faut pas que cela nous en empêche. A ta santé, filleul.

MOI. A la vôtre, parrain ; Bigre, mon ami, bois avec
nous. Tu te chagrines trop pour peu de chose.

BIGRE LE FILS. Je vous ai déjà dit que je ne buvais
pas.

MOI. Eh bien ! si ton père a rencontré, que diable,
tu la reverras, vous vous expliquerez, et tu conviendras
que tu as tort.

BIGRE LE PÈRE. Eh ! laisse-le faire ; n'est-il pas
juste que cette créature le châtie de la peine qu'il
me cause ? Çà, encore un coup, et venons à ton affaire.
Je conçois qu'il faut que je te mène chez ton père ;
mais que veux-tu que je lui dise ?

MOI. Tout ce que vous voudrez, tout ce que vous
lui avez entendu dire cent fois lorsqu'il vous a ramené
votre fils.

BIGRE LE PÈRE. Allons... »

Il sort, je le suis, nous arrivons à la porte de la

[*nous déjeunerons*] (V).
Manque (V).

maison ; je le laisse entrer seul. Curieux de la conversation de Bigre le père et du mien, je me cache dans
un recoin, derrière une cloison, d'où je ne perdis pas
un mot.

BIGRE LE PÈRE. « Allons, compère, il faut encore
lui pardonner cette fois.

— Lui pardonner, et de quoi ?

— Tu fais l'ignorant.

— Je ne le fais point, je le suis.

— Tu es fâché, et tu as raison de l'être.

— Je ne suis point fâché.

— Tu l'es, te dis-je.

— Si tu veux que je le sois, je ne demande pas
mieux ; mais que je sache auparavant la sottise qu'il
a faite.

— D'accord, trois fois, quatre fois ; mais ce n'est
pas coutume. On se trouve une bande de jeunes
garçons et de jeunes filles, on boit, on rit, on danse ;
les heures se passent vite ; et cependant la porte de
la maison se ferme...

Bigre, en baissant la voix, ajouta : « Ils ne nous
entendent pas ; mais, de bonne foi, est-ce que nous
avons été plus sages qu'eux à leur âge ? Sais-tu qui
sont les mauvais pères [? ce] sont ceux qui ont oublié
les fautes de leur jeunesse. Dis-moi, est-ce que nous
n'avons jamais découché ?

— Et toi, Bigre, mon compère, dis-moi, est-ce
que nous n'avons jamais pris d'attachement qui
déplaisait à nos parents ?

— Aussi je crie plus haut que je ne souffre. Fais
de même.

— Mais Jacques n'a point découché, du moins cette
nuit, j'en suis sûr.

— Eh bien ! si ce n'est pas celle-ci, c'est une autre.
Tant y a que tu n'en veux point à ton garçon ?

— Non.

[, *et ce*] (V). [*les mauvais pères*, *ce*] (L).

— Et quand je serai parti tu ne le maltraiteras pas?

— Aucunement.

— Tu m'en donnes ta parole?

— Je te la donne.

— Ta parole d'honneur?

— Ma parole d'honneur.

— Tout est dit, et je m'en retourne... »

Comme mon parrain Bigre était sur le seuil, mon père, lui frappant doucement sur l'épaule, lui disait : Bigre, mon ami, il y a ici quelque anguille sous roche ; ton garçon et le mien sont deux futés matois ; et je crains bien qu'ils ne nous en aient donné d'une à garder aujourd'hui ; mais avec le temps cela se découvrira. Adieu, compère.

LE MAÎTRE. [Et] quelle fut la fin de l'aventure entre Bigre ton ami et Justine?

JACQUES. Comme elle devait être. Il se fâcha, elle se fâcha plus fort que lui ; elle pleura, il s'attendrit ; elle lui jura que j'étais le meilleur ami qu'il eût ; je lui jurai qu'elle était la plus honnête fille du village. Il nous crut, nous demanda pardon, nous en aima et nous en estima davantage tous deux. Et voilà le commencement, le milieu et la fin de la perte de mon pucelage. A présent, monsieur, je voudrais bien que vous m'apprissiez le but moral de cette impertinente histoire.

LE MAÎTRE. A mieux connaître les femmes.

JACQUES. Et vous aviez besoin de cette leçon?

LE MAÎTRE. A mieux connaître les amis.

JACQUES. Et vous avez jamais cru qu'il y en eût un seul qui tînt rigueur à votre femme ou à votre fille, si elle s'était proposé sa défaite?

LE MAÎTRE. A mieux connaître les pères et les enfants.

JACQUES. Allez, monsieur, ils ont été de tout temps,

Manque (V).

et seront à jamais, alternativement dupes les uns des autres.

LE MAITRE. Ce que tu dis là sont autant de vérités éternelles, mais sur lesquelles on ne saurait trop insister. Quel que soit le récit que tu m'as promis après celui-ci, sois sûr qu'il ne sera vide d'instruction que pour un sot ; et continue.

Lecteur, il me vient un scrupule, c'est d'avoir fait honneur à Jacques ou à son maître de quelques réflexions qui vous appartiennent de droit ; si cela est, vous pouvez les reprendre sans qu'ils s'en formalisent. J'ai cru m'apercevoir que le mot *Bigre* [1] vous déplaisait. Je voudrais bien savoir pourquoi. C'est le vrai nom de la famille de mon charron ; les extraits baptistaires, extraits mortuaires, contrats de mariage en sont signés Bigre. Les descendants de Bigre, qui occupent aujourd'hui la boutique s'appellent Bigre. Quand leurs enfants, qui sont jolis, passent dans la rue, on dit : « Voilà les petits Bigres. » Quand vous prononcez le nom de *Boule* [2], vous vous rappelez le plus grand ébéniste que vous ayez eu. On ne prononce point encore dans la contrée de Bigre le nom de Bigre sans se rappeler le plus grand charron dont on ait mémoire [3]. Le Bigre, dont on lit le nom à la fin de tous les livres d'offices pieux du commencement de ce siècle, fut un de ses parents. Si jamais un arrière-neveu de Bigre se signale par quelque grande action, le nom personnel de Bigre ne sera pas moins imposant pour vous que celui de César ou de Condé. C'est qu'il y a Bigre et Bigre, comme Guillaume et Guillaume. Si je dis Guillaume tout court, ce ne sera ni le conquérant de la Grande-Bretagne, ni le marchand de drap de l'*Avocat Patelin :* le nom de Guillaume tout court ne sera ni héroïque ni bourgeois : ainsi de Bigre. Bigre tout court n'est ni le fameux charron ni quelqu'un de ses plats ancêtres ou de ses plats descendants. En bonne foi, un nom personnel peut-il être de bon ou de mauvais goût? Les rues sont pleines de mâtins qui s'appellent Pompée. Défaites-vous donc de votre fausse délicatesse, ou j'en userai avec vous comme milord Chatham avec les membres du parlement; il leur dit : « Sucre [1], Sucre, Sucre ; qu'est-ce qu'il y a de ridicule là dedans?... » Et moi, je vous dirai : « Bigre, Bigre, Bigre ; pourquoi ne s'appellerait-on pas Bigre? » C'est, comme le disait un officier à son général le grand Condé, qu'il y a un fier Bigre, comme Bigre le charron ; un bon Bigre, comme vous et moi ; de plats Bigres, comme une infinité d'autres.

JACQUES. C'était un jour de noces ; frère Jean avait marié la fille d'un de ses voisins. J'étais garçon de fête. On m'avait placé à table entre les deux goguenards de la paroisse ; j'avais l'air d'un grand nigaud, quoique je ne le fusse pas tant qu'ils le croyaient. Ils me firent quelques questions sur la nuit de la mariée ; j'y répondis assez bêtement, et les voilà qui éclatent de rire, et les femmes de ces deux plaisants à crier de l'autre bout : « Qu'est-ce qu'il y a donc? vous êtes bien joyeux là-bas? — C'est que c'est par trop drôle, répondit un de nos maris à sa femme ; je te conterai cela ce soir. » L'autre, qui n'était pas moins curieuse, fit la même question à son mari, qui lui fit la même réponse. Le repas continue, et les questions et mes balourdises, et les éclats de rire et la surprise des femmes. Après le repas, la danse ; après la danse, le coucher des époux, le don de la jarretière [2], moi dans mon lit, et mes goguenards dans les leurs, racontant à leurs femmes la chose incompréhensible, incroyable, c'est qu'à vingt-deux ans, grand et vigoureux comme je l'étais, assez bien de figure, alerte et point sot, j'étais aussi neuf, mais aussi neuf qu'au sortir du ventre de ma mère, et les deux femmes de s'en émerveiller ainsi que leurs maris. Mais, dès le lendemain, Suzanne me fit signe et me dit : « Jacques, n'as-tu rien à faire?

— Non, voisine ; qu'est-ce qu'il y a pour votre service ?

— Je voudrais... je voudrais... » et en disant je voudrais, elle me serrait la main et me regardait si singulièrement ; « je voudrais que tu prisses notre serpe et que tu vinsses dans la commune m'aider à couper deux ou trois bourrées, car c'est une besogne trop forte pour moi seule.

— Très volontiers, madame Suzanne... »

Je prends la serpe, et nous allons. Chemin faisant, Suzanne se laissait tomber la tête sur mon épaule, me prenait le menton, me tirait les oreilles, me pinçait les côtés. Nous arrivons. L'endroit était en pente. Suzanne se couche à terre [tout de son long à la place la plus élevée, les pieds éloignés l'un de l'autre et les bras passés par-dessus la tête]. J'étais au-dessous d'elle, jouant de la serpe sur le taillis, [et Suzanne repliait ses jambes, approchant ses talons de ses fesses ; ses genoux élevés rendaient ses jupons fort courts, et je jouais toujours de la serpe sur le taillis], ne regardant guère où je frappais et frappant souvent à côté. Enfin, Suzanne me dit : « Jacques, est-ce que tu ne finiras pas bientôt ?

— Quand vous voudrez, madame Suzanne.

— Est-ce que tu ne vois pas, dit-elle à demi-voix, que je veux que tu finisses ?... » Je finis donc, je repris haleine, [et je finis encore ; et Suzanne...

LE MAITRE. T'ôtait ton pucelage que tu n'avais pas ?

JACQUES. Il est vrai ; mais] Suzanne [ne s'y méprit pas, et] de sourire et de me dire : « Tu en as donné d'une bonne à garder à notre homme ; et tu es un fripon.

— Que voulez-vous dire, madame Suzanne ?

— Rien, rien ; tu m'entends de reste. Trompe-

Les quatre passages entre crochets de cette page ne figurent pas dans V.

moi encore quelquefois de même, et je te le pardonne... »
Je reliai ses bourrées, je les pris sur mon dos ; et
nous revînmes, elle à sa maison, moi à la nôtre.

LE MAITRE. Sans faire une pause en chemin ?

JACQUES. Non.

LE MAITRE. Il n'y avait donc pas loin de la commune
au village ?

JACQUES. Pas plus loin que du village à la commune.

LE MAITRE. Elle ne valait que cela ?

JACQUES. Elle valait peut-être davantage pour
un autre, pour un autre jour : chaque moment a son
prix.

A quelque temps de là, dame Marguerite, c'était
la femme de notre autre goguenard, avait du grain à
faire moudre et n'avait pas le temps d'aller au moulin ; elle vint demander à mon père un de ses garçons
qui y allât pour elle. Comme j'étais le plus grand,
elle ne doutait pas que le choix de mon père ne tombât
sur moi, ce qui ne manqua pas d'arriver. Dame Marguerite sort ; je la suis ; je charge le sac sur son âne
et je le conduis seul au moulin. Voilà son grain moulu,
et nous nous en revenions, l'âne et moi, assez tristes,
car je pensais que j'en serais pour ma corvée. Je me
trompais. Il y avait entre le village et le moulin un
petit bois à passer ; ce fut là que je trouvai dame
Marguerite assise au bord de la voie. Le jour commençait à tomber. « Jacques, me dit-elle, enfin te voilà !
Sais-tu qu'il y a plus d'une mortelle heure que je
t'attends ?... »

Lecteur, vous êtes aussi trop pointilleux. D'accord,
la mortelle heure est des dames de la ville ; et la
grande heure, de dame Marguerite.

JACQUES. C'est que l'eau était basse, que le moulin
allait lentement, que le meunier était ivre et que,
quelque diligence que j'ai faite, je n'ai pu revenir
plus tôt.

MARGUERITE. Assieds-toi là, et jasons un peu.

JACQUES. Dame Marguerite, je le veux bien...

Me voilà assis à côté d'elle pour jaser, et cependant nous gardions le silence tous deux. Je lui dis donc : Mais, dame Marguerite, vous ne me dites mot et nous ne jasons pas.

MARGUERITE. C'est que je rêve à ce que mon mari m'a dit de toi.

JACQUES. Ne croyez rien de ce que votre mari vous a dit ; c'est un gausseur.

MARGUERITE. Il m'a assuré que tu n'as jamais été amoureux.

JACQUES. Oh! pour cela il a dit vrai.

MARGUERITE. Quoi! jamais de ta vie?

JACQUES. De ma vie.

MARGUERITE. Comment! à ton âge, tu ne saurais pas ce que c'est qu'une femme?

JACQUES. Pardonnez-moi, dame Marguerite.

MARGUERITE. Et qu'est-ce que c'est qu'une femme?

JACQUES. Une femme?

MARGUERITE. Oui, une femme.

JACQUES. Attendez... C'est un homme qui a un cotillon, une cornette et de gros tétons.

LE MAITRE. Ah! scélérat!

JACQUES. L'autre ne s'y était pas trompée ; et je voulais que celle-ci s'y trompât. A ma réponse, dame Marguerite fit des éclats de rire qui ne finissaient point ; et moi, tout ébahi, je lui demandai ce qu'elle avait tant à rire. Dame Marguerite me dit qu'elle riait de ma simplicité. « Comment! grand comme tu es, vrai, tu n'en saurais pas davantage?

— Non, dame Marguerite. »

Là-dessus dame Marguerite se tut, et moi aussi. Mais, dame Marguerite, lui dis-je encore, nous nous sommes assis pour jaser et voilà que vous ne dites mot et que nous ne jasons pas. Dame Marguerite, qu'avez-vous? vous rêvez.

MARGUERITE. Oui, je rêve... je rêve... je rêve...

En prononçant ces je rêve, sa poitrine s'élevait, sa voix s'affaiblissait, ses membres tremblaient, ses yeux s'étaient fermés, sa bouche était entr'ouverte ; elle poussa un profond soupir ; elle défaillit, et je fis semblant de croire qu'elle était morte, et me mis à crier du ton de l'effroi : Dame Marguerite! dame Marguerite! parlez-moi donc ; dame Marguerite, est-ce que vous vous trouvez mal?

MARGUERITE. Non, mon enfant ; laisse-moi un moment en repos... Je ne sais ce qui m'a [pris]... Cela m'est venu subitement.

LE MAITRE. Elle mentait.

JACQUES. Oui, elle mentait.

MARGUERITE. C'est que je rêvais.

JACQUES. Rêvez-vous comme cela la nuit à côté de votre mari?

MARGUERITE. Quelquefois.

JACQUES. Cela doit l'effrayer.

MARGUERITE. Il y est fait...

Marguerite revint peu à peu de sa défaillance, et dit : Je rêvais qu'à la noce, il y a huit jours, notre homme et celui de la Suzanne se sont moqués de toi ; cela m'a fait pitié, et je me suis trouvée toute je ne sais comment.

JACQUES. Vous êtes trop bonne.

MARGUERITE. Je n'aime pas qu'on se moque. Je rêvais qu'à la première occasion ils recommenceraient de plus belle, et que cela me fâcherait encore.

JACQUES. Mais il ne tiendrait qu'à vous que cela n'arrivât plus.

MARGUERITE. Et comment?

JACQUES. En m'apprenant...

MARGUERITE. Et quoi?

JACQUES. Ce que j'ignore, et ce qui faisait tant

rire votre homme et celui de la Suzanne, qui ne riraient plus.

MARGUERITE. Oh! non, non. Je sais bien que tu es un bon garçon, et que tu ne le dirais à personne ; mais je n'oserais.

JACQUES. Et pourquoi?

MARGUERITE. C'est que je n'oserais.

JACQUES. Ah! dame Marguerite, apprenez-moi, je vous prie, je vous en aurai la plus grande obligation, apprenez-moi... En la suppliant ainsi, je lui serrais les mains et elle me les serrait aussi ; je lui baisais les yeux, et elle me baisait la bouche. Cependant il faisait tout à fait nuit. Je lui dis donc : Je vois bien, dame Marguerite, que vous ne me voulez pas assez de bien pour m'apprendre ; j'en suis tout à fait chagrin. Allons, levons-nous ; retournons-nous-en... Dame Marguerite se tut ; [elle reprit une de mes mains, je ne sais où elle la conduisit, mais le fait est que je m'écriai : « Il n'y a rien! il n'y a rien! »]

LE MAITRE. Scélérat, double scélérat!

JACQUES. Le fait est qu'elle était fort déshabillée, et que je l'étais beaucoup aussi. [Le fait est que j'avais toujours la main où il n'y avait rien chez elle, et qu'elle avait placé sa main où cela n'était pas tout à fait de même chez moi. Le fait est que je me trouvai sous elle et par conséquent elle sur moi. Le fait est que, ne la soulageant d'aucune fatigue, il fallait bien qu'elle la prît tout entière. Le fait est qu'elle se livrait à mon instruction de si bon cœur, qu'il vint un instant où je crus qu'elle en mourrait]. Le fait est qu'aussi troublé qu'elle, et ne sachant ce que je disais, je m'écriai : « Ah! dame Suzanne, que vous me faites aise! »

LE MAITRE. Tu veux dire dame Marguerite.

JACQUES. Non, non. Le fait est que je pris un nom pour un autre ; et qu'au lieu de dire dame Marguerite,

Les passages entre crochets manquent (V).

je dis dame Suzon. Le fait est que j'avouai à dame Marguerite que ce qu'elle croyait m'apprendre ce jour-là, dame Suzon me l'avait appris, un peu diversement, à la vérité, il y avait trois ou quatre jours. Le fait est qu'elle me dit : « Quoi! c'est Suzon et non pas moi?... » Le fait est que je lui répondis : « Ce n'est ni l'une ni l'autre. » Le fait est que, tout en se moquant d'elle-même, de Suzon, des deux maris, [et qu'en me disant de petites injures, je me trouvai sur elle, et par conséquent elle sous moi, et qu'en m'avouant que cela lui avait fait bien du plaisir, mais pas autant que de l'autre manière, elle se retrouva sur moi, et par conséquent moi sous elle. Le fait est qu'après quelque temps de repos et de silence, je ne me trouvai ni elle dessous, ni moi dessus, ni elle dessus, ni moi dessous ; car nous étions l'un et l'autre sur le côté ; qu'elle avait la tête penchée en devant et les deux fesses collées contre mes deux cuisses. Le fait est que], si j'avais été moins savant, la bonne dame Marguerite m'aurait appris tout ce qu'on peut apprendre. Le fait est que nous eûmes bien de la peine à regagner le village. Le fait est que mon mal de gorge est fort augmenté, et qu'il n'y a pas d'apparence que je puisse parler de quinze jours.

[LE MAITRE. Et tu n'as pas revu ces femmes?

JACQUES. Pardonnez-moi, plus d'une fois.

LE MAITRE. Toutes deux?

JACQUES. Toutes deux.

LE MAITRE. Elles ne se sont pas brouillées?

JACQUES. Utiles l'une à l'autre, elles s'en sont aimées davantage.

LE MAITRE. Les nôtres en auraient bien fait autant, mais chacune avec son chacun... Tu ris.

JACQUES. Toutes les fois que je me rappelle le petit homme criant, jurant, écumant, se débattant de la

---

Le passage entre crochets manque (V).

Tout le passage, à partir de [LE MAITRE. *Et tu n'as pas revu...*] jusqu'à [*lui dit*], p. 260, manque dans (V).

tête, des pieds, des mains, de tout le corps, et prêt
à se jeter du haut du fenil en bas, au hasard de se
tuer, je ne saurais m'empêcher d'en rire.

LE MAITRE. Et ce petit homme, qui est-il? Le mari
de la dame Suzon?

JACQUES. Non.

LE MAITRE. Le mari de la dame Marguerite?

JACQUES. Non... Toujours le même : il en a, pour
tant qu'il vivra.

LE MAITRE. Qui est-il donc?

Jacques ne répondit point à cette question, et le
maître ajouta :
Dis-moi seulement qui était le petit homme.

JACQUES. Un jour un enfant, assis au pied du comp-
toir d'une lingère, criait de toute sa force. La marchande importunée de ses cris, lui dit : « Mon ami,
pourquoi criez-vous?

— C'est qu'ils veulent me faire dire A.

— Et pourquoi ne voulez-vous pas dire A?

— C'est que je n'aurai pas si tôt dit A, qu'ils
voudront me faire dire B... »

C'est que je ne vous aurai pas si tôt dit le nom du
petit homme, qu'il faudra que je vous dise le reste.

LE MAITRE. Peut-être.

JACQUES. Cela est sûr.

LE MAITRE. Allons, mon ami Jacques, nomme-moi
le petit homme. Tu t'en meurs d'envie, n'est-ce pas?
Satisfais-toi.

JACQUES. C'était une espèce de nain, bossu, crochu,
bègue, borgne, jaloux, paillard, amoureux et peut-
être aimé de Suzon. C'était le vicaire du village.

Jacques ressemblait à l'enfant de la lingère comme
deux gouttes d'eau, avec cette différence que, depuis
son mal de gorge, on avait de la peine à lui faire dire A,

mais une fois en train, il allait de lui-même jusqu'à la fin de l'alphabet.

J'étais dans la grange de Suzon, seul avec elle.

LE MAITRE. Et tu n'y étais pas pour rien?

JACQUES. Non. Lorsque le vicaire arrive, il prend de l'humeur, il gronde, il demande impérieusement à Suzon ce qu'elle faisait en tête à tête avec le plus débauché des garçons du village, dans l'endroit le plus reculé de la chaumière.

LE MAITRE. Tu avais déjà de la réputation, à ce que je vois.

JACQUES. Et assez bien méritée. Il était vraiment fâché ; à ce propos il en ajouta d'autres encore moins obligeants. Je me fâche de mon côté. D'injure en injure nous en venons aux mains. Je saisis une fourche, je la lui passe entre les jambes, fourchon d'ici, fourchon [1] de là, et le lance sur le fenil [2], ni plus ni moins, comme une botte de paille.

LE MAITRE. Et ce fenil était haut?

JACQUES. De dix pieds au moins, et le petit homme n'en serait pas descendu sans se rompre le cou.

LE MAITRE. Après?

JACQUES. Après, j'écarte le fichu de Suzon, je lui prends la gorge, je la caresse ; elle se défend comme cela. Il y avait là un bât d'âne dont la commodité nous était connue ; je la pousse sur ce bât.

LE MAITRE. Tu relèves ses jupons?

JACQUES. Je relève ses jupons.

LE MAITRE. Et le vicaire voyait cela?

JACQUES. Comme je vous vois.

LE MAITRE. Et il se taisait?

JACQUES. Non pas, s'il vous plaît. Ne se contentant plus de rage, il se mit à crier : « Au meu... meu... meurtre! au feu... feu... feu!... au vo... au vo... au voleur!... » Et voilà le mari que nous croyions loin qui accourt.

LE MAITRE. J'en suis fâché : je n'aime pas les prêtres.

JACQUES. Et vous auriez été enchanté que sous les yeux de celui-ci...

LE MAITRE. J'en conviens.

JACQUES. Suzon avait eu le temps de se relever ; je me rajuste, me sauve, et c'est Suzon qui m'a raconté ce qui suit. Le mari qui voit le vicaire perché sur le fenil, se met à rire. Le vicaire lui disait : « Ris... ris... ris bien... so... so... sot que tu es... » Le mari de lui obéir, de rire de plus belle, et de lui demander qui est-ce qui l'a niché là. — Le vicaire : « Met... met... mets-moi à te... te... terre. » Le mari de rire encore, et de lui demander comment il faut qu'il s'y prenne. — Le vicaire : « Co... co... comme j'y... j'y... j'y... suis mon... mon... monté, a... a... avec la fou... fou... fourche... — Par sanguienne, vous avez raison ; voyez ce que c'est que d'avoir étudié ?... » Le mari prend la fourche, la présente au vicaire ; celui-ci s'enfourche comme je l'avais enfourché ; le mari lui fait faire un ou deux tours de grange au bout de l'instrument de basse-cour, accompagnant cette promenade d'une espèce de chant en faux-bourdon ; et le vicaire criait : « Dé... dé... descends-moi, ma... ma... maraud, me... me dé... dé... descendras... dras-tu ?... » Et le mari lui disait : « A quoi tient-il, monsieur le vicaire, que je ne vous montre ainsi dans toutes les rues du village ? On n'y aurait jamais vu une aussi belle procession... » Cependant le vicaire en fut quitte pour la peur, et le mari le mit à terre. Je ne sais ce qu'il dit alors au mari, car Suzon s'était évadée ; mais j'entendis : « Ma... ma... malheureux ! tu... tu... fra... fra... frappes un... un... prê... prê... prêtre ; je... je... t'e... t'e... t'ex... co... co... communie ; tu... tu... se... seras da... da... damné... » C'était le petit homme qui parlait : et c'était le mari qui le pourchassait à coups de fourche. J'arrive avec beaucoup d'autres ; d'aussi loin que le mari m'aperçut, mettant sa fourche en arrêt : « Approche, approche », me dit-il.

LE MAITRE. Et Suzon?

JACQUES. Elle s'en tira.

LE MAITRE. Mal?

JACQUES. Non; les femmes s'en tirent toujours bien quand on ne les a pas surprises en flagrant délit... De quoi riez-vous?

LE MAITRE. De ce qui me fera rire, comme toi, toutes les fois que je me rappellerai le petit prêtre au bout de la fourche du mari.

JACQUES. Ce fut peu de temps après cette aventure, qui vint aux oreilles de mon père et qui en rit aussi, que je m'engageai, comme je vous ai dit...

Après quelques moments de silence ou de toux de la part de Jacques, disent les uns, ou après avoir encore ri, disent les autres, le maître s'adressant à Jacques, lui dit] : « Et l'histoire de tes amours? » — Jacques hocha de la tête et ne répondit pas.

Comment un homme de sens, qui a des mœurs, qui se pique de philosophie, peut-il s'amuser à débiter des contes de cette obscénité? — Premièrement, lecteur, ce ne sont pas des contes, c'est une histoire, et je ne me sens pas plus coupable, et peut-être moins, quand j'écris les sottises de Jacques, que Suétone quand il nous transmet les débauches de Tibère. Cependant vous lisez Suétone, et vous ne lui faites aucun reproche. Pourquoi ne froncez-vous pas le sourcil à Catulle, à Martial, à Horace, à Juvénal, à Pétrone, à La Fontaine et à tant d'autres? Pourquoi ne dites-vous pas au stoïcien Sénèque : Quel besoin avons-nous de la crapule de votre esclave aux miroirs concaves [1]? Pourquoi n'avez-vous de l'indulgence que pour les morts? Si vous réfléchissiez un peu à cette partialité, vous verriez qu'elle naît de quelque principe vicieux. Si vous êtes innocent,

... *lui dit*] fin du passage manquant dans (V).

vous ne me lirez pas ; si vous êtes corrompu, vous me lirez sans conséquence. Et puis, si ce que je vous dis là ne vous satisfait pas, ouvrez la préface de Jean-Baptiste Rousseau [1], et vous y trouverez mon apologie. Quel est celui d'entre vous qui osât blâmer Voltaire d'avoir composé *La Pucelle* ? Aucun. Vous avez donc deux balances pour les actions des hommes ? Mais, dites-vous, *La Pucelle* de Voltaire est un chef-d'œuvre ! — Tant pis, puisqu'on ne l'en lira que davantage. — Et votre *Jacques* n'est qu'une insipide rapsodie de faits les uns réels, les autres imaginés, écrits sans grâce et distribués sans ordre. — Tant mieux, mon *Jacques* en sera moins lu. De quelque côté que vous vous tourniez, vous avez tort. Si mon ouvrage est bon, il vous fera plaisir ; s'il est mauvais, il ne fera point de mal. Point de livre plus innocent qu'un mauvais livre. Je m'amuse à écrire sous des noms empruntés les sottises que vous faites ; vos sottises me font rire ; mon écrit vous donne de l'humeur. Lecteur, à vous parler franchement, je trouve que le plus méchant de nous deux, ce n'est pas moi. Que je serais satisfait s'il m'était aussi facile de me garantir de vos noirceurs, qu'à vous de l'ennui ou du danger de mon ouvrage ! Vilains hypocrites, laissez-moi en repos. [F...tez comme des ânes débâtés ; mais permettez-moi que je dise f...tre ; je vous passe l'action, passez-moi le mot. Vous prononcez hardiment tuer, voler, trahir, et l'autre vous ne l'oseriez qu'entre les dents ! Est-ce que moins vous exhalez de ces prétendues impuretés en paroles, plus il vous en reste dans la pensée ? Et que vous a fait l'action génitale, si naturelle, si nécessaire et si juste, pour en exclure le signe de vos entretiens, et pour imaginer que votre bouche, vos yeux et vos oreilles en seraient souillés ? Il est bon que les expressions les moins usitées, les moins écrites, les mieux tues soient les mieux

Tout le passage depuis [*F...tez comme* jusqu'à... *vita proba*], p. 262, manque dans V.

sues et les plus généralement connues ; aussi cela est ; aussi le mot *futuo* n'est-il pas moins familier que le mot pain ; nul âge ne l'ignore, nul idiome n'en est privé! il a mille synonymes dans toutes les langues, il s'imprime en chacune sans être exprimé, sans voix, sans figure, et le sexe qui le fait le plus, a usage de le taire le plus [1]. Je vous entends encore, vous vous écriez : « Fi, le cynique! Fi, l'impudent! Fi, le sophiste!... » Courage, insultez bien un auteur estimable que vous avez sans cesse entre les mains, et dont je ne suis ici que le traducteur. La licence de son style m'est presque un garant de la pureté de ses mœurs ; c'est Montaigne [2]. *Lasciva est nobis pagina, vita proba*].

Jacques et son maître passèrent le reste de la journée sans desserrer les dents. Jacques toussait, et son maître disait : « Voilà une cruelle toux! » regardait à sa montre l'heure qu'il était sans le savoir, ouvrait sa tabatière sans s'en douter, et prenait sa prise de tabac sans le sentir ; ce qui me le prouve, c'est qu'il faisait ces choses trois ou quatre fois de suite et dans le même ordre. Un moment après, Jacques toussait encore, et son maître disait : « Quelle diable de toux! Aussi tu t'en es donné du [vin de l'hôtesse] jusqu'au nœud de la gorge. Hier au soir, avec le secrétaire, tu ne t'es pas ménagé davantage ; quand tu remontas tu chancelais, tu ne [savais] ce que tu disais ; et aujourd'hui tu as fait dix haltes, et je gage qu'il ne te reste pas une goutte de vin dans ta gourde?... » Puis il grommelait entre ses dents, regardait à sa montre, et régalait ses narines.

J'ai oublié de vous dire, lecteur, que Jacques n'allait jamais sans une gourde remplie du meilleur ; elle était suspendue à l'arçon de sa selle. A chaque fois que son maître interrompait son récit par quelque question un peu longue, il détachait sa gourde, en

Souligné (V).
[*savais pas*] (L).

buvait un coup à la régalade, et ne la remettait à sa place que quand son maître avait cessé de parler. J'avais encore oublié de vous dire que, dans les cas qui demandaient de la réflexion, son premier mouvement était d'interroger sa gourde. Fallait-il résoudre une question de morale, discuter un fait, préférer un chemin à un autre, entamer, suivre ou abandonner une affaire, peser les avantages ou les désavantages d'une opération de politique, d'une spéculation de commerce ou de finance, la sagesse ou la folie d'une loi, le sort d'une guerre, le choix d'une auberge, dans une auberge le choix d'un appartement, dans un appartement le choix d'un lit, son premier mot était : « Interrogeons la gourde. » Son dernier était : « C'est l'avis de la gourde et le mien. » Lorsque le destin était muet dans sa tête, il s'expliquait par sa gourde, c'était une espèce de Pythie portative, silencieuse aussitôt qu'elle était vide. A Delphes, la Pythie, ses cotillons retroussés, assise à cul nu sur le trépied, recevait son inspiration de bas en haut ; Jacques, sur son cheval, la tête tournée vers le ciel, sa gourde débouchée et le goulot incliné vers sa bouche, recevait son inspiration de haut en bas. Lorsque la Pythie et Jacques prononçaient leurs oracles, ils étaient ivres tous les deux. [Il] prétendait que l'Esprit-Saint était descendu sur les apôtres dans une gourde ; il appelait la Pentecôte la fête des gourdes. Il a laissé un petit traité [1] de toutes sortes de divinations, traité profond dans lequel il donne la préférence à la divination de Bacbuc [2] ou par la gourde. Il s'inscrit en faux, malgré toute la vénération qu'il lui portait, contre le curé de Meudon qui interrogeait la dive Bacbuc par le choc de la panse. « J'aime Rabelais, dit-il, mais j'aime mieux la vérité que Rabelais. » Il l'appelle hérétique [*Engastrimute* [3]], et il prouve par cent raisons, meilleures les unes que les autres,

---

[*Jacques*] (V).
Le copiste hésite : ici, [*Engastrimate*] ; plus loin, *Engastrimeste* (V).

que les vrais oracles de Bacbuc ou de la gourde ne
se faisaient entendre que par le goulot. Il compte
au rang des sectateurs distingués de Bacbuc, des
vrais inspirés de la gourde dans ces derniers siècles,
Rabelais, La Fare [1], Chapelle [2], Chaulieu [3], La Fontaine, Molière, Panard [4], Gallet [5], Vadé [6]. [Platon]
et Jean-Jacques Rousseau, qui prônèrent le bon vin
sans en boire, sont à son avis de faux frères de la
gourde. La gourde eut autrefois quelques sanctuaires
célèbres ; la Pomme-de-pin, le Temple de la Guin-
guette, sanctuaires dont il écrit l'histoire séparément.
Il fait la peinture la plus magnifique de l'enthousiasme,
de la chaleur, du feu dont les Bacbuciens ou Périgourdins [7] étaient et furent encore saisis de nos jours,
lorsque sur la fin du repas, les coudes appuyés sur
la table, la dive Bacbuc ou la gourde sacrée leur
apparaissait, était déposée au milieu d'eux, sifflait,
jetait sa coiffe loin d'elle, et couvrait ses adorateurs
de son écume prophétique. Son manuscrit est décoré
de deux portraits, au bas desquels on lit : *Anacréon
et Rabelais, l'un parmi les anciens, l'autre parmi les
modernes, souverains pontifes de la gourde.*

Et Jacques s'est servi du terme engastrimute ?...
Pourquoi pas, lecteur ? Le capitaine de Jacques était
Bacbucien ; il a pu connaître cette expression, et
Jacques, qui recueillait tout ce qu'il disait, se la
rappeler ; mais la vérité, c'est que l'*Engastrimute*
est de moi, et qu'on lit sur le texte original : *Ventriloque.*

Tout cela est fort beau, ajoutez-vous ; mais les
amours de Jacques ? — Les amours de Jacques, il
n'y a que Jacques qui les sache ; et le voilà tourmenté
d'un mal de gorge qui réduit son maître à sa montre
et à sa tabatière ; indigence qui l'afflige autant que
vous. — Qu'allons-nous donc devenir ? — Ma foi,
je n'en sais rien. Ce serait bien ici le cas d'interroger

[Mais Platon] (V).

la dive Bacbuc ou la gourde sacrée ; mais son culte tombe, ses temples sont déserts. Ainsi qu'à la naissance de nôtre divin Sauveur, les oracles du paganisme cessèrent ; à la mort de Gallet [1], les oracles de Bacbuc furent muets ; aussi plus de grands poèmes, plus de ces morceaux d'une éloquence sublime ; plus de ces productions marquées au coin de l'ivresse et du génie ; tout est raisonné, compassé, académique et plat. O dive Bacbuc! ô gourde sacrée! ô divinité de Jacques! Revenez au milieu de nous!... Il me prend envie, lecteur, de vous entretenir de la naissance de la dive Bacbuc, des prodiges qui l'accompagnèrent et qui la suivirent, des merveilles de son règne et des désastres de sa retraite ; [et] si le mal de gorge de notre ami Jacques dure, et que son maître s'opiniâtre à garder le silence, il faudra bien que vous vous contentiez de cet épisode, que je tâcherai de pousser jusqu'à ce que Jacques guérisse et reprenne l'histoire de ses amours...

Il y a ici une lacune vraiment déplorable dans la conversation de Jacques et de son maître. Quelque jour un descendant de Nodot [2], du président de Brosses [3], de Freinshémius [4], ou du père Brottier [5], la remplira peut-être : et les descendants de Jacques ou de son maître, propriétaires du manuscrit, en riront beaucoup.

Il paraît que Jacques, réduit au silence par son mal de gorge, suspendit l'histoire de ses amours ; et que son maître commença l'histoire des siennes. Ce n'est ici qu'une conjecture que je donne pour ce qu'elle vaut. Après quelques lignes ponctuées qui annoncent la lacune, on lit : « Rien n'est plus triste dans ce monde que d'être un sot... » Est-ce Jacques qui profère cet apophtegme ? Est-ce son maître ? Ce serait le sujet d'une longue et épineuse dissertation.

Manque (V).

Si Jacques était assez insolent pour adresser ces mots à son maître, celui-ci était assez franc pour se les adresser à lui-même. Quoi qu'il en soit, il est évident, il est très évident que c'est le maître qui continue.

LE MAITRE. C'était la veille de sa fête, et je n'avais point d'argent. Le chevalier de Saint-Ouin, mon intime ami, n'était jamais embarrassé de rien. « Tu n'as point d'argent, me dit-il?

— Non.

— Eh bien! il n'y a qu'à en faire.

— Et tu sais comme on en fait?

— Sans doute. » Il s'habille, nous sortons, et il me conduit à travers plusieurs rues détournées dans une petite maison obscure, où nous montons par un petit escalier sale, à un troisième, [où] j'entre dans un appartement assez spacieux et singulièrement meublé. Il y avait entre autres choses trois commodes de front, toutes trois de formes différentes ; par derrière celle du milieu, un grand miroir à chapiteau trop haut pour le plafond, en sorte qu'un bon demi-pied de ce miroir était caché par la commode ; sur ces commodes des marchandises de toute espèce ; deux trictracs ; autour de l'appartement, des chaises assez belles, mais pas une qui eût sa pareille ; au pied d'un lit sans rideaux une superbe duchesse [1] ; contre une des fenêtres une volière sans oiseaux, mais toute neuve ; à l'autre fenêtre un lustre suspendu par un manche à balai, et le manche à balai portant des deux bouts sur les dossiers de deux mauvaises chaises de paille ; et puis de droite et de gauche des tableaux, les uns attachés aux murs, les autres en pile [2].

JACQUES. Cela sent le faiseur d'affaires d'une lieue à la ronde.

LE MAITRE. Tu l'as deviné. Et voilà le chevalier

[:] (V).

et M. [Le Brun] (c'est le nom de notre brocanteur et courtier d'usure) qui se précipitent dans les bras l'un de l'autre... « Eh! c'est vous, monsieur le chevalier?

— Et oui, c'est moi, mon cher Le Brun.

— Mais que devenez-vous donc? Il y a une éternité qu'on ne vous a vu. Les temps sont bien tristes; n'est-il pas vrai?

— Très tristes, mon cher Le Brun. Mais il ne s'agit pas de cela; écoutez-moi, j'aurais un mot à vous dire... » Je m'assieds. Le chevalier et Le Brun se retirent dans un coin, [et] se parlent. Je ne puis te rendre de leur conversation que quelques mots que je surpris à la volée...

« Il est bon?

— Excellent.

— Majeur?

— Très majeur.

— C'est le fils?

— Le fils.

— Savez-vous que nos deux dernières affaires?...

— Parlez plus bas.

— Le père?

— Riche.

— Vieux?

— Et caduc. »

Le Brun à haute voix : « Tenez, monsieur le chevalier, je ne veux plus me mêler de rien, cela a toujours des suites fâcheuses. C'est votre ami, à la bonne heure! Monsieur a tout à fait l'air d'un galant homme : mais...

— Mon cher Le Brun!

— Je n'ai point d'argent.

— Mais vous avez des connaissances!

— Ce sont tous des gueux, de fieffés fripons.

Changé par Vandeul en [*Bruinet*] (V).
[*où ils*] (V).

Monsieur le chevalier, n'êtes-vous point las de passer
par ces mains-là ?

— Nécessité n'a point de loi.

— La nécessité qui vous presse est une plaisante
nécessité, une bouillotte [1], une partie de la belle [2],
quelque fille.

— Cher ami !...

— C'est toujours moi, je suis faible comme un
enfant ; et puis vous, je ne sais pas à qui vous ne
feriez pas fausser un serment. Allons, sonnez donc,
afin que je sache si Fourgeot est chez lui... Non, ne
sonnez pas, Fourgeot vous mènera chez Merval.

— Pourquoi pas vous ?

— Moi ! j'ai juré que cet abominable Merval ne
travaillerait jamais ni pour moi ni pour mes amis.
Il faudra que vous répondiez pour monsieur, qui
[peut-être, qui] [sans doute est] un honnête homme ;
que je réponde pour vous à [Fourgeot], et que Fourgeot réponde pour moi à Merval... »

Cependant la servante était entrée en disant :
« C'est chez M. Fourgeot ? »

Le Brun à sa servante : « Non, ce n'est chez personne... Monsieur le chevalier, je ne saurais absolument, [je ne saurais.]

Le chevalier l'embrasse, le caresse : « Mon cher Le
Brun ! mon cher ami !... » Je m'approche, je joins mes
instances à celles du chevalier : « Monsieur Le Brun !
mon cher Monsieur !... »

Le Brun se laisse persuader.

La servante qui souriait [de] cette momerie part,
et dans un clin d'œil reparaît avec un petit homme
boiteux, vêtu de noir, canne à la main, bègue, le
visage sec et ridé, l'œil vif. Le chevalier se tourne

[est] (V).
[est sans doute] (L).
Changé par Vandeul en [Fourgeon] (V).
Manque (V).
[de côté de] (V).

de son côté et lui dit : « Allons, monsieur Mathieu
de Fourgeot, nous n'avons pas un moment à perdre,
conduisez-nous vite... »

Fourgeot, sans avoir l'air de l'écouter, déliait une
petite bourse de chamois.

Le chevalier à Fourgeot : « Vous vous moquez,
cela nous regarde... » Je m'approche, je tire un petit
écu que je glisse au chevalier qui le donne à la servante en lui passant la main sous le menton. Cependant Le Brun disait à Fourgeot : « Je vous le défends ;
ne conduisez point là ces messieurs.

FOURGEOT. Monsieur Le Brun, pourquoi donc?

LE BRUN. C'est un fripon, c'est un gueux.

FOURGEOT. Je sais bien que M. de Merval... mais
à tout péché miséricorde ; et puis, je ne connais
que lui qui ait de l'argent pour le moment.

LE BRUN. Monsieur Fourgeot, faites comme il
vous plaira ; messieurs, je m'en lave les mains.

FOURGEOT, *à Le Brun.* Monsieur Le Brun, est-ce
que vous ne venez pas avec nous?

LE BRUN. Moi! Dieu m'en préserve. C'est un infâme
que je ne reverrai de ma vie.

FOURGEOT. Mais, sans vous, nous ne finirons rien.

LE CHEVALIER. Il est vrai. Allons, mon cher Le Brun,
il s'agit de me servir, il s'agit d'obliger un galant
homme qui est dans la presse ; vous ne me refuserez
pas ; vous viendrez.

LE BRUN. Aller chez un Merval! moi! moi!

LE CHEVALIER. Oui, vous, vous viendrez pour
moi... »

A force de sollicitations Le Brun se laisse entraîner,
et nous voilà, lui Le Brun, le chevalier, Mathieu de
Fourgeot, en chemin, le chevalier frappant amicale-
ment dans la main de Le Brun et me disant : « C'est
le meilleur homme, l'homme du monde le plus officieux, la meilleure connaissance...

LE BRUN. Je crois que M. le chevalier me ferait
faire de la fausse monnaie. »

Nous voilà chez Merval.

JACQUES. Mathieu de Fourgeot...

LE MAITRE. Eh bien! qu'en veux-tu dire?

JACQUES. Mathieu de Fourgeot... Je veux dire que M. le chevalier de Saint-Ouin connaît ces gens-là par nom et surnom : et que c'est un gueux, d'intelligence avec toute cette canaille-là.

LE MAITRE. Tu pourrais bien avoir raison... Il est impossible de connaître un homme plus doux, plus civil, plus honnête, plus poli, plus humain, plus compatissant, plus désintéressé que M. de Merval. Mon âge de majorité et ma solvabilité bien constatée, M. de Merval prit un air tout à fait affectueux et triste et nous dit avec le ton de la componction qu'il était au désespoir ; qu'il avait été dans cette même matinée obligé de secourir un de ses amis pressé des besoins les plus urgents, et qu'il était tout à fait à sec. Puis s'adressant à moi, il ajouta : « Monsieur, n'ayez point de regret de ne pas être venu plus tôt ; j'aurais été affligé de vous refuser, mais je l'aurais fait : l'amitié passe avant tout... »

Nous voilà [tous] bien ébahis ; voilà le chevalier, Le Brun même et Fourgeot aux genoux de Merval, et M. de Merval qui leur disait : « Messieurs, vous me connaissez tous ; j'aime à obliger et tâche de ne pas gâter les services que je rends en les faisant solliciter : mais, foi d'homme d'honneur, il n'y a pas quatre louis dans la maison... »

Moi, je ressemblais, au milieu de ces gens-là, à un patient qui a entendu sa sentence. Je disais au chevalier : « Chevalier, allons-nous-en, puisque ces messieurs ne peuvent rien... » Et le chevalier me tirant à l'écart : « Tu n'y penses pas, c'est la veille de sa fête. Je l'ai prévenue, je t'en avertis ; et elle s'attend à une galanterie de ta part. Tu la connais : ce n'est pas qu'elle soit intéressée ; mais elle est comme toutes les autres,

Manque (L).

qui n'aiment pas à être trompées dans leur attente.
Elle s'en sera déjà vantée à son père, à sa mère, à ses
tantes, à ses amies ; et, après cela, n'avoir rien à leur
montrer, cela est mortifiant... » Et puis le voilà revenu
à Merval, et le pressant plus vivement encore. Merval,
après s'être bien fait tirailler, dit : « J'ai la plus sotte
âme du monde ; je ne saurais voir les gens en peine.
Je rêve ; et il me vient une idée.

LE CHEVALIER. Et quelle idée ?

MERVAL. Pourquoi ne prendriez-vous pas des marchandises ?

LE CHEVALIER. En avez-vous ?

MERVAL. Non ; mais je connais une femme qui vous
en fournira ; une brave femme, une honnête femme.

LE BRUN. Oui, mais qui nous fournira des guenilles,
qu'elle nous vendra au poids de l'or, et dont nous ne
retirerons rien.

MERVAL. Point du tout, ce seront de très belles
étoffes, des bijoux en or et en argent, des soieries de
toute espèce, des perles, quelques pierreries ; il y aura
très peu de chose à perdre sur ces effets. C'est une
bonne créature à se contenter de peu, pourvu qu'elle
ait ses sûretés ; ce sont des marchandises d'affaires qui
lui reviennent à très bon prix. Au reste, voyez-les, la
vue ne vous en coûtera rien... »

Je représentai à Merval et au chevalier, que mon
état n'était pas de vendre ; et que, quand cet arrangement ne me répugnerait pas, ma position ne me laisserait pas le temps d'en tirer parti. Les officieux Le Brun
et Mathieu de Fourgeot dirent tous à la fois : « Qu'à cela
ne tienne, nous vendrons pour vous ; c'est l'embarras
d'une demi-journée... » Et la séance fut remise à
l'après-midi chez M. de Merval, qui, me frappant doucement sur l'épaule, me disait d'un ton onctueux et
pénétré : « Monsieur, je suis charmé de vous obliger ;
mais, croyez-moi, faites rarement de pareils emprunts ;
ils finissent toujours par ruiner. Ce serait un miracle,
dans ce pays-ci, que vous eussiez encore à traiter une

fois avec d'aussi honnêtes gens que MM. Le Brun et Mathieu de Fourgeot... »

Le Brun et Fourgeot de Mathieu, ou Mathieu de Fourgeot, le remercièrent en s'inclinant, et lui disant qu'il avait bien de la bonté, qu'ils avaient tâché jusqu'à présent de faire leur petit commerce en conscience, et qu'il n'y avait pas de quoi les louer.

MERVAL. Vous vous trompez, messieurs, car qui est-ce qui a de la conscience à présent? Demandez à M. le chevalier de Saint-Ouin, qui doit en savoir quelque chose.

Nous voilà sortis de chez Merval, qui nous demande, du haut de son escalier, s'il peut compter sur nous et faire avertir sa marchande. Nous lui répondons que oui ; et nous allons tous quatre dîner dans une auberge voisine, en attendant l'heure du rendez-vous.

Ce fut Mathieu de Fourgeot qui commanda le dîner, et qui le commanda bon. Au dessert, deux marmottes s'approchèrent de notre table avec leurs vielles ; Le Brun les fit asseoir. On les fit boire, on les fit jaser, on les fit jouer. Tandis que mes trois convives s'amusaient à en chiffonner une, sa compagne, qui était à côté de moi, me dit tout bas : « Monsieur, vous êtes là en bien mauvaise compagnie : il n'y a pas un de ces gens-là qui n'ait son nom sur le livre rouge [1]. »

Nous quittâmes l'auberge à l'heure indiquée, et nous nous rendîmes chez Merval. J'oubliais de te dire que ce dîner épuisa la bourse du chevalier et la mienne, et qu'en chemin Le Brun dit au chevalier, qui me le redit, que Mathieu de Fourgeot exigeait dix louis pour sa commission, que c'était le moins qu'on pût lui donner ; que s'il était satisfait de nous, nous aurions les marchandises à meilleur prix, et que nous retrouverions aisément cette somme sur la vente.

Nous voilà chez Merval, où sa marchande nous avait précédés avec ses marchandises. Mlle Bridoie (c'est son nom) nous accabla de politesses et de révérences, et nous étala des étoffes, des toiles, des dentelles, des bagues, des diamants, des boîtes d'or. Nous prîmes de tout. Ce furent Le Brun, Mathieu de Fourgeot et le chevalier, qui mirent le prix aux choses ; et c'est Merval qui tenait la plume. Le total se monta à dix-neuf mille sept cent soixante et quinze livres, dont j'allais faire mon billet, lorsque Mlle Bridoie me dit, en faisant une révérence (car elle ne s'adressait jamais à personne sans le révérencier) : « Monsieur, votre dessein est de payer vos billets à leurs échéances ?

— Assurément, lui répondis-je.

— En ce cas, me répliqua-t-elle, il vous est indifférent de me faire des billets ou des lettres de change. »

Le mot de lettre de change me fit pâlir [1]. Le chevalier s'en aperçut et dit à Mlle Bridoie : « Des lettres de change, mademoiselle ! mais ces lettres de change courront, et l'on ne sait en quelles mains elles pourraient aller.

— Vous vous moquez, monsieur le chevalier ; on sait un peu les égards dus aux personnes de votre rang... » Et puis une révérence... « On tient ces papiers-là dans son portefeuille ; on ne les produit qu'à temps. Tenez, voyez... » Et puis une révérence... Elle tire son portefeuille de sa poche ; elle lit une multitude de noms de tout état et de toutes conditions. Le chevalier s'était approché de moi, et me disait : « Des lettres de change ! cela est diablement sérieux ! Vois ce que tu veux faire. Cette femme me paraît honnête, et puis, avant l'échéance, tu seras en fonds ou j'y serai. »

JACQUES. Et vous signâtes les lettres de change ?

LE MAITRE. Il est vrai.

JACQUES. C'est l'usage des pères, lorsque leurs enfants partent pour la capitale, de leur faire un petit sermon. Ne fréquentez point mauvaise compagnie ; rendez-vous agréable à vos supérieurs, par de l'exactitude à remplir vos devoirs ; conservez votre religion ; fuyez les filles de mauvaise vie, les chevaliers d'industrie, et surtout ne signez jamais de lettres de change.

LE MAITRE. Que veux-tu, je fis comme les autres ;

la première chose que j'oubliai, ce fut la leçon de mon
père. Me voilà pourvu de marchandises à vendre, mais
c'est de l'argent qu'il nous fallait. Il y avait quelques
paires de manchettes à dentelle, très belles : le chevalier
s'en saisit au prix coûtant, en me disant : « Voilà déjà
une partie de tes emplettes, sur laquelle tu ne perdras
rien. » Mathieu de Fourgeot prit une montre et deux
boîtes d'or, dont il allait sur-le-champ m'apporter la
valeur ; Le Brun prit en dépôt le reste chez lui. Je
mis dans ma poche une superbe garniture avec les
manchettes ; c'était une des fleurs du bouquet que
j'avais à donner. Mathieu de Fourgeot revint en un clin
d'œil avec soixante louis : [il] en retint dix pour lui, et
je reçus les cinquante autres. Il me dit qu'il n'avait
vendu ni la montre ni les deux boîtes, mais qu'il les
avait mises en gage.

JACQUES. En gage ?

LE MAITRE. Oui.

JACQUES. Je sais où.

LE MAITRE. Où ?

JACQUES. Chez la demoiselle aux révérences, la
Bridoie.

LE MAITRE. Il est vrai. Avec la paire de manchettes
et sa garniture, je pris encore une jolie bague, avec une
boîte à mouches, doublée d'or. J'avais cinquante louis
dans ma bourse ; et nous étions, le chevalier et moi,
de la plus belle gaieté.

JACQUES. Voilà qui est fort bien. Il n'y a dans tout
ceci qu'une chose qui m'intrigue : c'est le désintéresse-
ment du sieur Le Brun ; est-ce que celui-là n'eut aucune
part à la dépouille ?

LE MAITRE. Allons donc, Jacques, vous vous
moquez ; vous ne connaissez pas M. Le Brun. Je lui
proposai de reconnaître ses bons offices ; il se fâcha, il
me répondit que je le prenais apparemment pour un
Mathieu de Fourgeot ; qu'il n'avait jamais tendu la

[*de ces soixante louis, il*] (V).

main. « Voilà mon cher Le Brun, s'écria le chevalier, c'est toujours lui-même ; mais nous rougirions qu'il fût plus honnête que nous... » Et à l'instant il prit parmi nos marchandises deux douzaines de mouchoirs, une pièce de mousseline, qu'il lui fit accepter pour sa femme et pour sa fille. Le Brun se mit à considérer les mouchoirs qui lui parurent si beaux, la mousseline qu'il trouva si fine, cela lui était offert de si bonne grâce, il avait une si prochaine occasion de prendre sa revanche avec nous par la vente des effets qui restaient entre ses mains, qu'il se laissa vaincre ; [et] nous voilà partis, et nous acheminant à toutes jambes de fiacre vers la demeure de celle que j'aimais, et à qui la garniture, les manchettes et la bague étaient destinées. Le présent réussit à merveille. On fut charmante. On essaya sur-le-champ la garniture et les manchettes ; la bague semblait avoir été faite pour le doigt. On soupa, et gaiement comme tu penses bien.

JACQUES. Et vous couchâtes là.

LE MAITRE. Non.

JACQUES. Ce fut donc le chevalier ?

LE MAITRE. Je le crois.

JACQUES. Du train dont on vous menait, vos cinquante louis ne durèrent pas longtemps.

LE MAITRE. Non. Au bout de huit jours nous nous rendîmes chez Le Brun pour voir ce que le reste de nos effets avait [produit].

JACQUES. Rien, ou peu de chose. Le Brun fut triste, il se déchaîna contre le Merval et la demoiselle aux révérences, les appela gueux, infâmes, fripons, jura derechef de n'avoir jamais rien à démêler avec eux, et vous remit sept à huit cents francs.

LE MAITRE. A peu près ; huit cent soixante et dix livres.

JACQUES. Ainsi, si je sais un peu calculer, huit cent

Manque (V).
[*rendu*] (V).

soixante et dix livres de Le Brun, cinquante louis de
Merval ou de Fourgeot, la garniture, les manchettes et
la bague, allons, encore cinquante louis, et voilà ce qui
vous est rentré de vos dix-neuf mille sept cent soixante
et [quinze] livres, en marchandises. Diable! cela est
honnête. Merval avait raison, on n'a pas tous les jours
à traiter avec d'aussi dignes gens.

LE MAITRE. Tu oublies les manchettes prises au prix
coûtant par le chevalier.

JACQUES. C'est que le chevalier ne vous en a jamais
parlé.

LE MAITRE. J'en conviens. Et les deux boîtes d'or
et la montre mises en gage par Mathieu, tu n'en dis
rien.

JACQUES. C'est que je ne sais qu'en dire.

LE MAITRE. Cependant l'échéance des lettres de
change arriva.

JACQUES. Et vos fonds ni ceux du chevalier n'arrivèrent point.

LE MAITRE. Je fus obligé de me cacher. On instruisit
mes parents ; un de mes oncles vint à Paris. Il présenta
un mémoire à la police contre tous ces fripons. Ce
mémoire fut renvoyé à un des commis ; ce commis
était un protecteur gagé de Merval. On répondit que,
l'affaire étant en justice réglée, la police n'y pouvait
rien. Le prêteur sur gages à qui Mathieu avait confié les
deux boîtes fit assigner Mathieu. J'intervins dans ce
procès. Les frais de justice furent si énormes, qu'après
la vente de la montre et des boîtes, il s'en manquait
encore cinq ou six cents francs qu'il n'y eût de quoi
tout payer.

Vous ne croirez pas cela, lecteur. Et si je vous disais
qu'un limonadier, décédé il y a quelque temps dans
mon voisinage, laissa deux pauvres orphelins en bas
âge. Le commissaire se transporte chez le défunt ;

[*treize*] (V, L).

on appose un scellé. On lève ce scellé, on fait un inventaire, une vente ; la vente produit huit à neuf cents francs. De ces neuf cents francs, les frais de justice prélevés, il reste deux sous pour chaque orphelin ; on leur met à chacun ces deux sous dans la main, et on les conduit à l'hôpital ¹.

LE MAITRE. Cela fait horreur.

JACQUES. Et cela dure.

LE MAITRE. Mon père mourut dans ces entrefaites. J'acquittai les lettres de change, et je sortis de ma retraite, où, pour l'honneur du chevalier et de mon amie, j'avouerai qu'ils me tinrent assez fidèle compagnie.

JACQUES. Et vous voilà tout aussi féru qu'auparavant du chevalier et de votre belle ; votre belle vous tenant la dragée ² plus haute que jamais.

LE MAITRE. Et pourquoi cela, Jacques ?

JACQUES. Pourquoi ? C'est que maître de votre personne et possesseur d'une fortune honnête, il fallait faire de vous un sot complet, un mari.

LE MAITRE. Ma foi, je crois que c'était leur projet ; mais il ne leur réussit pas.

JACQUES. Vous êtes bien heureux, ou ils ont été bien maladroits.

LE MAITRE. Mais il me semble que ta voix est moins rauque, et que tu parles plus librement.

JACQUES. Cela vous semble, mais cela n'est pas.

LE MAITRE. Tu ne pourrais donc pas reprendre l'histoire de tes amours ?

JACQUES. Non.

LE MAITRE. Et ton avis est que je continue l'histoire des miennes ?

JACQUES. C'est mon avis de faire une pause et de hausser la gourde.

LE MAITRE. Comment ! avec ton mal de gorge tu as fait remplir ta gourde ?

JACQUES. Oui ; mais, de par tous les diables, c'est

de tisane ; aussi je n'ai point d'idées, je suis bête ; et
tant qu'il n'y aura dans la gourde que de la tisane, je
serai bête.

LE MAITRE. Que fais-tu ?

JACQUES. Je verse la tisane à terre ; je crains qu'elle
ne nous porte malheur.

LE MAITRE. Tu es fou.

JACQUES. Sage ou fou, il n'en restera pas la valeur
d'une larme dans la gourde.

Tandis que Jacques vide à terre sa gourde, son maître
regarde à sa montre, ouvre sa tabatière, et se dispose
à continuer l'histoire de ses amours. Et moi, lecteur,
je suis tenté de lui fermer la bouche en lui montrant
de loin ou un vieux militaire sur son cheval, le dos voûté,
et s'acheminant à grands pas ; ou une jeune paysanne
en petit chapeau de paille, en cotillons rouges, faisant
son chemin à pied ou sur un âne. Et pourquoi le
vieux militaire ne serait-il pas ou le capitaine de Jacques ou le camarade de son capitaine ? — Mais il est
mort. — Vous le croyez ?... Pourquoi la jeune paysanne
ne serait-elle pas ou la dame Suzon, ou la dame Marguerite, ou l'hôtesse du Grand-Cerf, ou la mère Jeanne,
ou même Denise, sa fille ? Un faiseur de roman n'y
manquerait pas ; mais je n'aime pas les romans, à
moins que ce ne soient ceux de Richardson. Je fais
l'histoire, cette histoire intéressera ou n'intéressera
pas : c'est le moindre de mes soucis. Mon projet est
d'être vrai, je l'ai rempli. Ainsi, je ne ferai point revenir
frère Jean de Lisbonne ; ce gros prieur qui vient à
nous dans un cabriolet, à côté d'une jeune et jolie
femme, ce ne sera point l'abbé Hudson. — Mais l'abbé
Hudson est mort ? — Vous le croyez ? Avez-vous assisté
à ses obsèques ? — Non. — Vous ne l'avez point vu
mettre en terre ? — Non. — Il est donc mort ou vivant,
comme il me plaira. Il ne tiendrait qu'à moi d'arrêter
ce cabriolet, et d'en faire sortir avec le prieur et sa
compagne de voyage une suite d'événements en consé-

quence desquels vous ne sauriez ni les amours de Jacques, ni celles de son maître ; mais je dédaigne toutes
ces ressources-là, je vois seulement qu'avec un peu
d'imagination et de style, rien n'est plus aisé que de
filer un roman. Demeurons dans le vrai, et en attendant que le mal de gorge de Jacques se passe, laissons
parler son maître.

LE MAITRE. Un matin, le chevalier m'apparut fort
triste ; c'était le lendemain d'un jour que nous avions
passé à la campagne, le chevalier, son amie ou la mienne,
ou peut-être de tous les deux, le père, la mère, les
tantes, les cousines et moi. Il me demanda si je n'avais
commis aucune indiscrétion qui eût éclairé les parents
sur ma passion. Il m'apprit que le père et la mère, alarmés de mes assiduités, avaient fait des questions à leur
fille ; que si j'avais des vues honnêtes, rien n'était plus
simple que de les avouer ; qu'on se ferait honneur de me
recevoir à ces conditions ; mais que si je ne m'expli-
quais pas nettement sous quinzaine, on me prierait de
cesser des visites qui se remarquaient, sur lesquelles
on tenait des propos, et qui faisaient tort à leur fille
en écartant d'elle des partis avantageux qui pouvaient
se présenter sans la crainte d'un refus.

JACQUES. Eh bien! mon maître, Jacques a-t-il du
nez ?

LE MAITRE. Le chevalier ajouta : « [Dans] quinzaine!
le terme est assez court. Vous aimez, on vous aime ;
dans quinze jours que ferez-vous ? » Je répondis net
au chevalier que je me retirerais.

« Vous vous retirerez! Vous n'aimez donc pas ?

— J'aime, et beaucoup ; mais j'ai des parents, un
nom, un état, des prétentions, [et] je ne me résoudrai
jamais à enfouir tous ces avantages dans le magasin
d'une petite bourgeoise.

[*Dans une*] (L).
Manque (V).

— Et leur [déclarerai-je] cela ?

— Si vous le voulez. Mais, chevalier, la subite et scrupuleuse délicatesse de ces gens-là m'étonne. Ils ont permis à leur fille d'accepter mes cadeaux ; ils m'ont laissé vingt fois en tête à tête avec elle ; elle court les bals, les assemblées, les spectacles, les promenades aux champs et à la ville, avec le premier qui a un bon équipage à lui offrir ; ils dorment profondément tandis qu'on fait de la musique [ou] la conversation chez elle ; tu fréquentes dans la maison tant qu'il te plaît ; et, entre nous, chevalier, quand tu es admis dans une maison, on peut y en admettre un autre. Leur fille est notée. Je ne croirai pas, je ne nierai pas tout ce qu'on en dit ; mais tu conviendras que ces parents-là auraient pu s'aviser plus tôt d'être jaloux de l'honneur de leur enfant. Veux-tu que je te parle vrai ? On m'a pris pour une espèce de benêt qu'on se promettait de mener par le nez aux pieds du curé de la paroisse. Ils se sont trompés. Je trouve Mlle Agathe charmante ; j'en ai la tête tournée : et il y paraît, je crois, aux effroyables dépenses que j'ai faites pour elle. Je ne refuse pas de continuer, mais encore faut-il que ce soit avec la certitude de la trouver un peu moins sévère à l'avenir.

Mon projet n'est pas de perdre éternellement à ses genoux un temps, une fortune et des soupirs que je pourrais employer plus utilement ailleurs. Tu diras ces derniers mots à Mlle Agathe, et tout ce qui les a précédés à ses parents... Il faut que notre liaison cesse, ou que je sois admis sur un nouveau pied, et que Mlle Agathe fasse de moi quelque chose de mieux que ce qu'elle en a fait jusqu'à présent. Lorsque vous m'introduisîtes chez elle, convenez, chevalier, que vous me fîtes espérer des facilités que je n'ai point trouvées. Chevalier, vous m'en avez un peu imposé.

LE CHEVALIER. Ma foi, je m'en suis un peu imposé

[*déclarerez-vous*] (V).
[*ou de*] (L).

le premier à moi-même. Qui diable aurait jamais imaginé qu'avec l'air leste, le ton libre et gai de cette jeune folle, ce serait un petit dragon de vertu ? »

JACQUES. Comment, diable ! monsieur, cela est bien fort. Vous avez donc été brave une fois dans votre vie ?

LE MAITRE. Il y a des jours comme cela. J'avais sur le cœur l'aventure des usuriers, ma retraite à Saint-Jean-de-Latran [1], devant la demoiselle Bridoie, et plus que tout, les rigueurs de Mlle Agathe. J'étais un peu las d'être lanterné.

JACQUES. Et, d'après ce courageux discours, adressé à votre cher ami le chevalier de Saint-Ouin, que fîtes-vous ?

LE MAITRE. Je tins parole, je cessai mes visites.

JACQUES. *Bravo ! Bravo ! mio caro maestro !*

LE MAITRE. Il se passa une quinzaine sans que j'entendisse parler de rien, si ce n'était par le chevalier qui m'instruisait fidèlement des effets de mon absence dans la famille, et qui m'encourageait à tenir ferme. Il me disait : « On commence à s'étonner, on se regarde, on parle ; on se questionne sur les sujets de mécontentement qu'on a pu te donner. La petite [fille] joue la dignité ; elle dit avec une indifférence affectée à travers laquelle on voit aisément qu'elle est piquée : On ne voit plus ce monsieur ; c'est qu'apparemment il ne veut plus qu'on le voie ; à la bonne heure, c'est son affaire... Et puis elle fait une pirouette, elle se met à chantonner, elle va à la fenêtre, elle revient, mais les yeux rouges ; tout le monde s'aperçoit qu'elle a pleuré.

— [Qu'elle] a pleuré !

— Ensuite, elle s'assied ; elle prend son ouvrage ; elle veut travailler, mais elle ne travaille pas On cause, elle se tait ; on cherche à l'égayer, elle prend

[folle] (V).
[Moi : Qu'elle] (V).

de l'humeur ; on lui propose un jeu, une promenade,
un spectacle : elle accepte ; et lorsque tout est prêt,
c'est une autre chose qui lui plaît et qui lui déplaît
le moment d'après... [Oh!] ne voilà-t-il pas que tu
te troubles! Je ne te dirai plus rien.

— Mais, chevalier, vous croyez donc que, si je
reparaissais...

— Je crois que tu serais un sot. Il faut tenir bon,
il faut avoir du courage. Si tu reviens sans être rappelé,
tu es perdu. Il faut apprendre à vivre à ce petit
monde-là.

— Mais si l'on ne me rappelle pas?

— On te rappellera.

— Si l'on tarde beaucoup à me rappeler?

— On te rappellera bientôt. Peste! un homme comme
toi ne se remplace pas aisément. Si tu reviens de
toi-même, on te boudera, on te fera payer chèrement
ton incartade, on t'imposera la loi qu'on voudra
t'imposer ; il faudra t'y soumettre ; il faudra fléchir
le genou. Veux-tu être le maître ou l'esclave, et l'esclave le plus malmené? Choisis. A te parler vrai,
ton procédé a été un peu leste ; on n'en peut pas
conclure un homme bien épris ; mais ce qui est fait
est fait ; et s'il est possible d'en tirer bon parti, il
n'y faut pas manquer.

— Elle a pleuré!

— Eh bien! elle a pleuré. Il vaut encore mieux
qu'elle pleure que toi.

— Mais si l'on ne me rappelle pas?

— On te rappellera, te dis-je. Lorsque j'arrive,
je ne parle pas plus de toi que si tu n'existais pas. On
me tourne, je me laisse tourner ; enfin on me demande
si je t'ai vu ; je réponds indifféremment, tantôt oui,
tantôt non ; puis on parle d'autre chose ; mais on
ne tarde pas de revenir à ton éclipse. Le premier mot
vient, ou du père, ou de la mère, ou de la tante, ou

[Hé!] (V).

d'Agathe, et l'on dit : Après tous les égards que nous
avons eus pour lui ! l'intérêt que nous avons tous
pris à sa dernière affaire ! les amitiés que ma nièce
lui a faites ! les politesses dont je l'ai comblé ! tant
de protestations d'attachement que nous en avons
reçues ! et puis fiez-vous aux hommes !... Après cela,
ouvrez votre maison à ceux qui se présentent !...
Croyez aux amis !

— Et Agathe ?

— [La consternation y est, c'est moi qui t'en assure.

— Et Agathe ?]

— Agathe me tire à l'écart, et dit : Chevalier,
concevez-vous quelque chose à votre ami ? Vous
m'avez assurée tant de fois que j'en étais aimée ;
vous le croyiez, sans doute, et pourquoi ne l'auriez-
vous pas cru ? Je le croyais bien, moi... Et puis elle
s'interrompt, sa voix s'altère, ses yeux se mouillent...
Eh bien ! ne voilà-t-il pas que tu en fais autant ! [Je
ne te dirai plus rien], cela est décidé. Je vois ce que
tu désires, mais il n'en sera rien, absolument rien.
Puisque tu as fait la sottise de te retirer sans rime
ni raison, je ne veux pas que tu la doubles en allant
te jeter à leur tête. Il faut tirer parti de cet incident
pour avancer tes affaires avec Mlle Agathe ; il faut
qu'elle voie qu'elle ne te tient pas si bien qu'elle
ne puisse te perdre, à moins qu'elle ne s'y prenne
mieux pour te garder. Après ce que tu as fait, en être
encore à lui baiser la main ! Mais là, chevalier, la main
sur la conscience, nous sommes amis ; et tu peux,
sans indiscrétion, t'expliquer avec moi ; vrai, tu n'en
as jamais rien obtenu ?

— Non.

— Tu mens, tu fais le délicat.

— Je le ferais peut-être, si j'en avais raison ; mais
je te jure que je n'ai pas le bonheur de mentir.

Les deux répliques entre crochets manquent (V).
Répété (V).

— Cela est inconcevable, car enfin tu n'es pas maladroit. Quoi! on n'a pas eu le moindre petit moment de faiblesse?

— Non.

— C'est qu'il sera venu, que tu ne l'auras pas aperçu, et que tu l'auras manqué. J'ai peur que tu n'aies été un peu benêt; les gens honnêtes, délicats et tendres comme toi, y sont sujets.

— Mais vous, chevalier, lui dis-je, que faites-vous là?

— Rien.

— Vous n'avez point eu de prétentions?

— Pardonnez-moi, s'il vous plaît, elles ont même duré assez longtemps; mais tu es venu, tu as vu et tu as vaincu. Je me suis aperçu qu'on te regardait beaucoup, et qu'on ne me regardait plus guère; je me le suis tenu pour dit. Nous sommes restés bons amis; on me confie ses petites pensées, on suit quelquefois mes conseils; et faute de mieux, j'ai accepté le rôle de subalterne auquel tu m'as réduit. »

JACQUES. Monsieur, deux choses : l'une c'est que je n'ai jamais pu suivre mon histoire sans qu'un diable ou un autre m'interrompît, et que la vôtre va tout de suite. Voilà le train de la vie; l'un court à travers les ronces sans se piquer; l'autre a beau regarder où il met le pied, il trouve des ronces dans le plus beau chemin, et arrive au gîte écorché tout vif.

LE MAITRE. Est-ce que tu as oublié ton refrain; et le grand rouleau, et l'écriture d'en haut?

JACQUES. L'autre chose, c'est que je persiste dans l'idée que votre chevalier de Saint-Ouin est un grand fripon; et qu'après avoir partagé votre argent avec les usuriers Le Brun, Merval, Mathieu de Fourgeot ou Fourgeot de Mathieu, la Bridoie, il cherche à vous embâter de sa maîtresse, en tout bien et tout honneur s'entend, par-devant notaire et curé, afin de partager encore avec vous votre femme... Ahi! la gorge!...

LE MAITRE. Sais-tu ce que tu fais là? une chose très commune et très impertinente.

JACQUES. J'en suis bien capable.

LE MAITRE. Tu te plains d'avoir été interrompu, et tu interromps.

JACQUES. C'est l'effet du mauvais exemple que vous m'avez donné. Une mère veut être galante, et veut que sa fille soit sage ; un père veut être dissipateur, et veut que son fils soit économe ; un maître veut...

LE MAITRE. Interrompre son valet, l'interrompre tant qu'il lui [plaît], et n'en pas être interrompu.

Lecteur, est-ce que vous ne craignez pas de voir se renouveler ici la scène de l'auberge où l'un criait : « Tu descendras » ; l'autre : « Je ne descendrai pas » ? A quoi tient-il que je ne vous fasse entendre : « J'interromprai ; tu n'interrompras pas » ? Il est certain que, pour peu que j'agace Jacques ou son maître, voilà la querelle engagée ; et si je l'engage une fois, qui sait comment elle finira ? Mais la vérité est que Jacques répondit modestement à son maître : Monsieur, je ne vous interromps pas ; mais je cause avec vous, comme vous m'en avez donné la permission.

LE MAITRE. Passe ; mais ce n'est pas tout.

JACQUES. Quelle autre incongruité puis-je avoir commise ?

LE MAITRE. Tu vas anticipant sur le raconteur, et tu lui ôtes le plaisir qu'il s'est promis de ta surprise ; en sorte qu'ayant, par une ostentation de sagacité très déplacée, deviné ce qu'il avait à te dire, il ne lui reste plus qu'à se taire, et je me tais.

JACQUES. Ah! mon maître!

LE MAITRE. Que maudits soient les gens d'esprit!

[*plaira*] (V).

JACQUES. D'accord ; mais vous n'aurez pas la cruauté...

LE MAITRE. Conviens du moins que tu le mériterais.

JACQUES. D'accord ; mais avec tout cela vous regarderez à votre montre l'heure qu'il est, vous prendrez votre prise de tabac, votre humeur cessera, et vous continuerez votre histoire.

LE MAITRE. Ce drôle-là fait de moi tout ce qu'il veut...

Quelques jours après cet entretien avec le chevalier, il reparut chez moi ; il avait l'air triomphant. « Eh bien! l'ami, me dit-il, une autre fois croirez-vous à mes almanachs? Je vous l'avais bien dit, nous sommes les plus forts, et voici une lettre de la petite ; oui, une lettre, une lettre d'elle... »

Cette lettre était fort douce ; des reproches, des plaintes et cætera ; et me voilà réinstallé dans la maison.

Lecteur, vous suspendez ici votre lecture ; qu'est-ce qu'il y a? Ah! je crois vous comprendre, vous voudriez voir cette lettre. Mme Riccoboni [1] n'aurait pas manqué de vous la montrer. Et celle que Mme de La Pommeraye dicta aux deux dévotes, je suis sûr que vous l'avez regrettée. Quoiqu'elle fût autrement difficile à faire que celle d'Agathe, et que je ne présume pas infiniment de mon talent, je crois que je m'en serais tiré, mais elle n'aurait pas été originale ; ç'aurait été comme ces sublimes harangues de Tite-Live, dans son *Histoire de Rome*, ou du cardinal Bentivoglio [2] dans ses *Guerres de Flandre*. On les lit avec plaisir, mais elles détruisent l'illusion. Un historien, qui suppose à ses personnages des discours qu'ils n'ont pas tenus, peut aussi leur supposer des actions qu'ils n'ont pas faites. Je vous supplie donc de vouloir bien vous passer de ces deux lettres, et de continuer votre lecture.

LE MAITRE. On me demanda raison de mon éclipse, je dis ce que je voulus ; on se contenta de ce que je dis, et tout reprit son train accoutumé.

JACQUES. C'est-à-dire que vous continuâtes vos dépenses, et que vos affaires amoureuses n'en avançaient pas davantage.

LE MAITRE. Le chevalier m'en demandait des nouvelles, et avait l'air de s'en impatienter.

JACQUES. [Et] il s'en impatientait peut-être réellement.

LE MAITRE. [Et] pourquoi cela ?

JACQUES. Pourquoi ? parce qu'il...

LE MAITRE. Achève donc.

JACQUES. Je m'en garderai bien ; il faut laisser au conteur.

LE MAITRE. Mes leçons te profitent, je m'en réjouis... Un jour le chevalier me proposa une promenade en tête à tête. Nous allâmes passer la journée à la campagne. Nous partîmes de bonne heure. Nous dînâmes à l'auberge ; nous y soupâmes ; le vin était excellent, nous en bûmes beaucoup, causant de gouvernement, de religion et de galanterie. Jamais le chevalier ne m'avait marqué tant de confiance, tant d'amitié ; il m'avait raconté toutes les aventures de sa vie, avec la plus incroyable franchise, ne me célant ni le bien ni le mal. Il buvait, il m'embrassait, il pleurait de tendresse ; je buvais, je l'embrassais, je pleurais à mon tour. Il n'y avait dans toute sa conduite passée qu'une seule action qu'il se reprochât ; il en porterait le remords jusqu'au tombeau.

« Chevalier, confessez-vous-en à votre ami, cela vous soulagera. Eh bien ! de quoi s'agit-il ? de quelque peccadille dont votre délicatesse vous exagère la valeur ?

— Non, non, s'écriait le chevalier en penchant

Manquent (V).

sa tête sur ses deux mains, et se couvrant le visage de honte ; c'est une noirceur, une noirceur impardonnable. Le croirez-vous ? Moi, le chevalier de Saint-Ouin, a une fois trompé, [trompé], oui, trompé son ami!

— Et comment cela s'est-il fait ?

— Hélas! nous fréquentions l'un et l'autre dans la même maison, comme vous et moi. Il y avait une jeune fille comme Mlle Agathe ; il en était amoureux, et moi j'en étais aimé ; il se ruinait en dépenses pour elle, et c'est moi qui jouissais de ses faveurs. Je n'ai jamais eu le courage de lui en faire l'aveu ; mais si nous nous retrouvons ensemble, je lui dirai tout. Cet effroyable secret que je porte au fond de mon cœur l'accable, c'est un fardeau dont il faut absolument que je me délivre.

— Chevalier, vous ferez bien.

— Vous me le conseillez ?

— Assurément, je vous le conseille.

— Et comment croyez-vous que mon ami prenne la chose ?

— S'il est votre ami, s'il est juste, il trouvera votre excuse en lui-même ; il sera touché de votre franchise et de votre repentir ; il jettera ses bras autour de votre cou ; il fera ce que je ferais à sa place.

— Vous le croyez ?

— Je le crois.

— Et c'est ainsi que vous en useriez ?

— Je n'en doute pas... »

A l'instant le chevalier se lève, s'avance vers moi, les larmes aux yeux, les deux bras ouverts, et me dit :

« Mon ami, embrassez-moi donc.

— Quoi! chevalier, lui dis-je, c'est vous ? c'est moi ? c'est cette coquine d'Agathe ?

— Oui, mon ami ; je vous rends encore votre parole, vous êtes le maître d'en agir avec moi comme il vous plaira. Si vous pensez, comme moi, que mon

Manque (V).

offense soit sans excuse, ne m'excusez point ;
levez-vous, quittez-moi, ne me revoyez jamais
qu'avec mépris, et abandonnez-moi à ma douleur
et à ma honte. Ah! mon ami, si vous saviez tout l'empire que la petite scélérate avait pris sur mon cœur!
Je suis né honnête ; jugez combien j'ai dû souffrir du
rôle indigne auquel je me suis abaissé. Combien de
fois j'ai détourné mes yeux de dessus elle, pour les
attacher sur vous, en gémissant de sa trahison et
de la mienne. Il est inouï que vous ne vous en soyez
jamais aperçu... »

Cependant j'étais immobile comme un Terme
pétrifié ; à peine entendais-je le discours du chevalier.
Je m'écriai : « Ah! l'indigne! Ah! chevalier! vous,
vous, mon ami!

— Oui, je l'étais, et je le suis encore, puisque je
dispose, pour vous tirer des liens de cette créature,
d'un secret qui est plus le sien que le mien. Ce qui
me désespère, c'est que vous n'en ayez rien obtenu
qui vous dédommage de tout ce que vous avez fait
pour elle. » (*Ici Jacques se met à rire et à siffler.*)

Mais c'est *La vérité dans le vin*, de Collé [1]... Lecteur,
vous ne savez ce que vous dites ; à force de vouloir
montrer de l'esprit, vous n'êtes qu'une bête. C'est
si peu la vérité dans le vin, que tout au contraire,
c'est la fausseté dans le vin. Je vous ai dit une grossièreté, j'en suis fâché, et je vous en demande pardon.

LE MAITRE. Ma colère tomba peu à peu. J'embrassai
le chevalier ; il se remit sur sa chaise, les coudes
appuyés sur la table, les poings fermés sur les yeux ;
il n'osait me regarder.

JACQUES. Il était si affligé! et vous eûtes la bonté
de le consoler?... (*Et Jacques de siffler encore.*)

LE MAITRE. Le parti qui me parut le meilleur, ce
fut de tourner la chose en plaisanterie. A chaque
propos gai, le chevalier confondu me disait : « Il

n'y a point d'homme comme vous ; vous êtes unique ;
vous valez cent fois mieux que moi. Je doute que
j'eusse [eu] la générosité ou la force de vous pardonner
une pareille injure, et vous en plaisantez ; cela est
sans exemple. Mon ami, que ferai-je jamais qui puisse
réparer ?... Ah! non, non, cela ne se répare pas. Jamais,
jamais je n'oublierai ni mon crime ni votre indulgence ;
ce sont deux traits profondément gravés là. Je me
rappellerai l'un pour me détester, l'autre pour vous
admirer, pour redoubler d'attachement pour vous.

— Allons, chevalier, vous n'y pensez pas, vous
vous surfaites votre action et la mienne. Buvons à
votre santé. Chevalier, à la mienne donc, puisque
vous ne voulez pas que ce soit à la vôtre... » Le chevalier peu à peu reprit courage. Il me raconta tous
les détails de sa trahison, s'accablant lui-même des
épithètes les plus dures ; il mit en pièces, et la fille,
et la mère, et le père, et les tantes, et toute la famille
qu'il me montra comme un ramas de canailles indi-
gnes de moi, mais bien dignes de lui ; ce sont ses
propres mots.

JACQUES. Et voilà pourquoi je conseille aux femmes
de ne jamais coucher avec des gens qui s'enivrent. Je
ne méprise guère moins votre chevalier pour son
indiscrétion en amour que pour sa perfidie en amitié.
Que diable! il n'avait qu'à... être un honnête homme,
et vous parler d'abord... Mais tenez, monsieur, je
persiste, c'est un gueux, c'est un fieffé gueux. Je ne
sais plus comment cela finira ; j'ai peur qu'il ne vous
trompe encore en vous détrompant. Tirez-moi, tirez-
vous bien vite vous-même de cette auberge et de la
compagnie de cet homme-là...

[Ici Jacques reprit sa gourde, oubliant qu'il n'y
avait ni tisane ni vin. Son maître se mit à rire. Jacques
toussa un demi-quart d'heure de suite. Son maître

tira sa montre et sa tabatière, et continua son histoire
que j'interromprai, si cela vous convient ; ne fût-ce
que pour faire enrager Jacques, en lui prouvant
qu'il n'était pas écrit là-haut, comme il le croyait,
qu'il serait toujours interrompu et que son maître
ne le serait jamais.]

LE MAÎTRE, *au chevalier*. « Après ce que vous m'en
dites là, j'espère que vous ne les reverrez plus.

— Moi, les revoir !... [Mais ce qui est désespérant]
c'est de s'en aller sans se venger. On aura trahi, joué,
bafoué, dépouillé un galant homme ; on aura abusé
de la passion et de la faiblesse d'un autre galant
homme, car j'ose encore me regarder comme tel,
pour l'engager dans une suite d'horreurs ; on aura
exposé deux amis à se haïr et peut-être à s'entr'égor-
ger, car enfin, mon cher, convenez que, si vous eussiez
découvert mon indigne menée, vous êtes brave, vous
en eussiez peut-être conçu un tel ressentiment...

— Non, cela n'aurait pas été jusque-là. Et pourquoi donc ? et pour qui ? pour une faute que personne
ne saurait se répondre de ne pas commettre ? Est-ce
ma femme ? Et quand elle le serait ? Est-ce ma fille ?
Non, c'est une petite gueuse ; et vous croyez que pour
une petite gueuse... Allons, mon ami, laissons cela et
buvons. Agathe est jeune, vive, blanche, grasse, po-
telée ; ce sont les chairs les plus fermes, n'est-ce pas ?
et la peau la plus douce ? La jouissance en doit être
délicieuse, et j'imagine que vous étiez assez heureux
entre ses bras pour ne guère penser à vos amis.

— Il est certain que si les charmes de la personne
et le plaisir pouvaient atténuer la faute, personne
sous le ciel ne serait moins coupable que moi.

— Ah çà, chevalier, je reviens sur mes pas ; je
retire mon indulgence, et je veux mettre une condition
à l'oubli de votre trahison.

— Parlez, mon ami, ordonnez, dites ; faut-il me

[*Ce qui me désespère*] (V, L).

jeter par la fenêtre, me pendre, me noyer, m'enfoncer ce couteau dans la poitrine?... »

Et à l'instant le chevalier saisit un couteau qui était sur la table, détache son col, écarte sa chemise, et, les yeux égarés, se place la pointe du couteau de la main droite à la fossette de la clavicule gauche, et semble n'attendre que mon ordre pour s'expédier à l'antique.

« Il ne s'agit pas de cela, chevalier, laissez là ce mauvais couteau.

— Je ne le quitte pas, c'est ce que je mérite ; faites signe.

— Laissez là ce mauvais couteau, vous dis-je, je ne mets pas votre expiation à si haut prix... » Cependant la pointe du couteau était toujours suspendue sur la fossette de la clavicule gauche ; je lui saisis la main, je lui arrachai son couteau que je jetai loin de moi, puis approchant la bouteille de son verre, et versant plein, je lui dis : « Buvons d'abord ; et vous saurez ensuite à quelle terrible condition j'attache votre pardon. Agathe est donc bien succulente, bien voluptueuse ?

— Ah! mon ami, que ne le savez-vous comme moi!

— Mais attends, il faut qu'on nous apporte une bouteille de champagne, et puis tu me feras l'histoire d'une de tes nuits. Traître charmant, ton absolution est à la fin de cette histoire. Allons, commence : est-ce que tu ne m'entends pas?

— Je vous entends.

— Ma sentence te paraît-elle trop dure?

— Non.

— Tu rêves ?

— Je rêve!

— Que t'ai-je demandé?

— Le récit d'une de mes nuits avec Agathe.

— C'est cela. »

Cependant le chevalier me mesurait de la tête aux pieds, et se disait à lui-même : « C'est la même taille, à peu près le même âge ; et quand il y aurait quelque différence, point de lumière, l'imagination prévenue que c'est moi, elle ne soupçonnera rien...

— Mais, chevalier, à quoi penses-tu donc ? ton verre reste plein, et tu ne commences pas !

— Je pense, mon ami, j'y ai pensé, tout est dit : embrassez-moi, nous serons vengés, oui, nous le serons. C'est une scélératesse de ma part ; si elle est indigne de moi, elle ne l'est pas de la petite coquine. Vous me demandez l'histoire d'une de mes nuits ?

— Oui : est-ce trop exiger ?

— Non ; mais, si au lieu de l'histoire, je vous procurais la nuit ?

— Cela vaudrait un peu mieux. » (*Jacques se met à siffler.*)

Aussitôt le chevalier tire deux clefs de sa poche, l'une petite et l'autre grande. « La petite, me dit-il, est le passe-partout de la rue, la grande est celle de l'antichambre d'Agathe ; les voilà, elles sont toutes deux à votre service. Voici ma marche de tous les jours, depuis environ six mois ; vous y conformerez la vôtre. Ses fenêtres sont sur le devant, comme vous le savez. Je me promène dans la rue tant que je les vois éclairées. Un pot de basilic mis en dehors est le signal convenu ; alors je m'approche de la porte d'entrée, je l'ouvre, j'entre, je la referme, je monte le plus doucement que je peux, je tourne par le petit corridor qui est à droite ; la première porte à gauche dans ce corridor est la sienne, comme vous savez. J'ouvre cette porte avec cette grande clef, je passe dans la petite garde-robe qui est à droite, là je trouve une petite bougie de nuit, à la lueur de laquelle je me déshabille à mon aise. Agathe laisse la porte de sa chambre entr'ouverte ; je passe, et je vais la trouver dans son lit. Comprenez-vous cela ?

— Fort bien !

— Comme nous sommes entourés, nous nous taisons.

— Et puis je crois que vous avez mieux à faire que de jaser.

— En cas d'accident, je puis sauter de son lit et me renfermer dans la garde-robe, cela n'est pourtant jamais arrivé. Notre usage ordinaire est de nous séparer sur les quatre heures du matin. Lorsque le plaisir ou le repos nous mène plus loin, nous sortons du lit ensemble ; elle descend, moi je reste dans la garde-robe, je m'habille, je lis, je me repose, j'attends qu'il soit heure de paraître. Je descends, je salue, j'embrasse comme si je ne faisais que d'arriver.

— Cette nuit-ci, vous attend-on ?

— On m'attend toutes les nuits.

— Et vous me céderiez votre place ?

— De tout mon cœur. Que vous préfériez la nuit au récit, je n'en suis pas en peine ; mais ce que je désirerais, c'est que...

— Achevez ; il y a peu de chose que je ne me sente le courage d'entreprendre pour vous obliger.

— C'est que vous restassiez entre ses bras jusqu'au jour ; j'arriverais, je vous surprendrais.

— Oh! non, chevalier, cela serait trop méchant.

— Trop méchant ? Je ne le suis pas tant que vous pensez. Auparavant je me déshabillerais dans la garde-robe.

— Allons, chevalier, vous avez le diable au corps. Et puis cela ne se peut : si vous me donnez les clefs, vous ne les aurez plus.

— Ah! mon ami, que tu es bête!

— Mais, pas trop, ce me semble.

— Et pourquoi n'entrerions-nous pas tous les deux ensemble ? Vous iriez trouver Agathe ; moi je resterais dans la garde-robe jusqu'à ce que vous fissiez un signal dont nous conviendrions.

— Ma foi, cela est si plaisant, si fou, que peu s'en faut que je n'y consente. Mais, chevalier, tout bien considéré, j'aimerais mieux réserver cette facétie pour quelqu'une des nuits suivantes.

— Ah! j'entends, votre projet est de nous venger plus d'une fois.

— Si vous l'agréez?

— Tout à fait. »

JACQUES. Votre chevalier bouleverse toutes mes idées. J'imaginais...

LE MAITRE. Tu imaginais?

JACQUES. [Non], monsieur, vous pouvez continuer.

LE MAITRE. Nous bûmes, nous dîmes cent folies et sur la nuit qui s'approchait, et sur les suivantes, et sur celle où Agathe se trouverait entre le chevalier et moi. Le chevalier était redevenu d'une gaieté charmante, et le texte de notre conversation n'était pas triste. Il me prescrivait des préceptes de conduite nocturne qui n'étaient pas tous également faciles à suivre; mais après une longue suite de nuits bien employées, je pouvais soutenir l'honneur du chevalier à ma première, quelque merveilleux qu'il se prétendît, et ce furent des détails qui ne finissaient point sur les talents, perfections, commodités d'Agathe. Le chevalier ajoutait avec un art incroyable l'ivresse de la passion à celle du vin. Le moment de l'aventure ou de la vengeance nous paraissait arriver lentement; cependant nous sortîmes de table. Le chevalier paya; c'est la première fois que cela lui arrivait. Nous montâmes dans notre voiture; nous étions ivres; notre cocher et nos valets l'étaient encore plus que nous.

Lecteur, qui m'empêcherait de jeter ici le cocher, les chevaux, la voiture, les maîtres et les valets dans une fondrière? Si la fondrière vous fait peur, qui m'empêcherait de les amener sains et saufs dans la ville où j'accrocherais leur voiture à une autre, dans laquelle je renfermerais d'autres jeunes gens ivres? Il y aurait des mots offensants de dits, une querelle,

[*Rien*] (V).

des épées tirées, une bagarre dans toutes les règles.
Qui m'empêcherait, si vous n'aimez pas les bagarres, de
substituer à ces jeunes gens Mlle Agathe, avec une de
ses tantes? Mais il n'y eut rien de tout cela. Le chevalier et le maître de Jacques arrivèrent à Paris. Celui-
ci prit les vêtements du chevalier. Il est minuit, ils
sont sous les fenêtres d'Agathe ; la lumière s'éteint ;
le pot de basilic est à sa place. Ils font encore un tour
d'un bout à l'autre de la rue, le chevalier recordant
à son ami sa leçon. Ils approchent de la porte, le
chevalier l'ouvre, introduit le maître de Jacques,
garde le passe-partout de la rue, lui donne la clef du
corridor, referme la porte d'entrée, s'éloigne, et
après ce petit détail fait avec laconisme, le maître
de Jacques reprit la parole et dit :

« Le local m'était connu. Je monte sur la pointe
des pieds, j'ouvre la porte du corridor, je la referme,
j'entre dans la garde-robe, où je trouvai la petite
lampe de nuit ; je me déshabille ; la porte de la chambre était entr'ouverte, je passe ; je vais à l'alcôve,
où Agathe ne dormait pas. J'ouvre les rideaux ; et
à l'instant je sens deux bras nus se jeter autour de moi
et m'attirer ; je me laisse aller, je me couche, je suis
accablé de caresses, je les rends. Me voilà le mortel
le plus heureux qu'il y ait au monde ; [je le suis
encore] lorsque... »

Lorsque le maître de Jacques s'aperçut que Jacques
dormait ou faisait semblant de dormir : « Tu dors,
lui dit-il, tu dors, maroufle, au moment le plus intéressant de mon histoire !... » et c'est à ce moment même
que Jacques attendait son maître. « Te réveilleras-tu ?

— Je ne le crois pas.

— Et pourquoi ?

— C'est que si je me réveille, mon mal de gorge
pourra bien se réveiller aussi, et que je pense qu'il
vaut mieux que nous reposions tous deux... »

Effacé (V).

Et voilà Jacques qui laisse tomber sa tête en devant.
« Tu vas te rompre le cou.

— Sûrement, si cela est écrit là-haut. N'êtes-vous
pas entre les bras de Mlle Agathe ?

— Oui.

— Ne vous y trouvez-vous pas bien ?

— Fort bien.

— Restez-y.

— Que j'y reste, cela te plaît à dire.

— Du moins jusqu'à ce que je sache l'histoire de
l'emplâtre de Desglands.

LE MAITRE. Tu te venges, traître.

JACQUES. Et quand cela serait, mon maître, après
avoir coupé l'histoire de mes amours par mille questions, par autant de fantaisies, sans le moindre murmure de ma part, ne pourrais-je pas vous supplier d'interrompre la vôtre, pour m'apprendre l'histoire de
l'emplâtre de ce bon Desglands, à qui j'ai tant d'obligations, qui m'a tiré de chez le chirurgien au moment
où, manquant d'argent, je ne savais plus que devenir,
et chez qui j'ai fait connaissance avec Denise, Denise
sans laquelle je ne vous aurais pas dit un mot de tout
ce voyage ? Mon maître, mon cher maître, l'histoire
de l'emplâtre de Desglands ; vous serez si court qu'il
vous plaira, et cependant l'assoupissement qui me
tient, et dont je ne suis pas maître, se dissipera, et
vous pourrez compter sur toute mon attention.

LE MAITRE *dit en haussant les épaules.* Il y avait
dans le voisinage de Desglands une veuve charmante,
qui avait plusieurs qualités communes avec une
célèbre courtisane [1] du siècle passé. Sage par raison,
libertine par tempérament, se désolant le lendemain de
la sottise de la veille, elle a passé toute sa vie en allant
du plaisir au remords et du remords au plaisir, sans que
l'habitude du plaisir ait [étouffé] le remords, sans que

En surcharge : [*émoussé*] (V).

l'habitude du remords ait étouffé le goût du plaisir.
Je l'ai connue dans ses derniers instants ; elle disait
qu'enfin elle échappait à deux grands ennemis. Son
mari, indulgent pour le seul défaut qu'il eût à lui
reprocher, la plaignit pendant qu'elle vécut, et la
regretta longtemps après sa mort. Il prétendait qu'il
eût été aussi ridicule à lui d'empêcher sa femme
d'aimer, que de l'empêcher de boire. Il lui pardonnait
la multitude de ses conquêtes en faveur du choix
délicat qu'elle y mettait. Elle n'accepta jamais
l'hommage d'un sot ou d'un méchant : ses faveurs
furent toujours la récompense du talent ou de la probité. Dire d'un homme qu'il était ou qu'il avait été
son amant, c'était assurer qu'il était homme de mérite. Comme elle connaissait sa légèreté, elle ne s'enga-
geait point à être fidèle. « Je n'ai fait, disait-elle, qu'un
faux serment en ma vie, c'est le premier. » Soit qu'on
perdît le sentiment qu'on avait pris pour elle, soit
qu'elle perdît celui qu'on lui avait inspiré, on restait
son ami. Jamais il n'y eut d'exemple plus frappant
de la différence de la probité et des mœurs. On ne
pouvait pas dire qu'elle eût des mœurs ; et l'on avouait
qu'il était difficile de trouver une plus honnête créature. Son curé la voyait rarement au pied des autels ;
mais en tout temps il trouvait sa bourse ouverte
pour les pauvres. Elle disait plaisamment de la
religion et des lois, que c'était une paire de bé-
quilles qu'il ne fallait pas ôter à ceux qui avaient
les jambes faibles. Les femmes qui redoutaient son
commerce pour leurs maris le désiraient pour leurs
enfants.

JACQUES, *après avoir dit entre ses dents: « Tu me
le payeras ce maudit portrait », ajouta :* Vous avez été
fou de cette femme-là ?

LE MAITRE. Je le serais certainement devenu, si
Desglands ne m'eût gagné de vitesse. Desglands en
devint amoureux...

JACQUES. Monsieur, est-ce que l'histoire de son

emplâtre et celle de ses amours sont tellement liées l'une à l'autre qu'on ne saurait les séparer?

LE MAITRE. On peut les séparer ; l'emplâtre est un incident, l'histoire est le récit de tout ce qui s'est passé pendant qu'ils s'aimaient.

JACQUES. Et s'est-il passé beaucoup de choses?

LE MAITRE. Beaucoup.

JACQUES. En ce cas, si vous donnez à chacune la même étendue qu'au portrait de l'héroïne, nous n'en sortirons pas d'ici à la Pentecôte, et c'est fait de vos amours et des miennes.

LE MAITRE. Aussi, Jacques, pourquoi m'avez-vous dérouté?... N'as-tu pas vu chez Desglands un petit enfant?

JACQUES. Méchant, têtu, insolent et valétudinaire? Oui, je l'ai vu.

LE MAITRE. C'est un fils naturel de Desglands et de la belle veuve.

JACQUES. Cet enfant-là lui donnera bien du chagrin. C'est un enfant unique, bonne raison pour n'être qu'un vaurien ; il sait qu'il sera riche, autre bonne raison pour n'être qu'un vaurien.

LE MAITRE. Et comme il est valétudinaire, on ne lui apprend rien ; on ne le gêne, on ne le contredit sur rien, troisième bonne raison pour n'être qu'un vaurien.

JACQUES. Une nuit le petit fou se mit à pousser des cris inhumains. Voilà toute la maison en alarmes ; on accourt. Il veut que son papa se lève.

« Votre papa dort.

— N'importe, je veux qu'il se lève, je le veux, je le veux...

— Il est malade.

— N'importe, il faut qu'il se lève, je le veux, je le veux... »

On réveille Desglands ; il jette sa robe de chambre sur ses épaules, il arrive.

« Eh bien! mon petit, me voilà, que veux-tu?

— Je veux qu'on les fasse venir.

— Qui ?

— Tous ceux qui sont dans le château. »

On les fait venir : maîtres, valets, étrangers, commensaux ; Jeanne, Denise, moi avec mon genou malade, tous, excepté une vieille concierge impotente, à laquelle on avait accordé une retraite dans une chaumière à près d'un quart de lieue du château. Il veut qu'on l'aille chercher.

« Mais, mon enfant, il est minuit.

— Je le veux, je le veux.

— Vous savez qu'elle demeure bien loin.

— Je le veux, je le veux.

— Qu'elle est âgée et qu'elle ne saurait marcher.

— Je le veux, je le veux. »

Il faut que la pauvre concierge vienne ; on l'apporte, car pour venir elle aurait plutôt mangé le chemin. Quand nous sommes tous rassemblés, il veut qu'on le lève et qu'on l'habille. Le voilà levé et habillé. Il veut que nous passions tous dans le grand salon et qu'on le place au milieu dans le grand fauteuil de son papa. Voilà qui est fait. Il veut que nous nous prenions tous par la main. Il veut que nous dansions tous en rond, et nous nous mettons tous à danser en rond. Mais c'est le reste qui est incroyable...

LE MAITRE. J'espère que tu me feras grâce du reste ?

JACQUES. Non, non, monsieur, vous entendrez le reste... Il croit qu'il m'aura fait impunément un portrait de la mère, long de quatre aunes...

LE MAITRE. Jacques, je vous gâte.

JACQUES. Tant pis pour vous.

LE MAITRE. Vous avez sur le cœur le long et ennuyeux portrait de la veuve ; mais vous m'avez, je crois, bien rendu cet ennui par la longue et ennuyeuse histoire de la fantaisie de son enfant.

JACQUES. Si c'est votre avis, reprenez l'histoire du père ; mais plus de portraits, mon maître ; je hais les portraits à la mort [1].

LE MAITRE. Et pourquoi haïssez-vous les portraits?

JACQUES. C'est qu'ils ressemblent si peu, que, si par hasard on vient à rencontrer les originaux, on ne les reconnaît pas. Racontez-moi les faits, rendez-moi fidèlement les propos, et je saurai bientôt à quel homme j'ai affaire. Un mot, un geste m'en ont quelquefois plus appris que le bavardage de toute une ville.

LE MAITRE. Un jour Desglands...

JACQUES. Quand vous êtes absent, j'entre quelquefois dans votre bibliothèque, je prends un livre, et c'est ordinairement un livre d'histoire.

LE MAITRE. Un jour Desglands...

JACQUES. Je lis du pouce tous les portraits.

LE MAITRE. Un jour Desglands...

JACQUES. Pardon, mon maître, la machine était montée, et il fallait qu'elle allât jusqu'à la fin.

LE MAITRE. Y est-elle?

JACQUES. Elle y est.

LE MAITRE. Un jour Desglands invita à dîner la belle veuve avec quelques gentilshommes d'alentour. Le règne de Desglands était sur son déclin; [et] parmi ses convives il y en avait un vers lequel son inconstance commençait à le pencher. Ils étaient à table, Desglands et son rival placés l'un à côté de l'autre et en face de la belle veuve. Desglands employait tout ce qu'il avait d'esprit pour animer la conversation; il adressait à la veuve les propos les plus galants; mais elle, distraite, n'entendait rien, et tenait les yeux attachés sur son rival. Desglands avait un œuf frais à la main; un mouvement convulsif, occasionné par la jalousie, le saisit, il serre les poings, et voilà l'œuf chassé de sa coque et répandu sur le visage de son voisin. Celui-ci fit un geste de la main. Desglands lui prend le poignet, l'arrête et lui dit à l'oreille : « Monsieur, je le tiens pour reçu... » Il se fait

Manque (V).

un profond silence ; la belle veuve se trouve mal. Le repas fut triste et court. Au sortir de table, elle fit appeler Desglands et son rival dans un appartement séparé ; tout ce qu'une femme peut faire décemment pour les réconcilier, elle le fit ; elle supplia, elle pleura, elle s'évanouit, mais tout de bon ; elle serrait les mains à Desglands, elle tournait ses yeux inondés de larmes sur l'autre. Elle disait à celui-ci : « Et vous m'aimez!... » à celui-là : « Et vous m'avez aimée... » à tous les deux : « Et vous voulez me perdre, et vous voulez me rendre la fable, l'objet de la haine et du mépris de toute la province! Quel que soit celui des deux qui ôte la vie à son ennemi, je ne le reverrai jamais ; il ne peut être ni mon ami ni mon amant ; je lui voue une haine qui ne finira qu'avec ma vie... » Puis elle retombait en défaillance, et en défaillant elle disait : « Cruels, tirez vos épées et enfoncez-les dans mon sein ; si en expirant je vous vois embrassés, j'expirerai sans regret!... » Desglands et son rival restaient immobiles ou la secouraient, et quelques pleurs s'échappaient de leurs yeux. Cependant il fallut se séparer. On remit la belle veuve chez elle plus morte que vive.

JACQUES. Eh bien! monsieur, qu'avais-je besoin du portrait que vous m'avez fait de cette femme? Ne saurais-je pas à présent tout ce que vous en avez dit?

LE MAITRE. Le lendemain Desglands rendit visite à sa charmante infidèle ; il y trouva son rival. Qui fut bien étonné? Ce fut l'un et l'autre de voir à Desglands la joue droite couverte d'un grand rond de taffetas noir.

« Qu'est-ce que cela? lui dit la veuve.

DESGLANDS. Ce n'est rien.

SON RIVAL. Un peu de fluxion?

DESGLANDS. Cela se passera. »

Après un moment de conversation, Desglands sortit, et, en sortant, il fit à son rival un signe qui fut très bien entendu. Celui-ci descendit, ils passèrent, l'un par un des côtés de la rue, l'autre par le côté opposé ; ils se rencontrèrent derrière les jardins de la belle veuve, se

battirent, et le rival de Desglands demeura étendu sur
la place, grièvement, mais non mortellement blessé.
Tandis qu'on l'emporte chez lui, Desglands revient
chez sa veuve, il s'assied, ils s'entretiennent encore de
l'accident de la veille. Elle lui demande ce que signifie
cette énorme et ridicule mouche qui lui couvre la joue.
Il se lève, il se regarde au miroir. « En effet, lui dit-il, je
la trouve un peu trop grande... » Il prend les ciseaux
de la dame, il détache son rond de taffetas, le rétrécit
tout autour d'une ligne ¹ ou deux, le replace et dit à la
veuve : « Comment me trouvez-vous à présent ?

— Mais d'une ligne ou deux moins ridicule qu'auparavant.

— C'est toujours quelque chose. »

Le rival de Desglands guérit. Second duel où la vic-
toire resta à Desglands : ainsi cinq [à] six fois de suite ;
et Desglands à chaque combat rétrécissant son rond
de taffetas d'une petite lisière, et remettant le reste
sur sa joue.

JACQUES. Quelle fut la fin de cette aventure ? Quand
on me porta au château de Desglands, il me semble
qu'il n'avait plus son rond noir.

LE MAITRE. Non. La fin de cette aventure fut celle
de la belle veuve. Le long chagrin qu'elle en éprouva
acheva de ruiner sa santé faible et chancelante.

JACQUES. Et Desglands ?

LE MAITRE. Un jour que nous nous promenions
ensemble, il reçoit un billet, il l'ouvre, il dit : « C'était
un très brave homme, mais je ne saurais m'affliger de sa
mort... » Et à l'instant il arrache de sa joue le reste de
son rond noir, presque réduit par ses fréquentes ro-
gnures à la grandeur d'une mouche ordinaire. Voilà
l'histoire de Desglands. Jacques est-il satisfait ; et
puis-je espérer qu'il écoutera l'histoire de mes amours,
ou qu'il reprendra l'histoire des siennes ?

JACQUES. Ni l'un, ni l'autre.

[*ou*] (L).

LE MAITRE. Et la raison?

JACQUES. C'est qu'il fait chaud, que je suis las, que cet endroit est charmant, que nous serons à l'ombre sous ces arbres, et qu'en prenant le frais au bord de ce ruisseau nous nous reposerons.

LE MAITRE. J'y consens ; mais ton rhume?

JACQUES. Il est de chaleur ; et les médecins disent que les contraires se guérissent par les contraires.

LE MAITRE. Ce qui est vrai au moral comme au physique. J'ai remarqué une chose assez singulière ; c'est qu'il n'y a guère de maximes de morale dont on ne fît un aphorisme de médecine, et réciproquement peu d'aphorismes de médecine dont on ne fît une maxime de morale.

JACQUES. Cela doit être.

Ils descendent de cheval, ils s'étendent sur l'herbe. Jacques dit à son maître : « Veillez-vous ? dormez-vous ? Si vous veillez, je dors ; si vous dormez je veille. »

Son maître lui dit : « Dors, dors.

— Je puis donc compter que vous veillerez ? C'est que cette fois-ci nous y pourrions perdre deux chevaux. »

Le maître tira sa montre et sa tabatière ; Jacques se mit en devoir de dormir ; mais à chaque instant il se réveillait en sursaut, et frappait en l'air ses deux mains l'une contre l'autre. Son maître lui dit : A qui diable en as-tu ?

JACQUES. J'en ai aux mouches et aux cousins. Je voudrais bien qu'on me dît à quoi servent ces incommodes bêtes-là ?

LE MAITRE. Et parce que tu l'ignores, tu crois qu'elles ne servent à rien ? La nature n'a rien fait d'inutile et de superflu.

JACQUES. Je le crois ; car puisqu'une chose est, il faut qu'elle soit.

LE MAITRE. Quand tu as ou trop de sang ou du mauvais sang, que fais-tu ? Tu appelles un chirurgien, qui t'en ôte deux ou trois palettes. Eh bien! ces cousins, dont tu te plains, sont une nuée de petits chirurgiens ailés qui viennent avec leurs petites lancettes te piquer et te tirer du sang goutte à goutte.

JACQUES. Oui, mais à tort et à travers, sans savoir si j'en ai trop ou trop peu. Faites venir ici un étique, et vous verrez si les petits chirurgiens ailés ne le piqueront pas. Ils songent à eux ; [et] tout dans la nature songe à soi et ne songe qu'à soi. Que cela fasse du mal aux autres, qu'importe, pourvu qu'on s'en trouve bien?...

Ensuite, il refrappait en l'air de ses deux mains, et il disait : Au diable les petits chirurgiens ailés!

LE MAITRE. [Jacques,] connais-tu la fable de Garo [1]?
JACQUES. Oui.
LE MAITRE. Comment la trouves-tu?
JACQUES. Mauvaise.
LE MAITRE. C'est bientôt dit.
JACQUES. Et bientôt prouvé. Si au lieu de glands, le chêne avait porté des citrouilles, est-ce que cette bête de Garo se serait endormi sous un chêne? Et s'il ne s'était pas endormi sous un chêne, qu'importait au salut de son nez qu'il en tombât des citrouilles ou des glands? Faites lire cela à vos enfants.
LE MAITRE. Un philosophe de ton nom ne le veut pas [2].
JACQUES. C'est que chacun a son avis, et que Jean-Jacques n'est pas Jacques.
LE MAITRE. Et tant pis pour Jacques.
JACQUES. Qui sait cela avant que d'être arrivé au dernier mot de la dernière ligne de la page qu'on remplit dans le grand rouleau?
LE MAITRE. A quoi penses-tu?
JACQUES. Je pense que, tandis que vous me parliez

Manque (V).
Manque (L).

et que je vous répondais, vous me parliez sans le vouloir, et que je vous répondais sans le vouloir.

LE MAITRE. Après ?

JACQUES. Après ? Et que nous étions deux vraies machines vivantes et pensantes.

LE MAITRE. Mais à présent que veux-tu ?

JACQUES. Ma foi, c'est encore tout de même. Il n'y a dans les deux machines qu'un ressort de plus en jeu.

LE MAITRE. Et ce ressort-là... ?

JACQUES. Je veux que le diable m'emporte si je conçois qu'il puisse jouer sans cause. Mon capitaine disait : « Posez une cause, un effet s'ensuit ; d'une cause faible, un faible effet ; d'une cause momentanée, un effet d'un moment ; d'une cause intermittente, un effet intermittent ; d'une cause contrariée, un effet ralenti ; d'une cause cessante, un effet nul. »

LE MAITRE. Mais il me semble que je sens au dedans de moi-même que je suis libre, comme je sens que je pense.

JACQUES. Mon capitaine disait : « Oui, à présent que vous ne voulez rien ; mais veuillez vous précipiter de votre cheval ? »

LE MAITRE. Eh bien ! je me précipiterai.

JACQUES. Gaiement, sans répugnance, sans effort, comme lorsqu'il vous plaît d'en descendre à la porte d'une auberge ?

LE MAITRE. Pas tout à fait ; mais qu'importe, pourvu que je me précipite, et que [je prouve] que je suis libre ?

JACQUES. Mon capitaine disait : « Quoi ! vous ne voyez pas que sans ma contradiction il ne vous serait jamais venu en fantaisie de vous rompre le cou ? C'est donc moi qui vous prends par le pied, et qui vous jette hors de selle. Si votre chute prouve quelque chose, ce n'est donc pas que vous soyez libre, mais que vous êtes fou. » Mon capitaine disait encore que la jouissance

[je me prouve] (A. T.).

d'une liberté qui pourrait s'exercer sans motif serait le vrai caractère d'un maniaque.

LE MAITRE. Cela est trop fort pour moi ; mais, en dépit de ton capitaine et de toi, je croirai que je veux quand je veux.

JACQUES. Mais si vous êtes et si vous avez toujours été le maître de vouloir, que ne voulez-vous à présent aimer une guenon ; et que n'avez-vous cessé d'aimer Agathe toutes les fois que vous l'avez voulu ? Mon maître, on passe les trois quarts de sa vie à vouloir, sans faire.

LE MAITRE. Il est vrai.

JACQUES. Et à faire sans vouloir.

LE MAITRE. Tu me démontreras celui-ci ?

JACQUES. Si vous y consentez.

LE MAITRE. J'y consens.

JACQUES. Cela se fera, et parlons d'autre chose...

Après ces balivernes et quelques autres propos de la même importance, ils se turent ; et Jacques, relevant son énorme chapeau, parapluie dans les mauvais temps, parasol dans les temps chauds, couvre-chef en tout temps, le ténébreux sanctuaire sous lequel une des meilleures cervelles qui aient encore existé consultait le destin dans les grandes occasions ;... les ailes de ce chapeau relevées lui plaçaient le visage à peu près au milieu du corps ; rabattues, à peine voyait-il à dix pas devant lui : ce qui lui avait donné l'habitude de porter le nez au vent ; et c'est alors qu'on pouvait dire de son chapeau :

> *Os illi* [1] *sublime dedit, cœlumque tueri*
> *Jussit, et erectos ad sidera tollere vultus.*
> [Ovide, *Metam.*, lib. I, v. 85]

Jacques, donc, relevant son énorme chapeau et promenant ses regards au loin, aperçut un laboureur

Manque (V).

qui rouait inutilement de coups un des deux chevaux
qu'il avait attelés à sa charrue. Ce cheval, jeune et
vigoureux, s'était couché sur le sillon, et le laboureur
avait beau le secouer par la bride, le prier, le caresser,
le menacer, jurer, frapper, l'animal restait immobile
et refusait opiniâtrement de se relever.

Jacques, après avoir rêvé quelque temps à cette scène,
dit à son maître, dont elle avait aussi fixé l'attention :
Savez-vous, monsieur, ce qui se passe là ?

LE MAITRE. Et que veux-tu qui se passe autre chose
que ce que je vois ?

JACQUES. Vous ne devinez rien ?

LE MAITRE. Non. Et toi, que devines-tu ?

JACQUES. Je devine que ce sot, orgueilleux, fainéant
animal est un habitant de la ville, qui, fier de son premier état de cheval de selle, méprise la charrue ; et
pour vous dire tout, en un mot, que c'est votre cheval,
le symbole de Jacques que voilà, et de tant d'autres
lâches coquins comme lui, qui ont quitté les campagnes
pour venir porter la livrée dans la capitale, et qui aimeraient mieux mendier leur pain dans les rues, ou mourir
de faim, que de retourner à l'agriculture, le plus utile et
le plus honorable des métiers.

Le maître se mit à rire ; et Jacques, s'adressant au
laboureur qui ne l'entendait pas, disait : « Pauvre
diable, touche, touche tant que tu voudras : il a pris
son pli, et tu useras plus d'une mèche à ton fouet, avant
que d'inspirer à ce maraud-là un peu de véritable
dignité et quelque goût pour le travail... » Le maître
continuait de rire. Jacques, moitié d'impatience, moitié
de pitié, se lève, s'avance vers le laboureur, et n'a pas fait
deux cents pas que, se retournant vers son maître, il se
met à crier : « Monsieur, arrivez, arrivez ; c'est votre
cheval, c'est votre cheval. »

Ce l'était en effet. A peine l'animal eut-il reconnu
Jacques et son maître, qu'il se releva de lui-même,

secoua sa crinière, hennit, se cabra, et approcha tendrement son [mufle] du mufle de son camarade. Cependant
Jacques, indigné, disait entre ses dents : « Gredin,
vaurien, paresseux, à quoi tient-il que je ne te donne
vingt coups de bottes ?... » Son maître, au contraire, le
baisait, lui passait une main sur le flanc, lui frappait
doucement la croupe de l'autre, et pleurant presque
de joie, s'écriait : « Mon cheval, mon pauvre cheval, je
te retrouve donc ! »

Le laboureur n'entendait rien à cela. « Je vois, messieurs, leur dit-il, que ce cheval vous a appartenu ;
mais je ne l'en possède pas moins légitimement ; je l'ai
acheté à la dernière foire. Si vous vouliez le reprendre
pour les deux tiers de ce qu'il m'a coûté, vous me ren-
driez un grand service, car je n'en puis rien faire.
Lorsqu'il faut le sortir de l'écurie, c'est le diable ;
lorsqu'il faut l'atteler, c'est pis encore ; lorsqu'il est
arrivé sur le champ, il se couche, et il se laisserait plutôt
assommer que de donner un coup de collier ou que de
souffrir un sac sur son dos. Messieurs, auriez-vous la
charité de me débarrasser de ce maudit animal-là ?
Il est beau, mais il n'est bon à rien qu'à piaffer sous un
cavalier, [et] ce n'est pas là mon affaire... » On lui
proposa un échange avec celui des deux autres qui lui
conviendrait le mieux ; il y consentit, et nos deux
voyageurs revinrent au petit pas à l'endroit où ils
s'étaient reposés, et d'où ils virent, avec satisfaction, le
cheval qu'ils avaient cédé au laboureur se prêter sans
répugnance à son nouvel état.

JACQUES. Eh bien ! monsieur ?

LE MAITRE. Eh bien ! rien n'est plus sûr que tu es
inspiré ; est-ce de Dieu, est-ce du diable ? Je l'ignore.
Jacques, mon cher ami, je crains que vous n'ayez le
diable au corps.

JACQUES. Et pourquoi le diable ?

[*museau*] (L).
Manque (V).

LE MAITRE. C'est que vous faites des prodiges, et que votre doctrine est fort suspecte.

JACQUES. Et qu'est-ce qu'il y a de commun entre la doctrine que l'on professe et les prodiges qu'on opère?

LE MAITRE. Je vois que vous n'avez pas lu dom la Taste [1].

JACQUES. Et ce dom la Taste que je n'ai pas lu, que dit-il?

LE MAITRE. Il dit que Dieu et le diable font également des miracles.

JACQUES. Et comment distingue-t-il les miracles de Dieu des miracles du diable?

LE MAITRE. Par la doctrine. Si la doctrine est bonne, les miracles sont de Dieu; si elle est mauvaise, les miracles sont du diable.

JACQUES. *Ici Jacques se mit à siffler, puis il ajouta :* [Et] qui est-ce qui m'apprendra à moi, pauvre ignorant, si la doctrine du faiseur de miracles est bonne ou mauvaise? Allons, monsieur, remontons sur nos bêtes. Que vous importe que ce soit de par Dieu ou de par Béelzébuth que votre cheval se soit retrouvé? En ira-t-il moins bien?

LE MAITRE. Non. Cependant, Jacques, si vous étiez possédé...

JACQUES. Quel remède y aurait-il à cela?

LE MAITRE. Le remède! ce serait, en attendant l'exorcisme... ce serait de vous mettre à l'eau bénite pour toute boisson.

JACQUES. Moi, monsieur, à l'eau! Jacques à l'eau bénite! J'aimerais mieux que mille légions de diables me restassent dans le corps, que d'en boire une goutte, bénite ou non bénite. Est-ce que vous ne vous êtes pas aperçu que j'étais hydrophobe?...

Ah! *hydrophobe?* Jacques a dit *hydrophobe ?*... Non, lecteur, non; je confesse que le mot n'est pas de lui.

1. Manque (V).

Mais avec cette sévérité de critique-là, je vous défie de lire une scène de comédie ou de tragédie, un seul dialogue, quelque bien qu'il soit fait, sans surprendre le mot de l'auteur dans la bouche de son personnage. Jacques a dit : « Monsieur, est-ce que vous ne vous êtes pas encore aperçu qu'à la vue de l'eau, la rage me prend ?... » Eh bien ? en disant autrement que lui, j'ai été moins vrai, mais plus court.

Ils remontèrent sur leurs chevaux ; et Jacques dit à son maître : « Vous en étiez de vos amours au moment où, après avoir été heureux deux fois, vous vous disposiez peut-être à l'être une troisième. »

LE MAITRE. Lorsque tout à coup la porte [du] corridor s'ouvre. Voilà la chambre pleine d'une foule de gens qui marchent tumultueusement ; j'aperçois des lumières, j'entends des voix d'hommes et de femmes qui parlaient tous à la fois. Les rideaux sont violemment tirés ; et j'aperçois le père, la mère, les tantes, les cousins, les cousines et un commissaire qui leur disait gravement : « Messieurs, mesdames, point de bruit ; le délit est flagrant ; monsieur est un galant homme : il n'y a qu'un moyen de réparer le mal ; et monsieur aimera mieux s'y prêter de lui-même que de s'y faire contraindre par les lois... »

A chaque mot il était interrompu par le père et par la mère qui m'accablaient de reproches ; par les tantes et par les cousines qui adressaient les épithètes les moins ménagées à Agathe, qui s'était enveloppée [la tête] dans les couvertures. J'étais stupéfait, et je ne savais que dire. Le commissaire s'adressant à moi, me dit ironiquement : « Monsieur, vous êtes fort bien ; il faut cependant que vous ayez pour agréable de vous lever et de vous vêtir... » Ce que je fis, mais avec mes habits qu'on avait substitués à ceux du chevalier.

[*de*] (L).
Manque (V).

On approcha une table ; le commissaire se mit à verbaliser. Cependant la mère se faisait tenir à quatre pour ne pas assommer sa fille et le père lui disait : « Doucement, ma femme, doucement ; quand vous aurez assommé votre fille, il n'en sera ni plus ni moins. Tout s'arrangera pour le mieux... » Les autres personnages étaient dispersés sur des chaises, dans les différentes attitudes de la douleur, de l'indignation et de la colère. Le père, gourmandant sa femme par intervalles, lui disait : « Voilà ce que c'est que de ne pas veiller à la conduite de sa fille... » La mère lui répondait : « Avec cet air si bon et si honnête, qui l'aurait cru de monsieur ?... » Les autres gardaient le silence. Le procès-verbal dressé, on m'en fit lecture ; et comme il ne contenait que la vérité, je le signai et je descendis avec le commissaire, qui me pria très obligeamment de monter dans une voiture qui était à la porte, d'où l'on me conduisit avec un assez nombreux cortège droit au For-l'Évêque [1].

JACQUES. Au For-l'Évêque [!] en prison !

LE MAITRE. En prison ; et puis voilà un procès abominable. Il ne s'agissait [de] rien moins que d'épouser Mlle Agathe ; les parents ne voulaient entendre à aucun [accommodement]. Dès le matin, le chevalier m'apparut dans ma retraite. Il savait tout. Agathe était désolée ; ses parents étaient enragés ; il avait essuyé les plus cruels reproches sur la perfide connaissance qu'il leur avait donnée ; c'était lui qui était la première cause de leur malheur et du déshonneur de leur fille ; ces pauvres gens faisaient pitié. Il avait demandé à parler à Agathe en particulier ; il ne l'avait pas obtenu sans peine. Agathe avait pensé lui arracher les yeux, elle l'avait appelé des noms les plus odieux. Il s'y attendait ; il avait laissé tomber ses fureurs ; après quoi il avait tâché de l'amener à quelque chose de raisonnable ; mais cette fille disait une chose à la-

[?] (V).
Manque (V, L).
[*arrangement*] (V).

quelle, ajoutait le chevalier, je ne sais point de réplique : « Mon père et ma mère m'ont surprise avec votre ami ; faut-il leur apprendre que, en couchant avec lui, je croyais coucher avec vous?... » Il lui répondait : « Mais en bonne foi, croyez-vous que mon ami puisse vous épouser?... — Non, disait-elle, c'est vous, indigne, c'est vous, infâme, qui devriez [y] être condamné. »

« Mais, dis-je au chevalier, il ne tiendrait qu'à vous de me tirer d'affaire.

— Comment cela?

— Comment? en déclarant la chose comme elle est.

— J'en ai menacé Agathe ; mais certes, je n'en ferai rien. Il est incertain que ce moyen nous servît utilement ; et il est très certain qu'il [vous] couvrirait d'infamie. Aussi c'est votre faute.

— Ma faute?

— Oui, votre faute. Si vous eussiez approuvé l'espièglerie que je vous proposais, Agathe aurait été surprise entre deux hommes, et tout ceci aurait fini par une dérision. Mais cela n'est point, [et] il s'agit de se tirer de ce mauvais pas.

— Mais, chevalier pourriez-vous m'expliquer un petit incident? C'est mon habit repris et le vôtre remis dans la garde-robe ; ma foi, j'ai beau y rêver, c'est un mystère qui me confond. Cela m'a rendu Agathe un peu suspecte ; il m'est venu dans la tête qu'elle avait reconnu la supercherie, et qu'il y avait entre elle et ses parents je ne sais quelle connivence.

— Peut-être vous aura-t-on vu monter ; ce qu'il y a de certain, c'est que vous fûtes à peine déshabillé, qu'on me renvoya mon habit et qu'on me redemanda le vôtre.

— Cela s'éclaircira avec le temps... »

Comme nous étions en train, le chevalier et moi, de nous affliger, de nous consoler, de nous accuser, de nous injurier et de nous demander pardon, le commissaire

Manque (L).
[*nous*] .(L).
Manque (V).

entra ; le chevalier pâlit et sortit brusquement. Ce
commissaire étaıt un homme de bien, comme il en est
quelques-uns, qui, relisant chez lui son procès-verbal,
se rappela qu'autrefois il avait fait ses études avec un
jeune homme qui portait mon nom ; il lui vint en pensée que je pourrais bien être le parent ou même le fils
de son ancien camarade de collège : et le fait était vrai.
Sa première question fut de me demander qui était
l'homme qui s'était évadé quand il était entré.

« Il ne s'est point évadé, lui dis-je, il est sorti ; c'est
mon intime ami, le chevalier de Saint-Ouin.

— Votre ami ! vous avez là un plaisant ami ! Savez-
vous, monsieur, que c'est lui qui m'est venu avertir ?
Il était accompagné du père et d'un autre parent.

— Lui !

— Lui-même.

— Êtes-vous bien sûr de votre fait ?

— Très sûr ; mais comment l'avez-vous nommé ?

— Le chevalier de Saint-Ouin.

— Oh ! le chevalier de Saint-Ouin, nous y voilà. Et
savez-vous ce que c'est que votre ami, votre intime
ami le chevalier de Saint-Ouin ? Un escroc, un homme
noté par cent mauvais tours. La police ne laisse la
liberté du pavé à cette espèce d'hommes-là, qu'à cause
des services qu'elle en tire quelquefois. Ils sont fripons
et délateurs des fripons ; [et] on les trouve apparemment plus utiles par le mal qu'ils préviennent ou qu'ils
révèlent, que nuisibles par celui qu'ils font [1]... »

Je racontai au commissaire ma triste aventure, telle
qu'elle s'était passée. Il ne la vit pas d'un œil beaucoup plus favorable ; car tout ce qui pouvait m'absou-
dre ne pouvait ni s'alléguer ni se démontrer au tribunal des lois. Cependant il se chargea d'appeler le père
et la mère, de serrer les pouces [2] à la fille, d'éclairer
le magistrat, et de ne rien négliger de ce qui servirait
à ma justification ; me prévenant toutefois que, si ces

Manque (V).

gens étaient bien conseillés, l'autorité y pourrait très peu de chose.

« Quoi! monsieur le commissaire, je serais forcé d'épouser?

— Épouser! cela serait bien dur, aussi ne l'appréhendé-je pas ; mais il y aura des dédommagements, et dans ce cas ils sont considérables... » Mais, Jacques, je crois que tu as quelque chose à me dire.

JACQUES. Oui ; je voulais vous dire que vous fûtes en effet plus malheureux que moi, qui payai et qui ne couchai pas. Au demeurant, j'aurais, je crois, entendu votre [histoire tout courant], si Agathe avait été grosse.

LE MAITRE. Ne te dépars pas encore de ta conjecture; c'est que le commissaire m'apprit, quelque temps après ma détention, qu'elle était venue faire chez lui sa déclaration de grossesse.

JACQUES. Et vous voilà père d'un enfant...

LE MAITRE. Auquel je n'ai pas nui.

JACQUES. Mais que vous n'avez pas fait.

LE MAITRE. Ni la protection du magistrat, ni toutes les démarches du commissaire ne purent empêcher cette affaire de suivre le cours de la justice ; mais comme la fille et ses parents étaient mal famés, je n'épousai pas entre les deux guichets. On me condamna à une amende considérable, aux frais de gésine, et à pourvoir à la subsistance et à l'éducation d'un enfant provenu des faits et gestes de mon ami le chevalier de Saint-Ouin, dont il était le portrait en miniature. Ce fut un gros garçon, dont Mlle Agathe accoucha très heureusement entre le septième et le huitième mois, et auquel on donna une bonne nourrice, dont j'ai payé les mois jusqu'à ce jour.

JACQUES. Quel âge peut avoir monsieur votre fils?

LE MAITRE. Il aura bientôt dix ans. Je l'ai laissé tout ce temps à la campagne, où le maître d'école lui a appris à lire, à écrire et à compter. Ce n'est pas loin de

[histoire, tour courant] (V).

l'endroit où nous allons ; et je profite de la circonstance pour payer à ces gens ce qui leur est dû, le retirer, et le mettre en métier.

Jacques et son maître couchèrent encore une fois en route. Ils étaient trop voisins du terme de leur voyage, pour que Jacques reprît l'histoire de ses amours ; d'ailleurs il s'en manquait beaucoup que son mal de gorge fût passé. Le lendemain ils arrivèrent... — Où ? D'honneur je n'en sais rien. — Et qu'avaient-ils à faire où ils allaient ? — Tout ce qu'il vous plaira. Est-ce que le maître de Jacques disait ses affaires à tout le monde ? Quoi qu'il en soit, elles n'exigeaient pas au-delà d'une quinzaine de séjour. Se terminèrent-elles bien, se terminèrent-elles mal ? C'est ce que j'ignore encore. Le mal de gorge de Jacques se dissipa, par deux remèdes qui lui étaient antipathiques, la diète et le repos.

Un matin le maître dit à son valet : « Jacques, bride et selle les chevaux et remplis ta gourde ; il faut aller où tu sais. » Ce qui fut aussitôt fait que dit. Les voilà s'acheminant vers l'endroit où l'on nourrissait depuis dix ans, aux dépens du maître de Jacques, l'enfant du chevalier de Saint-Ouin. A quelque distance du gîte qu'ils venaient de quitter, le maître s'adressa à Jacques dans les mots suivants : Jacques, que dis-tu de mes amours ?

JACQUES. Qu'il y a d'étranges choses écrites là-haut. Voilà un enfant de fait, Dieu sait comment ! Qui sait le rôle que ce petit bâtard jouera dans le monde ? Qui sait s'il n'est pas né pour le bonheur ou le bouleversement d'un empire ?

LE MAITRE. Je te réponds que non. J'en ferai un bon tourneur ou un bon horloger. Il se mariera ; il aura des enfants qui tourneront à perpétuité des bâtons de chaise dans ce monde.

JACQUES. Oui, si cela est écrit là-haut. Mais pourquoi ne sortirait-il pas [un Cromwell de la boutique d'un tourneur] ? Celui qui fit couper la tête à son roi, n'était-il pas sorti de la boutique d'un brasseur, et ne dit-on pas aujourd'hui [1] ?...

LE MAITRE. Laissons cela. Tu te portes bien, tu sais mes amours ; en conscience tu ne peux te dispenser de reprendre l'histoire des tiennes.

JACQUES. Tout s'y oppose. Premièrement, le peu de chemin qui nous reste à faire ; secondement, l'oubli de l'endroit où j'en étais ; troisièmement, un diable de pressentiment que j'ai là... que cette histoire ne doit pas finir ; que ce récit nous portera malheur, et que je ne l'aurai pas sitôt repris qu'il sera interrompu par une catastrophe heureuse ou malheureuse.

LE MAITRE. Si elle est heureuse, tant mieux !

JACQUES. D'accord ; mais j'ai là... qu'elle sera malheureuse.

LE MAITRE. Malheureuse ! soit ; mais que tu parles ou que tu te taises, arrivera-t-elle moins ?

JACQUES. Qui sait cela ?

LE MAITRE. Tu es né trop tard de deux ou trois siècles.

JACQUES. Non, monsieur, je suis né à temps comme tout le monde.

LE MAITRE. Tu aurais été un grand augure.

JACQUES. Je ne sais pas bien précisément ce que c'est qu'un augure, ni ne me soucie de le savoir [2].

LE MAITRE. C'est un des chapitres importants de ton traité de la divination.

JACQUES. Il est vrai ; mais il y a si longtemps qu'il est écrit, que je ne m'en rappelle pas un mot. Monsieur, tenez, voilà qui en sait plus que tous les augures, oies fatidiques et poulets sacrés de la république ; c'est la gourde. Interrogeons la gourde.

Jacques prit sa gourde, et la consulta longuement. Son maître tira sa montre et sa tabatière, vit l'heure

[*de la boutique d'un tourneur un Cromwell*] (V).

qu'il était, prit sa prise de tabac, et Jacques dit : Il me semble à présent que je vois le destin moins noir. Dites-moi où j'en étais.

LE MAITRE. Au château de Desglands, ton genou un peu remis, et Denise chargée par sa mère de te soigner.

JACQUES. Denise fut obéissante. La blessure de mon genou était presque refermée ; j'avais même pu danser en rond la nuit de l'enfant ; cependant j'y souffrais par intervalles des douleurs inouïes. Il vint en tête au chirurgien du château qui en savait un peu plus long que son confrère, que ces souffrances, dont le retour était si opiniâtre, ne pouvaient avoir pour cause que le séjour d'un corps étranger qui était resté dans les chairs, après l'extraction de la balle. En conséquence, il arriva dans la chambre de grand matin ; il fit approcher une table de mon lit ; et lorsque mes rideaux furent ouverts, je vis cette table couverte d'instruments tranchants ; Denise assise à mon chevet, et pleurant à chaudes larmes ; sa mère debout, les bras croisés, et assez triste ; le chirurgien dépouillé de sa casaque, les manches de sa veste retroussées, et sa main droite armée d'un bistouri.

LE MAITRE. Tu m'effrayes.

JACQUES. Je le fus aussi. « L'ami, me dit le chirurgien, êtes-vous las de souffrir ?

— Fort las.

— Voulez-vous que cela finisse et conserver votre jambe ?

— Certainement.

— Mettez-la donc hors du lit, et que j'y travaille à mon aise. »

J'offre ma jambe. Le chirurgien met le manche de son bistouri entre ses dents, passe ma jambe sous son bras gauche, l'y fixe fortement, reprend son bistouri, en introduit la pointe dans l'ouverture de ma blessure, et me fait une incision large et profonde. Je ne sourcillai

pas, mais Jeanne détourna la tête, et Denise poussa un
cri aigu et se trouva mal...

Ici, Jacques fit halte à son récit, et donna une nouvelle atteinte à sa gourde. Les atteintes étaient d'autant plus fréquentes que les distances étaient courtes,
ou comme disent les géomètres, en raison inverse des
distances. Il était si précis dans ses mesures, que, pleine
en partant, elle était toujours exactement vide en
arrivant. Messieurs des ponts et chaussées en auraient
fait un excellent odomètre [1], et chaque atteinte avait
communément sa raison suffisante. Celle-ci était pour
faire revenir Denise de son évanouissement, et se
remettre de la douleur de l'incision que le chirurgien
lui avait faite au genou. Denise revenue, et lui réconforté, il continua.

JACQUES. Cette énorme incision mit à découvert le
fond de la blessure, d'où le chirurgien tira, avec ses
pinces, une très petite pièce de drap de ma culotte qui
y était restée, et dont le séjour causait mes douleurs et
empêchait l'entière cicatrisation de mon mal. Depuis
cette opération, mon état alla de mieux en mieux, grâce
aux soins de Denise ; plus de douleurs, plus de fièvre ;
de l'appétit, du sommeil, des forces. Denise me pan-
sait avec exactitude et avec une délicatesse infinie.
Il fallait voir la circonspection et la légèreté de main
avec lesquelles elle levait mon appareil ; la crainte
qu'elle avait de me faire la moindre douleur ; la manière
dont elle baignait ma plaie ; j'étais assis sur le bord de
mon lit ; elle avait un genou en terre, ma jambe était
posée sur sa cuisse, que je pressais quelquefois un
peu : j'avais une main sur son épaule, et je la regar-
dais faire avec un attendrissement que je crois qu'elle
partageait. Lorsque [mon] pansement était achevé,
je lui prenais les deux mains, je la remerciais, je ne

savais que lui dire, je ne savais comment je lui témoi-
gnerais ma reconnaissance ; elle était debout, les
yeux baissés, et m'écoutait sans mot dire. Il ne passait
pas au château un seul porteballe, que je ne lui ache-
tasse quelque chose ; une fois c'était un fichu, une
autre fois c'était quelques aunes d'indienne ou de
mousseline, une croix d'or, des bas de coton, une
bague, un collier de grenat. Quand ma petite emplette
était faite, mon embarras était de l'offrir, le sien de
l'accepter. D'abord je lui montrais la chose ; si elle
la trouvait bien, je lui disais : « Denise, c'est pour vous
que je l'ai achetée... » Si elle l'acceptait, ma main tremblait en la lui présentant, et la sienne en la recevant.
Un jour, ne sachant plus que lui donner, j'achetai des
jarretières ; elles étaient de soie, chamarrées de blanc,
de rouge et de bleu, avec une devise. Le matin, avant
qu'elle arrivât, je les mis sur le dossier de la chaise
qui était à côté de mon lit. Aussitôt que Denise les
aperçut, elle dit : « [Oh!] les jolies jarretières!

— C'est pour mon amoureuse, lui répondis-je.

— Vous avez donc une amoureuse, monsieur
Jacques ?

— Assurément ; est-ce que je ne vous l'ai pas encore
dit ?

— Non. Elle est bien aimable, sans doute ?

— Très aimable.

— Et vous l'aimez bien ?

— De tout mon cœur.

— Et elle vous aime de même ?

— Je n'en sais rien. Ces jarretières sont pour elle, et
elle m'a promis une faveur qui me rendra fou, je
crois, si elle me l'accorde.

— Et quelle est cette faveur ?

— C'est que de ces deux jarretières-là j'en attacherai une de mes mains... »

Denise rougit, se méprit à mon discours, crut que

Manque (V).

les jarretières étaient pour une autre, devint triste,
fit maladresse sur maladresse, cherchait tout ce qu'il
fallait pour mon pansement, l'avait sous les yeux et ne
le trouvait pas ; renversa le vin qu'elle avait fait
chauffer, s'approcha de mon lit pour me panser, prit
ma jambe d'une main tremblante, délia mes bandes
tout de travers, et quand il fallut étuver ma blessure,
elle avait oublié tout ce qui était nécessaire ; elle l'alla
chercher, me pansa, et en me pansant je vis qu'elle
pleurait.

« Denise, je crois que vous pleurez, qu'avez-vous ?
— Je n'ai rien.
— Est-ce qu'on vous a fait de la peine ?
— Oui.
— Et qui est le méchant qui vous a fait de la peine ?
— C'est vous.
— Moi ?
— Oui.
— Et comment est-ce que cela m'est arrivé ?... »
Au lieu de me répondre, elle tourna les yeux sur
les jarretières.

« Eh quoi ! lui dis-je, c'est cela qui vous a fait
pleurer ?
— Oui.
— Eh ! Denise, ne pleurez plus, c'est pour vous
que je les ai achetées.
— Monsieur Jacques, dites-vous bien vrai ?
— Très vrai ; si vrai, que les voilà. » En même
temps je les lui présentai toutes deux, mais j'en
retins une ; à l'instant il s'échappa un souris à travers
ses larmes. Je la pris par le bras, je l'approchai de
mon lit, je pris un de ses pieds que je mis sur le bord ;
je relevai ses jupons jusqu'à son genou, où elle les
tenait serrés avec ses deux mains ; je baisai sa jambe,
j'y attachai la jarretière que j'avais retenue ; [et]
à peine était-elle attachée, que Jeanne sa mère entra.

Manque (V).

LE MAITRE. Voilà une fâcheuse visite.

JACQUES. Peut-être que oui, peut-être que non. Au lieu de s'apercevoir de notre trouble, elle ne vit que la jarretière que sa fille avait entre ses mains. « Voilà une jolie jarretière, dit-elle : mais où est l'autre ?

— A ma jambe, lui répondit Denise. Il m'a dit qu'il les avait achetées pour son amoureuse, et j'ai jugé que c'était pour moi. N'est-il pas vrai, maman, que puisque j'en ai mis une, il faut que je garde l'autre ?

— Ah ! monsieur Jacques, Denise a raison, une jarretière ne va pas sans l'autre, et vous ne voudriez pas lui reprendre ce qu'elle a.

— Pourquoi non ?

— C'est que Denise ne le voudrait pas, ni moi non plus.

— Mais arrangeons-nous, je lui attacherai l'autre en votre présence.

— Non, non, cela ne se peut pas.

— Qu'elle me les rende donc toutes deux.

— Cela ne se peut pas non plus. »

Mais Jacques et son maître sont à l'entrée du village où ils allaient voir l'enfant et les nourriciers de l'enfant du chevalier de Saint-Ouin. Jacques se tut ; son maître lui dit : « Descendons, et faisons ici une pause.

— Pourquoi ?

— Parce que, selon toute apparence, tu touches à la conclusion de tes amours.

— Pas tout à fait.

— Quand on est arrivé au genou, il y a peu de chemin à faire.

— Mon maître, Denise avait la cuisse plus longue qu'une autre.

— Descendons toujours. »

Ils descendent de cheval, Jacques le premier, et se présentant avec célérité à la botte de son maître, qui n'eut pas plus tôt posé le pied sur l'étrier que les courroies se détachent et que mon cavalier, renversé en arrière, allait s'étendre rudement par terre si son valet ne l'eût reçu entre ses bras.

LE MAITRE. Eh bien! Jacques, voilà comme tu me soignes! Que s'en est-il fallu que je me sois enfoncé un côté, cassé le bras, fendu la tête, peut-être tué?

JACQUES. Le grand malheur!

LE MAITRE. Que dis-tu, maroufle? Attends, attends, je vais t'apprendre à parler...

Et le maître, après avoir fait faire au cordon de son fouet deux tours sur le poignet, de poursuivre Jacques, et Jacques de tourner autour du cheval en éclatant de rire ; et son maître de jurer, de sacrer, d'écumer de rage, et de tourner aussi autour du che- val en vomissant contre Jacques un torrent d'invec- tives ; et cette course de durer jusqu'à ce que tous deux, traversés de sueur et épuisés de fatigue, s'arrê- tèrent l'un d'un côté du cheval, l'autre de l'autre, Jacques haletant et continuant de rire ; son maître haletant et lui lançant des regards de fureur. Ils commençaient à reprendre haleine, lorsque Jacques dit à son maître : Monsieur mon maître en conviendra- t-il à présent?

LE MAITRE. Et de quoi veux-tu que je convienne, chien, coquin, infâme, sinon que tu es le plus méchant de tous les valets, et que je suis le plus malheureux de tous les maîtres?

JACQUES. N'est-il pas évidemment démontré que nous agissons la plupart du temps sans vouloir? Là, mettez la main sur la conscience : de tout ce que vous avez dit ou fait depuis une demi-heure, en avez- vous rien voulu? N'avez-vous pas été ma marion- nette, et n'auriez-vous pas continué d'être mon polichinelle pendant un mois, si je me l'étais proposé?

LE MAITRE. Quoi! c'était un jeu?

JACQUES. Un jeu.

LE MAITRE. Et tu t'attendais à la rupture des cour-roies ?

JACQUES. Je l'avais préparée.

LE MAITRE. [Et c'était le fil d'archal ¹ que tu atta-chais au-dessus de ma tête pour me démener à ta fantaisie ?

JACQUES. A merveille!]

[LE MAITRE. Et ta réponse impertinente était pré-méditée ?

JACQUES. Préméditée.]

LE MAITRE. Tu es un dangereux vaurien.

JACQUES. Dites, grâce à mon capitaine qui se fit un jour un pareil passe-temps à mes dépens, que je suis un subtil raisonneur.

LE MAITRE. Si pourtant je m'étais blessé ?

JACQUES. Il était écrit là-haut et dans ma prévoyance que cela n'arriverait pas.

LE MAITRE. Allons, asseyons-nous ; nous avons besoin de repos.

Ils s'asseyent, Jacques disant : Peste soit du sot !

LE MAITRE. C'est de toi que tu parles apparemment.

JACQUES. Oui, de moi, qui n'ai pas réservé un coup de plus dans la gourde.

LE MAITRE. Ne regrette rien, je l'aurais bu, car je meurs de soif.

JACQUES. Peste soit encore du sot de n'en avoir pas réservé deux!

Le maître le suppliant, pour tromper leur lassitude et leur soif, de continuer son récit, Jacques s'y refusant, son maître boudant, Jacques se laissant bouder ; enfin Jacques, après avoir protesté contre [le malheur] [qui]

Les deux couples de répliques entre crochets sont inverseés (V, L).
[*les malheurs*] (L).
[*qu'il*] (V, L).

en arriverait, reprenant l'histoire de ses amours, dit :

« Un jour de fête que le seigneur du château était à la chasse... » Après ces mots il s'arrêta tout court, et dit :

« Je ne saurais ; il m'est impossible d'avancer ; il me semble que j'aie derechef la main du destin à la gorge, et que je me la sente serrer ; pour Dieu, monsieur, permettez que je me taise.

— Eh bien! tais-toi, et va demander à la première chaumière que voilà la demeure du nourricier... »

C'était à la porte plus bas ; ils y vont, chacun d'eux tenant son cheval par la bride. A l'instant la porte du nourricier s'ouvre, un homme se montre ; le maître de Jacques pousse un cri et porte la main à son épée ; l'homme en question en fait autant. Les deux chevaux s'effrayent du cliquetis des armes, celui de Jacques casse sa bride et s'échappe, et dans le même instant le cavalier contre lequel son maître se bat est étendu mort sur la place. Les paysans du village accourent. Le maître de Jacques se remet prestement en selle et s'éloigne à toutes jambes. On s'empare de Jacques, on lui lie les mains sur le dos, et on le conduit devant le juge du lieu, qui l'envoie en prison. L'homme tué était le chevalier de Saint-Ouin, que le hasard avait conduit précisément ce jour-là avec Agathe chez la nourrice de leur enfant. Agathe s'arrache les cheveux sur le cadavre de son amant. Le maître de Jacques est déjà si loin qu'on l'a perdu de vue. Jacques, en allant de la maison du juge à la prison, disait : « Il fallait que cela fût, cela était écrit là-haut... »

Et moi, je m'arrête, parce que je vous ai dit de ces deux personnages tout ce que j'en sais. — Et les amours de Jacques? Jacques a dit cent fois qu'il était écrit là-haut qu'il n'en finirait pas l'histoire, et je vois que Jacques avait raison. Je vois, lecteur, que cela vous fâche ; eh bien, reprenez son récit où

il l'a laissé, et continuez-le à votre fantaisie ou
bien faites une visite à Mlle Agathe, sachez le nom
du village où Jacques est emprisonné ; voyez Jacques,
questionnez-le : il ne se fera pas tirer l'oreille pour
vous satisfaire ; cela le désennuiera. D'après des
mémoires que j'ai de bonnes raisons de tenir pour
suspects, je pourrais peut-être suppléer ce qui manque
ici ; mais à quoi bon ? on ne peut s'intéresser qu'à
ce qu'on croit vrai. Cependant comme il y aurait
de la témérité à prononcer sans un mûr examen sur
les entretiens de Jacques le Fataliste et de son maître,
ouvrage le plus important qui ait paru depuis le
Pantagruel de maître François Rabelais, et la vie
et les aventures du *Compère Mathieu* [1], je relirai
ces mémoires avec toute la contention d'esprit et
toute l'impartialité dont je suis capable ; et sous
huitaine je vous en dirai mon jugement définitif,
sauf à me rétracter lorsqu'un plus intelligent que
moi me démontrera que je me suis trompé.

[L'éditeur ajoute : La huitaine est passée.] J'ai lu
les mémoires en question ; des trois paragraphes que
j'y trouve de plus que dans le manuscrit dont je suis
le possesseur, le premier et le dernier me paraissent
originaux, et celui du milieu évidemment interpolé.
Voici le premier, qui suppose une seconde lacune
dans l'entretien de Jacques et de son maître.

Un jour de fête que le seigneur du château était
à la chasse et que le reste de ses commensaux étaient
allés à la messe de la paroisse, qui en était éloignée
d'un bon quart de lieue, Jacques était levé, Denise
était assise à côté de lui. Ils gardaient le silence, ils
avaient l'air de se bouder, et ils boudaient en effet.
Jacques avait tout mis en œuvre pour résoudre Denise
à le rendre heureux, et Denise avait tenu ferme. Après
ce long silence, Jacques, pleurant à chaudes larmes,

[ ] termine l'alinéa précédent (V).

lui dit d'un ton dur et amer : « C'est que vous ne m'aimez pas... » Denise, dépitée, se lève, le prend par le bras, le conduit brusquement vers le bord du lit, s'y assied, et lui dit : « Eh bien! monsieur Jacques, je ne vous aime donc pas? Eh bien! monsieur Jacques, faites de la malheureuse Denise tout ce qu'il vous plaira... » Et en disant ces mots, la voilà fondant en pleurs et suffoquée par ses sanglots.

Dites-moi, lecteur, ce que vous eussiez fait à la place de Jacques? Rien. Eh bien! c'est ce qu'il fit. Il reconduisit Denise sur sa chaise, se jeta à ses pieds, essuya les pleurs qui coulaient de ses yeux, lui baisa les mains, la consola, la rassura, crut qu'il en était tendrement aimé, et s'en remit à sa tendresse sur le moment qu'il lui plairait de récompenser la sienne. Ce procédé toucha sensiblement Denise.

On objectera peut-être que Jacques, aux pieds de Denise, ne pouvait guère lui essuyer les yeux... à moins que la chaise ne fût fort basse. Le manuscrit ne le dit pas ; mais cela est à supposer.

Voici le second paragraphe, copié de la vie de *Tristram Shandy*, à moins que l'entretien de Jacques le Fataliste et de son maître ne soit antérieur à cet ouvrage, et que le ministre Sterne ne soit le plagiaire, ce que je ne crois pas, mais par une estime toute particulière de M. Sterne, que je distingue de la plupart des littérateurs de sa nation, dont l'usage assez fréquent est de nous voler et de nous dire des injures [1].

Une autre fois, c'était le matin, Denise était venue panser Jacques. Tout dormait encore dans le château, Denise s'approcha en tremblant. Arrivée à la porte de Jacques, elle s'arrêta, incertaine si elle entrerait ou non. Elle entra en tremblant ; elle demeura assez longtemps à côté du lit de Jacques sans oser ouvrir les rideaux. Elle les entr'ouvrit doucement ; elle dit bonjour à Jacques en tremblant ; elle s'informa de sa nuit et de sa santé en tremblant ; Jacques lui dit qu'il n'avait pas fermé l'œil, qu'il avait souffert,

et qu'il souffrait encore d'une démangeaison cruelle
à son genou. Denise s'offrit à le soulager ; elle prit
une petite pièce de flanelle ; Jacques mit sa jambe
hors du lit, et Denise se mit à frotter avec sa flanelle
au-dessous de la blessure, d'abord avec un doigt,
puis avec deux, avec trois, avec quatre, avec toute
la main. Jacques la regardait faire, et s'enivrait
d'amour. Puis Denise se mit à frotter avec sa flanelle
sur la blessure même, dont la cicatrice était encore
rouge, d'abord avec un doigt, ensuite avec deux,
avec trois, avec quatre, avec toute la main. Mais
ce n'était pas assez d'avoir éteint la démangeaison
au-dessous du genou, sur le genou, il fallait encore
l'éteindre au-dessus, où elle ne se faisait sentir que
plus vivement. Denise posa sa flanelle au-dessus du
genou, et se mit à frotter là assez fermement, d'abord
avec un doigt, avec deux, avec trois, avec quatre,
avec toute la main. La passion de Jacques, qui n'avait
cessé de la regarder, s'accrut à un tel point, que, n'y
pouvant plus résister, il se précipita sur la main de
Denise... et la baisa [1].

Mais ce qui ne laisse aucun doute sur le plagiat,
c'est ce qui suit. Le plagiaire ajoute : « Si vous n'êtes
pas satisfait de ce que je vous révèle des amours
de Jacques, lecteur, faites mieux, j'y consens. De
quelque manière que vous vous y preniez, je suis
sûr que vous finirez comme moi. — [Tu te trompes],
[insigne calomniateur], je ne finirai point comme
[toi]. Denise fut sage. — Et qui est-ce qui vous dit
le contraire ? Jacques se précipita sur sa main, et
la baisa, sa main. C'est vous qui avez l'esprit corrompu, [et qui] entendez ce qu'on ne vous dit pas. —
Eh bien ! il ne baisa donc que sa main ? — Certainement : Jacques avait trop de sens pour abuser de

[*vous vous trompez*] (V).
Manque (V).
[*vous*] (V).
[*si vous*] (V).

celle dont il voulait faire sa femme, et se préparer une méfiance qui aurait pu empoisonner le reste de sa vie. — Mais il est dit, dans le paragraphe qui précède, que Jacques avait mis tout en œuvre pour déterminer Denise à le rendre heureux. — C'est qu'apparemment il n'en voulait pas encore faire sa femme.

Le troisième paragraphe nous montre Jacques, notre pauvre Fataliste, les fers aux pieds et aux mains, étendu sur la paille au fond d'un cachot obscur, se rappelant tout ce qu'il avait retenu des principes de la philosophie de son capitaine, et n'étant pas éloigné de croire qu'il regretterait peut-être un jour cette demeure humide, infecte, ténébreuse, où il était nourri de pain noir et d'eau, et où il avait ses pieds et ses mains à défendre contre les attaques des souris et des rats. On nous apprend qu'au milieu de ses méditations les portes de sa prison et de son cachot sont enfoncées ; qu'il est mis en liberté avec une douzaine de brigands, et qu'il se trouve enrôlé dans la troupe de Mandrin [1]. Cependant la maréchaussée, qui suivait son maître à la piste, l'avait atteint, saisi et constitué dans une autre prison. Il en était sorti par les bons offices du commissaire qui l'avait si bien servi dans sa première aventure, et il vivait retiré depuis deux ou trois mois dans le château de Desglands, lorsque le hasard lui rendit un serviteur presque aussi essentiel à son bonheur que sa montre et sa tabatière. Il ne prenait pas une prise de tabac, il ne regardait pas une fois l'heure qu'il était, qu'il ne dît en soupirant : « Qu'es-tu devenu, mon pauvre Jacques !... » Une nuit le château de Desglands est attaqué par les Mandrins ; Jacques reconnaît la demeure de son bienfaiteur et de sa maîtresse ; il intercède et garantit le château du pillage. On lit ensuite le détail pathétique de l'entrevue inopinée de Jacques, de son maître, de Desglands, de Denise et de Jeanne

« C'est toi, mon ami !

— C'est vous, mon cher maître !

— Comment t'es-tu trouvé parmi ces gens-là ?

— Et vous, comment se fait-il que je vous rencontre ici ?

— C'est vous, Denise ?

— C'est vous, monsieur Jacques ? Combien vous m'avez fait pleurer !... »

Cependant Desglands criait : « Qu'on apporte des verres et du vin ; vite, vite : c'est lui qui nous a sauvé la vie à tous... »

Quelques jours après, le vieux concierge du château décéda ; Jacques obtient sa place et épouse Denise, avec laquelle il s'occupe à susciter des disciples à Zénon et à Spinoza, aimé de Desglands, chéri de son maître et adoré de sa femme ; car c'est ainsi qu'il était écrit là-haut.

[On a voulu me persuader que son maître et Desglands étaient devenus amoureux de sa femme. Je ne sais ce qui en est, mais je suis sûr qu'il se disait le soir à lui-même : « S'il est écrit là-haut que tu seras cocu, Jacques, tu auras beau faire, tu le seras ; s'il est écrit au contraire que tu ne le seras pas, ils auront beau faire, tu ne le seras pas ; dors donc, mon ami... » et qu'il s'endormait.]

Ajouté de la main de Diderot à la copie de St-Pétersbourg (T). Figure dans V.

Dossier

VIE LITTÉRAIRE DE DIDEROT

1713. 5 octobre : naissance à Langres de Denis Diderot, fils de Didier, maître coutelier (1685-1759) et d'Angélique Vigneron (1677-1748). C'est l'année du traité d'Utrecht et de la bulle *Unigenitus*. Après Denis, cinq enfants dont trois survivront : Denise (janvier 1715) sera une femme-Socrate, très pieuse ; Angélique (avril 1720) mourra folle, à dix-huit ans, dans un couvent d'Ursulines, et il est probable que Diderot pensera à elle en écrivant *La Religieuse* ; Didier-Pierre (mars 1722) sera le modèle du prêtre intolérant. — L'article « Langres » dans l'*Encyclopédie* est de Diderot.

1723. Collège des jésuites de Langres.

1726. 22 août : l'évêque de Langres confère à Denis la tonsure : le voilà abbé. Sans doute crise religieuse.

1728. Avril : Denis renonce au canonicat. — A la rentrée scolaire son père l'accompagne à Paris. On ne sait trop où il termine ses études : Louis-le-Grand ? collège d'Harcourt ? Est-il passé de l'un à l'autre de ces établissements ? On a même invoqué le collège de Beauvais. Jusqu'en 1742 les informations sur la vie de Diderot resteront très lacunaires.

1732. 2 septembre : maître ès arts de l'Université de Paris.

1733-1736. Vie de bohème. Il loge rue de l'Observance (aujourd'hui Antoine-Dubois) où il connaît le graveur Johann Georg Wille. Il travaille chez le procureur Clément de Ris. Est, un temps, précepteur chez le financier Randon. Écrit des sermons pour un missionnaire. Donne des leçons de mathématiques. Il pense au théâtre, auteur ou comédien.

1741. Fait connaissance d'Anne-Antoinette Champion, née le 22 février 1710, qui deviendra sa femme.

1742. Février : il rencontre Jean-Jacques Rousseau à *La Régence*. Au printemps il traduit l'*Histoire de Grèce* de Temple Stanyan. En décembre, emportant avec lui les épreuves de sa traduction, il va à Langres pour y solliciter l'autorisation paternelle de mariage.

1743. Il échoue. Son père le fait interner dans un monastère. Il s'évade, rentre à Paris et épouse clandestinement, le 6 novembre, Antoinette Champion. Il ne l'avouera à son père qu'en 1749. Il se jette dans le travail : « une fureur d'étude telle que je l'éprouvais à trente ans », écrira-t-il plus tard à Mme Necker.

1744. 13 août : naissance d'Angélique, qui mourra le mois suivant. Diderot collabore, depuis deux ans, aux *Observations sur les écrits modernes* que dirige l'abbé Desfontaines. Il traduit Shaftesbury. Rousseau lui présente Condillac.

1745. Il publie sa traduction-adaptation de l'*Essai sur le mérite et la vertu*, de Shaftesbury. En août, il se lie avec Madeleine Arsant de Puisieux.

1746. Naissance, en mai, d'un deuxième enfant, François-Jacques-Denis, qui ne survivra pas. A Pâques, il écrit les *Pensées philosophiques* (passage au déisme). Le 27 juin, il s'engage avec d'Alembert et l'abbé Gua de Malves pour une traduction de la *Cyclopaedia*, de Chambers. Le 7 juillet, le Parlement condamne les *Pensées philosophiques*.

1747. Diderot écrit *De la suffisance de la religion naturelle*, qui sera édité seulement en 1770, et la *Promenade du sceptique*, qui ne verra le jour qu'en 1830. Le 20 juin, il est dénoncé pour irréligion à la police. En août, l'abbé Gua de Malves se désiste : le projet de *Cyclopaedia* se transforme en projet d'*Encyclopédie*, dont Diderot et d'Alembert assument la responsabilité, le 16 octobre. C'est, pour Diderot, l'indépendance pécuniaire.

1748. A l'imitation du *Sopha* (1740) de Crébillon fils, et de *Nocrion, conte allobroge* (1747), parfois attribué à Caylus, Diderot a écrit *Les Bijoux indiscrets* qui paraissent en janvier : quelque dix ans plus tard il y adjoindra deux chapitres.

Il écrit aussi *L'Oiseau blanc, conte bleu*, publié en 1798. Il rédige des *Mémoires sur différents sujets de mathématiques*. En octobre, sa mère meurt. En décembre, il compose la *Lettre d'un citoyen zélé*.

1749. Le 3 juin, mise en vente de la *Lettre sur les aveugles, à l'usage de ceux qui voient*. C'est l'athéisme. Le 24 juillet, la police perquisitionne et interne Diderot à Vincennes : au plus torride de l'été, Rousseau lui rend visite et a (selon Rousseau) ou aurait eu (selon Diderot, qui aurait soufflé la réponse) l'illumination de la thèse qu'il défendra dans le *Discours sur les sciences et les arts* (1750). Interrogé, Diderot commence par nier, puis, le 11 août, avoue et, même, trahit sa maîtresse, Mme de Puisieux. Les conséquences de ce drame sur la pensée de Diderot restent à étudier. Le 3 novembre, probablement sur l'intervention des libraires de l'*Encyclopédie*, on le libère.

1750. 30 juin : mort du petit François-Jacques-Denis ; 29 octobre, naissance de Denis-Laurent qui mourra en décembre. Rencontre de Friedrich Melchior Grimm : Rousseau, Grimm et Diderot forment alors un trio d'amis inséparables. En octobre, *Prospectus* de l'*Encyclopédie*.

1751. Contre la thèse de l'abbé Batteux qui veut ramener les Beaux-Arts au seul principe de l'imitation, Diderot publie, le 18 février, sa *Lettre sur les sourds et muets à l'usage de ceux qui entendent et qui parlent :* en mai il y fera des additions pour répondre aux remarques de Mlle de La Chaux (traductrice de Hume). Le 28 juin, tome I de l'*Encyclopédie*, avec le *Discours préliminaire* de d'Alembert. L'ouvrage est attaqué par les jésuites : on parle de plagiat, on accuse d'irréligion le lockisme dont il se réclame. Le 18 novembre, l'abbé Jean-Martin de Prades soutient devant la Sorbonne sa thèse *Jerusalem caelesti* qui semble prendre parti pour la religion naturelle, conteste les chronologies du Pentateuque et met en doute les miracles. D'Alembert et Diderot sont soupçonnés d'avoir collaboré à cette thèse que la Sorbonne, se ravisant, condamne fin décembre.

1752. Tandis que se développe l'attaque contre l'abbé de Prades qui, décrété de prise de corps, s'enfuit en février à Berlin, le tome II de l'*Encyclopédie* paraît le 22 janvier ; le 7 février, un arrêt du Conseil du roi ordonne la suppression des deux premiers volumes. Mais Diderot est discrètement soutenu par Malesherbes et la Pompadour. Le 1ᵉʳ août, la troupe italienne joue *La serva padrona*, qui allume la querelle des Bouffons (jusqu'en 1754) : Rousseau (*Lettre sur la musique française*), Grimm (*Le Petit Prophète de Boehmisch-broda*), Diderot, au début de 1753 (*Arrêt rendu à l'amphi-théâtre de l'Opéra*) se font les défenseurs de la musique ita-lienne (contre la musique de Rameau). Le 18 octobre, à Fontainebleau, en présence de la Cour, on joue *Le Devin du village*.

1753. 2 septembre : naissance de Marie-Angélique, future Mᵐᵉ de Vandeul. Novembre : en réaction contre le *Systema Naturae* de Maupertuis (1751), Diderot publie ses *Pensées sur l'inter-prétation de la nature* en une première édition devenue raris-sime. Le même mois, tome III de l'*Encyclopédie*.

1754. Diderot fait connaissance, par Buffon, du président De Brosses, de l'académie de Dijon : cette académie met au concours la question à laquelle Rousseau répond (en avril) par son *Discours sur l'origine de l'inégalité parmi les hommes*. Le tome IV de l'*Encyclopédie* (de « Conseil » à « Diz ») paraît en octobre et doit ruser, en pleine bataille sur la bulle *Uni-genitus*, pour aborder l'article « Constitution ». Diderot pré-pare, pour la publier à part, *L'histoire et le secret de la pein-ture en cire*, qui sera l'article « Encaustique » au tome V.

1755. 10 février : mort de Montesquieu : Diderot est le seul des gens de lettres à suivre son convoi. Juillet : rencontre et liaison avec Sophie Volland. 1ᵉʳ novembre : tremblement de terre de Lisbonne. Une semaine plus tard, tome V de l'*Ency-clopédie :* il contient l'article « Droit naturel » de Diderot.

1756. 29 juin : lettre à Landois contre le libre arbitre. En mai, venait de paraître le tome VI de l'*Encyclopédie*. Diderot rencontre Mᵐᵉ d'Épinay, la maîtresse de Grimm ; il va même à l'Ermitage où elle loge Rousseau ; mais les relations entre les deux philosophes commencent à devenir difficiles.

1757. Janvier : le 5, attentat de Damiens ; le 9, mort de Fonte-nelle. En février, Diderot publie *Le Fils naturel*, dont la première représentation n'aura lieu qu'en 1761 ; le principal personnage, Dorval, semble avoir fourni à Goethe quelques traits de Werther. Une phrase du *Fils naturel* : « Il n'y a que le méchant qui soit seul... » prépare la brouille avec Rousseau, en automne ; le 15 décembre, Rousseau quittera l'Ermitage. En automne, tome VII de l'*Encyclopédie*, qui contient l'article « Genève ». La lutte contre les encyclopédistes se fait de plus en plus vive : on les surnomme les *cacouacs*, la guerre des cacouacs commence. Entre-temps, Diderot s'occupe de la *Correspondance littéraire* (jusqu'en 1772).

1758. Dès le 1er janvier d'Alembert informe Malesherbes et Voltaire, qui l'encourage, de son désir d'abandonner l'*Encyclopédie* : il déserte. Le 27 juillet, Helvétius publie *De l'esprit* : le livre soulève un tel scandale contre les philosophes, que l'*Encyclopédie* ne pourra reparaître avant 1765. Non sans mal, Diderot parvient à publier en novembre son *Père de famille*, accompagné d'un *Discours sur la poésie dramatique* : la première représentation n'aura lieu qu'en 1771. On accuse l'auteur d'avoir plagié Goldoni. Le 27 novembre, il écrit à *Madame Riccoboni* une importante lettre sur le théâtre.

1759. Attaques et condamnations se multiplient contre l'*Encyclopédie* dont le privilège est supprimé en juillet. Le 3 juin, Diderot a perdu son père. Ce même mois, l'abbé Galiani débarque à Paris. En septembre, Diderot écrit son premier *Salon* et se rend au Grandval, propriété de Mme d'Aine, la belle-mère de d'Holbach. L'amitié entre les deux philosophes ne cessera de s'affirmer. En novembre, Sartine, ami des philosophes, est nommé lieutenant de police.

1760. En janvier, pour mystifier le marquis de Croismare, Diderot commence à écrire les Lettres qui formeront *La Religieuse* (corrigée en 1780, publiée sous forme de livre en 1796). Le 2 mai, Palissot fait jouer la comédie des *Philosophes*, infamante pour les encyclopédistes et Rousseau. En été, Diderot adapte *Le Joueur*, d'après *The Gamester* d'Edward Moore.

1761. Rédaction du deuxième *Salon*.

1762. Janvier : arrivée à Paris de Laurence Sterne qui vient de publier les tomes V et VI de son *Tristram Shandy* ; il les fera parvenir en août à Diderot. Rousseau publie en mai l'*Émile*, en septembre *Le Contrat social*. En juillet, Voltaire ouvre la campagne en faveur des Calas. En août, expulsion des Jésuites. Catherine II fait offrir à Diderot de venir achever l'*Encyclopédie* en Russie.

1763. *Introduction aux grands principes* (publiée en 1798). Sartine remplace Malesherbes comme directeur de la Librairie. La distribution des premiers tomes des planches de l'*Encyclopédie* peut commencer (11 tomes jusqu'en 1772). Août : troisième *Salon*. 10 octobre : *Lettre à Sartine sur le commerce de la librairie*. 14 octobre : arrivée de Hume à Paris. Novembre : Voltaire publie le *Traité de la tolérance*.

1764. 15 avril : mort de la Pompadour alliée des Encyclopédistes. Novembre : Diderot s'aperçoit que son libraire, Le Breton, a censuré l'*Encyclopédie* dont l'impression se poursuivait clandestinement. Décembre : *Lettres de la Montagne*, de Rousseau.

1765. Achèvement de l'*Encyclopédie*. En mars, Catherine II propose à Diderot l'achat de sa bibliothèque. Juillet, première mention de Naigeon, que l'on surnommera « le singe de Diderot ». Apparition de M. Dubucq qui inspirera *Est-il bon ? est-il méchant ?* En octobre, Laurence Sterne, qui a voyagé en province, repasse par Paris et fait tenir à Diderot, qui en pastichera les scènes dans *Jacques le Fataliste*, les tome VII et VIII de *Tristram Shandy*. Quatrième *Salon*. Le 16 décembre, Rousseau, persécuté et habillé en Arménien, revient à Paris.

1766. Dès le début de l'année, distribution des dix derniers tomes de l'*Encyclopédie*. En janvier s'amorce la correspondance avec Falconnet qui va partir, en septembre, à Saint-Pétersbourg. 28 février : condamnation du chevalier de La Barre.

1767. Le 22 mai, Rousseau rentre de son équipée en Angleterre où l'avait emmené Hume. En septembre Franklin est à Paris. Diderot rédige son cinquième *Salon*.

1768. Novembre : *Regrets sur ma vieille robe de chambre* (publié dans la *Correspondance littéraire*, le 1er février 1769).

1769. Du 18 mai au 10 octobre Grimm part en tournée en Allemagne, confiant entièrement à Diderot la « boutique » de la *Correspondance littéraire*. Le 23 mai, Galiani est rappelé à Naples : il publie, en septembre, ses fameux *Dialogues sur le commerce des blés*. En août, Diderot entre en relations avec Dom Deschamps, et la Comédie-Française présente *Le Père de famille*. Le 2 septembre est achevé *Le Rêve de d'Alembert* (qui ne sera publié, dans la *Correspondance littéraire*, qu'en 1782). Rédaction du sixième *Salon*.

1770. Sans doute à l'occasion du *Système de la nature* de d'Holbach — qui paraît en février et sera condamné par le Parlement en septembre — Diderot rédige les *Principes philosophiques de la matière et du mouvement*. En août, voyage à Langres et à Bourbonne : y sont écrits *Les Deux Amis de Bourbonne*, la *Conversation d'un père avec ses enfants* (publiée en 1773) et peut-être un premier état du *Paradoxe du comédien*, dont les lecteurs de la *Correspondance littéraire* auront la primeur dans les livraisons du 15 octobre et du 1er novembre.

1771. Avril : *Leçons de clavecin* de Bemetzrieder (rédaction de Diderot) : 9 mai : Mme d'Épinay obtient de M. de Sartine l'interdiction, notifiée à Rousseau, de continuer la lecture des *Confessions* dans les salons. Été : *Plan d'un Opéra-comique*. Août : lecture à Meister, pendant deux heures, d'un des premiers états de *Jacques le Fataliste*. Rédaction du septième *Salon*. 26 décembre : mort d'Helvétius.

1772. Tandis que s'achève, avec le tome XI, la distribution des planches de l'*Encyclopédie*, Diderot se fait courtier en tableaux et agent d'affaires : il va marier sa fille, Angélique, le 9 septembre, avec Caroillon de Vandeul, Langrois. En mars il écrit l'*Essai sur les femmes* et une *Lettre à la comtesse de Forbach sur l'éducation des enfants*. En octobre il finit *Ceci n'est pas un conte* (*Correspondance littéraire*, avril 1773), *Madame de La Carlière* (publié en 1779). Il rédige une première version du *Supplément au voyage de Bougainville*.

1773. Le 11 juin Diderot quitte Paris : il séjourne à La Haye du 15 juin au 20 août ; il y travaille au *Voyage de Hollande* et à la *Réfutation d'Helvétius* ; on croit qu'il y rencontre alors François Hemsterhuis, « le Platon du Nord ». Il reprend sa route vers Saint-Pétersbourg où il résidera du 8 octobre au 5 mars 1774 : il y rédige des Mémoires pour Catherine II qui contiennent surtout le *Projet d'un plan d'université*.

1774. Il rentre par Hambourg et s'arrête à La Haye jusqu'en octobre : il y travaille encore à la *Réfutation d'Helvétius*, commence à rassembler les *Éléments de physiologie*, écrit les *Entretiens avec la maréchale****, ébauche ses *Observations sur* *le Nakaz*, annote la *Lettre sur l'homme et ses rapports*, de Hemsterhuis; ces marginalia ne seront publiés qu'en 1964. Il remet en chantier *Le Neveu de Rameau*. Le 3 septembre, il écrit la dernière des *Lettres à Sophie Volland* qui nous soit parvenue. Il arrive à Paris le 21 octobre.

1775. Il vieillit, est fatigué, se distrait aux mathématiques, ne songe guère à publier, rédige cependant en septembre son huitième *Salon*.

1776. Diderot travaille six mois à la campagne, à Sèvres. Le 23 mai meurt Julie de Lespinasse, le 23 décembre le Dr Bordeu, deux des personnages du *Rêve* que l'auteur a repris en été.

1777. Menant une vie retirée, Diderot y retrouve « la fureur d'étude » de ses trente ans. Il médite sur Sénèque et travaille à l'*Histoire des deux Indes* de l'abbé Raynal. En juillet et en août il donne à la *Correspondance littéraire* « *La pièce et le prologue* » qui prendra comme titre *Est-il bon ? est-il méchant ?* Il songe à l'édition de ses Œuvres complètes. En août, il refuse de participer avec Beaumarchais à la mobilisation des écrivains de théâtre en faveur d'une législation des droits d'auteur.

1778. Le 10 février, Voltaire est à Paris où peut-être a-t-il rencontré Diderot : il meurt le 30 mai. Le 2 juillet, c'est au tour de Rousseau de disparaître. Falconnet, déçu, quitte Saint-Pétersbourg où il a érigé la statue équestre de Pierre le Grand. Diderot — qui renonce à publier ses Œuvres complètes — donne à la *Correspondance littéraire* sa première *Satire* et des livraisons de *Jacques le Fataliste* (jusqu'en 1780).

1779. On ne sait à peu près rien de la vie de Diderot cette année-ci. Probablement travaille-t-il encore à l'*Histoire des deux Indes* (que le Parlement condamnera le 19 mai 1781).

1780. Avril : Goethe lit *Jacques le Fataliste*. A partir de septembre, la *Correspondance littéraire* donne le *Voyage de Hollande* et *La Religieuse* (jusqu'en septembre 1781, puis de février à avril 1782).

1781. Mai : rupture avec Grimm : « Vous vivez avec nous, mais vous nous haïssez. » Septembre : dernier *Salon*. Octobre : nouveaux projets d'une édition complète des Œuvres.

1782. Janvier : achèvement de *La Religieuse*. 15 avril : mort de Mme d'Épinay. Sans doute le même mois : *Nouvelle addition à la Lettre sur les aveugles*.

1783. A partir de janvier et jusqu'à mars 1786, la *Correspondance littéraire* donne la *Réfutation suivie de l'ouvrage d'Helvétius intitulé L'Homme*. Dernières corrections de *Jacques le Fataliste*.

1784. 22 février : mort de Sophie Volland (qui lègue à Mme de Vandeul certaines lettres de son père). Dès le 15 juillet, Diderot s'était installé rue de Richelieu, grâce à la générosité de Catherine II : il y meurt le 31. Le lendemain il est enterré à l'église Saint-Roch.

NOTES

Sur la base de l'édition A. T. qui s'appuie sur l'édition Brière (1821) vérifiée sur la copie Dubrunfaut, les variantes en bas de page ont été indiquées d'après :

1º Diderot : *Œuvres complètes*, éd. J. Assézat, M. Tourneux, 20 vol. (1875-1877), A. T., t. VI, 1875.

2º M. Tourneux : *Les manuscrits de Diderot conservés en Russie* (Archives des missions scientifiques et littéraires, série 3, t. XII, année 1885), désignés par le sigle T.

3º La traduction, par Schiller, de l'épisode de Mme de La Pommeraye, dans *Schillers sämtliche Werke* (Säkular Ausgabe), t. II, pp. 149-190, désignée par le sigle Sch.

4º Utilisée ici pour la première fois, la *copie du fonds Vandeul* dont on doit la découverte aux patientes recherches de H. Dieckmann (cf. H. Dieckmann : *Inventaire du fonds Vandeul et Inédits de Diderot*, Paris, 1951). Nous désignons cette copie par le sigle V.

Nous n'avons retenu, de V, que les variantes de ponctuation qui peuvent changer le sens du texte : fréquemment V donne une virgule où A. T. met un point-virgule. De même, nous avons indiqué, mais sans les répéter, les changements de noms propres — : ils sont de la plume de Vandeul qui projetait sans doute une publication du texte.

5º Paul Vernière, *Jacques le Fataliste et son maître* (Paris, 1970), utilise la copie de Leningrad, dont nous faisons aussi état (sigle L).

L'ordre chronologique des copies semble être : V — A. T.
— L.

Nous remercions le Club Français du Livre, qui nous a permis
de reprendre notre édition de 1953 : nous l'avons corrigée et
complétée.

NOTES

Nous avons employé les sigles :

M. Tourneux : *Diderot et Catherine II* (Paris, 1899) . . . . C.

Diderot : *Lettres à Sophie Volland*, éd. A. Babelon, 2 vol., 1938. B.

Mais C doit être complété par :

P. Vernière, *Diderot, Mémoires pour Catherine II* (Paris,
1966), et B, trop fautif, n'est utilisable que vérifié par l'édition
de la *Correspondance* de Diderot, procurée, aux Éditions de
Minuit, par Georges Roth et Jean Varloot (16 volumes, 1955-
1970).

Page 35.

1. Voici, d'entrée, posé le thème du *fatalisme*. 1º Philoso-
phiquement, le mot est mal choisi, car il définit une croyance
religieuse, et Jacques n'est pas un croyant. Il faudrait dire et
distinguer : nécessitarisme (ontologique), *ou* — dans la langue
d'aujourd'hui — déterminisme (épistémologique). Diderot
ne distinguant pas, il s'embarrasse dans l'objection du mora-
liste à son système (pp. 40, 217). Si tout est nécessaire, il faut
au moins en excepter, avec Spinoza, la liberté du jugement pour
sauver la morale : au contraire, pour Diderot, le jugement
résulte de la sensation et le raisonnement *se fait* — nous ne le
faisons pas — dans notre tête (p. 46). Diderot argumente
plutôt en déterministe : la récompense et le châtiment sont
utiles, car nous pouvons les introduire comme causes (p. 217)
agissant sur le mécanisme de l'automate humain. Seulement, le
déterminisme n'est pas le nécessitarisme. — 2º Comme on ne
se conduit pas toujours selon sa philosophie (pp. 118-119), le fatalisme n'empêche ni les mouvements d'humeur, ni les sentiments de superstition (pp. 78, 218). Mais il rend courageux
(pp. 42, 44) et il s'unit fort bien avec la bonté, comme le
montrera l'épisode de la cruche cassée (p. 116), où il est possible
de voir une réponse-surenchère à Rousseau.

2. *Tristram Shandy*, IV, chap. XLVIII, p. 143 : le roi Guillaume « pensait qu'il ne nous arrivait rien en ce monde qui ne fût arrêté de toute éternité. Aussi disait-il souvent à ses soldats : *que chaque balle avait son billet* ».

Page 36.

1. *Fontenoy*. Le 11 mai 1745.

2. *Tristram Shandy*, ibid. : « D'ailleurs, Monsieur, dit-il, sans cette blessure que j'ai reçue à Landen, je n'aurais jamais été amoureux. »

Page 37.

1. Tout ce début est emprunté à *Tristram Shandy*, ibid., pp. 146-148. Trim, blessé au genou, est jeté « dans une charrette avec trente ou quarante autres blessés, pour être conduit à notre hôpital. — Il n'y a aucune partie de corps, sauf le respect de Monsieur, où une blessure cause une douleur plus insupportable qu'au genou. — Excepté l'aine, dit mon oncle Tobie — Avec la permission de Monsieur, répliqua le caporal, le genou, à mon avis, doit être plus sensible, ayant beaucoup plus de tendons et de tout ce qu'ils appellent... qu'ils appellent... », etc.

Page 39.

1. Si Jacques a été blessé à la bataille de Fontenoy, nous voici donc vers 1765. Nous apprendrons, p. 207, que Jacques est au service de son Maître depuis dix ans — après avoir servi beaucoup d'autres maîtres (p. 205), qu'il a quitté, pour s'enrôler, ses parents, à vingt-deux ans (p. 250). A la fin du récit, nous le verrons dans les troupes de Mandrin . ce dernier ayant été exécuté en 1755, il y aurait là une contradiction, si l'on ne pouvait entendre : troupes laissées par Mandrin.

2. Ici encore Diderot lit *Tristram Shandy*, IV, chap XLIX : « La douleur de mon genou, continua le Caporal, était excessive en elle-même ; mais les cahots de la charrette sur un chemin extrêmement raboteux, la rendaient encore plus vive... » Puis, la rencontre avec la jeune femme — une *Beguine* chez Sterne — dans une maison de paysans ; l'accueil ; les soins qu'elle lui donne... Diderot reprendra (p. 327) la suite des amours de Trim, chap. LI, pp. 155-158.

Page 45.

1. Semble un écho de l'anecdote que rapporte, à la date de mai 1751, Charles Collé dans son *Journal et Mémoires sur les hommes de lettres, les ouvrages dramatiques et les événements les*

plus mémorables du règne de Louis XV ; 1748-1772 (Paris, 1868). Un Suisse, conduit au supplice, se souvient que, né protestant, il s'est fait catholique : « Dans cette perplexité, il s'adressa au major de son régiment, et lui dit : *Monsié le machor lequel de ces deux rellichions est la plus meilleure ? — Tiaple! mon ami*, répondit le major, de la meilleure foi du monde, *ché donnerais pien à stir cent pons écus pour li safoir.* »

Page 46.

1. Le grand mot du XVIIIᵉ siècle! L'expérience est l'effet des impressions que font sur nos fibres — et, par là, sur notre pensée — les excitations du monde extérieur. Ces impressions étant liées par la causalité, nos idées sont également liées par la même causalité. Voilà pourquoi le « calcul se fait dans nos têtes » (cf. plus bas et p. 79). Les impressions inconscientes ou devenues telles constituent ce qu'on appelle instinct (p. 99), inspiration démoniaque (pp. 81, 88), ou artistique (pp. 263-264). Ainsi Jacques peut être rapproché de Socrate et des créateurs. Et l'on verra que sa sensibilité aux présages s'explique rationnellement (cf. aussi note 1 de la p. 101).

2. *Berg-op-Zoom :* ville forte de Hollande, prise par Maurice de Saxe le 16 septembre 1747.

3. *Port-Mahon :* capitale de Minorque. Prise, le 20 avril 1756, aux Anglais par le duc de Richelieu. Cette prise ouvre la guerre de Sept ans.

Page 48.

1. « Ce proverbe se dit quand, d'un certain nombre de choses que l'on possède, plusieurs sont inutiles . le mot est ici d'autant mieux appliqué que saint Roch avait trois chapeaux ; on le voit souvent ainsi représenté. » (A. T.)

Page 49.

1. « Dufouart (Pierre), célèbre chirurgien, mort à Sceaux le 21 décembre 1813, à l'âge de soixante-dix-huit ans. On a de lui : *Traité d'analyse des plaies d'armes à feu.* — Louis (Antoine), chirurgien, secrétaire de l'Académie de Paris, né à Metz le 13 février 1723, mort à Paris en 1792. C'est lui qui fut chargé de la partie chirurgicale de l'*Encyclopédie.* » (A. T.)

2. On aperçoit déjà dans ce paragraphe une des caractéristiques de l'art de Diderot : composer des tableaux, de scène ou de peinture (cf. pp. 169, 192-193, 213, 233...). Il n'eût pas voulu, en revanche, que le peintre s'inspirât du roman ou du théâtre : « C'est qu'avec le génie, il est presque impossible de

faire un bon tableau d'après une situation romanesque, ou
même une scène dramatique. Ces modèles ne sont pas assez
voisins de Nature. Le tableau devient une imitation d'imitation. »
(A. T., t. XI, p. 304.) Dans notre *Esthétique sans paradoxe de
Diderot*, nous concluions : « Le théâtre reste vraiment au centre
de cette Esthétique pour laquelle, on le montrerait aisément,
la beauté sous toutes ses formes, littéraires ou artistiques, se
définirait assez bien : en effet théâtral possible. » Au moins,
en lisant *Jacques*, ne peut-on oublier l'auteur des *Salons*. On
ferait un petit Salon des tableaux qu'on trouve dans *Jacques*.

3. Cf. encore aux pp. 86, 112-113... Molière est, de tous les
auteurs du XVIIe, celui que Diderot admire le plus. Il en retient
— sans espérer de s'égaler à son modèle — deux des effets les
plus sûrs du comique (sur lesquels Bergson a fondé sa théorie
du *Rire*) : la répétition (Eh bien! Jacques, et tes amours?),
la mécanisation des personnages (pp. 59, 301). Dans les mar-
chandages du chirurgien, on reconnaîtra aussi un écho des
« comptes d'apothicaire » de Molière. — Ici, Diderot écrit :
Harpagon, au lieu de Géronte (des *Fourberies de Scapin*) :
mais le lapsus s'explique de lui-même : Diderot pense à l'ava-
rice du paysan.

Page 52.

1. Remarquer — usage campagnard sans doute, qui marque
la supériorité légale du mari — que le paysan tutoie sa femme
qui le voussoie. Le curieux des mœurs trouvera dans le détail
de *Jacques* un document intéressant sur l'emploi du *tu* et du
vous. Le voussoiement qui s'était étendu au XVIe siècle, généra-
lisé au XVIIe — après le *Dépit amoureux* on cesse de se tutoyer
dans les pièces de Molière —, va, de nouveau, au XVIIIe, perdre
du terrain — l'influence de Rousseau ne sera pas étrangère à
ce recul — jusqu'à céder enfin devant le tutoiement révolu-
tionnaire.

Page 53.

1. Dicton? Croyance campagnarde? Diderot s'inspire peut-
être aussi des plaisanteries à sous-entendus, « sur les ﹒ous-
taches » de *Tristram Shandy* (III, chap. IV) : le mot « moustaches»
était devenu indécent à la cour de la reine de Navarre. Autrefois, le mot « nez » : « Mais les *oreilles* n'ont-elles pas couru depuis le même risque? », comme « haut-de-chausses », « fichu »,
« boutonnières »? « Que vos cœurs cessent d'être corrompus,
s'écriait le curé d'Estelle, et vos oreilles ne trouveront plus
d'expressions indécentes » (pp. 24-25).

Page 54.

1. Pourtant, estime Diderot, « Rien qui contribue tant à la civilisation qu'une population nombreuse. Les angles des cailloux qui se touchent, s'émoussent, et les cailloux se polissent. » (C. II, p. 289.)

Page 57.

1. [*Vauriens*]. Le mot *coglione*, donné par *V.*, confirmé par *L*, n'est pas seulement plus énergique : Diderot peut penser à *Candide* où Voltaire l'emploie.

Page 59.

1. Ici la description de l'automatisme vise à obtenir un effet artistique (cf. plus haut, note 3 de la p. 49). En philosophie, elle est pour Diderot un argument contre la liberté : à la fin de sa journée, un géomètre a pensé, a agi, « mais il n'a pas agi plus librement qu'un corps inerte, qu'un automate de bois qui aurait exécuté les mêmes choses que lui ». (A. T., IX, p. 273.) Au reste, la comparaison est banale : elle sert à Condillac pour décrire le « moi d'habitude ».

Page 60.

1. Dans *Ceci n'est pas un conte*, A. T. V, p. 313, Diderot se peint lui-même dans l'attitude du conteur : « ... Je toussai, je crachai, je développai lentement mon mouchoir, je me mouchai, j'ouvris ma tabatière, je pris une prise de tabac... » Après la montre, la tabatière est le deuxième attribut du Maître. Il faut se souvenir de la valeur des tabatières, au xviiie siècle, comme bijoux. *L'Encyclopédie* détaille leur décoration *en piqué, en coulé, en incrusté* ou *en brodé d'or.* Ciselées, émaillées, gemmées, ornées de miniatures — se vendant selon leur richesse chez l'orfèvre ou chez le tabletier — signées souvent de noms d'artistes — leur forme, leur matière, leur style évolue tout au long du siècle : le *brodé d'or*, vers 1735, la boîte de Dresde, en nacre ou en burgau, vers 1740, les *Georgettes* ovales en ors de diverses couleurs, vers 1760, etc.

2. *Jaback :* « Ce nom est emprunté de l'hôtel Jaback, situé à Paris, rue Saint-Merri. On y vendit pendant quelque temps des bijoux et des nouveautés en tous genres. La mode voulait alors qu'on n'achetât que de *véritables jaback.* » (A. T.)

Page 61.

1. *Julien Le Roi* (1686-1759). Maître horloger en 1713,

il imagine de fixer l'huile aux pivots des roues et balanciers ;
en 1720, il présente à l'Académie des sciences une pendule
d'équation qui marque le temps vrai et suscite l'admiration
de l'Europe. Nommé horloger du roi en 1739. — Diderot,
dans sa jeunesse, a été lié avec un des fils de cet horloger :
c'est ce jeune Le Roi qui revient sur ses pas pour prévenir,
in extremis, Diderot de l'état... douteux d'une fille (lettre à
S. V. du 28 juillet 1762, B., t. I, p. 257).

Page 63.

1. *Conches*. Paul Vernière, *Diderot et l'invention littéraire...*
(art. cité, p. 162), affirme, avec toute raison, qu'il s'agit
de Conches en Normandie : « siège de forges dont Diderot
tente d'obtenir le privilège pour son gendre Caroillon de
Vandeul, qui en fera plus tard le plus beau fleuron de son
industrie ».

Page 69.

1. *[Coutures]* : la copie V, confirmée par L, donne *ceintures*,
qui est sans doute le mot vrai. On ne coud pas des bandages.
Il s'agit plutôt d'une ceinture chirurgicale, comme la *ceinture
de Hildan*, employée autrefois pour réduire luxations et fractures, et placée de façon à faciliter la contre-extension pendant
que l'on tirait sur le membre à réduire. On notera la précision
des scènes chirurgicales dans *Jacques*. Diderot, dont le père,
maître coutelier, était habile et scrupuleux dans la fabrica-
tion des instruments de chirurgie (A. T. II, p. 413), n'a
cessé de s'intéresser à cette partie de la médecine : de la *Lettre
d'un citoyen zélé... sur les troubles qui divisent la médecine et
la chirurgie*, 1748 (A. T. IX, p. 213) au compte rendu de
l'*Histoire de la chirurgie, par M. Peyrihe*, 1780 (*ibid.*, p. 470),
en passant par l'*Encyclopédie* et par les plans d'éducation
pour Catherine II. (C. II, pp. 387-395 sq.)

Page 71.

1. *Histoire de Cleveland, fils naturel de Cromwell, ou le
Philosophe anglais*, par l'abbé Prévost, 4 vol. in-12, 1732.
(A. T.)

Page 76.

1. Le fameux tremblement de terre de Lisbonne — en
1755 — devait devenir le thème des disputes sur l'optimisme :
de Voltaire, dans *Candide*, à Kant dans son essai *sur l'optimisme et le désastre de Lisbonne*.

Page 77.

1. Il est de tradition de rattacher ce personnage au frère Ange, parent de notre philosophe, auquel Diderot, en ses années de bohème, extorqua de l'argent sous prétexte de vocation religieuse (*Mémoires de Mme de Vandeul*, A. T. I, XXXIV-XXXVI). Ce frère avait ouvert une sorte de banque : « Vous alliez aux Carmes déchaux du Luxembourg qui ont des couvents dans presque toutes les bonnes villes de l'Europe, et vous disiez au vice-procureur, le frère Ange, mon parent : " Mon frère, je voudrais faire toucher vingt mille francs à Rome, à Florence, à Madrid, à Lisbonne, à Marseille, etc. ; combien me prendriez-vous ? — Tant. — Voilà mon argent. — Voilà ma lettre. " On partait avec la lettre du frère Ange, on arrivait, on était payé. » (C., p. 215). — En dépit de la tradition, nous n'apercevons guère d'autre rapport que le nom entre ce frère Ange et le père Ange de *Jacques*.

Page 78.

1. C'est un des grands thèmes de *Jacques* — annoncé p. 45, nous le retrouverons pp. 111-112 — que la critique des croyances aux présages, aux inspirations surnaturelles : cette critique fait partie de la lutte contre « la superstition ». Les pressentiments sont trompeurs, même quand ils paraissent extraordinaires (p. 111, l'anecdote de l'anneau) : ou ils s'expliquent rationnellement, comme s'expliquera plus loin le comportement du cheval. Jacques, tout fataliste qu'il est, ne peut cependant se défendre de sentiments superstitieux. Ici, Diderot se peint lui-même : « ... n'avez-vous pas remarqué qu'il y a des circonstances dans la vie qui nous rendent plus ou moins superstitieux ? Comme nous ne voyons pas toujours la raison des effets, nous imaginons quelquefois les causes les plus étranges à ceux que nous désirons : et puis nous faisons des essais sur lesquels on nous jugerait dignes des Petites-Maisons... Moi-même, j'ai tiré une fois les sorts platoniciens. Il y avait trente jours que j'étais renfermé dans la tour de Vincennes ; je me rappelai tous ces sorts des anciens. J'avais un petit Platon dans ma poche, et j'y cherchai à l'ouverture quelle serait encore la durée de ma captivité, m'en rapportant au premier passage qui me tomberait sous les yeux. J'ouvre, et je lis au haut d'une page : *Cette affaire est de nature à finir promptement.* Je souris, et un quart d'heure après, j'entends les clefs ouvrir les portes de mon cachot :

c'était le lieutenant de police Berryer qui venait m'annoncer ma délivrance pour le lendemain. — S'il vous arrivait d'avoir, pendant le cours de votre vie, deux ou trois pressentiments que l'événement vérifiât, et cela dans des occasions importantes, je vous demande quelle impression cela ne ferait pas sur votre esprit! Ne seriez-vous pas tentée de croire un peu aux inspirations, si surtout votre esprit s'était arrêté à quelque résultat fort extraordinaire, très éloigné de toute vraisemblance? » (à S. V., le 23 septembre 1762, B., t. I, p. 301). On verra, à propos de l'épisode de Richard (p. 214), que Diderot explique le côté superstitieux du caractère de Jacques par la sensibilité observatrice.

Page 82.

1. Ce char drapé de noir est sans doute tiré de *Tristram Shandy*, III, chap. xix, intitulé « Pompe funèbre » : « ... Mais qu'est-ce, grands dieux! — qu'est-ce que cette image, auprès de cette scène de terreur que je découvre avec effroi dans l'éloignement! — de cette scène, où j'aperçois le poële de velours décoré des marques militaires de ton maître! — de ton maître! le premier — le meilleur des êtres créés — où je te vois, fidèle serviteur, poser d'une main tremblante son épée et son fourreau sur le cercueil... prendre par la bride son cheval de deuil, et marcher lentement à la suite du convoi!... »

2. *Rabattu :* la copie V, confirmée par L, donne *clabaud*, plus expressif. Clabaud : chien à oreilles pendantes. « Par extension. Ce chapeau fait le clabaud, il est clabaud, il a les bords pendants. » (Littré.)

Page 85.

1. *Lisais :* lapsus? Faut-il entendre : récitais? Comment expliquer autrement que le texte de la *Consolation* se trouvât si à propos dans la poche du Maître? L donne « disais ».

Page 95.

1. Sévèrement réprimé sous Louis XIV, l'usage du duel réapparaît sous la Régence et va se répandre dans des couches de plus en plus larges de la société. Les grands donnent l'exemple : le duc de Richelieu a des duels célèbres avec M. de Gacé, avec le prince de Lixin (qu'il tue pendant la campagne du Rhin, 1734), avec Pentenrieder, etc. ; Maurice de Saxe serait mort de la main du duc de Conti, aux dires de Grimm (*Nouveaux Mémoires secrets*, I, chap. ii) ; etc. Les femmes mêmes se battent : Mmes de Nesle et de Polignac. Et jusqu'aux comé-

diens : Collé rapporte en ses *Mémoires*, décembre 1750, la
lamentable histoire de l'acteur Rozelly tué par l'acteur Ribon.
On verra plus loin que Diderot pense au comte de Guerchy
qui a pu fournir des traits pour le personnage du Capitaine ;
mais il a pu penser aussi au duc de Richelieu, le Selim de ses
Bijoux indiscrets. Trois ans après *Le Vicaire de Wakefield*
(1766) qui est une plaidoirie de Goldsmith contre le duel,
Diderot se demande comment faire cesser les duels, dans sa
Requête présentée au Parlement de Grenoble. (A. T. VI, p. 390.)

Page 99.

1. *Ferragus :* personnage du *Roland furieux*.

2. Ce continuateur de Cervantès est Avellaneda (Alonzo
Fernandez d') qui « fit imprimer en 1614, à Tarragone, une
suite de *Don Quichotte*. Cet ouvrage, peu estimé, a cependant
été traduit en 1704 par Le Sage, sous le titre de *Nouvelles
aventures de Don Quichotte* ». (A. T.) D'ailleurs l'œuvre de
Cervantès est constamment rééditée au XVIIIe siècle. Pour
ne citer que des traductions françaises jusqu'en 1772, le
catalogue de la Bibliothèque Nationale permet de se faire
une idée de leur fréquence. En 1700, une 4e éd. à Paris ; 1722
(Paris), 1723 (Lyon), 1735 (Amsterdam), 1741 (Paris, chez
Piget ; Paris, chez Leclerc), 1750 (Francfort-en-foire), 1754,
quatre éd. à Paris (chez Brocas, chez Despilly, chez Leclerc,
chez David le jeune), 1757 (Francfort-en-foire), 1768, deux
éd. (Paris, Amsterdam et Leipzig), 1771 (Paris).

3. « Forti-Guerra ou Forte-Guerri, né à Pistoïe en 1674,
mort le 17 février 1735, fit en très peu de temps son poème
de *Ricciardetto* (Richardet), dont il composa en un seul jour
le premier chant, voulant prouver par là combien il était
facile de réussir dans le genre de l'Arioste. Le *Richarde* fut
imprimé en 1738, trois ans après la mort de l'auteur ; il a été
traduit ou plutôt imité en vers français par Dumourier,
1766, et par Mancini-Nivernois, Paris, 1796 ». (A. T.)

4. Louis XIV, reprenant le projet de Louis XIII pour la
fondation de la commanderie de Saint-Louis, établit cet
hôtel en 1674 et le qualifie « du titre des Invalides ». Les
bâtiments, au bout du faubourg Saint-Germain, pouvaient
hospitaliser quatre mille personnes. La place manquant,
on pensionna bientôt au dehors. Des abus se produisirent :
on vit à l'hôtel des laquais et des gens n'ayant jamais porté
les armes. Le comte de Saint-Germain — qu'il ne faut pas

confondre avec l'aventurier du même nom et son contemporain — dut lutter contre ces abus. N'ayant pu vérifier si le nom de M. de Saint-Étienne, que donne Diderot, est ou non inventé, nous nous sommes demandé s'il ne remplacerait pas ici celui de Saint-Germain.

Page 101.

1. Ce n'est pas seulement parce qu'il en a connu beaucoup — voir, dans les lettres à Sophie Volland, l'Épictète de la rue Hyacinthe (B., t. I, p. 262), Mme d'Aine, Wilkes, etc. — ni pour leur pittoresque, que Diderot s'attache tant à peindre des « originaux » comme Jacques, Gousse, Prémontval, etc., sans oublier, surtout, le Neveu de Rameau. C'est que l'original n'a pas été usé par l'éducation et l'usage du monde « comme ces pièces d'argent qui, à force de circuler, perdent leur empreinte » (plus loin, p. 232) : ils sont plus *naturels*. Plus instinctifs — la manière dont Diderot emploie le mot instinct, p. 99, rappelle la « molécule » du Neveu, c'est-à-dire la part physiologique du caractère — ils font voir l'homme de la Nature tantôt bon, tantôt mauvais, et, le plus souvent, amoral, contrairement aux thèses de Rousseau.

2. *Prémontval* (Pierre Le Guay de) : « Fils d'un vieux commissaire de quartier de Paris, naquit à Charenton en 1716. Il enseignait les mathématiques vers 1740. Après qu'il eut enlevé Mlle Pigeon, il passa en Suisse, puis à Berlin, y vécut pauvrement, quoique membre de l'Académie, et y mourut en 1764. A Paris, il faisait des conférences. Il est assez gai de voir Crébillon fils, comme censeur, donner son approbation au *Discours sur l'utilité des mathématiques* ou à celui *sur la nature du nombre.* » (A. T.)

3. *Pigeon* : « (Marie-Anne-Victoire), femme de Prémontval, née à Paris en 1724, mourut à Berlin en 1767, peu de temps après son mari. Elle était la lectrice de la princesse Henri de Prusse. Elle a publié en 1750 : *Mémoires sur la vie de Jean Pigeon ou le Mécaniste philosophe*, ouvrage obscur sur les idées de son père ». (A. T.) Ajoutons, d'après F. Venturi (*op. cit.*, p. 340), que Prémontval a imprimé à La Haye, en 1749, ses *Mémoires* : introuvables dans les bibliothèques françaises, il en existe un exemplaire à Berlin, dont Maurice Pellisson a fait l'analyse dans la *Revue pédagogique*, 1904, vol. I, p. 282.

4. *Jardin du Roi* : l'actuel jardin des Plantes, au faubourg Saint-Victor. Fondé en 1616, inauguré en 1640, périclitant

après la mort de son organisateur, Guy de La Brosse, restauré sous Colbert, en 1693 (Tournefort et Jussieu y travaillent), périclitant à nouveau après la mort de Fagon, le Jardin du Roi retrouve sa prospérité avec Du Fay (1732) et, surtout, Buffon (1739) qui l'étend à peu près à ses limites actuelles et en fait un des centres scientifiques les plus actifs de l'Europe.

Page 105.

1. Ainsi s'explique *naturellement* le comportement du cheval qui inquiétait Jacques comme un présage. Diderot s'est-il inspiré de l'anecdocte qu'il raconte à Sophie Volland, le 19 septembre 1767 ? Un certain Brou, dans son cabriolet, rentrait en compagnie d'une maîtresse et de Diderot. On passe devant la porte d'une autre femme dont la première n'était pas jalouse sans raisons : « ... et voilà tout à coup le cheval qui se détourne du chemin et qui se jette du côté de cette maison » ; la femme dit à son ami : « Vous voyez, votre cheval est plus vrai que vous. » (B., t. II, p. 148).

Page 106.

1. Sans doute un procédé réellement utilisé pour le diagnostic des fractures crâniennes.

Page 108.

1. *Tailles* : coutures.

Page 110.

1. *Philosophe* : sur le sens polémique de ce mot au XVIIIe, cf. notre article : Le « *Philosophe* » *Diderot* (rev. *Critique*, mars 1952). Sur la comparaison avec Socrate, cf. Préface.

Page 111.

1. *Frère Cosme* : en choisissant ce nom, Diderot pense certainement au frère Cosme de la lettre à Sophie Volland du 1er décembre 1765. Ce frère, ayant besoin d'un cadavre pour faire quelques expériences sur la taille, s'adresse au père infirmier de la Charité, qui lui promet d'expédier, pour le soir même, un moribond. A cet effet, il administre aussitôt au malade une dose excessive de cordial. Et le moribond ressuscite contre toute attente : « Eh bien ! dit le frère Cosme, il n'y a pas grand mal à cela ; nous attendrons, ce sera pour une autre fois. » (B., t. II, p. 96.)

Page 113.

1. La copie V remplace ici « francs » par « livres ». Les deux
mots sont équivalents. Le nom de « franc » avait été abandonné
sous Louis XIV, pour désigner la pièce de vingt sols. Au
moment où Diderot écrit *Jacques*, circulaient le louis aux
palmes et (en argent) : l'écu de six livres, ou petit écu (dont
il sera question p. 116), des pièces de vingt-quatre, de douze,
de six sols. En cuivre : le sol, le demi-sol et le liard.

2. Ne point faire de queue dans un paiement, c'est le payer
en totalité.

3. C'est-à-dire les trois mois. Quartier : « ce qu'on paye de
trois mois en trois mois. » (Littré).

Page 120.

1. *Impasse à la Voltaire :* Voltaire avait ouvert — dans
le *Dictionnaire philosophique* et en tête de l'Avertissement
de *L'Écossaise*, etc. — une campagne contre le mot cul-de-sac,
« grossièreté énorme », et lui substituait impasse.

2. *Omineuse :* funeste, de mauvais augure (*omen* = présage).

Page 130.

1. *M. de Saint-Florentin* (Louis Phelypeaux, comte de) —
1705-1777 — duc de la Vrillère en 1770 (ce qui reporte anté-
rieurement à cette date l'épisode que raconte ici Diderot). Secrétaire d'État (1725), chancelier de la reine (1743), chargé
des affaires de la province de Bourgogne (1740-1750), ministre
au département du clergé (1748-1757), etc. Son nom reste
attaché au régime des lettres de cachet. Ce « petit bout de
ministre », comme l'appelle d'Alembert, laissait mourir dans
la misère une de ses anciennes maîtresses. Diderot intervient,
« écrit à M. de Saint-Florentin une lettre vraiment sublime »,
et se flatte à Sophie Volland du succès qu'obtient cette lettre
(24 août 1768 ; B., t. II, p. 175). Dans les *Mémoires* sur son
père, Mme de Vandeul reproduit cette lettre, A. T. I, p. L,
mais, comme elle désigne le destinataire par son titre de duc
de La Vrillère, Assézat croit, en note, que Mme de Vandeul a
fait une confusion (*sic*).

Page 131.

1. Charles Collé, dans son *Journal et Mémoires...* (Paris,
1868), t. II, p. 37, à la date d'octobre 1755, rend visite à
Gallet, chansonnier et buveur célèbre. Gallet est retiré ar

Temple, alors lieu de franchise pour les débiteurs insol-
vables : les créanciers avaient pourtant la faculté de leur adresser leurs mémoires. Aussi Gallet appelait-il le Temple son
« Temple des Mémoires ».

Page 132.

   1. Le quarteron était la quatrième partie de la livre. Mais la
livre restait une unité de poids très mal déterminée : elle « va-
riait, selon les provinces, de 380 à 552 grammes ; de plus, la
division n'était pas partout la même : à Paris, elle se divisait
en 16 onces ; dans l'Ain, elle en valait 18 ; à Lyon, elle n'en
valait que 12 ». (Littré.)

Page 138.

   1. *Le Bourru bienfaisant* : pièce de Goldoni jouée pour la
première fois à Paris le 4 novembre 1771. Diderot avait été
accusé d'avoir plagié une autre pièce de Goldoni, *Le Vrai Ami*,
dans son drame bourgeois, *Le Père de famille* (écrit en 1758,
représenté en 1761). Ce n'est donc pas sans intention qu'il
feint d'abord, ici, de plagier *Le Bourru bienfaisant*, pour,
aussitôt, le critiquer et dire comment Goldoni aurait mieux
traité son sujet. Comme nous l'avons indiqué dans notre
préface, le même procédé est appliqué à Sterne.

Page 142.

   1. Diderot a déjà conté l'anecdote à Sophie Volland, le
6 novembre 1760 (B., t. I, p. 187) : « Taupin est le chien du meunier : ah! ma bonne amie, respectez Taupin, s'il vous plaît.
Je croyais savoir aimer. Taupin m'a appris que je n'y entendais
rien, et j'en suis bien humilié. Vous vous croyez peut-être
aimée : Taupin, si vous l'aviez vu, vous aurait donné quelque
souci sur ce point. Il a pris un goût de préférence pour Thisbé.
Or imaginez que, par le temps qu'il faisait, tous les jours il
venait à la porte s'étendre dans le sable mouillé, le nez penché
sur ses deux pattes, les yeux attachés vers nos fenêtres, tenant
ferme dans son poste incommode, malgré la pluie qui tombait
à seaux, le vent qui agitait ses oreilles, oubliant le boire, le
manger, la maison, son maître, sa maîtresse, et gémissant, soupirant pour Thisbé depuis le matin jusqu'au soir. Je soupçonne,
il est vrai, qu'il y a un peu de luxure dans le fait de Taupin ;
mais Mme d'Aine prétend qu'il est impossible d'analyser
les sentiments les plus délicats sans y découvrir un peu de
saloperie. Ah! chère amie, les noms étranges qu'on donne à la
tendresse! Je n'oserais vous les redire. Si la nature les enten-

dait, elle leur donnerait à tous des croquignoles. » (Cf. aussi B., t. I, p. 145.)

Page 144.

1. Ici commence l'épisode le plus célèbre de *Jacques*. On a dit de cet épisode, dont se souvient Musset dans sa *Confession d'un enfant du siècle*, qu'il avait inspiré *René*, qu'il annonçait *Les Liaisons dangereuses*, qu'il avait le ton balzacien, etc. Diderot a eu certainement un modèle de Mme de La Pommeraye. Elle ressemble à Mme de La Carlière qu'il nous peint, en 1772, dans son *Essai sur l'inconséquence du jugement public de nos actions particulières* (A. T. V, p. 333). Vertueuse, sachant mépriser et ne revenant point de son mépris, capable de renfermer sa douleur sans se plaindre, Mme de La Carlière ne pardonne pas à Desroches une inconstance passagère et sacrifie à sa vengeance son foyer, son enfant, elle-même. Il faut encore rapprocher l'épisode de Mme de La Pommeraye l'*Essai sur les femmes* (A. T. II, en particulier pp. 252-25. les distractions rompent les passions des hommes, mais « la femme couve les siennes : c'est un point fixe, sur lequel son oisiveté ou la frivolité de ses fonctions tient son regard sans cesse attaché. Ce point s'étend sans mesure... Impénétrables dans la dissimulation, cruelles dans la vengeance, constantes dans leurs projets, sans scrupules sur les moyens de réussir, animées d'une haine profonde et secrète contre le despotisme de l'homme... » Diderot, qui est féministe, fait sa part à la physiologie, mais il incrimine surtout les conditions injustes où la société emprisonne la femme. Cf. plus loin le jugement de Diderot sur Mme de La Pommeraye.

Page 146.

1. Tronchin (1709-1781), célèbre médecin genevois qui soigna Mme d'Épinay en 1757. Le refus de J.-J. Rousseau d'accompagner alors sa bienfaitrice à Genève est un des prétextes majeurs de la brouille entre Jean-Jacques, d'une part, et Mme d'Épinay et ses amis, d'autre part. Voir *Histoire de Madame de Montbrillant* (les pseudo-Mémoires de Madame d'Épinay), éd. Georges Roth (Paris, 1951). L' « amie » fait certainement allusion à Mme d'Épinay. Cette allusion figurait-elle sur la copie utilisée par Schiller ? Il traduit seulement : « und Tronchin, das ist wahrhaftig und wahr, Tronchin ist ein unvergleichlicher Mann » (*loc. cit.*, p. 150).

Page 151.

1. Plus loin, pp. 252, 310, Diderot se surprendra encore à prêter à ses personnages un langage qui ne devrait pas être le leur. Certes, la vérité! (p. 71) : mais la vérité de l'art n'est pas celle de la vie réelle (pp. 47, 196, 261-262, 278-279), et il est malaisé de l'atteindre (pp. 49, 89). La psychologie contemporaine nous a appris qu'un élément change complètement d'aspect, de signification, selon l'ensemble (la *Gestalt*) dont il fait partie. Ainsi, chez Diderot, la description si vive de ses personnages change le ton de leur vocabulaire et nous ne nous apercevons guère qu'ils parlent tous le même langage : celui de leur auteur. Voir plus haut à la note ² de la p. 49.

2. Passage célèbre, imité par Musset dans *Le Souvenir*. On lit dans un fragment sans date : « ... On s'aima longtemps sans se faire des serments de s'aimer toujours. Il y avait eu bien des perfidies, avant le premier serment ; et l'art de se rassurer mutuellement sur les inconvénients de l'absence naquit tout juste au moment où il n'y avait plus guère de confiance sur la terre, et où les protestations se multiplièrent à mesure que la sécurité s'affaiblit. D'abord il n'y eut qu'un mot ; ensuite il fallut dire et redire sans cesse pour être cru. On pensa que ce que l'on se plaisait à répéter, c'était la vérité, et l'on eut raison. On se dit en soi-même : si tu ne m'aimes pas, oh ! combien je te vais faire mentir. Il se mêla à tout cela bien d'autres motifs, parmi lesquels il y en eut sans doute de fort délicats. S'il y eut des doutes réels, il y en eut aussi de simulés. On se fit tranquilliser sur des craintes qu'on n'avait pas. Ce fut une chose si douce que le premier aveu, qu'on ne se lassa point d'y revenir... » (B., t. II, p. 273.) Aussi Diderot inclinait-il pour le divorce, mais « pour celui qui permet de convoler en secondes noces », car « l'indissolubilité est contraire à l'inconstance si naturelle à l'homme. En moins d'un an la chair d'une femme qui nous appartient nous est presque aussi propre que la nôtre. — La paix domestique se perd, et l'enfer commence. Les enfants sont malheureux et corrompus par la division des parents... La faculté de se séparer fait qu'on se ménage réciproquement. La liberté de se séparer fait qu'on se sépare rarement... » (C., p. 197.)

Page 152.

1. *Écraignes* ou *escraignes* : veillées de village. Par suite : petits contes, fabliaux ou facéties en usage dans ces veillées.

Tabourot des Accords (1547-1590), dans ses *Escraignes dijon-
noises* (1588), dérive le mot, soit d'*escrin*, petit coffre, soit de
scrinium, coffret à papiers et à lettres, « ce qui est fort vray
semblable, d'autant qu'à telles assemblées de filles se trouve
une infinité de jeunes varlots et amoureux, que l'on appelle
autrement des voüeurs, qui y vont pour descouvrir le secret
de leurs pensées à leurs amoureuses ». (A. T.)

2. *Cil* : celui.

3. *Duisait* : plaisait.

Page 154.

1. *Guerchy*. Claude-Louis de Regnier, comte de Guerchy
(1715-1767), successivement mousquetaire (1730), capitaine
du régiment de Toulouse (1731), lieutenant-colonel (1734),
brigadier d'infanterie (1743), maréchal de camp (1745), etc.,
a participé aux campagnes d'Italie (1733-1734), du Rhin (1735),
de Bavière (1741), d'Alsace (1743), de Flandres (1744-1747),
des Pays-Bas (1748), d'Allemagne (1757-1760). Deux fois
blessé, il était réputé pour son courage : à Minden, il avait
ôté sa cuirasse pour rendre courage à ses soldats. Nommé
ambassadeur à Londres (1763-1767), il eut avec le chevalier
d'Éon des démêlés célèbres qui assombrirent ses derniers
jours. Cf. Grimm : *Nouveaux Mémoires secrets*, I, chap. XI ;
Coquelle : *Le Comte de Guerchy, ambassadeur de France à
Londres* (*Rev. Études hist.*, 1908) ; S. Coryn : *Le Chevalier
d'Éon*, trad. L. Lack, Paris, 1934.

Page 155.

1. On y trouvait aussi le théâtre de la foire, dans le style
de la *commedia dell'arte* : acrobates et pantomimes ; l'autorisation de chanter n'avait été accordée aux comédiens de la
foire qu'en 1714. Le Sage (*Arlequin, roi de Serendib*), Marivaux,
Piron, etc. ont débuté sur ces théâtres.

2. *Passe-dix :* « Jeu à trois dés dans lequel un des joueurs
parie amener plus de dix. » (Littré.)

Page 160.

1. On lit dans la *Satire I sur les caractères et les mots de
caractère* : « Lorsqu'un monarque, qui commande lui-même ses
armées, dit à des officiers qui avaient abandonné une attaque
où ils auraient tous perdu la vie sans aucun avantage : *" Est-ce
que vous êtes faits pour autre chose que pour mourir ? "*, il dit
un mot de métier. » (A. T. VI, p. 308.)

Page 161.

1. Diderot se souvient peut-être de son aventure : « Une fois je fus invité à souper dans une maison un peu suspecte, mais que je ne connaissais pas sur ce pied. Un des fils de Julien Le Roi en était. Il y avait d'autres hommes et des femmes... On fut gai. J'étais jeune et fou... On se sépara assez tard : je ne sais comment cela se fit, mais je restai seul avec la maîtresse de la maison... » (B., t. I, p. 257.) — Un des tripots les plus célèbres était celui de Mme de Sainte-Amaranthe, belle-mère de Sartine, lieutenant de police de décembre 1759 à mai 1774. Ce même Sartine substitua aux tripots clandestins des maisons de jeu surveillées par ses agents et taxées au profit du fisc. Pierre Manuel écrit à ce propos, dans *La Police dévoilée* (Paris, an II) : « C'est M. de Sartine, dont le valet de chambre a eu jusqu'à quarante mille livres de rente, qui, le premier, sous le prétexte spécieux de rassembler tous les chevaliers d'industrie qu'il devait connaître, a fait ouvrir dans la capitale ces tavernes séduisantes où la seule loi était, en se demandant la bourse, de ne point s'arracher la vie ; et comme l'or ne coule jamais si bien que dans la main des femmes, elles lui achetèrent le privilège des tapis verts » ; « Honteux du produit de ces assassinats domestiques, M. Sartine eut l'idée hypocrite, pour paraître les expier, de fonder des hôpitaux. » (T. II, pp. 72-74.)

Page 162.

1. Tout ce passage sur le petit abbé — de même, p. 166 — ne figure pas dans la traduction de Schiller. De quel abbé s'agit-il ? De « l'hypocrite Batteux » (A. T. V, p. 440), que Diderot a attaqué dans la *Lettre sur les sourds et muets?* De l'abbé Trublet (1697-1770), secrétaire du scandaleux cardinal de Tencin dont Grimm raconte mille horreurs en ses *Nouveaux Mémoires?* Que d'autres noms seraient possibles !

Page 166.

1. Diderot se souvient sans doute d'avoir été enfermé à Vincennes sur dénonciation de Pierre Hardy, curé de Saint-Médard alors sa paroisse (A. T. XX, p. 121). La phrase semble ajoutée après coup : elle manque dans la traduction de Schiller (*loc. cit.*, pp. 158-159).

Page 169.

1. *Cabinet du Roi :* cabinet d'estampes, formé par Louis XIV en 1667. En 1727, il fut décidé que toutes les planches en

seraient tirées sur papier de même format : c'est cette édition qui répond exactement au titre *Cabinet du Roi*.

Page 177.

1. « Les traditions de la Régence n'étaient pas perdues, et les *roués* avaient eu des émules et des successeurs. Point de seigneur qui n'eût sa petite maison... » Grimm, *Nouveaux Mémoires*, I, chap. III, p. 63.

Page 178.

1. On appelait grison un « homme de livrée que l'on faisait habiller de gris pour l'employer à quelque mission secrète. » (Littré.)

Page 188.

1. Cette fin de phrase est d'un trop grand relief psychologique pour avoir figuré sur la copie de Schiller : autrement, il n'eût pas manqué de la traduire (*loc. cit.*, p. 180).

Page 191.

1. Schiller, qui ne connaissait pas Paris, commet ici un contre sens amusant, il comprend : traverser la rue. (Geh von hier aus quer über die Strasse nach dem Gasthof zur Stadt Hamburg, *loc. cit.*, p. 183.)

Page 196.

1. « Le Bossu, auteur d'un *Traité du Poëme épique*, tient ici le rang auquel un goût éclairé a élevé Boileau. Les quatre poétiques sont d'Aristote, Horace, Vida et Despréaux ; l'abbé Batteux en a donné en 1771 une édition en 2 vol. in-8º. » (A. T.)

Page 198.

1. « La première colonelle, ou, substantivement, la colonelle, la première compagnie d'un régiment d'infanterie, qui était commandée par le major. » (Littré.) Dans *La Promenade du sceptique*, Diderot qualifiait de colonelle la secte qui triomphera dans une assemblée d'athées, de déistes, de pyrrhoniens, de spinozistes, de sceptiques et de fanfarons (A. T. I, p. 227).

2. La feuille des Bénéfices était tenue par l'évêque de Mirepoix.

Page 202.

1. Médecin suisse (1727-1797). « Le livre auquel Diderot fait allusion est l'*Avis au peuple sur sa santé* (1761), qui a eu de nombreuses éditions. » (A. T.)

Notes   361

1. Nous n'avons pu identifier les personnes auxquelles, dans cette série des maîtres de Jacques, Diderot fait certainement allusion.

Page 206.

1. *Brelan* : ce jeu de cartes, dont l'origine remonte au xvIII^e siècle, s'était à ce point et avec tant de passion répandu sous Louis XIV qu'il fallut l'interdire et poursuivre les joueurs (qui le remplacèrent par la *bouillotte*, dérivé du brelan). Le brelan est constitué par trois cartes de la même valeur. Gagne le joueur qui a le brelan de l'ordre le plus élevé : brelan de valets, ou brelan favori, le brelan de rois, de dames, etc. Le brelan mistigri : dame de trèfle + 2 cartes de même valeur. Brelan de Saint-Jammes : valet de trèfle + 2 autres valets.

Page 207.

1. « Maître Jacques, homme qui réunit plusieurs emplois dans une maison, par allusion au maître Jacques de *L'Avare* de Molière, qui est à la fois cocher et cuisinier. » (Littré.) Dans Rabelais, Jacques (Bonhoms) = paysan.

2. *Coquemar* : « Pot à anse de terre vernissée, ou d'étain, ou de cuivre, qui sert à faire bouillir de l'eau. » (Littré.)

Page 208.

1. C'est-à-dire : sans valeur. « Mais à quoi les vœux d'un blaireau des Alpes peuvent-ils servir ? Ceux de l'univers entier ne servent pas d'un clou de soufflet. » Voltaire. (Cité par Littré.)

Page 210.

1. La querelle entre le roi et le Parlement. 1° En 1753, l'archevêque de Paris veut refuser le viatique aux mourants qui ne reconnaîtraient pas au préalable, par un billet signé de confession, la bulle *Unigenitus* (cf. plus loin, p. 223). Le Parlement s'élève contre cette prétention et, dans ses *Grandes Remontrances*, soutient, le 9 avril, qu'il n'a pas à obéir à l'injonction royale de suspendre toute poursuite concernant le refus des sacrements. Le roi riposte en exilant 193 parlementaires ; mais, ayant besoin d'argent, il doit les rappeler le 28 juillet 1754. 2° La querelle reprend, dès 1763, à propos de l'enregistrement des impôts par le Parlement. Le roi répond par la *séance de flagellation* (3 mars 1766) où il affirme : « Je ne souffrirai pas qu'il se forme dans mon royaume une

association qui fera dégénérer en une confédération de résistance... » ; doit cependant faire des concessions les années suivantes (1767-1768) ; mais réattaque en imposant le gouvernement Maupeou — avec le duc d'Aiguillon et l'abbé Terray — qui démembre les Parlements. — L'allusion à la bulle *Unigenitus*, p. 223, indique que Diderot fait ici allusion plutôt à la querelle de 1753.

Page 214.

1. Diderot a décrit cette « sensibilité » d'observation dans sa *Satire I, sur les caractères*... A. T. V, p. 310 : « ... je ne me presserai jamais de demander quel est l'homme qui entre dans un cercle. Souvent cette question est impolie, presque toujours elle est inutile. Avec un peu de patience et d'attention on n'importune ni le maître ni la maîtresse de la maison, et l'on se ménage le plaisir de deviner. — Ces préceptes ne sont pas de moi, ils m'ont été dictés par un homme très fin... la veille de mon départ pour le grand voyage... » Comme il s'agit du voyage de Hollande et de Russie en 1773, il y a là une référence de plus sur la date de composition de *Jacques*.

Page 217.

1. Reprenant une comparaison de Spinoza, d'Alembert écrit à Frédéric II, le 30 novembre 1770 : « Si les pierres savaient qu'elles tombent, et si elles y avaient du plaisir, elles croiraient tomber librement, parce qu'elles tomberaient de leur plein gré. Mais je ne pense pas, sire, que même dans le système de la nécessité et de la fatalité absolue, qu'il me paraît bien difficile de ne pas admettre, les peines et les récompenses soient inutiles. Ce sont des ressorts et des régulateurs de plus, nécessaires pour faire aller la machine et pour la rendre moins imparfaite. Il y aurait plus de crime dans un monde où il n'y aurait ni peines ni récompenses, comme il y aurait plus de dérangement dans une montre dont les roues n'auraient pas toutes leurs dents. » (*Œuvres*, éd. 1822, t. V, p. 304.)

Page 218.

1. Nous savons, en effet, que Diderot se peint ici lui-même : « J'enrage d'être empêtré d'une diable de philosophie que mon esprit ne peut s'empêcher d'approuver, et mon cœur de démentir. » (B., t. II, p. 276.)

Page 219.

1. Autre passage célèbre de *Jacques*. A rapprocher de l'*Essai sur les femmes* (1772), A. T. II, p. 257 : « ... réduites

au silence dans l'âge adulte, sujettes à un malaise qui les
dispose à devenir épouses et mères : alors, tristes, inquiètes,
mélancoliques, à côté des parents alarmés, non seulement
sur la santé et la vie de leur enfant, mais encore sur son caractère : car c'est à cet instant critique qu'une jeune fille
devient ce qu'elle restera toute sa vie, pénétrante ou stupide,
triste ou gaie, sérieuse ou légère, bonne ou méchante, l'espérance de sa mère trompée ou réalisée. » Franco Venturi, après
avoir rappelé (*op. cit.*, p. 22) — en s'appuyant sur la lettre
à Sophie Volland, du 21 novembre 1765 — la crise religieuse
de Diderot adolescent, conclut (p. 23) que, si le philosophe
parle ici par expérience, l'explication naturaliste qu'il en
propose est postérieure. Ajoutons qu'on peut sans doute
rattacher cette explication à une date. Le 20 septembre 1760,
Diderot écrit : « On disait hier au soir deux choses qui m'ont
frappé. La première, c'est qu'assez communément à l'âge
de dix-huit ans, temps fixé pour les vœux religieux, les jeunes
personnes des deux sexes tombaient dans une mélancolie
profonde. » (B., t. I, p. 113.)

Page 220.

1. « Les prémontrés portaient l'habit blanc, tout en laine,
et point de linge. » (A. T.)

2. Fait analogue dans *La Religieuse*, A. T. V, p. 88.

3. A n'en point douter, Diderot a eu un modèle. On verra,
p. 231, ce père Hudson diriger l'abbaye de Moncetz, et Franco
Venturi (*op. cit.*, p. 338) rapproche cette indication d'une
lettre à Sophie Volland du 25 octobre 1762 : « Deux filles
absentes! Et point d'abbé de Moncetz auprès d'elles! Abbé
de Moncetz, que faites-vous ? » (B., t. II, p. 25.) Déjà, dans
la lettre du 14 juillet (B., t. I, p. 241) : « Votre abbé de Moncetz
est le père Cyprien de l'amphigouri de Collet. Tout lui convient.
C'est un homme sans aucune sorte de religion. Il vit intérieurement de la vertu. Il nous regarde nous autres gens de bien
comme de bonnes dupes. Je gage que si un jour à table vous le
lui disiez en plaisantant il ne s'en défendrait pas trop, surtout
si vous aviez la perfidie de lui laisser entendre que vous n'êtes
pas trop loin de cette morale. » (De toute évidence, il faut
lire : il *rit* et non il *vit* intérieurement de la vertu.) On sait
aujourd'hui, après Francis Pruner, *Clés pour le Père Hudson,
Lumières et ombres sur une digression de « Jacques le Fataliste »* (Paris, 1966), que le modèle de ce Père est un nommé

Durier, effectivement abbé de Moncetz, dont Diderot avait
fait la rencontre au château d'Isle, chez Mlle Volland, en
août 1759. Signalons aussi, de Francis Pruner, l'*Unité secrète
de Jacques le Fataliste* (éditions Minard, Paris, 1970) dont
la thèse demanderait une étude philosophique et méthodo-
logique que nous ne pouvons entreprendre ici.

Page 223.

1. *Mirepoix :* anti-janséniste. « Le théatin Boyer, ancien
évêque, que Voltaire appelait plaisamment *l'âne de Mirepoix*,
avait la feuille des Bénéfices. » Grimm : *Nouveaux Mémoires*,
t. I, chap. v, p. 102.

2. *Bulle Unigenitus*   promulguée le 8 septembre 1713,
la bulle condamnait 101 propositions des *Réflexions morales*
du P Quesnel, janséniste. Parmi ces propositions, la 79e re-
commandait l'étude de l'Écriture sainte, la 82e, la 84e insis-
taient sur cette recommandation, et la 85e concluait qu'interdire la lecture de l'Évangile, c'était interdire l'usage de la
lumière aux enfants de la lumière. Cette bulle est un des
épisodes de la lutte entre jansénistes et molinistes.

Page 226.

1. *Marcheuse :* proxénète.

Page 227.

1. *Archers :* officiers subalternes de justice et de police.

2. Pierre Manuel consacre presque tout le premier tome
de sa *Police dévoilée* (éd. cit., pp. 292-322) à l'inventaire de
scènes semblables, dans le chapitre *De la police sur les
prêtres*, où il passe en revue tous les ordres.

Page 232.

1. Ni dans le *Journal et Mémoires* de Charles Collé, ni dans
les *Œuvres de Piron*, nous n'avons trouvé le trait auquel
Diderot fait ici allusion.

Page 233.

1. En ce passage, selon F. Venturi (*op. cit.*, p. 337), Diderot
se référerait à des souvenirs de sa vie de bohème. En tout cas,
le passage se trouve commenté dans les réflexions sur le luxe
que Diderot écrit pour Catherine II (ce commentaire est donc
contemporain d'une rédaction de *Jacques*) : le luxe entraîne
une surproduction fâcheuse ; « Les beaux arts trouvent plus
d'avantages à travailler beaucoup qu'à travailler bien...
Boucher peint des ordures pour le boudoir d'un grand... Le

petit peuple court en foule sur le pont Notre-Dame chercher
des copies ou de sottes compositions faites par les élèves de
l'école ou clandestinement par quelques maîtres de l'Académie. » (C., p. 227.)

Page 237.

1. « Les quarante *genuit* sont de saint Matthieu, chap. 1. »
(A. T.)

Page 238.

1. « L'auteur ne veut point ici parler du Ferragus de l'Arioste
dans l'*Orlando furioso*, mais de celui que Forti-Guerra a introduit dans son *Ricciardetto*. Ce papelard devenu ermite y est
indignement mutilé par la main de Renaud :

> *Le traître avec un couteau de boucher*
> *M'a fait eunuque...*

dit Ferragus avec douleur. A son agonie, le diable, qui le
trouve de bonne prise, vient lui représenter l'instrument
dont la jalousie avait armé la main de son ancien compagnon
d'armes. » (A. T.)

2. Comme le suggère F. Venturi (*op. cit.*, p. 337), les amours
villageoises de Jacques — ici avec Justine, plus loin avec
Suzanne, puis avec Marguerite — s'inspirent vraisemblablement d'amours villageoises du jeune Denis.

Page 241.

1. *Doloire :* « instrument de tonnelier, qui sert pour aplanir
le bois et tailler les cerceaux », ou : « instrument de maçon
pour corroyer la chaux et le sable. » (Littré.)

Page 244.

1. *Allégir :* diminuer en tous sens le volume d'un corps. En
serrurerie : rapetisser, aiguiser. (Littré.)

Page 245.

1. *Cornette :* léger bonnet de dentelle dont les femmes
de la ville se coiffaient jusque vers 1760 (tant que la coiffure
des cheveux restait basse). A la suite des *Lettres péruviennes*
de Mme de Graffigny (1747), on porta, comme ses personnages,
de petits bonnets. Après les Amours de *Bastien et Bastienne*,
on se coiffa à la paysanne.

Page 249.

1. *Bigre :* jurement adouci de Bougre qui s'écrivait B...,
et se prononçait *bé.* (Littré.) On peut se demander si ce pas-

sage ne contient pas une malice contre la Du Barry (Jeanne
Bécu) à laquelle pourrait renvoyer l'allusion p. 317 : « Mais
pourquoi ne sortirait-il pas un Cromwell de la boutique d'un
tourneur ? Celui qui fit couper le cou à son roi n'était-il pas
sorti de la boutique d'un brasseur, et ne dit-on pas aujour-
d'hui ?... » Que disait-on « aujourd'hui » ? Que Jeanne Bécu
avait été tirée de la maison de Mme Gourdan, tenancière, par
le chevalier Jean du Barry — qui fait penser au chevalier de
Saint-Ouin — en 1768 ; que, pour pouvoir la recevoir à la
cour, Louis XV lui avait fait épouser le frère du chevalier,
le comte G. du Barry, etc. — Peut-être aussi Diderot pense-
t-il à *Tristram Shandy* : l'histoire de l'abbesse des Andouil-
lettes (IV, chap. VI-XI) est construite sur les mots b...g...
et f...t... Et, II, chap. XCV, l'histoire de la châtaigne brûlante
tombée dans la culotte de *Phutatorius* (cf. p. 261).

2. *Boule* ou Boulle (1642-1732), le célèbre ébéniste. On
devine pourquoi Diderot s'arrête à son nom.

3. F. Venturi classe également ce passage parmi ceux qui
se rapportent à des souvenirs d'enfance de Diderot (*op. cit.*,
p. 337).

Page 250.

1. Milord Chatham : William Pitt, comte de Chatham en
1766, mort en 1778. Nous n'avons pas trouvé l'anecdote
sur le mot sucre.

2. « Les jarretières de la mariée, jarretières que les garçons
de noces dérobaient autrefois et dérobent encore dans quelques
provinces à la mariée. » (Littré.)

Page 258.

1. *Fourchon* : « chaque branche d'une fourche, d'une four-
chette. » Le préfixe *calo, cali, cal* ou *ca* dans « à califourchon »
reste inexpliqué. (Littré).

2. *Fenil* : l'endroit où l'on serre les fourrages.

Page 260.

1. *Esclave aux miroirs concaves* : Hostius, de Sénèque.

Page 261.

1. *Jean-Baptiste Rousseau* (1670-1741), pour avoir décoché
contre ses adversaires des épigrammes qu'il jugeait lui-même
« un peu trop libres », fut à tel point accusé d'écrits diffama-

teurs ou obscènes, qu'il préféra s'exiler à Bruxelles. D'où l'épitaphe que lui fit Piron :

> *Il fut trente ans digne d'envie,*
> *Et trente ans digne de pitié.*

Page 262.

1. On lit dans l'*Essai sur les femmes*, A. T. II, p. 261 : « L'âme des femmes n'étant pas plus honnête que la nôtre, mais la décence ne leur permettant pas de s'expliquer avec notre franchise, elles se sont fait un ramage délicat, à l'aide duquel on dit honnêtement tout ce qu'on veut quand on a été siffler dans leur volière. » Inversement Grimm rappelle, en ses *Nouveaux Mémoires*, t. I, chap. III, p. 65, que, dans les milieux des roués ou de leurs émules, femmes et hommes décidaient, certains soirs, de *parler anglais*, c'est-à-dire de nommer grossièrement les choses par leur nom.

2. « Tout ce passage est imité de Montaigne », liv. III, chap. v. (A. T.)

Page 263.

1. Diderot pense-t-il à l'article « Divination » qu'il a écrit pour l'*Encyclopédie* ?

2. *Bacbuc* : en hébreu *Bachbouch*, bouteille, ainsi appelée du bruit qu'elle fait quand on la vide. Voir *Pantagruel* plutôt que la Bible. (A. T.)

3. *Engastrimute* : on dit aujourd'hui : engastrimythe = ventriloque (du grec *gaster* = ventre et *muthos* = parole). Le mot se trouve en Rabelais. Diderot s'en est déjà amusé dans *Les Bijoux indiscrets* : ... Manimonbanda vient de jurer par ses pagodes qu'il n'y aurait plus de cercle chez elle, si elle se trouvait encore une fois exposée à l'impudence des Engastrimuthes. — Comment avez-vous dit, délices de mon âme ? interrompit le sultan. — J'ai dit, lui répondit la favorite, le nom que la pudique Manimonbanda donne à toutes celles dont les bijoux savent parler. » (A. T. IV, p. 170.) Chapelle, cité p. 264, avait écrit un *Ventriloque*.

Page 264.

1. *La Fare* (1644-1713) : « Connu par ses Mémoires et par quelques vers agréables. Son talent pour la poésie ne se développa qu'à l'âge de près de soixante ans », rappelle Voltaire

dans le Catalogue des Écrivains qu'il dresse à la fin de son *Siècle de Louis XIV*. Grand ami de l'abbé de Cheaulieu.

2. *Chapelle* (1626-1686) : les pages de son *Voyage de Languedoc* où il raille les précieuses de Montpellier ont inspiré Molière. Habitué de la *Croix de Lorraine* et du *Mouton blanc*, il était lié avec Molière, La Fontaine et Boileau auquel il fit un soir, à table, l'épigramme :

> *Qu'avec plaisir de ton haut style*
> *Je te vois descendre au quatrain,*
> *Et que je t'épargnai de bile*
> *Et d'injures au genre humain,*
> *Quand, renversant ta cruche à l'huile,*
> *Je te mis le verre à la main.*

3. *Chaulieu* (1636 ou 1639-1720) : « Il vécut dans les délices, et mourut avec intrépidité en 1720 », dit Voltaire. A chanté la mort de La Fare. Ses œuvres étaient généralement éditées avec celles de La Fare (Lyon, 1714 ; Paris, 1750, 1774).

4. *Panard* : chansonnier de la Foire. Collabora avec Gallet, Ponteau et Piron à des parodies de *Didon* et de *Mérope*. Puis rival de Gallet.

5. *Gallet* (vers 1700-1757) : chansonnier de la Foire. Œuvres non recueillies. Charles Collé, dans son *Journal et Mémoires*, t. II, p. 37, raconte la visite qu'il lui fit en octobre 1755, au Temple où il s'était réfugié : « J'ai vu un homme qui mourait ferme. Il est impossible, surtout en buvant, comme il le fait, deux pintes de vin blanc par jour, qu'il revienne d'une hydropisie pour laquelle on lui a déjà fait quatre fois la ponction et tiré quarante pintes d'eau ; ajoutez à cela une rétention d'urine et une hydrocèle. »

6. *Vadé* (1720-1757) : chansonnier et auteur dramatique Opéras-comiques, parodies. On recueillit ses œuvres en 3 vol. à Paris, 1775.

7. *Périgourdins* : ici, vraisemblablement, calembour : ceux qui sont *autour* (*péri*) de la *gourde* « déposée au milieu d'eux ».

Page 265.

1. « A sa mort, Panard, son ami, son compagnon de promenade, de spectacle et de cabaret, rencontrant Marmontel, s'écria en pleurant : " Je l'ai perdu, je ne chanterai plus,

je ne boirai plus avec lui ! il est mort... Je suis seul au monde...
Vous savez qu'il est mort au Temple ? Je suis allé gémir et
pleurer sur sa tombe. Quelle tombe ! Ah ! monsieur ! ils me
l'ont mis sous une gouttière, lui qui depuis l'âge de raison
n'avait pas bu un verre d'eau ''. » (A. T.)

2. *Nodot*, « qui découvrit de prétendus fragments de Pétrone »
(A. T.)

3. *De Brosses*, « qui essaya de restituer le texte de Salluste ».
(A. T.)

4. *Freinshémius*, « qui a ajouté des suppléments à Quinte-
Curce ». (A. T.)

5. *Brottier* : « traducteur de Tacite et auteur de *Mémoires*
sur plusieurs points peu connus des mœurs romaines. » (A. T.)

Page 266.

1. *Duchesse* : chaise longue.

2. Ce décor de « faiseurs d'affaires », Diderot l'a certainement
connu aux temps de sa bohème et de Mme de Puisieux. Il
en parle avec compétence à Catherine II. (C., p. 200 sq.)

Page 268.

1. *Bouillotte* : cf. plus haut, note 1 de la p. 206.

2. *Belle* : « jeu de hasard que l'on joue en tirant des numéros
qui correspondent avec ceux d'un tableau » (Littré).

Page 272.

1. *Livre rouge* : registre de la police.

Page 273.

1. Pour mieux comprendre cette scène, il faut se souvenir :
1° que des lois très sévères avaient été prises contre les usuriers.
« Mais qu'en arrive-t-il de ces lois ? explique Diderot. C'est
qu'au lieu de nous vendre de l'argent, au taux fixé par la loi,
l'usurier vous vend du velours au prix qu'il veut, velours
que l'acquéreur revend, quelquefois, au marchand même
d'argent et à une perte exorbitante. On appelle chez nous
ce velours du velours d'affaires » (C., p. 201) . 2° qu'il y a
cette différence entre le *billet* et la *lettre de change*, que cette
dernière tombait sous la protection de lois de commerce
très rigoureuses. « Dans mon pays, continue Diderot, si un
duc fait une lettre de change et qu'il la laisse protester, il
y a sur-le-champ une contrainte par corps décernée contre
lui ; et tout grand seigneur qu'il est, il sera arrêté dans la rue
et constitué en prison jusqu'à ce qu'il ait payé. » (C., pp. 211-

212.) C'était d'ailleurs une question, si un noble ou un officier pouvait signer une lettre de change : « La raison de douter vient de ce que ces opérations sont essentiellement commerciales et que les actes de cette nature sont interdits aux gentilshommes... Les nobles, en tirant des lettres de change ou en intervenant à un titre quelconque dans ces lettres faisaient acte de commerce et se soumettaient par là même aux lois du change. » (H. Lévy-Bruhl : *Histoire de la lettre de change au XVII*e *et au XVIII*e *siècle*, Paris, 1933, p. 47.)

Page 277.

1. Sur la ruine des honnêtes gens par le fisc et les procédures, voir l'histoire du chapelier de Langres : *Entretien d'un père avec ses enfants*, A. T. V, p. 293. Et, dans les textes de Russie : « Une contestation qui survient chez nous entre deux petits propriétaires limitrophes, pour une seule raie de terrain dont l'un a empiété sur l'autre, les ruine tous les deux ; après un procès de deux ans, après des arbitres nommés, après un arpentage, un rapport, un examen des titres et des baux, une ou deux sentences, des frais immenses, il se trouve qu'au lieu de plaider, les deux particuliers auraient beaucoup mieux fait de céder leur champ à la justice. » (C., pp. 204-205.)

2. *Dragée* : blé sarrasin. « Fig. : Tenir la dragée haute à quelqu'un, lui faire bien payer ce qu'il désire, ou le lui faire beaucoup attendre ; locution tirée de cette dragée qu'on met plus ou moins haut pour les bêtes. » (Littré.)

Page 281.

1. *Saint-Jean-de-Latran* : à Paris. L'église de Saint-Jean-de-Latran était en dehors de la juridiction de l'archevêque de Paris. D'où l'expression : faire retraite à Saint-Jean-de-Latran = se mettre hors d'atteinte des lois. Il se peut que cette expression soit, en même temps, à rattacher à la fausse étymologie de Latran que donne Voragine dans la *Légende dorée* : le lieu où l'on aurait caché la grenouille (*lata rana*) à laquelle Néron aurait donné le jour à la suite de son mariage avec un affranchi.

Page 286.

1. M*me Riccoboni* (1686-1771) : actrice et romancière. Correspondante de Diderot. Cf. préface.

2. Guido Bentivoglio (1579-1644), auteur d'une *Histoire des guerres civiles des Flandres* (Paris, 1620, in-8°).

Page 289.

1. *Collé* (1709-1783) : auteur dramatique et chansonnier dont nous avons souvent cité le *Journal et Mémoires* : on y trouve, au t. II, p. 74 sq. à la date de mars 1757, un long article sur Diderot et les Encyclopédistes qui ne manque pas de justesse, mais assez réticent sur les mérites de Diderot dramaturge. *La Vérité dans le vin*, première comédie de Collé, est de 1747. Elle nous peint au naturel, dit Sainte-Beuve, « les vices du temps, l'effronterie des femmes de robe, la sottise des maris, l'impudence des abbés ; il y a dans le dialogue une familiarité, un naturel, dans les reparties une naïveté, dans les situations un piquant et un osé qui font de ce tableau de genre un des témoins historiques et moraux du XVIIIe siècle ». *La Partie de chasse de Henri IV*, jouée en 1774, connut un grand succès.

Page 297.

1. Ninon de Lenclos. A laquelle on comparait souvent Mme de Tencin.

Page 300.

1. Voir *Tristram Shandy*, III, chap. LXXXIII : *Portrait de la veuve Wadman*. Sterne laisse un blanc dans la page.

Page 303.

1. La ligne — 1/2 pouce — valait 2,2558 mm.

Page 305.

1. La Fontaine : *Le Gland et la Citrouille*, liv. IX, fable IV.
2. Cf. l'*Émile*, liv. II. (A. T.)

Page 307.

1. « Dans Ovide, on lit *homini* au lieu de *illi*. » (A. T.)

Page 310.

1. *La Taste* (dom Louis), « bénédictin, évêque de Bethléem, né à Bordeaux, mort à Saint-Denis en 1754, a soutenu, dans ses *Lettres théologiques* aux écrivains défenseurs des convulsions et autres miracles du temps (Paris, 1733, in-4°), que les diables peuvent faire des miracles bienfaisants et des guérisons miraculeuses pour introduire ou autoriser l'erreur et le vice. » (A. T.)

Page 312.

1. *For-l'Évêque* : siège primitif de la juridiction temporelle de l'archevêque de Paris, rue Saint-Germain-l'Auxer-

rois. Reconstruit en 1652. Ce n'est qu'en 1780 que les pri-
sonniers « pour dettes et autres » furent distribués entre la
Conciergerie et le Grand Châtelet, et For-l'Évêque détruit.

Page 314.

1. Dans tout ce passage, Diderot se souvient de son
indignation en découvrant qu'un certain Glanat, qu'il recevait
et aidait, était un indicateur de police. Ayant occasion d'aller
voir le lieutenant de police Sartine, son « ancien camarade de
collège », il ne se priva pas de lui dire ce qu'il pensait de ce
« coquin », abaissé « au métier vil et méprisable de délateur.
Vous avez besoin de ces gens-là. Vous les employez, vous
récompensez leur service ; mais il est impossible qu'ils ne soient
pas comme de la boue à vos yeux. — M. de Sartine se mit
à rire, nous rompîmes là-dessus... » (à Sophie Volland, 19 septembre 1762 ; B., t. I, p. 299).

2. Serrer les pouces était loin d'être toujours une méta-
phore dans les interrogatoires de police. Voyez Voltaire.

Page 317.

1. Cf. plus haut à la note 1 de la p. 249.

2. Cette ignorance étonne de la part d'un auteur de Traité
sur la divination (p. 263) : mais Diderot veut rendre à Jacques
le vocabulaire de son rôle.

Page 319.

1. *Odomètre :* « compte-pas, instrument qui sert à mesurer
le chemin qu'on a fait ; de *odos*, chemin ; *métron*, mesure ».
(A. T.)

Page 324.

1. *Archal :* laiton. Usité seulement dans l'expression : fil
d'archal.

Page 326.

1. Le *Compère Mathieu, ou les Bigarrures de l'Esprit humain*,
récit picaresque de l'abbé Henri-Joseph Dulaurens, fut publié
de 1766 à 1773 : il fut assez longtemps attribué à Voltaire
qui, de son côté, s'était servi du nom de Dulaurens pour publier
sa *Relation du bannissement des Jésuites de la Chine* (1768).
Né à Douai le 27 mars 1719, Dulaurens, reçu chanoine régu-
lier en 1737, se fait des ennemis parmi les théologiens, publie
opuscules, satires, épigrammes, vient à Paris, écrit des *Jésuitiques* (1761) qui lui valent un mois de Bastille, fuit à Amsterdam, Liège, Francfort, est dénoncé à la Chambre ecclésias-

tique de Mayence pour publications antireligieuses, le 30 août 1767, et passe les vingt dernières années de sa vie dans la forteresse de Marienbaum, près de Mayence, où il meurt en 1797. On a de lui des poèmes héroï-comiques : outre les *Jésuitiques*, *Le Balai* (1761), *La Chandelle d'Arras* (1765), *L'Arétin moderne* (1776) : un journal, l'*Observateur des spectacles* (1780), etc. Nous avons signalé dans notre préface l'article de Otis E. Fellows et Alice Green sur la confrontation du *Compère Mathieu* avec *Jacques le Fataliste*.

Page 327.

1. Cf. notre préface.

Page 328.

1. Scène reprise de *Tristram Shandy* dans une intention parodique (cf. notes, p. 39) : « Plus elle grattait, plus ses grattements étaient prolongés, et plus le feu s'allumait dans mes veines : — jusqu'à ce qu'enfin deux ou trois grattements ayant duré plus longtemps que les autres, mon amour se trouva à son comble. Je saisis sa main... » — « Eh bien, Trim, dit mon oncle Tobie, tu la portas à tes lèvres, et tu fis ta déclaration ?... », IV, chap. LI, pp. 155-158.

Page 329.

1. *Mandrin* (1724-1755). Recrute ses troupes dès 1754, parcourt le Languedoc, le Forez, la Bresse, le Lyonnais, la Bourgogne, le Rouergue, la Franche-Comté, l'Auvergne. Il attaque des villes : Bourg-en-Bresse (le 5 octobre 1754), Beaune, Autun. On détache contre lui le régiment de Magallon de La Morlière. Trahi par sa maîtresse, en Savoie, il est enlevé par un détachement et exécuté en mai 1755.

BIBLIOGRAPHIE

1) ÉDITIONS

Jàkob und sein Herr aus Diderots ungedrucktem Nachlasse [*Jacques et son maître d'après des papiers laissés par l'auteur*], traduit par Wilhelm Christhelf Siegmund Mylius, Berlin, Johann Friedrich Unger, 1792, 2 vol. in-16 ; ill.

Jacques le fataliste et son maître, Paris, Buisson, an V [1796], 2 vol. in-8.

Jacques le fataliste et son maître, par Diderot, précédé d'un hommage aux mânes de l'auteur par M. Meister, Paris, Gueffier jeune, an V [1797], 3 vol. in-8 ; ill.

Jacques le fataliste et son maître, Paris, Marádan, an VI [1798], 2 vol. in-12 ; ill.

Jacques le fataliste et son maître, dans *Œuvres, publiées sur les manuscrits de l'auteur* par Jacques-André Naigeon, Paris, Desray, Déterville, t. XI, an VI [1798].

Jacques le fataliste et son maître, dans *Œuvres,* Paris, J. L. J. Brière, t. VI, 1821.

Jacques le fataliste et son maître, dans *Œuvres complètes de Diderot, revues sur les éditions originales* par Jules Assézat et Maurice Tourneux, Paris, Librairie Garnier Frères, t. VI, 1875.

Jacques le fataliste et son maître, Yvon Belaval éd., ill. d'André François, Le Club français du livre, 1953. Le texte édité par Y. Belaval sera repris dans la collection « Folio » (Gallimard), en 1973.

Jacques le fataliste et son maître, chronologie et préface par Paul Vernière, Garnier-Flammarion, coll. « GF », 1970.

Jacques le fataliste et son maître, Roger Lewinter éd., *Œuvres complètes,* C.F.L., t. XII, 1971.

Jacques le fataliste et son maître, postface de Jacques Proust, Le Livre de poche, 1972.

Jacques le fataliste et son maître, Simone Lecointre et Jean Le Galliot éd., Genève, Droz, 1976.

Jacques le fataliste et son maître, Paul Vernière éd., ill. de Hugues Bréhot, Imprimerie nationale, 1978.

Jacques le fataliste et son maître, Jacques Proust éd., D.P.V., t. XXIII, 1981.

Jacques le fataliste et son maître, dans *Œuvres romanesques* (1951, 1962), Henri Bénac éd., édition revue par Lucette Perol, Garnier, 1981.

Jacques le fataliste et son maître, préface et commentaires de Jacques et Anne-Marie Chouillet, Le Livre de poche, 1983.

Jacques le fataliste et son maître, dans *Œuvres,* Laurent Versini éd., Robert Laffont, coll. « Bouquins », t. II, 1994.

Jacques le fataliste et son maître, préface, notes et annexes par Pierre Chartier, Le Livre de poche, 2000.

Jacques le fataliste et son maître, Henri Lafon éd., dans *Contes et romans,* Gallimard, « Bibliothèque de la Pléiade », 2004.

2) ÉTUDES CRITIQUES

BÉCQ, Annie, « *Jacques le fataliste* », *Dictionnaire de Diderot,* Roland Mortier et Raymond Trousson dir., Honoré Champion, 1999.

BELAVAL, Yvon, *L'Esthétique sans paradoxe de Diderot,* Gallimard, 1950.

CHOUILLET, Jacques, *La Formation des idées esthétiques de Diderot, 1745-1763,* A. Colin, 1973.

—, *Diderot, poète de l'énergie,* P.U.F., 1984.

DIDIER, Béatrice, « *Jacques le fataliste et son maître* » *de Diderot,* Gallimard, coll. « Foliothèque », 1998.

EHRARD, Jean, « Paradoxe sur le roman ou Denis le fataliste », *L'Invention littéraire au XVIIIᵉ siècle,* P.U.F., 1997.

FABRE, Jean, « Sagesse et morale dans *Jacques le fataliste* », *Idées sur le roman,* Klincksieck, 1979.

GILOT, Michel, « Humour et rigueur dans *Jacques le fataliste.* Quelques enseignements du manuscrit de Leningrad », *Diderot, autographes, copies, éditions,* B. Didier et J. Neefs éd., Presses universitaires de Vincennes, 1987.

HOBSON, Marian, « *Jacques le fataliste* : l'art du probable », *Diderot : les dernières années, 1770-1784,* Peter France et Anthony Strugnell éd., Edinburgh University Press, 1985.

KEMPF, Roger, *Diderot et le roman ou le Démon de la présence* (1ᵉʳᵉ éd., 1964), Le Seuil, 1984.

MAUZI, Robert, « Diderot et la parodie romanesque dans *Jacques le fataliste* », *Diderot Studies*, 6, 1964.

POMEAU, René, *Diderot*, P.U.F., 1967.

PROUST, Jacques, « La Bonne Aventure », *Romanistische Zeitschrift für literaturgeschichte*, 4, 1980.

—, *Diderot et l'« Encyclopédie »*, A. Colin, 1962 ; rééd.1967 ; réimpression Slatkine, 1982.

SERMAIN, Jean-Paul, « *Concordia discors*. Les contradictions de la sensibilité et de la passion chez Prévost et dans *Jacques le fataliste* », *La Sensibilité dans la littérature française au XVIII* siècle*, Actes du colloque international de Vérone (mai 1997), Schena-Didier Erudition, 1998.

STAROBINSKI, Jean, « "Chaque balle a son billet" : destin et répétition dans *Jacques le fataliste* », *Nouvelle revue de psychanalyse*, 30, 1984.

—, « Du pied de la favorite au genou de Jacques », *Colloque international : Denis Diderot 1713-1784*, Anne-Marie Chouillet éd., Aux Amateurs de livres, 1985.

VERSINI, Laurent, *Denis Diderot*, Hachette, 1996.

Impression Maury
45330 Malesherbes
le 24 août 2007.
Dépôt légal : août 2007.
1ᵉʳ dépôt légal dans la collection : octobre 1973.
Numéro d'imprimeur : 131746.
ISBN 978-2-07-033895-9. / Imprimé en France.